Birgit Szepanski
Erzählte Stadt – Der urbane Raum bei Janet Cardiff und Jeff Wall

Urban Studies

Birgit Szepanski (Dr. phil. in art.), Kunstwissenschaftlerin, Künstlerin und Publizistin, lebt in Berlin. Sie promovierte an der Hochschule für bildende Künste Hamburg. Ihre wissenschaftlich-künstlerischen Forschungsschwerpunkte sind Erzählmethoden in der bildenden Kunst, der urbane Raum in der zeitgenössischen Kunst und interdisziplinäre Verbindungen zwischen bildender Kunst, Literatur und Film.

Birgit Szepanski

Erzählte Stadt – Der urbane Raum bei Janet Cardiff und Jeff Wall

[transcript]

Die Arbeit ist als wissenschaftlicher Teil der wissenschaftlich-künstlerischen Dissertation an der Hochschule für bildende Künste Hamburg entstanden.

Der künstlerische Teil der Dissertation ist auf http://www.birgitszepanski.de ausschnittweise dokumentiert.

Bibliografische Information der Deutschen Nationalbibliothek
Die Deutsche Nationalbibliothek verzeichnet diese Publikation in der Deutschen Nationalbibliografie; detaillierte bibliografische Daten sind im Internet über http://dnb.d-nb.de abrufbar.

Umschlagkonzept: Birgit Szepanski
Umschlagabbildung: Jeff Wall, »Men waiting«, 2006, Silbergelatineabzug, 262 cm × 388 cm, Courtesy Jeff Wall
Satz: Sascha Lukac
Printed in Germany
Print-ISBN 978-3-8376-3354-2
PDF-ISBN 978-3-8394-3354-6

Gedruckt auf alterungsbeständigem Papier mit chlorfrei gebleichtem Zellstoff.
Besuchen Sie uns im Internet: *http://www.transcript-verlag.de*
Bitte fordern Sie unser Gesamtverzeichnis und andere Broschüren an unter:
info@transcript-verlag.de

Inhalt

Die Stadt als Erzählung von Erzählungen

Das Nachdenken über die Stadt ist gleichzeitig ein Nachdenken über die Möglichkeiten und Unmöglichkeiten ihrer Betrachtbarkeit. Die Stadt ist vieles gleichzeitig. Sie ist: Gegenstand eines politischen und philosophischen Diskurses, ein Verhandlungsraum für alltägliche, gesellschaftliche Prozesse und sie ist etwas materiell Existentes, das diejenigen umgibt, die über sie nachdenken und sie zu beschreiben versuchen.

Kategorien eines Innen und Außen lassen sich auf die Stadt nicht anwenden. Der Philosoph Jean-Luc Nancy beschreibt in »Die Stadt in der Ferne« die Stadt unter dem Aspekt von räumlichen und ökonomischen Ausdehnungen, Verdichtungen und Zerstreuungen.[1] Die Stadt dehne sich in alle Richtungen aus, sie vergrößere sich, verlagere ihre Zentren in die Peripherie und verschiebe die Peripherie in ehemalige Zentren: »Die Stadt wird diffus, sie verflüchtigt sich, sie streut ihre Funktionen und Orte an der Peripherie aus, die in dem Maße weniger peripher wird, wie sich das Zentrum entleert, ohne jedoch aufzuhören, zentral zu sein. Das Zentrum ist überall und die Peripherie nirgendwo, oder umgekehrt.«[2] Die Philosophin Florentina Hausknotz kommt in ihrer Untersuchung »Stadt Denken« zu einem ähnlichen Schluss. »Städte erscheinen je nach Art und Ort des Betrachtens anders, sie verschwimmen aus der Nähe und zeigen sich aus der Ferne.«[3] Die Stadt lässt sich nicht als Ganzes begreifen; sie führt vielmehr den Versuch, sich einen Über- oder Einblick in ihr Inneres oder Äußeres zu gewinnen, ad absurdum. Dieses Ungewisse zeichnet die Stadt aus und erschwert den Umgang mit ihr. Was für ein Raum ist Stadt? Oder anders gefragt: Welchen Raum

---

1 Nancy, Jean-Luc: »Die Stadt in der Ferne«, in: Nancy, Jenseits der Stadt (2011), S. 21-37, hier S. 22 f.

2 Ebd., S. 23.

3 Hausknotz, Florentina: Stadt Denken. Über die Praxis der Freiheit im urbanen Zeitalter, Bielefeld 2011, S. 12.

ruft die Stadt hervor? Hausknotz verweist auf Gilles Deleuze' und Félix Guatta-
ris Idee vom ›glatten Raum‹. »Städte sind Reisen im Glatten. Solche Reisen sind
nach Deleuze und Guattari ein schwieriges und ungewisses Werden. Der glatte
Raum zeichnet sich dadurch aus, nur eine Dimension zu haben, die des ihn
Durchquerenden.«[4] In welcher Beziehung stehen die Durchquerenden zu einem
Raum, dessen ›Anhaltspunkte und Annäherungen‹[5] sich permanent verschieben?
Deleuze und Guattari führen zum ›glatten Raum‹ aus: »Der haptische, glatte
Raum […] operiert von nah zu nah. Zum Beispiel die Wüste, die Steppe, die Eis-
wüste oder das Meer, ein lokaler Raum reiner Verbindung. Anders als häufig ge-
sagt wird, sieht man dort nicht von weitem, und man sieht diesen Raum auch
nicht aus der Ferne, man sieht niemals ›von Angesicht zu Angesicht‹ und ebenso
wenig ist man ›drinnen‹ (man ist ›auf‹ …).«[6] Deleuze' und Guattaris Raumden-
ken verändert die Vorstellung von Raum als einem euklidischen, messbaren
Raum. Der ›glatte Raum‹ geht stattdessen aus permanenten Verschiebungen hervor und ermöglicht Relationen. Er kann durchquert werden, jedoch ähnelt diese
Bewegung eher einer Reise. Orte werden in loser Folge durchlaufen und mögliche Anlaufstellen und Anhaltspunkte bleiben offen: »Die Anhaltspunkte haben
kein visuelles Modell, durch das sie austauschbar und in einer starren Kategorie
zusammengefasst würden, die einem unbeweglichen äußeren Beobachter zugeordnet werden könnte. Im Gegenteil, sie sind mit vielen Beobachtern verbunden,
die man als ›Monaden‹ bezeichnen könnte, die aber eher *Nomaden* sind und tak-
tile Beziehungen zu einander unterhalten.«[7]

Die Beschreibung des ›glatten Raumes‹ stimmt mit alltäglichen Erfahrungen
im Umgang mit Stadt überein. Betrachtet eine Person die Stadt aus der Ferne,
kann sie eine Silhouette ausmachen, die sich jedoch in einer Annäherung, also
quasi Schritt für Schritt, verändert. Die Panoramaperspektive löst sich vollends
auf, wenn die Person von Gebäuden, Straßen und Plätzen umgeben ist. Wo beginnt die Stadt und wo hört sie auf? Wann ist eine Person ›in‹ der Stadt? Auf diese Fragen kann es keine eindeutigen Antworten geben, denn die Stadt setzt sich
aus einer dichten Bebauung, aus unbebauten Plätzen und Baulücken zusammen.
Sie wird durch den Bau neuer Gebäude, Stadtviertel und Zufahrtsstraßen vergrößert, ebenso werden ganze Stadtviertel abgerissen oder durch eine neue Straßen-

---

4   Ebd., S. 325.
5   Deleuze, Gilles/Guattari, Félix: Kapitalismus und Schizophrenie. Tausend Plateaus,
     hrsg. von Günther Rösch, aus dem Französischen übers. von Gabriele Ricke/Ronald
     Voullié, Berlin 1992, S. 683.
6   Ebd.
7   Ebd. Hervorhebung im Original.

bauplanung separiert. Wie Gilles Deleuze und Félix Guattari feststellen, hat der ›glatte Raum‹ kein Innen und kein Außen, sondern er generiert nur eine punktuelle Betrachtung. Wie geht das Subjekt mit diesen fluiden Eigenschaften von Stadt um? Was lässt sich über die Begegnungen mit der Stadt als ›glattem Raum‹ sagen? Welche Begegnungen entstehen und welche Qualitäten haben sie? Wie wird von den Begegnungen erzählt? Wie wirken sich die Erfahrungen mit der Ungewissheit der Stadt auf ein Sprechen und Erzählen über sie aus?

Jean-Luc Nancy sagt über die Stadt, dass sie ein Ort sei, »wo etwas anderes statt hat als der Ort«[8]. Nancy bringt hier in die Diskussion über urbane Orte etwas ein, das über eine topologische Perspektive hinausgeht und auf die Begegnung zwischen dem Subjekt und seiner Umwelt zielt. Die Begegnung, der Kontakt mit der Umwelt und die ›haptische Qualität‹[9] des Raumes werden relevant. Weil der ›glatte Raum‹ »gleichermaßen visuell, auditiv und taktil«[10] ist, stimuliert er bei den Durchquerenden eine sinnliche Wahrnehmung und Orientierung. Auch Nancy denkt über diesen Aspekt nach und versucht mit dem Begriff der ›Dis-Position‹ diese Erfahrungsqualitäten zu umfassen. In »Der Sinn der Welt« schreibt er: »Der Ruf ist noch eine jenseitige-Phänomenalität [...], während die *Welt* uns einlädt, nicht mehr im Register des Phänomens zu denken, [...] sondern [...] in dem der Dis-position (Abstand, Berührung, Kontakt, Strecke).«[11] Diese Beobachtung lässt sich unmittelbar auf die Stadt beziehen, denn sie kann durchquert werden und ruft dabei – in der Praxis des Gehens, des Nachdenkens und des Betrachtens – eine Aufmerksamkeit für ihre Zeichen hervor. Auf diese Weise entstehen immer wieder flüchtige als auch länger andauernde Beziehungsgeflechte: Bindungen der Stadtbewohnenden mit Orten, Erinnerungen an Ereignisse und Verknüpfungen zwischen Orten, die für die Menschen Stadt bedeuten und diese ausmachen.

Sowohl biografische als auch historische Ereignisse werden an Orte gebunden und machen Stadt zu einem temporären Speicher subjektiver und kollektiver Erinnerungen und Erfahrungen. Erinnerungen als auch Orte verändern sich jedoch. Neue Eindrücke kommen zu bereits gemachten hinzu und überschreiben Erlebtes und Erzähltes wieder. Die Position des Subjekts zur Stadt will deshalb stets aufs Neue formuliert werden. »In der Stadt begegnet man einander. Und

---

8   J.-L. Nancy: »Die Stadt in der Ferne« (2011), S. 28.

9   G. Deleuze/F. Guattari: Kapitalismus und Schizophrenie. Tausend Plateaus (1992), S. 28.

10 Ebd., S. 682.

11 Nancy, Jean-Luc: Der Sinn der Welt, aus dem Französischen übers. von Esther von der Osten, Zürich und Berlin 2014, S. 31. Hervorhebung im Original.

man begegnet ihr auch. Aber das ist keine Begegnung mit jemanden, einer individuierten Einheit mit klarer Kontur: es handelt sich um eine Durchquerung von Eindrücken, um ein Sich-Vorantasten, mit Zögern und Annäherungen. Es ist in Wirklichkeit eine Annäherung, die nie beendet werden kann, es ist ein Rendezvous, dessen Ort sich versetzt, möglicherweise auch die darin involvierte Person.«[12] Gewonnene Eindrücke von Stadt stellen sich daher immer wieder in Frage und machen einen Teil der Faszination an Urbanität aus. Das Subjekt wird auf diese Weise herausgefordert, seine eigene Wahrnehmungskompetenz zu hinterfragen. Die verschiedenen Eindrücke in der Stadt lassen eine Kakofonie aus Bildern, Geräuschen, Gerüchen und Texturen entstehen. Gerade in der Bewegung des Gehens durch die Stadt ist eine Sortierung der vielen Eindrücke kaum möglich. Beobachtungen von einzelnen Veränderungen, beispielsweise in der unmittelbaren Nachbarschaft, erhalten dadurch eine größere Bedeutung und Aussagekraft. Durch die Anzahl von alltäglichen Beobachtungen wird die Veränderbarkeit der Stadt nachvollziehbar: Der Blick öffnet sich vom Detail hin zur Stadt.

Der Schriftsteller Ivan Vladislavić erzählt von solchen Erfahrungen. In seinem Stadtroman »Johannesburg. Insel aus Zufall« hält er Beobachtungen im Umgang mit der Stadt und ihren Bewohnenden fest. Durch Vladislavić' Beschreibungen von kleinsten alltäglichen Veränderungen in seinem Wohnviertel und von einigen Besonderheiten der Stadt, wie beispielsweise die Verwendung von unterschiedlichen Baumaterialien in der ›weißen Stadt‹ und im ›Township‹, entsteht ein vielfältiges Bild von Johannesburg. In seiner Auseinandersetzung mit dem Leben in Johannesburg stellt sich für ihn auch die Frage nach einer Definition von Wirklichkeit. Er fragt nach dem Sein der Stadt und welche Lebenswirklichkeit sie hervorruft: »Ich hingegen wohne in einer Stadt, die sich der Vorstellungskraft widersetzt. Oder habe ich sie nur falsch verstanden? Besteht das Problem darin, dass ich in einer Fiktion lebe, die sich auflöst, wenn ich versuche, sie zu fassen?«[13] Eine Antwort ist für ihn nicht zu finden, vielmehr erzählt Vladislavić davon, welche unterschiedlichen Lebenswirklichkeiten in einer Stadt nebeneinander existieren und sich mal mehr und mal weniger berühren.

Angesichts der verschiedenen Lebenswirklichkeiten der Stadtbewohnenden stellt sich die Frage, ob es eine Wirklichkeit von Stadt geben kann. Die Wahrnehmung der eigenen Wirklichkeit wird relativ. Durch das Aufschreiben der Alltagsbeobachtungen setzt Ivan Vladislavić seinem Eindruck des Unwirklichen jedoch eine persönliche Ansicht (Statement) entgegen, denn Erzählen schafft im-

---

12 J.-L. Nancy: »Die Stadt in der Ferne« (2011), S. 33.
13 Vladislavić, Ivan: Johannesburg. Insel aus Zufall, aus dem Englischen übers. von Thomas Brückner, München 2008, S. 66.

mer auch eine autonome Wirklichkeit. Das Gesehene, Gehörte und Erlebte erhält durch das Aufschreiben und Erzählen eine andere Gültigkeit und Wertigkeit. Zum einen verliert das Alltägliche etwas von seiner Flüchtigkeit und zum anderen wird es von den Schreibenden/Erzählenden symbolisch aufgeladen. Auf diese Weise bilden sich Metaphern für das Leben in der Stadt. Eine Metapher lässt sich dehnen, sie steht nicht nur für etwas, für das es keine Bezeichnung gibt, sondern sie umfasst in ihrer Bildlichkeit eine Reihe von Eigenschaften, Bildketten und Wirklichkeiten eines Gegenstandes oder Sachverhaltes, die im Lesen und Erzählen wieder umgewandelt werden. Bei einer Metapher spielt die Übersetzung eine wichtige Rolle: Die Deutung, Interpretation und ihre überzeichnete Bildlichkeit beziehen sich auf das, was ausgespart und unausgesprochen bleibt. In Bezug zur Stadt sind in metaphorischen Bildern Diskurse enthalten. Die Stadt wird mit Bildern symbolisiert und immer wieder neu verhandelt.

Vladislavić schreibt über flüchtige als auch sich verdichtende Momente von Stadt.»Ich lebe auf einer Insel, einer Insel aus Zufall, die durch geographische Bedingungen und Stadtplaner entstanden ist, die die Straßen dieser Stadt entwarfen. [...] Wenn es mich, was häufig geschieht, zu einem Spaziergang hinaustreibt, dann bringt mich die große Runde [...] wieder zu meinem Ausgangspunkt zurück. Johannesburg brandet und ebbt wie Gezeiten. Die Schuhe voller Sand, komme ich wieder zu Hause an, leere meine Taschen auf den Küchentisch und betrachte, was ich gefunden habe. [...] An den Nachmittagen spaziere ich an etwas entlang, das so unnatürlich und vereinnahmend wirkt wie eine überdehnte Metapher.«[14] Stadt vergleicht der Schriftsteller mit einer Meereslandschaft, in der er zufällig Gefundenes aufliest und selbst kaum Spuren hinterlässt. Was Vladislavić hier als ein poetisches Bild für das Verhältnis zwischen Subjekt und Stadt beschreibt, ist, so die Kunstwissenschaftlerin Irene Nierhaus, auf einen kulturellen Angleichungsprozess des Gegensatzpaars Stadt und Natur zurückzuführen. »Stadt ist seit der Romantik keineswegs nur Opposition zu Natur oder selbst Wildnis, sondern auch schöne Landschaft«[15], stellt Nierhaus in ihrer kulturkritischen Analyse über europäische Städte nach dem Zweiten Weltkrieg fest. Die Wunschvorstellung von einer Symbiose zwischen Subjekt und Umwelt lässt sich in vielen architektonischen und künstlerischen Entwürfen von Stadt wiederfinden. Besonders in europäischen Städten, die von Kriegen zerstört wurden, und Städten, die nach europäischem Vorbild gebaut wurden, greift das Bild von Stadt als Landschaft. »Das Wohnen, das seit Beginn der Moderne in Bezug

---

14 Ebd., S. 18 f.

15 Nierhaus, Irene:»Plan und Rand: Urbanografische Figuren zu Stadt und Natur«, in: Krasny/Nierhaus, Urbanografien (2008), S. 15-27, hier S. 19 f.

zu Vorstellungen von Natur und Natürlichkeit gesetzt wurde, hat in der Verland-schaftlichung der Stadt der 1950er Jahre diese Prinzipien auf die Gesamtgesell-schaft übertragen. Der Landschaftseffekt der Stadt ist zugleich naturalisierend ›neu‹ und eine Assemblage von Traditionen, denn das Versprechen eines Jenseits von Repräsentation im Diesseits der Natur als Weg zu einer authentischen Ein-heit von Subjekt und ›Welt‹ ist Teil der Geschichte von Landschaft.«[16] Meta-phern erweisen sich in Bezug zum alltäglichen Leben oftmals als brüchig. Mit ihnen lässt sich etwas erzählen, ihre Anwendbarkeit beruht jedoch in der Sprache und in den kulturellen Vorstellungen und Übereinkünften, die ihr vorausgehen. Handlungen generieren Bilder, jedoch lässt sich eine Metapher nicht in eine Handlung umsetzen. Vielmehr entstehen zwischen einer Handlung und einem Bild Differenzen und Spielräume, die neue Deutungen erfordern. Die Stadt pro-duziert, so wird es in der Erzählung von Ivan Vladislavić deutlich, immer neue Metaphern.

Widerstände im Ablauf von alltäglichen Handlungen und Zufälle gehören zum Unkalkulierbaren der Stadt, durch sie entstehen neue Sichtweisen. Die Vor-stellung von Stadt als eine fließende, landschaftliche Struktur, in der das Subjekt eingebettet ist, gerät abrupt ins Stocken, wenn eine Person auf die Begrenztheit ihrer Bewegungs- und Wahrnehmungsmöglichkeiten aufmerksam wird. Ein klei-ner Unfall, ein Stolpern kann bereits eine ganz andere Sichtweise hervorrufen und andere Metaphern entstehen lassen. Davon erzählt Vladislavić: Ein Unfall auf dem Gehweg entwickelt dabei eine überraschende Metaphorik. Er stürzt mit-ten im Gehen, steht wieder auf und sieht an seinem Fuß eine Papierschlinge haf-ten: »Eine Schlinge aus weißem Papier hat sich um meine Knöchel gewickelt. Ich versuche, sie zu zerreißen, aber sie hält, und so muss ich das Papier über die Schuhe abstreifen und mich herauswinden. [...] Als ich die Papierschlinge wie-der aufhebe, fällt mir zum ersten Mal auf, dass sie in sich verdreht ist. Sie ist ein Möbius-Band. Eine einseitige Figur, ein dreidimensionales Objekt mit nur einer Oberfläche. Ich bin über ein Paradoxon gestürzt.«[17] Das Möbiusband ist nicht nur ein Bild, das die These des Widersprüchlichen von Stadtwahrnehmung unter-stützt, sondern es lenkt den Blick auch auf den Aspekt eines räumlichen ›Dazwi-schens‹. Anhand Vladislavić' Beschreibung wird deutlich, dass nicht Kategorien eines ›Oben und Unten‹, ›Vorne und Hinten‹, eines ›Innen und Außen‹ oder die Vorstellung von einer ›homogenen Fläche‹ im Umgang mit Stadt erfahren wer-den, sondern vielmehr die Zonen eines Dazwischens, wie: Übergänge, Wendun-gen, Zwischenzustände und Verschiebungen. Deleuze' und Guattaris Gedanken-

---

16 Ebd., S. 19.
17 I. Vladislavić: Johannesburg. Insel aus Zufall (2008), S. 17 f.

modell des ›glatten Raumes‹ trifft zu: Der Stadtraum wird als ein Raum der Übergänge, des Vorläufigen und Transitorischen erlebt und ist in diesen Eigenschaften beschreibbar, denn das Prozesshafte lässt sich erzählen.

Der Schriftsteller Jean-Christophe Bailly stellt in Bezug zu Nancys Betrachtungen von Stadt Ähnliches fest. Das literarische Vorgehen ist prozesshaft: »Den Sinn begreifen, der die Stadt überbordet, dabei der aktuellen, unbegrenzten Dis-Position folgen, anders gesagt, ihr nachgehen, durch eine Berührung, die in den Zwischenräumen zirkuliert. Das sieht nach nichts aus oder ähnelt ungefähr einer Bewegung, die an diejenige der Literatur erinnert [...].«[18] Literarische ›Bewegung‹ meint hier im weitesten Sinne, etwas zu zeigen und davon zu sprechen. Was dabei erzählt wird, bleibt offen und liegt zwischen den Beschreibungen. Ausschlaggebend sind die Bewegung eines Mitgehens oder Folgens und die Bewegung eines Zuhörens und Zusehens. Jean-Luc Nancy versteht die Gangart des Schlenderns als eine solche Form des Mitgehens. Schlendern und Gleiten haben eine ähnliche Bedeutung. ›Schlendern‹ ist ein gemächliches Gehen und ein Dahintreiben, ›Gleiten‹ meint rutschen und sich schwebend bewegen, was sich aus den Wortbedeutungen von ›blank und glatt sein‹ entwickelt hat.[19] Nancys Schlendern ist also eine Gangart durch den ›glatten Raum‹ der Stadt. Schlendern ist für ihn eine Bewegung, die eine Bedeutungsproduktion auf einen späteren Zeitpunkt verschiebt. Zunächst gilt das sich Einlassen und Beobachten: »… vielleicht sollte man eher etwas schlendern gehen. [...] Etwas, das dem Spazierengehen ähnelt, dem Shopping, dem Besuch, der Zerstreuung, dem *cruising*, dem Flanieren, dem Sich-Treiben-Lassen (früher Theorie und Praxis der Situationisten der Stadt). Dem ähnlich wäre, ohne darauf Wert zu legen. Weil alle diese Formen kodiert und kategorisiert sind.«[20] Die Unvoreingenommenheit, die von Nancy vorgeschlagen wird, lässt auch das zu, was den eigenen Erwartungen widerspricht. »Ich hätte gerne, dass das Schlendern weder zum Begriff noch zur Frage nach der Stadt würde, stattdessen eine Art und Weise, ihr eine Chance zu lassen: die Chance des Risikos der Nicht-Signifikanz.«[21]

Das Verlangen, einem Zeichen oder einer Spur nachzugehen, von dem man noch nicht weiß, ob es einem etwas sagt oder nicht, sagt Wesentliches über das

18 Bailly, Jean-Christophe: »Stadt, jenseits des Ortes«, in: Nancy, Jenseits der Stadt (2011), S. 39-40, hier S. 39.

19 Wissenschaftlicher Rat der Dudenredaktion (Hg.): Duden Etymologie. Herkunftswörterbuch der deutschen Sprache, Mannheim 1989, S. 245.

20 Nancy, Jean-Luc: »In der Ferne Los Angeles«, in: Nancy, Jenseits der Stadt (2011), S. 9-19, hier S. 10. Hervorhebung im Original.

21 Ebd.

Subjekt aus: es steht immer in einem Beziehungsgeflecht zur Welt. Dabei sind das Unbekannte und Ungewisse Stimuli für Handlungen, gleichzeitig rufen sie viele Begehren hervor und genau die bergen für den Menschen Risiken. Eine Begegnung wird so zu einer Auseinandersetzung mit den eigenen Begehren und Ängsten. Denn, so die Kunstwissenschaftlerin Hanne Loreck: »Angehen ist konfrontativ; es kann bedeuten, einen Schlag versetzt zu bekommen oder einen Stich. Selbst das, was einem gewöhnlich ins Auge fällt, könnte dort eine Wunde schlagen. Elemente zu wiederholen, erhöht das Risiko.«[22] Beziehung oder Beziehungslosigkeit, beides betrifft den Menschen und erzählt von seinem Verhältnis zu sich selbst und zum anderen. Dabei wird deutlich, dass das Subjekt Teil eines Kulturzusammenhanges ist. »Nicht ich wähle die Bilder, die Sätze, sie gehen mich an und kriegen es in dem Moment mit einem Ich zu tun, das nur deshalb von sich als Ich sprechen kann, weil es Teil hat an einer Sprache, einer Zeit, einer Geschichte, einer Gesellschaft, ihrem Ethos und ihrer Kritik.«[23] Das, was ein Subjekt angeht, sagt auch etwas über die Gesellschaft, ihre Normen und Gebräuche aus. Umherschlendern, einen Kontakt und eine Berührung suchen, sich auf zufällige Begegnungen einlassen, das Ungewisse und möglicherweise Bedeutungslose der vielen Bilder und Spuren des urbanen Raumes zuzulassen, sind Umgangsformen mit der Stadt. Ergänzend kann zudem ein Nichtangehen der Bilder, im Sinne eines Ausbleibens oder Verfehlens einer Wirkung auf das Subjekt, die Person in eine Relation setzen zu ihrer Umgebung, zu der Zeit und Gesellschaft, in der sie lebt, und sie auf diese Weise verorten.

Das Subjekt ist stets in Beziehungen und Geschichten verstrickt und knüpft immer wieder an diese an. Besonders in der Stadt ist der Mensch ein Teil von Beobachtungen anderer, deren Beziehungsgeflechten und Geschichten. Wie Ivan Vladislavić schreibt, sind die Menschen ohne ihr Zutun »Geschichten innerhalb anderer Geschichten. Geschichten in Geschichten in Geschichten. Endlos werden wir weiter in den Hintergrund gedrängt, in neue Rahmen gesetzt [...].«[24] Auch wenn ausgesuchte Orte in der Stadt durch Erlebnisse und Erinnerungen eine subjektive Bedeutung erhalten, werden diese mit anderen Menschen stets geteilt. Menschen knüpfen ihre Erinnerungen an Orte und statten Orte dadurch mit Eigenschaften aus. Ein Ort in der Stadt wird so zu einem lebendigen Teil der eigenen biografischen Geschichte. Die verschiedenen Qualitäten von Erlebnis-

22 Loreck, Hanne: »Verlust, Verheißung: So viel verstehen wie ein Blinder von Farben«, in: Silke Grossmann/Hanne Loreck/Katrin Mayer et al. (Hg.), Erzähltes erzählen. Kombinator 3, Hamburg 2006, S. 5-11, hier S. 6.

23 Ebd.

24 I. Vladislavić: Johannesburg. Insel aus Zufall (2008), S. 134.

sen, wie beispielsweise Gefühle von Freude, Angst oder Trauer, werden an Orte gebunden und in sie eingetragen. Erinnerungen werden auf diese Weise verräumlicht und erhalten eine physische Form. Ebenso zählt das Verbinden von auseinanderliegenden Orten zu den Praktiken des biografischen Geschichtenerzählens. Im Rückblick erscheint das Erlebte und der Ort eine Allianz eingegangen zu sein, in der ein Teil des Lebens unverändert vom Verlauf der Zeit weiterleben kann. Die Erinnerung kann nun zweifach aktiviert werden: durch ihre fragmentarischen Bilder und die realen Orte. »Diese Spuren, die Orte, an denen unsere Gedanken und Gefühle mit der Welt in Berührung gekommen sind, gehören uns aber nicht allein. Wir sind lediglich auf der Durchreise und lassen denen, die nach uns kommen und von denen wir erwarten, dass sie dieselbe Sprache sprechen wie wir, heimliche Zeichen zurück.«[25]

Auf diese Weise entsteht ein mit Zeichen und Spuren gefüllter Raum der Stadt, der sich gleichzeitig entzieht und verflüchtigt, da Erinnerungen und Bedeutungen vergänglich sind und die Vielzahl der Zeichen eine Lesbarkeit unterläuft. Es kann daher, wie Bailly konstatiert, immer nur »Verteilungen, Zustandsformen, Dispositionen oder Angebote«[26] geben. Die Stadt bleibt unbestimmt. »Überall gibt es nur die Unbegrenztheit dieser randlosen Form, die wir immer noch Stadt nennen, weil wir keinen anderen Namen haben, den wir ihr geben könnten.«[27] Das, was aus der Undurchdringlichkeit der Stadt hervorgeht, ist ein Geflecht wechselnder und differierender Beziehungen, von denen erzählt werden kann. Diese Beziehungen sagen etwas über die Konstellationen der Menschen zueinander, über ihren unterschiedlichen Lebensalltag in der Stadt und ihren Umgang mit Stadt aus. Sozialpolitische Problematiken können auf diese Weise betrachtet und reflektiert werden. Nicht für alle Menschen ist Stadt ein offener und gestaltbarer Raum. Stadt ist auch ein Ort der Auseinandersetzung mit immanenten (Macht-)Strukturen, die gerade das Prozesshafte und Unbestimmte zu reglementieren versuchen. In der Exklusion bleibt jedoch immer ein widerständiger Rest des Ausgeschlossenen übrig. Das Prozesshafte kann also auf unterschiedliche Weise Strukturen unterlaufen, indem es mit den Symbolen der Ordnungen, Zuweisungen und Festlegungen umgeht. Nicht nur in Alltagshandlungen, sondern auch in verschiedenen Erzählungen über Stadt wird dies verwirklicht.

Das Prozesshafte ist eine wesentliche Eigenschaft der Stadt – diese teilt sie sich mit dem Erzählen. Die Stadt, die aus einer Ansammlung von visuellen,

---

25 Ebd., S. 235.

26 J.-C. Bailly: »Stadt, jenseits des Ortes« (2011), S. 40.

27 Ebd.

akustischen, olfaktorischen und taktilen Zeichen und aus Erinnerungen besteht, lässt sich mit der visuellen Qualität von Wörtern, Bildern und Tönen plastisch erzählen. Zum Erzählen gehört das Vielfältige und das Unterschiedliche als konstitutive Elemente. Erst aus einem Spannungsverhältnis heraus lässt sich eine Erzählung entwickeln. Erzählen und Stadt teilen sich die Eigenschaften des Werdens, der Vielfalt und der Modulierbarkeit. In ihrer wechselseitigen Beziehung – Stadt bringt Erzählungen hervor und Erzählungen generieren Wirklichkeiten von Stadt – entstehen vielfältige Sichtweisen auf Stadt. Damit dies gelingt, muss der Erzählbegriff heterogen sein. Stadt wird nicht narrativ vereinheitlicht, sondern kann in ihrer Differentialität betrachtet werden. Die Betrachtenden müssen sich dabei stets auf neue und unerwartete Eindrücke einlassen.

Eine Erzählung, so Gilles Deleuze und Félix Guattari, ist immer mit einer Entdeckung verbunden. In ihrem Vergleich von Novelle und Erzählung verdeutlichen sie den engen Zusammenhang zwischen Erzählen/Erzählung und dem Entdecken:»Die Novelle hat eine fundamentale Beziehung zum *Geheimnis*, [...] während die Erzählung mit der *Entdeckung* in Beziehung steht (mit der Form der Entdeckung, unabhängig davon, was man entdecken kann).«[28] Das Erzählen lässt etwas zu. Bedeutungen können, müssen jedoch nicht hergestellt werden. In Bezug zur Stadt ermöglicht das Erzählen auch das Unbestimmte und Ungewisse der Stadt zu entdecken, ohne es zu bestimmen und erklären zu wollen. Erzählen zielt auf das Zeitliche ab, es spannt einen Bogen zwischen dem Zurückliegenden, dem Gegenwärtigen und dem Zukünftigen. Erzählen betont das Ereignis und sein Erleben, gleichgültig ob es sich um eine Belanglosigkeit, um Alltägliches oder um Außergewöhnliches handelt. Die Erzählung fragt:»Was wird passieren?«[29], und setzt damit voraus, dass etwas geschehen kann. Nicht immer ist es, wie der Kulturkritiker und Philosoph Walter Benjamin anhand der Kriegsheimkehrer des Ersten Weltkrieges feststellt, den Menschen möglich, über das, was passierte, sprechen zu können. Erzählen ist auch eine Verarbeitung von Ereignissen. So kann über traumatische Erlebnisse erst erzählt werden, wenn die Angst nicht mehr Erinnerungen an das Ereignis blockiert. Es ist auch möglich, über die Angst eines traumatischen Ereignisses zu erzählen oder auch darüber, nicht davon erzählen zu können. Diese minimale Anforderung an das Erzählen ist gleichzeitig ihr Kernpunkt: ›Etwas‹ zu erzählen. Für die Schriftstellerin Gertrude Stein ist daher der Versuch, zu erzählen, bereits eine Erzählung. »[...] eine Erzählung ist jeder Versuch irgend etwas zu erzählen das irgendwer über irgend et-

---

28 G. Deleuze/F. Guattari: Kapitalismus und Schizophrenie. Tausend Plateaus (1992), S. 264. Hervorhebung im Original.

29 Ebd.

was was geschieht oder geschah oder geschehen wird zu erzählen hat, und jede Art des Erzählens ist das Erzählen von dem was innen und außen geschieht aber ist das Erzählen das natürliche das unmittelbare das notwendige Erzählen von dem was geschieht.«[30]

Im Erzählen gibt es keine Hierarchien, es zählt das Ereignis. Ein Ereignis veranschaulicht eine Veränderung und führt diese den Menschen deutlich vor Augen: sei es eine Veränderung im Ablauf von Zeitstrukturen, in Handlungsfolgen oder anderen normativen Ordnungen. Das Ereignis ist nicht das auslösende Moment, das die Veränderung in Gang setzte, sondern das Ereignis ist die Folge und Verdeutlichung des Vorfalls, also sein Geschehen. Eine Erzählung kann Ereignisse schildern und gleichermaßen zu einem Ereignis werden, indem auf der Ebene des Erzählens und Veranschaulichens unerwartete Veränderungen eingeführt werden. Die Stadt ist ein Ort der permanenten Veränderung: Sie bietet unzählige Gelegenheiten, ihr auf eine erzählerische oder literarische Art und Weise zu begegnen. Aus einem ähnlichen Verständnis des Erzählens heraus plädiert Jean-Luc Nancy für einen literarischen Umgang mit Stadt. Mit dem Erzählen könne zum einen über die flüchtigen Begegnungen gesprochen werden und zum anderen die »aufglimmende und gleitende Identität«[31] von Stadt gezeigt werden. Er argumentiert: »Es ist kein Zufall, wenn die Stadt von so vielen Erzählungen heimgesucht worden ist, denn sie ist bedrängend, fliehend und monströs, eine Chimäre ihrer Landschaft und ihrer Persönlichkeit. Oder sie ist ein Rahmen, der immer schon in die Leinwand des Bildes hineingezogen wird [...].«[32] Nancy betont dabei den überbordenden Aspekt von Stadt, ihre Omnipräsenz und Multiplizität. Die Stadt als »Ort der unscharfen Grenzen«[33], als eine in alle Lebensbereiche fließende Welt, evoziert dabei eine subjektive Stellungnahme des Menschen. Im Erzählen positioniert sich die Zuhörerin zu dem Erzählten durch ein Überprüfen und Vergleichen von ähnlichen Erfahrungen. Dies trifft besonders bei Erzählungen über die Stadt zu, weil diese den Menschen vollständig umgibt und ihm existentielle Fragen stellt. Auch Florentina Hausknotz stellt in diesem Zusammenhang fest: »Diese Stadt ist demnach eine, deren Eigenschaften nicht nur die ihren sind, sie schwappt hinein in andere Bereiche des Lebens, sie kümmert sich nicht um Unterscheidungen wie die zwischen öffentlich und privat, sie

---

30 Stein, Gertrude: Erzählen. Vier Vorträge, übers. von Ernst Jandl, Frankfurt a.M. 1971, S. 61.

31 J.-L. Nancy: »Die Stadt in der Ferne« (2011), S. 33.

32 Ebd., S. 34.

33 Ebd.

ist eine spezielle Form des (Über-)Lebens, verlassen von Struktur und Sicherheit.«[34] Erzählen als subjektive Mitteilung, die gleichzeitig Teil einer kulturellen Äußerung ist, gewinnt dadurch an Bedeutung und ermöglicht einen Umgang mit der Ungewissheit der Stadt.

Im 21. Jahrhundert werden Städte und das urbane Leben aufgrund von Globalisierung, Kommerzialisierung und Digitalisierung zunehmend anonymer. Zudem – und dies macht die Ambivalenz von Stadt aus – bündeln sich aufgrund des Wachstums von Städten immer mehr historische und biografische Ereignisse und verdichten den Raum der Stadt. Die Auseinandersetzung mit dem Lebensort Stadt betrifft jeden Einzelnen und die Gesellschaft. Auf welche Stadt beziehen sich die Menschen in ihrer Auseinandersetzung? Wie wirken sich die Anonymität der Städte und ihre Angleichungsprozesse auf die Wahrnehmung des Subjekts im digitalen Zeitalter aus?

Es existieren unzählige mediale Bilder von Städten, die sich mit historischen und subjektiven Bildern vermischen oder diese ersetzen. Durch die Menge von Bildern, die jederzeit und an jedem Ort verfügbar ist, wie beispielsweise Bilder aus Tagespresse, Werbung, Filmen, Videos, Fotografien und Texten, verändert sich der Blick auf Stadt und auf das Leben in ihr. Für den Menschen gibt es in seiner Wahrnehmung immer auch eine andere ›Stadt‹, ein anderes ›Gesicht der Stadt‹. Städte beziehen sich in ihrer Identitätsformulierung auf ihre Entstehungsgeschichte und die Erzählungen davon. In einem Zeitalter der Globalisierung und ihren Produktions- und Angleichungszwängen müssen, so die Soziologin Martina Löw, die Unterscheidungsmerkmale von Städten umso mehr herausgestellt werden. Die Bewohnenden beziehen sich auf ein Wissen oder auf eine Art ›Eigenlogik‹[35] von Stadt in der alltäglichen Praxis mit ihr. Besonderheiten im Umgang mit Stadt sind so »in den Alltag eingelagert und werden über Routine gelebt«[36]. Löw argumentiert: »Der durch Offenheit charakterisierten Anordnung *Stadt* traue ich wie allen Räumen zu, dass sie nicht nur passives Objekt sind [...], sondern dass sich Körper in dieser Verdichtung anders bewegen als in einer anderen, dass Interaktionen hier anders verlaufen als dort und Erzählungen mal mehr und mal weniger Sinn evozieren.«[37] Jede Stadt bringt durch ihre Bewohnenden jeweils andere Erzählungen über historische und biografische Ereignisse hervor – diese werden an konkrete Orte und Zeiträume gebunden. Städte lassen

---

34 F. Hausknotz: Stadt Denken (2011), S. 13.

35 Löw, Martina: Soziologie der Städte, Frankfurt a.M. 2008, S. 241.

36 Ebd.

37 Ebd., S. 240. Hervorhebung im Original.

sich nicht nur allein durch individuelle Handlungen, die in ihr entstehen, unterscheiden, sondern wesentlich sind die Beziehungen der Handlung zu einem Ort. Erst in der Kombination mit den Eigenschaften eines Ortes sowie dem historischen oder biografischen Kontext, in dem die Handlung eingebettet ist, wird eine Handlung spezifisch und kann eine Bedeutung annehmen, die über das Alltägliche hinausweist. Die Zeitlichkeit der Orte – ihre Historizität – spielt eine Rolle, um den Handlungen und Ereignissen einen Hintergrund zu geben, vor dem sie sich abzeichnen. Diese Bedingungen sind für die Erzählungen über Stadt relevant. Hausknotz bemerkt dazu:»Städte sind nicht nur örtlich verankert, sondern finden auch immer zu besonderen Momenten statt, sie haben ein Datum.«[38] Ein Datum ist eine Begrenzung. Nicht irgendwann einmal hat ein Ereignis stattgefunden, sondern in einem bestimmten Moment, an einem bestimmten Tag oder in einem bestimmten Jahr und unter bestimmten Umständen, an die im Erzählten erinnert wird.

Erzählen vergegenwärtigt, Zurückliegendes oder Fernes wird in eine Nähe gerückt. Aus der Folge der Zeit und der Vielheit der Orte werden einzelne Momente und Orte hervorgehoben und miteinander in Beziehungen gesetzt. Erzählungen geben Orten eine zweite Gestalt. Sie räumen den Orten die Möglichkeit ein, etwas anderes zu sein als ein topologisches Feld. Orte werden durch Erzählungen zu Schauplätzen: An einem Ort und mit einem Ort ist dann etwas geschehen. Dies verändert ihn und hebt ihn aus einer Bedeutungslosigkeit heraus. Gerade in den immer anonymer werdenden Städten des 21. Jahrhunderts erhält ein Ort durch das Erzählen ein Profil. Die Erzählung stiftet einen Sinn, der die Orte, die Zeit und die Handlungen umfasst und in der erzählten Geschichte aufbewahrt wird. Eine Erzählung überträgt Orte und Räume in Sprachbilder. Im Erzählen entfalten sich diese Bilder wieder. Werden die Sprachbilder an den Ort und in dem Raum gesprochen, über den erzählt wird, entsteht eine intensive Präsenz: Eine Mehrdimensionalität zwischen dem realen Ort und dem erzählten Ort, der Zeit und der erzählten Zeit, den Ereignissen am Ort und erinnerten und fiktionalen Ereignissen entwickelt sich.

Die Künstlerin Janet Cardiff verwirklicht mit ihren audiovisuellen Spaziergängen (Walks) durch die Stadt dieses Ineinanderfächern von Erzählungen und Orten. Mit einem Kopfhörer und Walkman versehen wird die Rezipientin von der Künstlerin auf ausgewählten Wegen durch die Stadt dirigiert. Die Walkteilnehmerin hört im Gehen verschiedenen Geschichten und Geräuschen zu, die Cardiff erzählt bzw. bei ihrem Gang durch die Stadt aufgenommen hat. Stadt wird während des Hörens, Sehens und Gehens durch den urbanen Raum erzählt.

---

38 F. Hausknotz: Stadt Denken (2011), S. 11.

Themen, die bei Janet Cardiff immer wieder besprochen werden, sind Fragen zu der Wahrnehmung von Zeit und Raum, zu der Bedeutung von historischen und biografischen Geschichten und Fragen über die Wirkung von Erinnerungen und Träumen auf die menschliche Psyche. Stadt ist bei Cardiff ein Raum voller Spuren, ein lebendiges Archiv für Geschichten und vor allem ein Erfahrungsraum des Menschen.

Doch lässt sich in den zugleich anonymer und dichter werdenden Städten immer etwas erzählen? Wie verändert die Entfremdung der Globalisierung und der Technisierung das Erleben von Stadt und damit ein Erzählen von Stadt? Bereits Walter Benjamin stellt in seinem Text »Der Erzähler« (1936) einen zunehmenden Mangel an Erfahrungen als Grund für ein Verlorengehen des Erzählens, besonders in der Schnelllebigkeit der Städte, fest: »[...] die Tätigkeiten, die sich innig der Langeweile verbinden, sind in den Städten schon ausgestorben, verfallen auf dem Lande. Damit verliert sich die Gabe des Lauschens, und es verschwindet die Gemeinschaft der Lauschenden. Geschichten erzählen ist ja immer die Kunst, sie weiter zu erzählen, und die verliert sich, wenn die Geschichten nicht mehr behalten werden. Sie verliert sich, wenn nicht mehr gewebt und gesponnen wird, während man ihnen lauscht.«[39] Benjamins Beobachtung eines Verschwindens des Erzählens könnte aus heutiger Sicht entgegnet werden, dass zum einen Künstlerinnen und Künstler Methoden des Erzählens thematisieren und zum anderen die Rezeption künstlerischer Werke eine längere Dauer des Zuhörens, Betrachtens und Nachvollziehens ermöglicht. Zudem hat sich das Erzählen medial erweitert und findet vermehrt in einzelnen Beziehungen von Menschen und kleineren Gruppen statt. Da die Vorstellung von der Existenz einer homogenen Gesellschaft und Kultur sich aufgelöst hat, ist jeder herausgefordert, sich aktiv in Beziehung zu anderen zu setzen. Der Austausch von Erfahrungen findet daher in Interessensgruppen und während einzelner Begegnungen statt.

Die Figuren des reisenden Handwerkers und Seefahrers, die Walter Benjamin in seinem Text anführt, um das Handwerk und die Tradition der Überlieferung als essentielle Bestandteile für ein Erzählen zu unterstreichen, sind in einer mobilen und globalisierten Gesellschaft andere. Gerade in Großstädten, in denen Menschen aus unterschiedlichen Ländern, Tätigkeitsfeldern, Lebensbedingungen und -entwürfen zusammentreffen, potenzieren sich die unterschiedlichen Erfahrungen und Erlebnisse. Zwar hat das Unterwegssein, von dem auch Benjamin ausgeht, im 21. Jahrhundert zugenommen, doch unter anderen Prämissen. Das

---

39 Benjamin, Walter: »Der Erzähler. Betrachtungen zum Werk Nikolai Lesskows«, in: Benjamin, Erzählen (2007), S. 103-128, hier S. 111.

Unterwegssein ist für viele Menschen ein andauernder Zustand geworden. Die Rückkehr zu einem Ort (Heimat) löst sich auf. Durch wechselnde Arbeitsplätze, ökonomische und politische Verhältnisse, die Menschen zu einem Unterwegssein und auch zur Flucht aus einem Land zwingen, sind gerade Städte zu einer temporären Anlaufstelle für viele Menschen geworden. Das Bleiben und der Status eines Bleiberechts sind dabei zunehmend ungewiss geworden. Von dieser Ungewissheit und Ungleichheit und den aus ihnen hervorgehenden Problematiken kann jedoch erzählt werden.

Der Künstler Jeff Wall reflektiert in seinen fotografischen Bildern die Thematiken von Globalisierung, die Unfreiheit des Subjekts im Kapitalismus und die sozialpolitischen Ausgrenzungen von Menschen aufgrund ihrer Herkunft, ihres Geschlechts und sozialen Status. Bei Wall ist die Stadt ein machtumkämpfter Raum. Sichtbare und unsichtbare Macht, Gewalt, Repressionen und ein Aufbegehren gegen Ungleichheit veranschaulicht der Künstler durch die Darstellung von einzelnen Handlungen der Stadtbewohnenden, die er oftmals für seine fotografischen Bilder engagiert. Die Handlungen und Gesten erzählen vor dem Hintergrund der Stadt von ihrer Problematik: Stadt ist als historischer Raum ein Ort mit unzähligen Brüchen, Widersprüchen und Wiederholungen.

In der Überlagerung und Verdopplung von Ereignissen, Spuren, Zeichen und Bedeutungsmöglichkeiten zeigt sich die Ambiguität von Stadt: Stadt verdichtet sich durch die Vielfalt, die sie generiert, und in einer parallelen Bewegung werden Einzelheiten durch die Menge von differierenden Zeichen und Bewegungen verwischt und aufgelöst. Diese Kopplung zwischen Produktion und Destruktion ist eine Eigenschaft von ›dichten Orten‹. Aus ihr geht etwas hervor: ein Transfer von unterschiedlichen Bewegungen. Stadt ist, so formuliert es Florentina Hausknotz in ihrer Überlegung zu dichten Orten, demnach ein Ort der Übersetzung und ist Übersetzung. »Dichte Räume bieten Materialien und Teilnehmende, die ihre unterschiedlichen Gravuren hinterlassen. Dichte Räume können damit das einander Begegnen von schöpferischen Produkten gewährleisten. Demzufolge ist Stadt medial, oder anders formuliert, ein Übersetzungsraum, selbst Übersetzung, weil den Transport von Gedanken immer etwas ermöglichen muss, womit die Stadt schließlich an Materielles gebunden ist. Sie ist demnach eine Baustelle, eine Baustelle des Sprechens – in einem sehr weiten Sinne des Wortes [...].«[40] Das Erzählen von Erfahrungen, die jeder in der Auseinandersetzung mit Ereignissen gemacht hat, kann als eine Form der ›Übersetzung‹ verstanden werden. Im Übersetzen geht, ähnlich wie im Erzählen, ein Teil des zu Übersetzenden

---

40 F. Hausknotz: Stadt Denken (2011), S. 13 f.

durch Angleichungs- und Deutungsprozesse verloren. Ebenso wird von dem Ort, an dem das Ereignis stattgefunden hat (der Schauplatz), an anderen Orten erzählt. Im Erzählen werden auf diese Weise vielfältige zeitliche und topologische Wendungen vollzogen: Unterschiedliche Orte und Zeiten werden in andere transformiert. Gerade für die zeitgenössische bildende Kunst ist diese Eigenschaft des Erzählens produktiv, wie die Analyse von künstlerischen Arbeiten im urbanen Raum von Janet Cardiff und Jeff Wall zeigt. Orte, Erinnerungen und Handlungen werden in den künstlerischen Arbeiten mit verschiedenen Erzählweisen und medialen Mitteln transformiert, reflektiert und weitererzählt. Bereits Erzähltes wird noch einmal und anders erzählt. Denn, so Gertrude Stein, »eines ist sicher und gewiß daß alle die alles erzählen auch wenn es nichts ist was sie erzählen oder entweder ein Erzählen dessen ist was sie erzählen wollen was sie erzählen müssen was sie gern erzählen oder was sie einfach so erzählen eine Erzählung erzählen.«[41]

Stadt wird erzählt. Auch das Nichterzählte und Nichterzählbare wirkt dabei auf die Erzählungen über Stadt ein. Sie besteht aus Erzählungen, die weitererzählt werden und dabei immer ein wenig anders erzählt werden. Dieses Weiterknüpfen, Verändern und Neuhinzufügen des Erzählten macht nach Benjamin eine Qualität des Erzählens aus: »Der Erzähler nimmt, was er erzählt, aus der Erfahrung; aus der eigenen oder berichteten. Und er macht es wiederum zu Erfahrung derer, die seiner Geschichte zuhören.«[42] Im Tun entsteht also etwas, was zuvor noch nicht denkbar oder sichtbar war. So beschreibt es auch Loreck in Bezug zum Umgang mit Bildmaterialien: »Jede Wiederverwendung [...] enthält eine Wendung, so wie man einen Stoff und nicht nur einen Stoff als Gewebe, sondern jedes Thema, jede Figur so lange wenden kann, bis sie gedreht sind, also auf dem Kopf stehen oder eine andere Seite zeigen, eine, die vorher nicht sichtbar war.«[43] Das eine Erzählte greift in das andere Erzählte. Es entstehen erzählte Erzählungen und, in Bezug zum urbanen Raum, eine ›erzählte Stadt‹. Das Erzählen wird dabei zu einer Methode, Stadt zu reflektieren.

---

41 G. Stein: Erzählen (1971), S. 60.

42 W. Benjamin: »Der Erzähler. Betrachtungen zum Werk Nikolai Lesskows« (2007), S. 107.

43 H. Loreck: »Verlust, Verheißung: So viel verstehen wie ein Blinder von Farben« (2006), S. 6.

Walkman-Effekte

»I like travelling alone, not talking to anyone.
Just watching people. When I'm alone sometimes it's like I'm in a large glass bubble, not
really part of the world ... just floating through
it ...«[1]

In »Forest Walk«[2] (1991), dem frühesten Audiowalk von Janet Cardiff, nutzt die
Künstlerin einen Walkman[3], um die Zuhörenden mit ihrer Stimme an Wegen entlang zu führen. Die Geräusche von Schritten auf einem Waldweg, das Rascheln
von Blättern im Wind, Krähenschreie und das schrille Pfeifen eines Zuges sind
zwischen verschiedenen Erzählstimmen zu hören. Eine Rezipientin, die diesen
Walk im Wald in der Nähe von Banff (Alberta), einer Stadt an einem kanadischen Nationalpark, macht, beschreitet die von ›Janet‹ beschriebenen Wege alleine, und umso unheimlicher muss ihr die von Menschen verlassene Natur erschei-

1   Cardiff, Janet/Bures Miller, George: Conspiracy Theory, Videowalk, 16:40 Min., kura-
     tiert von Réal Lussier, Musée d'Art Contemporain de Montréal, Montreal, Quebec,
     Kanada 2003. Zitat aus dem Walk. In: Schaub, Mirjam: »Janet Cardiff. The walk
     book«, übers. von Jacqueline Todd, Köln 2005, S. 157.
2   Cardiff, Janet: Forest Walk, Audiowalk, 12 Min., Banff Centre for the Arts, Banff, Al-
     berta, Kanada 1991.
3   Der Walkman ist ein mit Batterien betriebenes Tonabspielgerät mit Kopfhörern, das in
     der ersten Version Tonbandkassetten abspielte. Seit 1979 wurde der Walkman von der
     Firma Sony als erstes tragbares Audiogerät vermarktet und prägte die Jugendkultur
     der 1980er Jahre: Jugendliche hörten Musik während anderer Tätigkeiten, wie z.B.
     beim Spazierengehen und Joggen durch die Stadt. Das iPhone (2007) löste die Nach-
     folgemodelle des Walkmans, wie den MiniDisc-Walkman (1990er Jahre) und MP3-
     Player (Anfang 2000er), ab. Seit der Verbreitung der Smartphones gehört das mobile
     Musikhören und Telefonieren über Kopfhörer zum alltäglichen Bild in der Stadt.

nen, die Cardiff mit ihrer Erzählung durch die sprechende Protagonistin ›Janet‹ symbolisch auflädt:»Walk up the path. I haven't been in this forest for a long time … it's good to get away from the centre, from the building noises, to idyllic nature. […] It's so beautiful in the forest by night … it's kind of spooky though.« Und ›Janet‹ flüstert in einer anderen Stimmlage:»I just want to be with you.« Die Rezipientin fühlt sich plötzlich direkt angesprochen und bemerkt einige Sekunden später, dass sie eine unfreiwillige Zeugin eines Streitgesprächs von einem Paar wird, denn eine männliche Stimme antwortet:»I find that hard to believe sometimes.« ›Janet‹:»We've had wonderful times.« Man's voice:»It's my […] personality, blame it on me.«[4]

Die Zuhörerin scheint einem Gespräch zu lauschen, das bereits zuvor auf dem Weg stattgefunden hat, und taucht mittels der verwendeten Präsensform in eine andere (bereits vergangene oder auch zukünftige) Gegenwart ein. ›Janets‹ Stimme führt die Zuhörerin weiter und macht auf die unmittelbare Umgebung aufmerksam. Die Waldluft, einzelne Pflanzen und auch Tiere werden von ihr erwähnt. Vogelgezwitscher ist zu hören und die Rezipientin fühlt sich wieder in ihrer Gegenwart, bis Geräusche, die durchaus an dem Ort zu hören sein könnten, eine Entfernung und andere Orte einführen: Krähenschreie und Geräusche eines Zuges tauchen unvermittelt auf und durchschneiden die zuvor durch Geräusche und Beschreibungen hergestellte Atmosphäre. Ähnlich wie bei der Soundinstallation »Forest (for a thousand years…)«[5] (2012) von Janet Cardiff und George Bures Miller während der dOCUMENTA (13) im Park Karlsaue in Kassel, hält die Zuhörerin unwillkürlich Ausschau nach der Ursache der Geräusche, die die Idylle der Natur aufbrechen. Weder der Zug in »Forest Walk« (1991) noch die Pferdegarde, Maschinengewehrsalven, Detonationen oder ein Hubschrauber in »Forest« (2012) sind zwischen den Bäumen in dem waldigen Teilstück des Kasslers Parks zu sehen und doch hebt die Zuhörerin jäh den Kopf und versucht das Gehörte auszumachen.

Wie die Kunstwissenschaftlerin Mirjam Schaub beschreibt, zeigen Cardiffs Walks[6], »wie sehr das bloß Gehörte auch das Zu-Sehende [sic] affiziert, infiziert und dirigiert. Man *meint* zu sehen und *möchte* sehen, was man hört.«[7] Es gibt in den Walks Momente, in denen jedoch genau das zu sehen ist, was man zuvor hörte, und dies lässt eine Intensität entstehen, die das Alltägliche in einen schönen und unheimlichen Augenblick wandelt. Das Erzählte scheint in der Realität aufzugehen, sie widerzuspiegeln und zu umrahmen. Auch wenn die Rezipientin

---

4 Zitat aus dem Walk. In: M. Schaub: Janet Cardiff. The walk book (2005), S. 254.

5 Cardiff, Janet/Bures Miller, George: Forest (for a thousand years…), Audioinstallation, 28 Min., dOCUMENTA (13), Karlsaue Park, Kassel, Deutschland 2012.

durch ›Janets‹ Erinnerungsbilder an eigene, vergessen geglaubte Gefühle erinnert wird, entsteht ein Moment, der die Rezipientin unmittelbar berührt und Emotionen freisetzt. »Cardiff alludes to different moods and experiences, and memories, that suddenly become more compelling and coherent when combined with the sensory impression of a similar moment. The experience of an ›involuntary memory‹ as an unexpected coincidence with the present perception produces a fantastic feeling of happiness.«[8] Gerade emotionale Erinnerungsbilder wie eine intime Berührung der ersten Liebe, von der die Künstlerin in dem Walk »Alter Bahnhof«[9] (2012) im abgeschotteten Notausgangtreppenhaus des Hauptbahnhofskinos erzählt, können bei den Rezipierenden plötzlich Erinnerungen wachrufen, an die sie schon lange nicht mehr gedacht hatten.

Manchmal nutzt Janet Cardiff Übereinstimmungen zwischen Gehörtem und Gesehenem auch für eine atmosphärische Beschreibung des Ortes. Beispielsweise im »Münster Walk«[10] (1997), in dem ›Janet‹ die Anweisung gibt: »Turn left … into the small street … towards the church«[11] und die Rezipientin, die die Kirche im Blick hat, dann einige Fahrräder hört, die über das holprige Kopfstein-

---

6   Janet Cardiff entwickelte Anfang der 1990er Jahren ihre ersten Audiowalks (»Bathroom Stories« und »Forest Walk«, beide 1991) und wurde mit diesem neuen künstlerischen Format international bekannt. Einige der Audio- und Videowalks entstehen seit Ende der 1990er Jahren in Kooperation mit ihrem Partner George Bures Miller. Für eine bessere Lesbarkeit im vorliegenden Text wird als Künstlerin der Walks Janet Cardiff genannt; die Werkangaben enthalten immer die vollständigen Künstlerangaben. Cardiffs Sprechstimme ist es auch, die die Walkteilnehmenden mittels Anweisungen durch den urbanen Raum führt. Die Sprechstimme Cardiffs wird mit ›Janet‹ bezeichnet. George Bures Miller, der oft männliche Sprechfiguren spricht, wird ›George‹ genannt. Dieses Vorgehen orientiert sich an der Schreibweise der Sprechstimmen in M. Schaub: Janet Cardiff. The walk book (2005).

7   Schaub, Mirjam: »Die Kunst des Spurenlegens und -verfolgens. Sophie Calles, Francis Alÿs' und Janet Cardiffs Beitrag zu einem philosophischen Spurenbegriff«, in: Sybille Krämer/Werner Kogge/Gernot Grube (Hg.), Spur. Spurenlesen als Orientierungstechnik und Wissenskunst, Frankfurt a.M. 2007, S. 121-141, hier S. 135. Hervorhebung im Original.

8   Mirjam Schaub. In: M. Schaub: Janet Cardiff. The walk book (2005), S. 78.

9   Cardiff, Janet/Bures Miller, George: Alter Bahnhof, Videowalk, 26 Min., dOCUMENTA (13), Hauptbahnhof Kassel, Deutschland 2012.

10 Cardiff, Janet: Münster Walk, Audiowalk, 17 Min., kuratiert von Kasper König, Skulptur Projekte Münster, Münster, Deutschland 1997.

11 Zitat aus dem Walk. In: M. Schaub: Janet Cardiff. The walk book (2005), S. 102.

pflaster der Gasse fahren, über das sie gerade geht. Die Rezipientin hört den Raum, den sie durchschreitet, aber eigentlich nicht hören kann, weil der Kopfhörer sie von der akustischen Welt der Gasse abschirmt. Die Aufmerksamkeit der Rezipientin auf ihre Umgebung und den Augenblick wird intensiviert und die alltäglichen Ereignisse scheinen dabei von einer unsichtbaren Person dirigiert zu werden. Die Rezipientin fühlt sich durch all diese zufälligen und einkalkulierten Übereinstimmungen persönlich angesprochen und beginnt ›Janet‹ immer weiter zu vertrauen, da sie mehr über sie zu wissen scheint, als ihr selbst bewusst ist.

Auf der anderen Seite hat dieses blinde Vertrauen, das jede Walkteilnehmerin der Stimme schenkt und einem Hörigwerden nahe kommt, etwas Unheimliches. Die Rezipierende muss sich mit der unbequemen Frage auseinandersetzen, warum sie bereitwillig einer fremden Stimme und ihren Anweisungen folgt. Die Intimität, die sich zwischen Cardiffs Stimme und der Zuhörerin entwickelt, verdeckt dabei das reizvolle und risikoreiche Spiel mit der Macht, das sich zwischen Führen und Verführen, Gehorchen und Folgen langsam entfaltet. Wird die Walkteilnehmerin im Laufe eines zwanzig- oder dreißigminütigen Walks zu einer Gefolgin, Mitwisserin oder Komplizin einer scheinbar allwissenden Erzählerin, deren körperlose Stimme eine unheimliche Präsenz einnimmt? Je länger ein Walk dauert, umso mehr wird ›Janet‹ zu einem Teil der eigenen Wahrnehmung und nimmt den Platz der eigenen inneren Stimme ein. Dies mag als angenehm oder unheimlich empfunden werden, Cardiffs Stimme ist eine unmittelbare Verbindung zur Rezipierenden. Ihre Stimme agiert im Hier und Jetzt und fungiert als eine Instanz der Gegenwart, während Raum und Zeit im Erzählen verhandelt werden.

Die Rezipierende muss der Stimme lauschen, da nur sie den Weg und den Verlauf der Geschichte kennt, die die Rezipierende gerne erleben möchte. Die Reflexion über die eigene Hörigkeit beim Rezipieren der Walks wird durch diese narrative Funktion der Erzählstimme vorläufig in den Bereich der unbewussten Wahrnehmung verschoben. Dort entfaltet die sinnliche Qualität der Stimme und das Spiel mit der Macht vielfältige Nuancen: Erotik, Angst und Verführung setzen auf der psychischen Ebene verschiedene Begehren in Bewegung. Die Intimität, die als Bindeglied des Erzählens fungiert, kehrt sich in die Innenwelt des Subjekts und befragt dessen Psyche. Im Gegensatz zu den Augen, die sich verschließen können, ist das Ohr akustischen Reizen unmittelbarer ausgesetzt. Das Gehörte dringt in das Subjekt ein, weil das Ohr mit seiner Öffnung zum Körperinneren und zur Außenwelt durchlässig ist. Im (Zu-)Hören wird der Körper zu einem Resonanzboden für ein inneres und äußeres Geschehen und deren Verflechtungen ineinander. Gerade ein Flüstern und Zuraunen, so wie es Janet Cardiff mit ihrer Stimme zu sprechen vermag, ruft in Erinnerung, wie körperlich

Geräusche und der Klang von Stimmen wahrgenommen werden: Sie sind Berührungen ähnlich, mit ihnen erfahren Menschen ihr Dasein in der Welt.

Mit einer weiblichen Stimme im Ohr durch urbane Räume zu gehen, verändert die Wahrnehmung der Orte und deren Historizität. Bis Mitte des 20. Jahrhunderts wurde Stadt vornehmlich von männlichen Beobachtern und Protagonisten begangen, besprochen und erzählt. Männliche Stimmen prägten damit die Geschichte(n) von Orten in der Stadt. Cardiffs Walks sind daher ein wichtiger Beitrag im Kontext von Stadt und Stadtwahrnehmung: Die weibliche Stimme schreibt sich im Gehen und Zuhören in das Gedächtnis der Rezipierenden ein und wird im Stadtraum präsent. Die Künstlerin erzählt jedoch nicht nur selber, sie lässt auch erzählen. Auf den Wegen eines Walks begegnen der Walkteilnehmerin viele andere Stimmfiguren: Frauen und Männer, alte und junge Menschen, Lebende und Tote kommen zu Wort. Naturgeräusche, Tierstimmen und Musiksequenzen werden von Cardiff eingesetzt, um die Lebendigkeit und Polyfonie des Lebens wiederzugeben. Durch diese Vielstimmigkeit der Walks werden die politischen, historischen und psychologischen Aspekte von Macht und Manipulation in Bezug zum Raum der Stadt demokratisiert – gerade weil die Ambivalenzen des Manipulativen dennoch spürbar bleiben und durch die Heterogenität des Erzählens ein Gegengewicht und eine Alternative erhalten. Durch diese Diskursivität bekommt der alltägliche und aus dem bürgerlichen Milieu stammende Stadtspaziergang in Cardiffs Walks eine (gender-)politische Dimension.

Janet Cardiffs omnipräsente Stimme übernimmt zudem weitere, regulierende Funktionen ein. Es ist ihre einfühlsame Stimme, die als einzige einen fließenden Zugang zu all den verschiedenen Welten zu haben scheint und zwischen der virtuellen Welt, der Vorstellungswelt der Zuhörenden und der physischen Welt außerhalb der Kopfhörer Verbindungen schafft. Ähnlich einer inneren Stimme verschiebt sie mittels verschiedener Tonlagen die Aufmerksamkeit der Rezipierenden von einer Wirklichkeit in die andere: »I use different types of ›Janet‹ voices to evoke different atmospheres. A flat, intense voice will suggest a more removed, filmic reading, while a conversational tone creates a sense of reality. A quiet thinking voice exists on a different spatial level, creating the ability to penetrate the listener's brain as if it were voicing their own thoughts.«[12] Während Cardiffs Stimme die Zugänge zu den verschiedenen Wirklichkeiten regelt, muss die durch Kopfhörer von der Umgebung abgeschirmte Zuhörerin ihren Wahrnehmungsapparat immer wieder neu koordinieren: Sie lauscht den Geschichten der verschiedenen Erzählstimmen; versucht die Geräusche einzuordnen und mit ihrer Umgebung abzustimmen; sie folgt den Gehanweisungen der Künstlerin, ist

---

12 Janet Cardiff. In: Ebd., S. 143.

dabei bemüht, den Weg nicht zu verfehlen oder sich zu verirren; sie registriert, wie anhand ›Janets‹ Erzählungen subjektive Erinnerungen (Bilder, Gerüche, Berührungen und Geschmack) auftauchen und gleich wieder verschwinden; sie versucht, sich die vielen akustischen, visuellen, haptischen und olfaktorischen Eindrücke zu merken, und gleichzeitig muss sie, um dem Walk weiterfolgen zu können, ›Janets‹ Anweisungen zügig folgen und weitergehen. Schaub schreibt zu diesem eigenartigen Zustand der Rezipientin, die durch das Walkmanhören von ihrer unmittelbaren Umgebung abgeschirmt ist und sich doch inmitten dieser befindet:»Durch die Kopfhörer ist der Kontakt zur Welt zwar gedämpft, jedoch nicht abgebrochen, so dass man sich in wenigstens zwei akustischen Räumen *zugleich* aufhält: dem vorab aufgezeichneten und dem sich aktuell ereignenden. Einer ›audio-visuellen Brücke‹ gleich findet eine Überschneidung von vorgespie(ge)lten und unbeabsichtigten Ereignissen statt. Wie in einem *cadavre exquise*-Spiel scheint sich die Wirklichkeit in unterschiedliche akustische und visuelle Welten aufzufächern, teils zu verdoppeln, teils zu ergänzen.«[13] Die kognitive Wahrnehmung der Rezipientin wird dabei so sehr stimuliert, dass eine Filterung der vielen Eindrücke kaum noch möglich ist. Die Rezipientin spürt die durch das Bewusstsein generierten und stabilisierten hauchdünn verlaufenden Grenzen zwischen Innen- und Außenwelt verschwimmen. Diese Auffächerungen betreffen nicht nur das Verhältnis zwischen der Umgebung und der Kopfhörerwelt, sondern auch die Wirklichkeiten, die Cardiff entwirft. Abgrenzungen zwischen topologischen, zeitlichen und auch psychischen Räumen lösen sich in den Walks temporär auf und lassen vielfältige Zwischenräume und -zustände entstehen. Die Stadt wirkt anders als zuvor. Der alltägliche urbane Raum wird zu einer schillernden Erfahrungswelt, in der das Subjekt sich und sein Verhältnis zur Umwelt neu erfahren und bestimmen kann.

Welche Eigenschaften des Walkmanhörens unterstützen dabei Janet Cardiffs Erzählungen von parallel existierenden Welten und deren Instabilitäten? Durch unterschiedliche Effekte des Walkmanhörens kann Cardiff in ihren Walks die Rezipierenden in verschiedene Welten – in Träume, Erinnerungen, Vergangenheiten und Gegenwarten – führen und durch das Hin- und Herwechseln von einer Wirklichkeit in die andere diese gleichzeitig in Frage stellen. Wie Mirjam Schaub bemerkt, nutzt Cardiff visuelle und akustische Bilder, um Wirklichkeiten sowohl zu bestätigen als auch zu falsifizieren.[14] Auf diese Weise gelingt es Cardiff immer

---

13 M. Schaub:»Die Kunst des Spurenlegens und -verfolgens« (2007), S. 133 f. Hervorhebung im Original.
14 Mirjam Schaub. In: M. Schaub: Janet Cardiff. The walk book (2005), S. 243.

wieder, eine Durchlässigkeit oder Fluidität zu generieren, die jene Übergänge zwischen Bewusstsein, Traum und Aufwachen, zwischen Erinnerung und Gegenwärtigem erlebbar machen, die der Philosoph Jacques Lacan auf theoretischer Ebene, in seiner Analyse zum Realen, zum Traum und zur Bewusstseinsproduktion des Subjekts beschreibt. Cardiffs Erzählwelten werden immer wieder durch Ereignisse, durch ein ›Anklopfen‹ (Lacan) einer anderen Wirklichkeit erschüttert, Resonanzen und Spiegelungen aus anderen Wirklichkeiten fließen ein, erzählen von parallelen Welten, bevor per Unterbrechung oder einem abrupten Zeitsprung der Wechsel in eine andere Wirklichkeit vollzogen wird. Es kann, wie im Walk »Taking Pictures« (2000), ein Dialog sein, der davon erzählt:

»Janet: I remember when I was here before, in the fall, sightseeing with my mother. I took some pictures to remind myself of our visit.

Janet: I can see my reflection in the window beside us.

Girl: If you look really hard in the mirror you can see the other world, just like this one but only backwards.«[15]

Oder es sind akustische Bilder, die diesen Wechsel hervorrufen, wie beispielsweise eine Szene aus dem Walk »A Large Slow River«[16] (2000):

»*sound cuts to silence, hear bed sheets move*

Janet: Are you awake now? What were you dreaming about?

George: I was back at the lake again with my brothers. There were soldiers attacking us with machine guns and tanks. We'd built a barricade out of tables and chairs, pieces of wood. A tank came up the road towards us …

sound of guns, explosions, sirens, sound shifts to sound of little girls singing ›*Twinkle twinkle little star*‹ *overhead, then telephone ringing. voice in distance saying hello. sound shifts to clicking heels walking down hallway, telephone rings, machine answers. beep*«[17]

Manchmal sind es auch bekannte, alltägliche Geräusche, die mit der Umgebung übereinstimmen könnten und die Rezipierenden jäh in ihre Gegenwart versetzen: Wie beispielsweise das klackende, hallende Geräusch von Skateboardfahrern im Kassler Hauptbahnhof in »Alter Bahnhof« (2012), vor dem die Rezipientin erschrickt und zur Seite springt, um eine Kollision zu vermeiden, um dann im Sichumdrehen festzustellen, dass zwar keine Skateboarder zu sehen sind, aber sie ihre Umgebung intensiviert wahrnimmt. Der urbane Raum erscheint zugleich

---

15 Zitat aus dem Walk. In: Ebd., S. 244.

16 Cardiff, Janet: A Large Slow River, Audiowalk, 18 Min., kuratiert von Marnie Flemming, Oakville Galleries, Gairloch Gardens, Ontario, Kanada 2000.

17 Zitat aus dem Walk. In: M. Schaub: Janet Cardiff. The walk book (2005), S. 97. Hervorvorhebung im Original.

verdichtet und porös zu sein. Verbindungen zwischen einem Ereignis, der Zeit und dem Raum werden voneinander gelöst. Stadt wird bei Janet Cardiff zu einer Erzählung: ein ereignishafter Raum, in dem verschiedene Handlungen gleichzeitig und anachronistisch stattfinden können.

Trotz der Durchlässigkeit zwischen der alltäglichen und der erzählten Welt fühlt sich die Rezipientin von der Umgebung isoliert. Dieses Gefühl ähnelt dem des Alleinseins beim Reisen, das die Künstlerin in ihrem Walk »Conspiracy Theory« (2002) beschreibt: Es sei, als gleite man in einer großen Glasblase, in der eine andere zeitliche und räumliche Struktur herrscht, durch die Welt.[18] Im Inneren dieser Blase scheint alles auf einer zeitlichen und topologischen Ebene zu liegen, gleichzeitig und nebeneinander stattzufinden. Ähnlich wie es Cardiff in ihrem Audiowalk »Taking Pictures«[19] (2000) anhand von zwei Stimmfiguren beschreibt:

»Man: Are you lost yet?

Girl: No, I know exactly where I am. I'm at home in my bed sleeping.

Man: How can you be there and also here with me.

Girl: It's easy to be two places at once.«[20]

In Tagträumen, im Traum oder in Halluzinationen werden diese Gleichzeitigkeiten auch erlebt: Chronologien, topologische Einteilungen und Begrenzungen sind temporär aufgehoben. In Cardiffs Walks ist dies im Zustand des Wachseins erlebbar, weil zum einen alles Erzählte eine Gleichwertigkeit besitzt: »No one narrative, no description, no memory, no heard voice, no sound on the soundtrack is more ›current‹ or more ›real‹ than any other«[21], und zum anderen weil das Walkmanhören eine bestimmte Distanz zur Umgebung einführt: Es entsteht eine Entzerrung zwischen der Kausalität von akustischer und visueller Welt, in deren Zwischenräumen nun andere Verbindungen generiert werden können. Durch diese Instabilität werden in den Walks neue Sichtweisen auf Stadt ermöglicht. Einige dieser neuen Verbindungsmöglichkeiten beschreibt der Musikwissenschaftler Shuhei Hosokawa. In seinem Text »Walkman-Effekt«[22] schildert er, wie in den 1980er Jahren die Walkmanhörenden zum ersten Mal in der Stadt auftauchten und Debatten über die Isolation des Subjekts im urbanen Raum aus-

---

18 Janet Cardiff. In: Ebd., S. 157.

19 Cardiff, Janet: Taking Pictures, Audiowalk mit Fotografien, 16 Min., kuratiert von Rochelle Steiner, Saint Louis Art Museum, St. Louis, Missouri, USA 2000.

20 Zitat aus dem Walk. In: M. Schaub: Janet Cardiff. The walk book (2005), S. 242.

21 Mirjam Schaub. In: Ebd.

22 Hosokawa, Shuhei: Der Walkman-Effekt, übers. von Birger Ollrogge, Berlin 1987.

lösten. Hosokawa geht mit seiner kulturwissenschaftlichen Betrachtungsweise davon aus, dass das Walkmanhören die Akteurinnen und Akteure nicht von der Umgebung abkapsele, wie es von außen zunächst erscheint, sondern vielmehr die Beziehungen zu dieser verändere: »Die praktische Bedeutung des Walkman besteht in der Distanz, die er zwischen der Wirklichkeit und dem Realen, der Stadt und dem Urbanen und insbesondere zwischen den anderen und dem Ich entstehen läßt. Er zerstört den Kontext des bestehenden Textgefüges der Stadt und stellt gleichzeitig jedwede zusammenhanglose Situation in einen Kontext.«[23] Die Walkmanhörerin bezieht sich im Gehen auf ihre Umgebung und Mitmenschen und beginnt, vor dem nur ihr zugänglichen akustischen Hintergrund den Situationen und Handlungen neue Bedeutungen zuzuweisen. Sei es einfach durch die Wirkung von Instrumentalmusik, die verschiedene Stimmungen erzeugt und damit der Hörerin die Umwelt anders erscheinen lässt, oder aufgrund von Wörtern aus einem Liedtext, die dem Gesehenen einen Subtext hinzufügen. Diese minimale Differenz reicht aus, um das Gewohnte anders und dadurch als etwas Anderes wahrzunehmen. Der Walkman, ein Gerät der Unterhaltungsindustrie, evoziert einen überraschenden Nebeneffekt, der das Gehen in der Stadt verändert. Nebensächliches erhält zufällige Bedeutungen und Symbolisches wird belanglos. Hierarchien und Ordnungen im urbanen Raum, Gewohnheiten in der Wahrnehmung von Stadt und die Eigenwahrnehmung können in der Tätigkeit des Walkmanhörens temporär verändert werden.

Das Walkmanhören generiert neue Kontexte und kann die Wahrnehmung intensivieren. Hosokawa stellt dazu fest, dass der Walkman keinen Kontext habe, sondern er dekonstruiere und konstruiere neue Bedeutungen durch seine Funktion des ›Und‹: »Aufgrund der ›stotternden‹ Funktion des deleuzianischen *und* verwandelt der Walkman das Laufen in Poesie. Man läuft *und* hört (und umgekehrt). Man erlebt *Hören-und-Gehen*, oder sogar Laufen und Essen und Trinken und Spielen und … und Hören […].«[24] Verschiedene Tätigkeiten und Sinneseindrücke werden miteinander auf eine neue Art und Weise verwoben: »Walkman-Hören grenzt nicht aus sondern integriert, hat nichts mit geistiger Konzentration zu tun sondern verwirrt, faßt nicht zusammen sondern zerstreut, ist nicht zentripetal sondern zentrifugal.«[25] In Walks, in denen Janet Cardiff der Rezipientin einige Fotografien mitgibt, die sie sich an bestimmten Orten ansehen soll – wie in »Taking Pictures« (2000) und »Her Long Black Hair« (2004), in Videowalks mit

---

23 Ebd., S. 21.

24 Ebd., S. 31. Hervorhebung im Original.

25 Ebd.

einer kleinformatigen Videokamera mit ausklappbarem Bildschirm, in denen zusätzlich zur Tonspur eine filmische hinzukommt, wie bei »In Real Time« (2000), »The Telephone Call« (2001) und »Ghost Machine« (2005), oder im Videowalk mit einem iPod in »Alter Bahnhof« (2012) –, laufen verschiedene Tätigkeiten und Sinneseindrücke zu einer Wahrnehmungsform des ›Und‹ zusammen: Die Rezipientin geht und hört und betrachtet die Fotografien, verfolgt den Film im Display der Videokamera und vergleicht permanent das virtuell Gesehene mit dem Gehörten und der Umgebung.

Nicht nur erhält die Umgebung durch Cardiffs Erzählungen eine zusätzliche narrative Ebene, sondern das Gesehene und Gehörte aus der Umgebung und aus der Erzählung werden auch ständig hinterfragt und mit neuen Bedeutungen versehen. Beispielsweise raunt ›Janets‹ Stimme der gehenden Rezipientin in dem Walk »Her Long Black Hair«[26] (2004) im Central Park in New York zu: »All these people walking past. They all have their secrets. Unwanted memories that creep into your mind in the middle of the night. Even as a child I had things that I couldn't tell anyone.«[27] Dieses alltägliche Bild von spazieren gehenden Menschen im Park verliert seine Harmlosigkeit, auf einmal werden die Passanten zu Geheimnistragenden und ihre Handlungen zu möglichen Täuschungsmanövern. Die Zuhörerin beginnt der idyllischen Szenerie im Park zu misstrauen, weil sie der Stimme vertraut und deren Suggestion von einer Unheimlichkeit im Alltäglichen Glauben schenkt. An einer anderen Stelle in »Her Long Black Hair« unterbricht ›Janets‹ Stimme plötzlich den Erzählfluss und fordert die Hörerin auf, stehen zu bleiben, während ihr Atem weiter zu hören ist und eine Stimme leise bis zehn zählt: »Now everything will have changed … the people we meet. The things we hear. Not in a big way but enough. Now continue.«[28] Diese eingeflüsterten Bemerkungen reichen aus, um die Umgebung anders wahrzunehmen. In dem »Villa Medici Walk«[29] (1998) beschreibt George Bures Millers Stimme die Unsicherheit des Wahrnehmbaren: »I went to the store today and discovered that the street no longer existed. I don't know if it's my memory or the effects of the experiments. Nothing seems stable […].«[30] Die Wahrnehmung von der realen

---

26 Cardiff, Janet: Her Long Black Hair, Audiowalk mit Fotografien, 46 Min., kuratiert von Tom Eccles, Public Art Fund, Central Park, New York, USA 2004.

27 Zitat aus dem Walk. In: M. Schaub: Janet Cardiff. The walk book (2005), S. 20.

28 Zitat aus dem Walk. In: Ebd., S. 133.

29 Cardiff, Janet: Villa Medici Walk, Audiowalk, 16 Min., kuratiert von Carolyn Christov-Bakargiev/Hans Ulrich Obrist/Laurence Bossé, Villa Medici, Rom, Italien 1998.

30 Zitat aus dem Walk. In: M. Schaub: Janet Cardiff. The walk book (2005), S. 112.

Wirklichkeit und einer geträumten oder halluzinierten Wirklichkeit vermischen sich, weil die einmal in Gang gesetzten Bilder unkontrolliert hin- und herspringen. Dies sind, wie Cardiff beschreibt, Erfahrungen, die sie mit dem Erzählen gemacht hat und die sich für ihre Spaziergänge im urbanen Raum nutzen lassen:»So I think the walks function in a way that I've always tried to express the way our minds jump around all over the place. But slowing down the process of telling a story has allowed me to realize what you need in order to build up a certain amount of intimacy, a certain amount of interest in the narrative, but still make it open-ended.«[31] Der urbane Raum spielt den Walks immer wieder verschiedene Bilder zu, die in der Narration aufgehen, weil urbaner Raum und Narration offen angelegt sind. Auf diese Weise entsteht eine fluide Beziehung zwischen der narrativen und der realen Welt. Die Zugänge zwischen Außen- und Innenwelt werden beim Walkmanhören immer wieder neu bestimmt und lassen unterschiedliche Beziehungsgeflechte entstehen.

Das Walkmanhören ermöglicht eine intensive Verbindung mit der subjektiven Gefühlswelt, die Umgebung wird dann vielmehr ausgeschlossen und ein Zugang zu einer ›inneren Welt‹ oder Traumwelt erleichtert. In dem Fernsehfilm »Mörderkind«[32] (1998) dient der Walkman einem Teenager dazu, in eine andere Welt zu flüchten: »[…] der 13-jährige Mark entgeht einer Konfliktsituation durch die Flucht zu einem Baum, in dem er seinen Walkman versteckt hat, das Gerät hütet er dort wie einen Schatz. […] Er legt sich ins Gras und flieht, von der Kopfhörermusik getragen, zumindest in seinen Gedanken aus der Realität in eine Traumwelt – der Walkman als Tagtraum-Maschine zur ›Kolorierung‹ des Alltags.«[33] Auch in der Erzählung »Siebzehn Dinge«[34] (2006), in der die Literaturwissenschaftlerin und Schriftstellerin Eleonore Frey die Welt der 17-jährigen Schülerin Nina schildert, ermöglicht das Walkmanhören der Figur eine Rückzugsmöglichkeit in ihre innere Welt. Frey kann mit dem Motiv des Walkmanhörens Ninas Distanz und Nähe zu ihren Eltern, Nachbarn und Zufallsbekanntschaften, ihr Schlendern und Treibenlassen durch die Stadt und ihren jugendlichen Zustand zwischen Traumwelt und Trance in Nuancen und Zwischenzonen

---

31 Janet Cardiff. In: Ebd., S. 19.

32 Geschonneck, Matti: Polizeiruf 110: Mörderkind, Farbfilm, 90 Min., Deutschland 1999.

33 Schätzlein, Frank: Mobile Klangkunst. Über den Walkman als Wahrnehmungsmaschine. Teil 2, http://www.akustische-medien.de/texte/mobile2.htm vom 18.11.2002.

34 Frey, Eleonore: Siebzehn Dinge, Wien 2006.

beschreiben. »Taub für die Welt, denn sie hört Musik«[35], geht Nina durch die Stadt. »Manchmal ist Nina selbst der Walkman. Sie geht durch die Stadt, wie es kommt; gelenkt von da einem Blitz, dort einem Schatten: vom Zufall, wie man das auch nennt, der Nina bald da-, bald dorthin treibt [...].«[36] Im Verkehrslärm der Stadt, nahe am Bahnhof, wo Hauptverkehrsstraßen sich bündeln, dringt die hektische, laute Umgebung fast in Ninas kopfhörergeschützte Welt ein: »In diesem Lärm dient Nina, dem Walkman, der Walkman als Gegenlärm. Das bringt zwar nicht Stille. Aber doch, wenn sie jetzt die Musik lauter und lauter aufdreht, ein Gefühl von Macht.«[37] Durch das Musikhören richtet sich Ninas Blick immer mehr auf den Boden und ihr zielloses Gehen wird zu einem Parcours unerwarteter Dinge und Beobachtungen: »Was auf den ersten Blick aussieht wie brüchige Flechten, die in regnerischem Klima die Bäume, die Felsen überziehen und manchmal auch als helle Tupfer den Asphalt garnieren, sind in Wahrheit die mehr oder weniger verwitterten Rückstände zertretener Kaugummis. [...] Nina stellt den Walkman auf so laut, dass das gequälte Geheul eines auf Hochtouren laufenden Sängers Ninas ganzen Körper in Bewegung setzt; als sei sie von einem gigantischen Schluckauf ergriffen.«[38] Ninas gewünschte Distanz zur Umwelt intensiviert sich: »Statt der Stöpsel im Ohr hat sie jetzt Kopfhörer. [...] Der Sound der Motorräder, das Quietschen der Bremsen, das Rattern der Untergrundbahn [...] geht rechts und links an Ninas gepolsterten Ohren vorbei, als wäre sie nicht auf der Welt«[39], bis sie aus ihrem Walkmanrhythmus gerät. Nina geht schneller und schneller durch die Stadt, statt der Dichte der Musik nimmt sie manchmal nur einzelne Klänge wahr, »die Musik in Ninas Kopf fängt an zu stottern«[40]. »Nina geht weiter, langsam zwar, aber doch um einiges schneller als die Musik [...]. Das bringt ihre Füße mit ihrem Kopf in Konflikt. Sie geht rascher«[41], bis sich dann die Musik, ihr Gehen und das Gesehene wieder zu einem vermischen und sie Begeisterung verspürt, »dass sie auf der Welt ist und hört und sieht und fühlt und riecht«[42].

Eleonore Frey beschreibt das Walkmanhören wie Hosokawa als eine Möglichkeit, die kognitive Wahrnehmung beim Gang durch die Stadt zu intensivie-

---

35 Ebd., S. 7.
36 Ebd., S. 33.
37 Ebd., S. 35.
38 Ebd., S. 36 f.
39 Ebd., S. 111.
40 Ebd., S. 112.
41 Ebd., S. 114.
42 Ebd.

ren. Sie fügt mit ihrer Beschreibung von Ninas Gehen durch den mit Spuren ver-
dichteten urbanen Raum noch eine wesentliche Beobachtung zum Phänomen des
Walkmanhörens hinzu: Auch die Wahrnehmung des eigenen Körpers und seine
Bewegungen erweitern sich und finden dabei, zwischen der Anpassung an die
Umgebung und an den Rhythmus des Gehörten, eigene Ausdrucksformen.
Gehen wird zu einem performativen und tänzerischen Experiment. Diesen Effekt
bindet Janet Cardiff in ihre Walks ein, indem sie die Rezipierenden anweist,
rückwärts oder mit geschlossenen Augen zu gehen, ihre Schritte zu beschleuni-
gen oder plötzlich stehen zu bleiben. Im Gehen und Hören mit Walkman entwickelt sich eine neue urbane Gangart:»[…] durch den Walkman wird ein aus
Musik und Körper komponiertes Amalgam in Szene gesetzt. Der Walkman-
Hörer erfindet die Kunst der Koordinierung von Körper und Musik im alltäglichen Leben, um sich mit der Umgebung, in der er lebt, kurzzuschließen. Es ist
schwer zu sagen, ob der Körper vom Walkman oder der Walkman vom Körper
aufgeladen wird.«[43]

Hosokawa begreift das Walkmanhören und seine Wirkung auf die Fortbewegung in der Stadt als eine Möglichkeit, Pluralität (im Sinne Michel de Certeaus)
in die geplante Stadt einzuführen.»Man mag sich die Frage stellen, wie sich der
Walkman in den urbanen Klang einmischt, obwohl er keinen wesentlichen Beitrag zur öffentlichen Klanglandschaft liefert; wie er in die urbane Akustik ein-
greift, ohne eine materielle Wirkung zu zeitigen. Die Antwort ist: durch die *Tätigkeit des Laufens*.«[44] Durch das Walkmanhören folgt das Gehen einem anderen
Rhythmus als dem durch Stadt- und Verkehrsplanung vorgegebenen. Das Gehen
mit Walkman entzieht sich Ordnungs- und Überwachungssystemen in der Stadt
und ist in diesem Sinne eine politische Äußerung, die auf subtile Weise von einer
einzelnen Person jederzeit und an vielen Orten durchgeführt werden kann. Das
Walkmanhören gewährt der Einzelnen einen Schutz vor ihrer Außenwelt, wie
beispielsweise vor einem Ansprechen nach Beweggründen ihrer Handlungen.
Die Separation lässt ungestörte und neue Erfahrungen und (Selbst-)Reflexionen
zu.

Das Walkmanhören unterstützt nicht nur eine Durchlässigkeit zwischen In-
nen- und Außenwelt und eine Extro- und Introversion des Subjekts, sondern es
ermöglicht ihm auf der psychischen Ebene sein Ich als ›Viele‹ wahrzunehmen
und zu erleben. Die Literaturwissenschaftlerin und Psychoanalytikerin Julia
Kristeva beschreibt in ihrem Buch »Geschichten von der Liebe«[45] einen jungen
Patienten, für den der Walkman zunächst eine schützende Funktion einnimmt:

---

43 S. Hosokawa: Der Walkman-Effekt (1987), S. 32.
44 Ebd., S. 29. Hervorhebung im Original.

»Mathieu ist einer der mit einem *Walkman* ausgerüsteten jungen Leute, die vor kurzem in den Straßen von Paris aufgetaucht sind [...]. Wenn er kommt, trägt er den Kopfhörer [...], nimmt ihn erst ab, wenn er mich sieht, und setzt ihn beim Verlassen meiner Praxis sofort wieder auf.«[46] Mathieu erzählt Kristeva, wie er sich auf der Straße, in der Metro oder im Autobus bedroht fühlt: »Die Musik isoliert ihn von diesen Gewalttätigkeiten, jetzt glaubt er aber auch, daß sie diese auslöst. Eine elliptische, anspielungsreiche und wie durch Abstraktion versiegelte Sprache dient ihm eher dazu, einen Raum *abzugrenzen* [...].«[47] Legt Mathieu den Kopfhörer zu Hause angekommen ab, tritt eine Leere und Isolation ein, er fühlt sich von allen anderen abgeschnitten und »wie von einem unsichtbaren und unüberwindlichen Kreidekreis umgeben«[48]. Im weiteren Verlauf der psychoanalytischen Behandlung stellt Kristeva fest, dass die Musik der »Anhaltspunkt, das Bindeglied zwischen der Verwirrung und dem von Angriffen umzingelten unsichtbaren Kreidekreis«[49] war. Die Musik »ermöglichte Mathieu« sich eine bewegliche Identität zu schaffen und all das, was in sie keinen Eingang fand, als abscheulich aus ihr zu weisen. Nur als *Walkman* konnte Mathieu Freude empfinden, ekstatisch oder verliebt sein. Die Kopfhörer: ein Punkt, der alle Punkte enthielt, eine organisierte, differenzierte Unendlichkeit, die ihm Festigkeit schenkte und so erlaubte, der verschlingenden Gier Saturns [des Vaters] entgegenzutreten, aber auch seine eigene Destruktivität ihm gegenüber einzunehmen.«[50]

Der Walkman funktioniert, so zeigt es Julia Kristeva mit ihrem Analysebeispiel, wie ein Kombinator von divergierenden bewussten und unbewussten Gefühlen. Verbindung entsteht hierbei aufgrund der Überbrückung einer Trennung. Janet Cardiff stellt zu dieser medialen Frage Ähnliches fest. Die technischen (Kommunikations-)Mittel verbinden und trennen, weil das Subjekt zu sich selbst in einer Differenz steht. »In my walks you often have the situation where two people are separated by media. Probably a lot of the pieces are love stories [...] [a]bout the separation between people and using media as a metaphor for that separation, and how our ability to completely immerse ourselves in each other echoes as a perfect analogy for how we are immersed in but separated by media.

---

45 Kristeva, Julia: »Geschichten von der Liebe«, aus dem Französischen übers. von Dieter Hornig/Wolfram Bayer, Frankfurt a.M. 1989.
46 Ebd., S. 58. Hervorhebung im Original.
47 Ebd. Hervorhebung im Original.
48 Ebd.
49 Ebd., S. 59.
50 Ebd. Hervorhebung im Original.

Also, it gets echoed in this person you're listening to, who is part of you, but separate from you, so there is this continual cyclical repetition and layering.«[51]

Wie Schaub beobachtet, liebt der Mensch es, sich wie Narziss zu betrachten, jedoch nur unter der Bedingung, dass er dem ›Selbst‹ als ein ›Anderes‹ begegnet. Technologische Medien, so Schaub, können umso besser als dieses ›andere Selbst‹ fungieren, wenn sie unsichtbar und transparent sind.[52] Das Funktionale der Medien tritt dabei zurück und ermöglicht dem Subjekt seine Handlungen mit neuen Sichtweisen und Qualitäten auszustatten. Der Walkman und andere Audioplayer sind Geräte, die nah am Körper getragen werden und eine bestimmte Aufmerksamkeit für das Verhältnis zwischen dem Subjekt und seiner Umwelt evozieren: »In addition to the feeling of loneliness that grows out of a crowd of competing voices, there is a specific form of attentiveness, an eroticism of distance, which grows out of the experience of being separated by media.«[53] Das Getrenntsein kann als eine Nähe zu sich selbst empfunden werden. Auch Cardiff stellt eine Beziehung zwischen dem körpernahen Tragen des Walkmans und der Erzeugung einer Intimität her, wobei ihre Stimme zu einer Projektionsfläche des ›anderen Selbst‹ wird: »The intimacy created by the walks is a safe intimacy because of the separation through the media. [...] The voice gives you instructions but makes you feel like a part of another person with another person's memories. But the question for me is, where is the voice? It's in the listener's mind and in the digital information, but it also creates a third person, a third world, a mixture between listener and my voice.«[54]

Der Walkman speichert die Erzählung als Tonspur. Verwirklicht wird das Erzählte allein durch die Rezipierende. Deren Körper, Motorik, Sinne und Psyche bemächtigt sich Cardiff temporär. In den Walks geht es also nicht nur um ein Geschichtenhören in der Stadt wie in einem Hörspiel, sondern um die Verwirklichung des Erzählten im Raum der Stadt. Stadt und ihre Wahrnehmung werden dadurch auf subtile Weise verändert.

Die durch das Walkmanhören herbeigeführte Intimität kann, wie Shuhei Hosokawa an einem Filmbeispiel erläutert, zu einer außergewöhnlichen Intensivierung eines Augenblicks führen, wie sie beispielsweise Verliebte erleben. Das Erleben und seine Entfaltung stehen dann im Vordergrund und bedürfen keiner weiteren Vermittlung. Es entsteht eine parallele Welt, in der eine andere Ordnung von

---

51 Janet Cardiff. In: M. Schaub: Janet Cardiff. The walk book (2005), S. 192.
52 Mirjam Schaub. In: Ebd.
53 Mirjam Schaub. In: Ebd., S. 193.
54 Janet Cardiff. In: Ebd.

Zeit, Raum und Beziehungen geschaffen wird. »Walkman-Hörer müssen nicht unbedingt von ihrer Umgebung abgeschnitten sein (oder ›entfremdet‹, um einen wertlastigen Begriff zu benutzen), indem sie ihre Ohren schließen. Sie sind eher mit dem autonomen, einmaligen Augenblick, dem Realen, vereint – jedoch nicht als Personen oder Individuen.«[55] Hosokawa führt für diese Intimität eine Filmszene aus dem Teenagerfilm »La Boum II«[56] (1982) von Claude Pinoteau an, in der ein Junge auf einer Party dem Mädchen, in das er verliebt ist, eine Muschel seines Walkmankopfhörers aufsetzt. Die beiden hören ihrer Musik zu, die sie wie eine Welt umgibt. Sie lauschen dem Rhythmus ihrer Musik und geben sich ihrem Zusammensein hin, während die anderen Partygäste sich zu einer anderen Musik bewegen. »Ist ihr Tanz eine Flucht vor der Realität? Nein, es ist, um mit Deleuze zu sprechen, eine incompossible Kommunikation, die eine radikale *positive Distanz* herstellt.«[57] Wenn eine Kommunikation nicht in ein und der gleichen Welt stattfinden kann, sondern nur in einer anderen oder parallelen Welt möglich ist (›incompossible Kommunikation‹), generiert ihre Unvereinbarkeit eine Distanz. Diese Distanz produziert jedoch keine Gegensätzlichkeiten und schließt nichts aus, sondern sie bejaht und umfasst das, was sie distanziert. Was kann diese ›positive Distanz‹ in Bezug zur Wahrnehmung von Stadt veranschaulichen? Stadt lässt sich nicht mit technischen Mittel wiedergeben, diese spielen vielmehr mit der Realität und der Wahrnehmung von Stadt. Die Unfassbarkeit der Stadt wird in diesem Verfehlen verdeutlicht.

Das Walkmanhören, so zeigen es Cardiffs audiovisuelle Walks, bezieht sich auf die akustischen und visuellen Bilder und Erzählungen der Stadt, es entnimmt dem urbanen Raum verschiedene Bilder und fügt ihm welche hinzu. Die Realität wird durch die Bilder verdoppelt und die Bilder vervielfältigen die Realität, aber nie stimmen diese überein. Es entsteht eine ›positive Distanz‹. Hosokawa veranschaulicht diese in Bezug zur Fotografie, die sich ähnlich wie der Walkman zur Realität verhält, und führt als Beispiel Wim Wenders' Roadmovie »Alice in den Städten« (1974) an.[58] Im Film wird das Problem zwischen der urbanen Realität und ihrer Darstellbarkeit zum Sujet und motiviert die Handlungen der Figuren.

In »Alice in den Städten«[59] fotografiert der desillusionierte Journalist Phillip Winter alltägliche Dinge auf seiner Reise durch die USA, statt einen vereinbar-

---

55 S. Hosokawa: Der Walkman-Effekt (1987), S. 18.
56 Pinoteau, Claude: La Boum II, Farbfilm, 110 Min., Frankreich 1982.
57 S. Hosokawa: Der Walkman-Effekt (1987), S. 19. Hervorhebung im Original.
58 Ebd., S. 20.
59 Wenders, Wim: Alice in den Städten, Schwarz-Weiß-Film, 107 Min., Deutschland 1974.

ten Reisebericht zu schreiben. Ihm sei, wie er sagt, auf dieser Reise das Hören und Sehen vergangen; mit seiner Polaroidkamera fotografiert er spontan Motive aus seiner unmittelbaren Umgebung, stellt jedoch fest, dass die Fotos nie das zeigen, was er gesehen hat. Wenders verweist dadurch auf die Alltäglichkeit der Dinge und ihrer Umgebung. Die Vorstellungsbilder des Protagonisten und die Wirklichkeit stimmen nicht überein; Winter erlebt eine Enttäuschung, die sich in einer Melancholie äußert. Auch das Mädchen Alice, das Winter in Obhut gegeben wird und das mit ihm von New York über Amsterdam nach Gelsenkirchen und Wuppertal fährt, um anhand einer Fotografie des Hauses ihrer Großmutter ihre Mutter wiederzufinden, erfährt eine Enttäuschung. Alice' Wunschvorstellungen und Erinnerungen lassen die beiden quer durchs Ruhrgebiet irren, keine ihrer Erinnerungen führt sie zu dem Haus; als sie es dann doch, eher zufällig, finden, erfahren sie, dass die Großmutter schon seit Jahren fortgezogen ist und die Fotografie eine leere Spur war. Alice' Erinnerungen, Wünsche und Träume verfehlen die Realität und entfernen sie vielmehr vom Wiederfinden der Mutter. Wenders' Film zeigt, dass in der Wahrnehmung von Stadt und dem Versuch, sie medial darzustellen, sie nachzuvollziehen oder festzuhalten, vielmehr dem Subjekt die Unzulänglichkeit seiner eigenen Wahrnehmungs- und Vorstellungswelt vor Augen geführt wird.

Diese Unabgeschlossenheit des Subjekts bezieht Janet Cardiff in ihr Erzählverfahren ein. In ihren Walks werden Resonanzen generiert, die Gilles Deleuze in Bezug zu seinem Begriff der ›positiven Distanz‹ analysiert. Das Subjekt, so Deleuze, geht Verbindungen durch die Differenz zu sich und zur Umwelt ein. Das Unfertige, Unzulängliche und Uneingelöste kann so mitgedacht werden und wird zu einem produktiven Element. Bezogen auf die Wahrnehmung von Wirklichkeit, auf das Ereignis und den (urbanen) Raum entstehen auf diese Weise mannigfaltige Resonanzverhältnisse.

Eine Unterscheidung von zwei Wirklichkeiten erfolgt nach Deleuze nicht mehr durch das Manifestieren von Gegensätzlichkeiten, sondern mittels ihrer Abweichungen: »Wir hingegen sprechen von einem Vorgehen, in dem zwei Dinge oder zwei Bestimmungen *durch* ihre Differenz bejaht werden [...]. Es handelt sich um eine positive Distanz des Differenten: nicht mehr zwei Gegensätze im selben identifizieren, sondern ihre Distanz als das bejahen, was sie wechselseitig als ›differente‹ aufeinander bezieht.«[60] Gilles Deleuze' Gedankenmodell der ›positiven Distanz‹ ist ein topologisches Modell, das ohne Separierungen, beispiels-

---

60 Deleuze, Gilles: Logik des Sinns, hrsg. von Karl Heinz Bohrer, aus dem Französischen übers. von Bernhard Dieckmann, Frankfurt a.M. 1993, S. 215. Hervorhebung im Original.

weise die Kategorien von Höhe und Tiefe, funktioniert. Die Oberfläche, auf der sich unvollendete, unbestimmte Ereignisse (Bewegungen) ausbreiten können, generiert Resonanzen. Deleuze geht davon aus, dass jedes Ereignis mit einem anderen Ereignis »durch den positiven Charakter seiner Distanz, durch den beja-henden Charakter der Disjunktion«[61] kommuniziert und dies zur Folge hat, dass das Ich (Subjekt) sich mit der Unterscheidung (Disjunktion) selbst vermischt. Statt der Idee einer ›unendlichen Identität‹ entstehe so eine ›infinitive Distanz‹.[62] Auf dieser Oberfläche »geschieht alles durch Resonanz des Verschiedenartigen, des Standpunktes auf den Standpunkt, durch Verschiebung der Perspektive, Dif-ferenzieren der Differenz – und nicht durch Identität des Widerspruchs«[63]. Am Beispiel der Stadt zeichnet Deleuze diese Bewegung nach: »Es ist eine andere Stadt, die jedem Standpunkt entspricht, jeder Standpunkt ist eine andere Stadt, wobei die Städte nur dank ihrer Distanz vereint sind und nur dank der Divergenz ihrer Serien, ihrer Häuser und ihrer Straßen in wechselseitiger Resonanz stehen. Und immer eine andere Stadt in der Stadt. Jeder Zielpunkt wird zum Mittel, bis ans Ende des anderen zu gehen, dabei der ganzen Distanz folgend.«[64]

Janet Cardiff macht in ihren erzählten Welten diese temporalen und topologi-schen Resonanzen sicht- und hörbar, rückt sie immer wieder in die Wahrneh-mung der Rezipierenden. Verschiedene Zeiträume und Orte erscheinen nun als benachbart, wie in »Waterside Walk«[65] (1999), und generieren heterogene Raum- und Zeitverhältnisse, in denen sich das Subjekt neu orientieren muss und in seiner Fragilität wahrnehmen kann:

»*people going by. talking*
Janet: Every time I walk this street, waiting to hear her voice, I encounter other thoughts, other stories attaching themselves to me.
someone runs by. laughing
Janet: Perhaps time is just another kind of space; it's like when you're dreaming and you find other rooms in your house that you never knew exis-ted.«[66]

---

61 Ebd., S. 218.
62 Ebd.
63 Ebd.
64 Ebd., S. 216.
65 Cardiff, Janet: Waterside Walk, Audiowalk, 5:45 Min., kuratiert von Suse Allen, Art-wise for British Airways, Waterside, Harmondsworth, Großbritannien 1999.
66 Zitat aus dem Walk. In: M. Schaub: Janet Cardiff. The walk book (2005), S. 169. Her-vorhebung im Original.

Die Zeit fächert sich auf und wird räumlich. Dies bewirkt eine Angleichung von Zeit und Raum:»In Cardiff's work, time and space coexist permanently as equally real and ideal qualities that appear and disappear on different levels of consciousness and knowledge [...]. Time dispels, destroys, or alters the spatial, emotional or conceptual order [...].«[67] Neben dem Einbinden von Träumen, anderen Zeiteinheiten oder Erinnerungen, die plötzlich in das Bewusstsein der Stimmfiguren und der Rezipientin treten, generiert Cardiff auch Resonanzen erzeugende Wahrnehmungssplitter, wie im Videowalk»Ghost Machine«[68] (2005), in dem ›Janets‹ Stimme sagt:»Just now an image flashed into my mind of millions of silver wires connecting the universe together. For a fraction of a second I thought I had glimpsed the answer to everything, then just as quickly the image was gone.«[69] Oder es sind Kombinationen aus akustischen Bildern und Erzähltem, in denen Fragmente aus verschiedenen Wirklichkeiten ineinander hallen, wie im»Münster Walk« (1997), in dem die Rezipientin durch Münster wandert und auf einmal Geräusche aus der Natur hört:

»*sound changes to walking on stones beside a river in Lethbridge. seagulls in background. water to right becomes sound of dog splashing and running in a river*

Janet: You're listening to me in Germany but I'm at home right now in Canada, walking beside the river with my dog. There are 5 deer on the other side of the water. Their white tails are up in the air. Something must have startled them ... His image is like a dream now. Disappearing more with every second.«[70]

Akustische und erzählte Bilder erzeugen im Aufeinandertreffen, in ihren Ergänzungen, in ihrer Unterschiedlichkeit und Differenz eine dichte visuelle Welt, in der die Brüche und Verschiebungen der Zeit- und Raumkategorien das Spiel mit der Visualität der verschiedenen Bilder befördern. Je variationsreicher die Wechsel zwischen verschiedenen Orten und parallelen Ereignissen von Janet Cardiff gestaltet werden, umso intensiver wird die Visualität des Erzählten erlebt. In Cardiffs Walks erhalten Spuren im urbanen Raum dadurch eine Plastizität. Erinnerungen, Geschichten und Gefühle können beim Gang durch die Stadt ähnlich wie Fundstücke aufgelesen werden. Die Vielzahl der Spuren, ihre Überlagerungen und Überschneidungen bestücken und vervielfältigen den urbanen Raum.

---

67 Mirjam Schaub. In: Ebd., S. 118.

68 Cardiff, Janet/Bures Miller, George: Ghost Machine, Videowalk, 27 Min., kuratiert von Matthias Lilienthal, Hebbel Theater Berlin, Berlin, Deutschland 2004.

69 Zitat aus dem Walk. In: M. Schaub: Janet Cardiff. The walk book (2005), S. 237.

70 Zitat aus dem Walk. In: Ebd., S. 113. Hervorhebung im Original.

Während eines Walks treten neue und verlorengeglaubte Spuren bildhaft in Erscheinung, um in der Alltäglichkeit und Dichte der Stadt wieder zu verschwinden. Was bleibt, sind die Geschichten, die Cardiff den Spuren zuweist und die von der Rezipierenden nachvollzogen und interpretiert werden.

Janet Cardiff lenkt in ihren Walks die Aufmerksamkeit der Rezipierenden auf solche Spuren, die, wenn sie von anderen Spuren überschrieben wurden und verschwunden sind, zu Erzählungen des Ortes werden. »Der abgewetzte Randstein, die Raucherecke vor dem Werksportal, die Wand mit dem Graffiti erzählen nicht nur vom Wetter des letzten Jahres [...], sondern erinnern auch daran, dass Menschen Gewohnheiten und Praktiken ausbilden, die im Raum [...] Spuren hinterlassen, die zu Botschaften der Selbstvergewisserung werden. Genau diese affektiven Signaturen und Markierungen sind es, die der stetig begangene öffentliche Raum *en passant* für den Betrachter ausbildet [...].«[71] Spuren zerstreuen oder verlieren sich, wie die Erinnerungsbilder, von denen die Künstlerin immer wieder erzählt. Die urbanen Signaturen und Markierungen gehen in die Geschichte des Ortes ein, durch den Cardiff die Rezipierenden leitet. Historische Ereignisse des Ortes, subjektive Erinnerungen an diesen und aktuelle und versandete Spuren liegen in ihren Walks nebeneinander, werden durch Geräusche und im Erzählen wachgerufen. In dem Londoner Walk »The Missing Voice: Case Study B«[72] (1999) beschreibt ›Janet‹ die Fashion Street, durch die die Rezipientin läuft: »You can see the church steeple, scaffolding, graffiti on the wall [...].«[73] Das Baugerüst und das Graffiti sind längst verschwunden oder waren vielleicht auch nie vorhanden? Auch die einzelne krummbeinige Taube vom Bishop's Gate scheint nicht mehr aufzufallen, da es nun, aufgrund einer schnellen Vermehrung, viele solcher Tauben dort gibt.[74] Während einerseits einige Parkflächen in der Fashion Street bebaut wurden und Modeboutiquen einzogen, sich die Zeiteinstellung einer Ampel verlängert hat, sodass ›Janets‹ Aufforderung, an einer Kreuzung nach rechts zu schauen, zu früh kommt, ist andererseits das Filmen in der Liverpool Street Station, in der der Walk endet, noch immer untersagt; jedoch, so Schaub, nicht mehr aus Angst, dass fotografisch sensibles Material in

---

71 M. Schaub: »Die Kunst des Spurenlegens und -verfolgens« (2007), S. 130. Hervorhebung im Original.

72 Cardiff, Janet: The Missing Voice: Case Study B, Audiowalk, 50 Min., kuratiert von Artangel, Whitechapel Library to Liverpool Street Station, London, Großbritannien 1999.

73 Zitat aus dem Walk. In: M. Schaub: Janet Cardiff. The walk book (2005), S. 99.

74 Mirjam Schaub. In: Ebd., S. 128.

die Hände der IRA fällt, sondern aus Angst vor Anschlägen islamischer Extre-
misten. Das Format der Walks fängt Veränderungen, die sich im Stadtraum ergeben, auf, da es mit Erinnerungssplittern, Assoziationen und Imaginationen arbeitet. Ein Walk kann nie vollendet oder abgeschlossen sein, da jede Rezipientin andere Wahrnehmungen, Erinnerungen und Vorstellungen mitbringt und so keine
Durchführung eines Walk einer anderen gleicht. »The audio and video walks
flourish with discrepancies that develop between what is heard and what is seen
as well as what is recorded and what is experienced. Cardiff's works continue to
function even when the sites undergo gradual or even rapid and radical transformation by virtue of their ability to remain accessible to the associations that
the participants bring to the walks.«[75]

Im Gehen hinterlassen wir Spuren und übergehen die Spuren anderer. »Jeder
neue Gang vertieft oder verwirft eine bestimmte, uns oft undurchsichtig bleibende Bindung an einen öffentlichen Raum«[76], schreibt Mirjam Schaub. »Die kontinuierliche Überschreibung der fremden wie der eigenen, an den Raum und dessen Ereignisse geknüpften Empfindungen, das scheinbar unwillkürliche, affektiv
gesteuerte ›Gehverhalten‹ zerlegt und durchquert den Raum nicht nach ebenmä-
ßig panoptischen Gesichtspunkten. Sie erzeugt unregelmäßige Gebrauchsmuster,
›Zwielichtigkeit und Zweideutigkeit‹.«[77] Das Gehen macht so aus der Umgebung etwas »Organisch-Bewegliches, eine Abfolge von phatischen *topoi*«[78]. In
ihren Walks macht Cardiff auf diese unsichtbaren Spuren aufmerksam. In »The
Telephone Call«[79] (2001) erzählt ›Janet‹ davon: »If I walk down a particular
street at a certain time, I've changed my life from what it might have been.
Every moment a new path overlapping with the choices made by everyone else.
Our lives connected through a continual flow of choices.«[80] Die Rezipientin, die
nach dem Walk das Museum für Moderne Kunst in San Francisco verlässt, wird
sich ihrer Schritte und der der anderen Menschen bewusst werden. Schaub beschreibt diesen Moment: »Die eigenen Schritte verlaufen nicht selten auf demselben Pflaster, auf dem eben noch jemand Pläne machte, bevor ein Unglück ge-

---

75 Mirjam Schaub. In: Ebd.

76 M. Schaub: »Die Kunst des Spurenlegens und -verfolgens« (2007), S. 131.

77 Ebd., S. 131 f.

78 Certeau, Michel de: Kunst des Handelns, aus dem Französischen übers. von Ronald
    Voullié, Berlin 1988, S. 191. Hervorhebung im Original.

79 Cardiff, Janet: The Telephone Call, Videowalk, 15:20 Min., kuratiert von John S. We-
    ber/Aaron Betsky/Janet Bishop et al., San Francisco Museum of Modern Art, San
    Francisco, USA 2001.

80 Zitat aus dem Walk. In: M. Schaub: Janet Cardiff. The walk book (2005), S. 111.

schah. Binden Orte auch unterhalb der Schwelle der Sichtbarkeit etwas von unseren Affekten, das sich rücküberträgt? Im Moment des Wiedererkennens kippt die harmlose Szenerie des einfachen Laufens in eine Verfolgung wider Willen um. Wir sind hier nicht allein (mit uns und unseren Erfahrungen).«[81]

Janet Cardiff weist immer wieder auf das Gehen über unsichtbare Spuren anderer hin, sodass der Weg, über den die Rezipientin wandert, fragil wird. Auf einem Waldboden oder einem gepflastertem Weg in der Stadt überlagern sich nicht nur unzählige Spuren und Geschichten, sondern sie sind auch durch verborgene Räume unterhöhlt. In »Her Long Black Hair« (2004) erzählt ›Janet‹ von Wohnungslosen, die im Central Park und in leeren U-Bahnschächten oder Tunneln schlafen: »I was thinking about the squatters that lived here. During the depression years there were over 2000 homeless people who moved into the park. Now many live underground in tunnels all over the city. We could be walking over them deep in the many layers, in some areas over 10 stories deep. There's a whole other city beneath us.«[82] Im »Münster Walk« führt sie die Rezipientin in einen unterirdischen Bunker aus der Zeit des Zweiten Weltkrieges, der Studierende und Angestellte der Westfälischen Universität schützen sollte, und lässt die Rezipientin in einer Schublade eines alten Tisches eine Fotografie, Vitamintabletten und einen Stadtplan finden, in der Cardiff ihre Stadtbesichtigungstour eingezeichnet hat. Die Stadt wird hier fiktionalisiert. Im Walk »Alter Bahnhof« sind es unterirdische Gänge, die die Rezipientin im Display des iPods sieht und die an die Verfolgungsszenen in den Kanalisationsgängen Wiens aus Carol Reeds Film »The Third Man«[83] (1949) erinnern. Auch in Walks, die durch Naturlandschaften führen, inszeniert Cardiff unterirdische Räume oder verweist auf Schächte und Gräben aus Kriegsgeschehen. In »Wanås Walk«[84] (1998) ist es ein Traumbild, das in eine unterirdische Welt führt:

»Janet: Tell me about your dream. The one you had, when you were young.

George: The soldiers had come to our town and taken everyone away, but my brothers and I had built a room underneath the forest that we could escape to. The door was a secret, a hole cut into a tree. You climbed down a wooden ladder to the tunnels below. We had hooked up a TV camera so that we could scan the forest to make sure it was safe to go out.«[85]

---

81 M. Schaub: »Die Kunst des Spurenlegens und -verfolgens« (2007), S. 132.

82 Zitat aus dem Walk. In: M. Schaub: Janet Cardiff. The walk book (2005), S. 101.

83 Reed, Carol: The Third Man, Schwarz-Weiß-Film, 104 Min., England 1949.

84 Cardiff, Janet: Wanås Walk, Audiowalk, 14 Min., kuratiert von Marika Wachtmeister/ Charles Wachtmeister, Wanås Foundation, Knislinge, Schweden 1998.

85 Zitat aus dem Walk. In: M. Schaub: Janet Cardiff. The walk book (2005), S. 98.

An einer anderen Stelle des Walks wird die Idylle des Waldes durch den Verweis auf die Kriege zwischen Dänemark und Schweden im 17. Jahrhundert untergraben. »Older Woman: It was a long time ago, before the wars, before we had to live underground in tunnels [...]«[86]. Die Rezipientin weiß nicht, auf welche Spuren sie tritt, welche unterirdischen Welten sie überschreitet, sie hört immer wieder auch Schritte hinter oder neben sich, die nicht die ihren sind und wie ein Echo aus anderen Zeiten und Räumen ihre Standfestigkeit unterhöhlen. Mit jedem Schritt geht die Rezipientin immer weiter und tiefer in die Geschichten hinein – der Walk ist wie ein Film, den sie betritt. Dieses Gefühl wird von Cardiff als ›physical cinema‹[87] beschrieben. Die von Cardiff für ihre Walks genutzte binaurale Tontechnik bei der Aufnahme und der Wiedergabe unterstützt diesen Effekt; sie erzeugt natürliche Klanglandschaften, alle Geräusche klingen dreidimensional, sodass auch leise Töne nah und plastisch erscheinen. Dadurch lassen sich detaillierte Geräusche wiedergeben, wie »der Flügelschlag eines Fliegenschwarms, Gesprächsfetzen von einer nahen Bank, das Rascheln eines eben zertretenen Blattes, plötzliches Pferdegetrampel, das Herüberwehen einer längst vergessenen Musik«[88]. Wie die Künstlerin es selbst beschreibt, generiert die Plastizität ihrer Geräusche ein filmisches Erlebnis: »The sound collages I make are like filmic soundtracks for the real world. Also it's because of the cinematic conventions that I use like the voice-over or the sci-fi or film noir elements that gives you a sense of being in a film that's moving through space.«[89] Die Umgebung, die erzählten Geschichten und die verschiedenen Spuren erhalten so eine dramatische Aufladung, egal ob sie in der Natur oder in der Stadt stattfinden. Dabei unterstreicht Janet Cardiff den mystischen Charakter des Waldes, wie er in Märchen oder Sagen inszeniert wird: in »Wanås Walk« sind es Stimmen von Liebenden, die einer Sage nach aus dem Wald rufend ihre Sehnsucht beklagen, oder in »Taking Pictures« ist der Wald eine lebendige Kulisse für Märchenfiguren und Geister.

Die Stadt ist nicht nur ein Raum voller Spuren, sondern auch ein Raum der zufälligen Begegnungen und unerwarteten Zusammenstöße, die eine Gehende vom Weg und vom Verfolgen einer Spur abbringen können. Die Durchführbarkeit eines Walks hängt davon ab, ob die Rezipientin sicher durch den Stadtraum gehen kann und ob sie genügend auf Hindernisse, andere Passanten und den Straßen-

---

86 Zitat aus dem Walk. Ebd., S. 96.
87 Janet Cardiff. In: Ebd., S. 100.
88 M. Schaub: »Die Kunst des Spurenlegens und -verfolgens« (2007), S. 133.
89 Janet Cardiff. In: M. Schaub: Janet Cardiff. The walk book (2005), S. 100.

verkehr acht gibt, während sie geht und dem Erzählten lauscht. ›Janets‹ Stimme und ihre Gehanweisungen scheinen die Rezipientin sicher zu leiten, aber was passiert, wenn Unkalkulierbares die Rezipientin vom Weg abbringt oder in Gefahr bringt? Solch eine Situation erlebt die Figur Nina in Eleonore Freys Erzählung:»Nina macht einen Riesenschritt, kurvt um einen umgekippten Abfallsack, tritt dann, weil einer an die Hauswand gelehnt in der Sonne sitzt und die Beine streckt, auf die Straße hinaus [...]. Sieht, dass dicht vor ihr ein Bus steht, dass der Fahrer ausgestiegen ist, mit den Händen fuchtelt.«[90] Dies kann auch in einem Walk von Cardiff passieren, wenn Walkteilnehmende einer Anweisung nicht sofort folgen, den Anschluss an den nächsten Erzählstrang verlieren und das Gefühl des (Herum-)Irrens noch einmal den Zweifel an der Wahrnehmung von Zeit und Raum erhöht.

Veränderungen im Stadtraum, wie in der Londoner Fashion Street oder der Liverpool Street Station, aber auch zufällige Ereignisse und Kollisionen können zu einer Gefahr werden, die jedoch das Format des Walks unterstützen. Wie beispielsweise, wenn eine Rezipientin im Kassler Hauptbahnhof am falschen Gleis steht, zeitverzögert den von ›Janet‹ beschriebenen Schuppen am Nachbargleis entdeckt, eilig hinrennt, Passanten anstößt und sich dabei benimmt, als würde sie zu einem Zug eilen; dies lässt die Rezipientin die Dramatik des Erzählten und des Ortes umso intensiver erleben. Auch wenn die Rezipientin so der Geschichte wiederum hinterherhinkt, wird sie sich jedoch ihrer Rolle als aktive Teilnehmerin des Walks bewusst. Im Verpassen einer Gehanweisung, im Verwechseln von links und rechts oder im Verirren in Räumen wird zudem deutlich: Die Geschichten könnten an jedem Ort und in jedem Augenblick eine andere Wendung nehmen und sie könnten auch ganz anders erzählt werden. Die Walkteilnehmenden erfahren in diesen Momenten des Verpassens, dass Wirklichkeit von ihnen gemacht wird und sie selbst Teil ihrer Wirklichkeitsentwürfe sind. In der Differenz entsteht ein Moment von Reflexion.

Hosokawa bezeichnet das Walkmanhören im urbanen Raum als ein ›deterritorialisiertes Hören‹, das in den Raum von gewohnten, bekannten Geräuschen, in den ›Raum der Sicherheit‹ (Barthes) eindringt und eine Veränderung in die Klanglandschaft der Stadt einführt:»Diese Aktivität konstituiert einen autonomen ›Raum‹ zwischen Walkman-Hörer und seiner Umgebung. Dadurch entfremdet sich die Hörtätigkeit vom Hörer und seiner Umgebung – es geht also nicht darum, schon Bekanntes bestätigt zu finden. Das Resultat ist eine Mobilität des Selbst. [...] Der Walkman-Hörer erschließt sich dadurch ein autonomes pluralis-

---

90 E. Frey: Siebzehn Dinge (2006), S. 115.

tisch strukturiertes Bewußtsein.«[91] Durch die Distanz und innere Mobilität des Subjekts verändert sich seine Sicht auf die Umgebung: Jede Handlung und Begegnung kann eine ereignishafte Bedeutung annehmen.

Stadt wird bei Janet Cardiff zu einer Bühne – und dies in zweifacher Hinsicht. Wie Schaub feststellt, ist der öffentliche Raum ein von Spuren übersäter Raum, aus dem Künstlerinnen sich »mit ihren Interventionen aus einem schier unschätzbaren Fundus an visuellen, auditiven, narrativen Möglichkeiten bedienen«[92] können. Die Vermischung mit dem Vorhandenen ermöglicht so eine ›strategische Authentifizierung‹ des Künstlichen und die Kunst teilt sich die Bühne mit zufälligen Ereignissen: »Hier, mitten im ›realen‹, kunstlosen Geschehen, ist man der Suggestivkraft ihres [Cardiffs] Narrativs besonders schutzlos ausgeliefert, weil es sich mit dem aktuellen Geschehen so nahtlos verwebt.«[93] Alles könnte gleichermaßen ›wirklich und wahr‹ und eine Täuschung sein. Sind im Kasseler Hauptbahnhof die liegen gelassene Zeitung auf einer Bank oder die abgestellte Tasche am Schließfach Requisiten und sind die junge Frau, die diese einschließen will, oder der vor der Rezipientin herlaufende, mit seinem Handy telefonierende Mann Schauspielende? Nicht nur flüchtige Markierungen und Signaturen des urbanen Raumes, wie Graffitis, Kaugummiflecke, eine ausgelaufene Flüssigkeit oder ein weggeworfenes Papier, wirken theatral, sondern auch die Passanten.

Die Passanten sind aus der Sicht des Walkmanhörenden, so Hosokawa, »zwangsläufig an dem Walkman-Theater entweder als Schauspieler (Geheimnishüter) oder als Zuschauer (Nicht-Eingeweihte) beteiligt«[94]. Hosokawa versteht dabei das Walkmanhören als ein ›heimliches Theater‹, in dem den Walkmanhörenden eine besondere Rolle zukommt. Diese geben zum ersten Mal im öffentlichen Raum zu, dass sie ein Geheimnis haben und es hüten. Die Walkmanhörerin hört dabei »nicht nur etwas Unbekanntem, sondern dem Unbekannten an sich«[95] zu, da ›das Gehörte Geheimnis ist‹[96] (Barthes). So ist nicht die Musik »verbindendes Element, sondern das Geheimnis, mehr noch das Erleben hinter dem Walkman-Hören«[97]. Während in den 1980er Jahren eine walkmanhörende Per-

---

91 S. Hosokawa: Der Walkman-Effekt (1987), S. 29.

92 M. Schaub: »Die Kunst des Spurenlegens und -verfolgens« (2007), S. 129.

93 Ebd., S. 136.

94 S. Hosokawa: Der Walkman-Effekt (1987), S. 37.

95 Ebd., S. 33.

96 Ebd., S. 36.

97 Ulrich, Danja: Mobile Musik, Hamburg 2012, S. 24.

son als ein »potentieller Fremder, der eine unverständliche Passanten-Sprache spricht«[98], wahrgenommen wurde, gehören Menschen, die mit Audioplayern Musik hören, mit Smartphones fotografieren und schreiben, ihre Erlebnisse in Facebook anderen rasend schnell mitteilen oder von unterwegs per QR-Code ihre Lieblingsprodukte und -orte ins ›Netz‹ stellen, heute zum alltäglichen Bild einer Stadt. Während diese ›Userinnen‹ und ›User‹ in einer gemeinsamen digitalen Welt miteinander agieren, erscheinen die Passanten, die einfach nur da sitzen, warten oder gehen, als eigentliche Geheimnistragende oder als heimlich Beobachtende der anderen. Betrachtet man in dieser zuschauenden Rolle andere Walkteilnehmende, so wirkt ihr Gehen oftmals zähflüssig und stockend: Sie verlangsamen ihre Schritte, bleiben plötzlich stehen und halten auch den Strom von Passanten auf, wie im Walk »Alter Bahnhof«, wenn die Rezipierenden in der Mitte des Hauptgangs zu den Gleisen langsam einer virtuellen Musikkapelle folgen. In der Tätigkeit des Hörens, Gehens und Sehens versunken, scheinen sie traumwandlerisch einer unbekannten Choreografie zu folgen. In diesem entschleunigten Gehen durch die Stadt, das keinen anderen Sinn erfüllt, als einer Geschichte zu folgen, können die Walkteilnehmerinnen ihre eigenen Narrationen, Erinnerungen, Vorstellungen und Wünsche miteinbringen und an neue Orte und an die noch nicht gehörten Geschichten knüpfen. Die zahlreichen Bindungen an den Aufführungsort des Walks und die Verknüpfungen der eigenen Geschichten an die Geschichten der Stimmfiguren aktualisieren den Raum der Stadt und seine Spuren. Das Gehen mit einem Walkman, das bei Shuhei Hosokawa der Stadt andere Bewegungsmuster und Handlungen hinzufügt, wird bei Cardiff durch ein Geschichtenerzählen ergänzt, das sich im Raum der Stadt verwirklicht. Janet Cardiff ermöglicht mit ihren Walks, dass Orte umgeschrieben werden. Durch die Teilnahme von vielen Menschen an einem Walk wird der Ort mit seinen Geschichten variiert und vervielfältigt.

---

98 S. Hosokawa: Der Walkman-Effekt (1987), S. 37.

Ein Walk von Janet Cardiff
im Central Park New York

In Notizen zu ihrem 2004 im Central Park New York realisierten Audiowalk »Her Long Black Hair«[1] skizziert Janet Cardiff einige ihrer Ideen zur Produktion der Arbeit:»It meanders through ideas and time, from a physical grounding of the listener's body in Central park to historical ideas about the place and its beauty, to fundamental ideas of photography.« Die Gründung des Central Parks im 19. Jahrhundert nimmt die Künstlerin zum Anlass, um Geschichten zu erzählen, die etwas mit dem Ort des Parks zu tun haben oder in einer Verbindung mit Ereignissen des Ortes stehen könnten. Sie erinnert an Charles Baudelaire und seine Gedichte aus ›Les Fleurs du mal‹, an die Vorliebe des Dichters für Stadtspaziergänge und seine tiefe Verbundenheit mit seiner Geliebten. Assoziativ bindet Cardiff daran die Geschichte eines Freundes, dessen Mutter, die ebenso wie Baudelaires Geliebte schwarze Haare hatte, die Familie verließ. Auf einem Flohmarkt angeblich gefundene Fotografien einer Frau mit schwarzen Haaren im Central Park erweitern dieses Motiv. Die Geschichte eines Sklaven, der 1850 von Amerika nach Kanada flüchtete, knüpft wieder an die Entstehungszeit des Central Parks an. Die Themen von Fotografie, Verlust und Erinnerung, die im Walk eine Rolle spielen, reflektiert Janet Cardiff mit der Einbindung der griechischen Sage von Orpheus und Eurydike. Diese verschiedenen Erzählstränge werden mit Geh- und Tastexperimenten ergänzt, in denen die Rezipierenden ihren Körper intensiv wahrnehmen können:»Throw in a few experiments to remind us that our bodies are physical shells in motion and that's the script. The hard part is to get it together in a way that seems flowing and natural.«[2]

---

1   Cardiff, Janet: Her Long Black Hair, Audiowalk mit Fotografien, 46 Min., kuratiert von Tom Eccles, Public Art Fund, Central Park, New York, USA 2004.
2   Janet Cardiff. In: M. Schaub: Janet Cardiff. The walk book (2005), S. 34.

In dieses Netz aus unterschiedlichen Erzählfäden webt die Künstlerin Fotografien und Musiksequenzen ein, die das von den Stimmfiguren Erzählte auf verschiedene Weise verbinden und weitere Verknüpfungen entstehen lassen, aus denen sich neue Geschichten eröffnen. Die fünf postkartengroßen Fotografien, die den Rezipierenden für den Walk mitgegeben werden, scheinen aus verschiedenen Zeiten zu stammen: Eine weiß umrandete Schwarz-Weiß-Fotografie zeigt eine Gruppe weißer Frauen und Männer im Jahre 1965, die am südlichen Eingang des Central Parks an einer feierlichen Veranstaltung teilnehmen; eine rechteckige Farbfotografie eines zugefrorenen Sees des Parks ist vielleicht ein Schnappschuss der Künstlerin von einem ihrer Besuche im Central Park; drei weitere Farbfotografien mit abgerundeten Ecken erinnern an Polaroidaufnahmen aus den 1970er Jahren, sie zeigen eine junge Frau mit langen schwarzen Haaren in einem roten Ledermantel vor einem Tunnel im Park, auf einem der Wege und vor einem See.

Es könnten private Erinnerungsfotos sein, die jemand im Herbst oder Winter im Central Park von seiner Freundin gemacht hat, wie sie zu Hunderten im Central Park gemacht werden. Cardiff beobachtet im Central Park die Menschen, die sich vor die Sehenswürdigkeiten stellen und sich fotografieren lassen, und fragt sich, was mit diesen vielen Bildern im Laufe der Zeit passieren wird. Dieses Fotografieren, so stellt die Künstlerin fest, zeigt die Angst vor der Vergänglichkeit, vor dem Verlust von Erinnerungen und auch von geliebten Menschen. Jede Fotografie birgt daher ein Begehren in sich und kann danach befragt werden: »What happens to all the images over the years? Perhaps they're relegated to the bottom of drawers, thrown out by past lovers, eventually turning up at flea markets or garage sales. Who is the woman with the long black hair in the old photos? Did her husband die, his possessions sold as a lot?«[3]

Die Frage nach der Unmöglichkeit einer Fixierung des Vergänglichen, die sich Janet Cardiff in Bezug zur fotografischen Praxis stellt, ist ein Motiv in der griechischen Sage von Orpheus und Eurydike. Auf ihrem Weg aus dem Totenreich, aus dem Orpheus durch den Beweis seiner unerschütterlichen Liebe Eurydike zurück in die Oberwelt führen will, dreht er sich trotz der Bedingung der Götter, Eurydike nicht anzusehen, um. Im Augenblick des Anblickens verschwindet Eurydike. Orpheus hat sie ein zweites Mal, diesmal unwiederbringlich, verloren. Cardiff vergleicht Orpheus' Blick mit dem Versprechen der Fotografie, das vorgibt, der Vergänglichkeit trotzen zu können. »[…] I was interested in the metaphor of Orpheus's last glimpse as it relates to the impossibility of photography. In Central Park, so many people photograph themselves and their

---

3 Janet Cardiff. In: Ebd., S. 35 f.

friends and family, over and over in hopes of being able to look back someday and retrieve what is really impossibly lost.«[4] Wie Schaub bemerkt, betont Cardiff diese latente Vergeblichkeit des fotografischen Bildes gerade durch das Aushändigen der Fotografien von der jungen Frau, deren Schönheit über ihre Vergänglichkeit hinwegtäuscht.

Andererseits fungieren bei Janet Cardiff die fotografischen Bilder als ein Einstieg in die Vorstellungswelt. Diese kontrastiert die Künstlerin immer wieder mit Erfahrungen der Gegenwart, indem sie die Rezipierenden auffordert, zu schmecken, zu riechen und zu fühlen. Die Sinne werden sensibilisiert und durch das alternierende Eintauchen in die akustischen und visuellen Bilderwelten vermischen sich diese verschieden hervorgerufenen Eindrücke; alles wird gegenwärtig erlebbar. Eine Stelle im Walk, an der Cardiff eine direkte Referenz zur Geschichte von Orpheus und Eurydike schafft, verdeutlicht dies: »Janet: I keep thinking I hear someone behind us. But we can't look back. That's one of the rules today. He wasn't supposed to but he did. Stop at the water fountain for a minute. I want you to show another photograph. Take out the next one. Number two. Hold it up.«[5] Diese zweite Fotografie des Walks zeigt einen See des Central Parks, ›The Pond‹. Er ist zugefroren, das winterliche Tageslicht wird reflektiert und kahle Bäume säumen das Ufer. Im Hintergrund sind einige Hochhäuser zu sehen. Während die Rezipientin die Fotografie betrachtet, hört sie weitere Stimmen sprechen:

»Poet: ... and to bind these docile lovers fast I freeze the world in a perfect mirror.

Janet: This is a photo I took last time I was here. Look at it closely. Let yourself really go into the scene ... the ice on the lake, the barren trees.

soundscape fades to silence

Janet: Now look at the view in front of us. Really look. Smell the air.

soundscape of ducks flying off water.«[6]

Mit wenigen Worten und Geräuschen hat Cardiff den Rezipierenden das Vergehen der Zeit vor Augen geführt und sie in eine andere Welt geleitet. Verschiedene Jahreszeiten liegen nur einen Augenblick voneinander entfernt. Die Rezipierenden können erleben, wie sich die Zeit für einen Moment auffächert: Die mythische Welt von Orpheus und Eurydike, Charles Baudelaires poetische Betrachtung über die Vergänglichkeit der Schönheit (aus »Les Fleurs du mal«, 1857), ein Winter im Central Park und die Gegenwart existieren bruchstückhaft,

---

4   Janet Cardiff. In: Ebd., S. 150.

5   Zitat aus dem Walk. In: Ebd., S. 149.

6   Zitat aus dem Walk. In: Ebd. Hervorhebung im Original.

für wenige Augenblicke nebeneinander. Die Fotografie, die eine zum Bild er-
starrte Welt repräsentiert, verdichtet sich zu einem poetischen Bild über die Zeit
und eine verlorene Liebe. Janet Cardiff macht der Rezipientin dabei auch bewusst, dass sie weder ihren Augen noch den Ohren trauen kann und dass alles,
was sie sieht und hört, im nächsten Augenblick schon wieder vorbei ist, um einem anderen Eindruck, einer neuen Geschichte Platz zu machen. Die Zeit und
das Leben scheinen sich in Rückblicken und in den blitzartigen Bildern zu verdichten. Der Alltag wird ausgehebelt. ›Janets‹ Einflüsterungen, den eigenen Sinnen zu vertrauen, binden die Rezipientin nur noch stärker an ihre Stimme, die
letztendlich nur in der Vorstellung der Rezipientin real ist. So fordert ›Janet‹ die
Rezipientin einen Moment später zu einem weiteren Experiment auf:

»Janet: I want you to do another experiment. Close your eyes and keep walking slowly forward with your eyes closed. You have to use your ears.

first little singing bit of Orpheus calling Eurydice

Janet: Perhaps the Gods were testing Orpheus. He was supposed to use his
senses to know that she was there rather than his eyes. That's why he
shouldn't look back. Now you can open your eyes.«[7]

Die sinnliche Wahrnehmung spielt in den Walks eine wesentliche Rolle. Während Sprache und Bilder vorgeben, Wirklichkeit dauerhaft bewahren und wiedergeben zu können, verweisen sinnliche Eindrücke auf die Flüchtigkeit der
menschlichen Wahrnehmung. Cardiff verbindet Sprache und körperliche Empfindungen miteinander und verdeutlicht dabei die synästhetische Eigenschaft von
Sprachbildern: »Cardiff shows that the words of our thoughts – although embed-
ded in tiny narrative units – are just as diverse, urgent and intense as our sensory
experience when they are encapsulated in the world of experience. Like minus-
cule time capsules, these words capture intense sounds, smells, memories and
even philosophical questions and bring them into play in the time and space of
Cardiff's walks.«[8]

Sprache gibt wie das fotografische Bild vor, ein Ersatz für das Nichtfassbare
zu sein; dies ist jedoch, so Schaub, ein leeres Versprechen. Jeder, der in der Hoffnung spräche, etwas archivieren oder mit einer bestimmten Bedeutung versehen
zu können, wünsche sich vielmehr diese Grenze von Vergänglichkeit zu überwinden.[9] Schaub bezieht sich dabei auch auf Michel Foucault. »In fact, it [die
Sprache] is only a formless rumbling, a streaming; its power resides in its dis-
simulation. That is why it is one with the erosion of time; it is depthless forget-

---

7 Zitat aus dem Walk. In: Ebd., S. 151. Hervorhebung im Original.
8 Mirjam Schaub. In: Ebd., S. 134.
9 Mirjam Schaub. In: Ebd., S. 151.

ting and the transparent emptiness of waiting.«[10] Janet Cardiff macht die Walk-teilnehmenden auf diese Flüchtigkeit und die Unzulänglichkeit im Erleben, Wahrnehmen, Zeigen und Sprechen aufmerksam. Mit ihrer Stimme begleitet sie die Rezipierenden durch verschiedene Zeiten und Räume. Für die Dauer des Walks entsteht dadurch eine Bindung, die äußere, sich wandelnde Geschehnisse überbrückt. Für Cardiff hat die Frage nach Verbindung eine besondere Wertig-keit:»I think that is one of our goals in life, isn't it, to somehow get connected. [...] When I started working with audio, I really liked the way it included your whole body. It really created this physical connection. Also if you are walking with someone's voice and the sound of their walking body [...], it creates a one-on-one relationship.«[11] Diese Nähe erfährt die Rezipientin an und mit sich selbst: Sie beginnt der körperlosen Stimme zu vertrauen, befolgt ihre Anweisungen, nimmt ihren Körper durch die Sensibilisierung der Sinne intensiver wahr, ver-traut mehr und mehr ihrer Gefühlswelt und lässt sich so auf das von Cardiff ge-nerierte Experiment ein, ihre Vorstellung von Welt Schritt für Schritt zu hinter-fragen. Oder, wie die Künstlerin es beschreibt:»How could we discern ›reality‹, if not from our senses? The sound of footsteps behind us excites an innate urge to see what made the sound. So by manipulating basic aural indicators, then the participants begin to question their understanding of the physical world.«[12]

Eine Form der Manipulation findet nicht nur auf der technischen Ebene durch die Anwendung einer simulierten dreidimensionalen binauralen Akustik statt, sondern auch auf einer psychologischen. Die Walkteilnehmerin geht eine imaginäre Verbindung mit Janet Cardiffs Stimme ein, die als unsichtbare Person neben ihr läuft und den gleichen Weg bereits zuvor beschritten hat. Cardiff be-mächtigt sich dabei behutsam der Wahrnehmung der Rezipientin und lädt diese mit ihrer sensitiven Stimme freundlich ein:»I want you to walk with me. Try to listen to the sound of my footsteps so that we can stay together.«[13] ›Janets‹ Stim-me ist geisterhaft anwesend, sie sucht sich wie ein Gespenst einen Ersatzkörper, um agieren zu können. Ihre Aufforderungen lassen die Rezipientin glauben, dass die Stimme einzelne Momente mit ihr zusammen erlebt und vielleicht nur eine Schrittlänge voraus ist. Wie in der bereits beschriebenen Szene am Seeufer, in der die Rezipientin aufgefordert wird, die zweite Fotografie des Walks mit der

---

10 Foucault, Michel:»Maurice Blanchot: The Thought from Outside«, übers. von Brian Massumi, in: Michel Foucault/Maurice Blanchot, Foucault. Blanchot, New York 1990, S. 55.

11 Janet Cardiff. In: M. Schaub: Janet Cardiff. The walk book (2005), Ebd., S. 189.

12 Janet Cardiff. In: Ebd., S. 134.

13 Janet Cardiff. In: Ebd., S. 135.

realen Umgebung zu vergleichen und die Luft bewusst einzuatmen und zu riechen. Auf der anderen Seite schleicht sich der Gedanke ein, die Dinge stellvertretend für die anonym bleibende Stimme zu erleben, der diese Handlungen und
Wahrnehmungen nicht möglich sind. Die Aufforderungen, die eigene Haut zu
berühren, etwas zu schmecken oder zu riechen, erhalten eine unheimliche Nuan-
ce, weil sie als eine Ersatzhandlung, als Wiederbelebung der körperlosen Stimme
mittels eines anderen Körpers verstanden werden können. Wie im Audiowalk
»Drogan's Nightmare«[14] (1998), in dem Cardiff eine Figur einführt, eine Maschine, die sich verschiedener Körper und Erinnerungen bedient:

>»Janet: Go down the stairs. At the bottom go to the left and then down the
ramp.

Machine: You're the only body I have. I feel the ground under your feet as
you walk.

Janet: You have him, you don't need me.

Machine: I can feel his lips on your neck, the wet saliva on your skin.

Janet: Leave my memories alone.«[15]

Eine Maschine, die vermenschlicht wird, und ein Gespenst, das nicht sterben
kann, sind Figuren, die zwischen den Welten von Lebenden und Toten zu Hause
sind. Mit ihnen können Themen wie die Vergänglichkeit des Lebens und die
Wiederkehr und Heimsuchung der Toten und des Vergangenen erzählt werden.
Auch im Walk »Her Long Black Hair« bilden Heimsuchung und Vergänglichkeit
Leitmotive.[16] Stadt erhält durch Cardiffs Einbeziehen von mythischen und mystischen Bildern eine andere topologische Dimension, die der grünen Insel Central Park ein anderes und geheimnisvolles Profil geben. In diesem Walk werden
diese Bilder verwendet: die Unterwelt – das Reich der Toten, aus dem Orpheus
Eurydike heraus führen will –, Baudelaires Gedicht über den Tod und die Schönheit seiner Geliebten und die altmodisch anmutenden Fotografien der jungen, unbekannten Frau mit schwarzen Haaren, über deren Existenz verschiedene Geschichten erzählt werden. Wieder erlebbar wird das anscheinend unwiderruflich
Verlorene mittels ›Janets‹ Stimme und den anderen aus verschiedenen Zeiten
stammenden Stimmfiguren, die von ihr wachgerufen werden. So sind neben

---

14 Cardiff, Janet: Drogans Nightmare, Audiowalk, 12 Min., kuratiert von Ivo Mesquita,
     XXIV Bienal de São Paulo, São Paulo, Brasilien 1998.

15 Zitat aus dem Walk. In: M. Schaub: Janet Cardiff. The walk book (2005), S. 162.

16 Das Motiv der Heimsuchung analysiert auch der Kulturwissenschaftler Ralph Fischer
     in seiner Betrachtung von Janet Cardiffs Walk »Her Long Black Hair«, siehe: Fischer,
     Ralph: Walking Artists. Über die Entdeckung des Gehens in den performativen Küns-
     ten, Bielefeld 2011, S. 268.

Baudelaire auch andere Stimmen zu hören: beispielsweise die des Sklaven Harry Thomas, dem es 1850 gelang, aus Amerika nach Kanada zu fliehen, der von seiner Flucht erzählt, und die Stimme Abraham Lincolns, der aus seiner berühmten Kongressrede von 1862 einige Sätze spricht. Die Vergangenheit wird durch das Auftauchen der Verstorbenen präsent. Die Toten erzählen scheinbar selbstverständlich von ihren Erlebnissen und geben dem Ort dadurch ein historisches Profil, das über seine architektonische Entstehungsgeschichte hinausreicht.

Die Geschichte Amerikas wird durch Janet Cardiff in die Gegenwart geholt und mit aktuellen Ereignissen in einen Kontext gestellt: Die Tausenden von Obdachlosen, die in der Weltwirtschaftskrise der 1930er Jahren im Central Park wohnten, werden in Beziehung gesetzt mit den Obdachlosen des 21. Jahrhunderts, die in New Yorker Abwasser- und Belüftungsschächten Unterschlupf finden und ihre Habseligkeiten dort deponieren. Auch verschiedene Stadtgänger, wie Kierkegaard und Baudelaire oder der flüchtende Harry Thomas, betreten die imaginäre Bühne und scheinen den Weg der im Central Park gehenden Rezipientin zu kreuzen. Diese Figuren erzählen nicht nur etwas über sich und ihre Zeit. Cardiff entwirft mit ihnen jenes netzartige Gefüge von Zeit und Raum, in dem sich diese unterschiedlichen Ereignisse und Figuren aufeinander beziehen. Die Vergangenheit erscheint als eine Facette der Gegenwart, weil alles jederzeit eine Präsenz und Bedeutung annehmen kann. Die Vergangenheit ist unabgeschlossen und kann daher auf Probleme der Gegenwart verweisen. Mit den politischen Figuren in »Her Long Black Hair« führt Cardiff eine gesellschaftspolitische Ebene ein, die sie mit den Fragen über das Leben – wie Liebe, Tod, Verlust und Erinnerung – verbindet. So wird deutlich, dass das Leben des Menschen sowohl von historischen, politischen Bedingungen bestimmt wird als auch immer eine solitäre, persönliche Auseinandersetzung mit seinem Dasein und Sterben ist.

Das Subjekt, das sich nicht nur mit Fragen über das eigene Leben auseinandersetzen muss, sondern auch mit Fragen zu der Zeit und Gesellschaft, in der es lebt, mag diese Situation als ambivalent empfinden und stellt sich die Frage: Wie das Leben leben? Der Philosoph Jacques Derrida greift zu Beginn seiner gesellschaftspolitischen Untersuchung »Marx' Gespenster« diese allgemeine Frage zum Leben auf und versteht sie als eine nicht beantwortbare Forderung an das Subjekt: »Leben ist das, was man *per definitionem* nicht lernen kann. Nicht von sich selbst, nicht vom Leben und nicht durch das Leben. Höchstens vom anderen und durch den Tod. Auf jeden Fall vom anderen an der Grenze des Lebens.«[17]

---

17 Derrida, Jacques: Marx' Gespenster. Der Staat der Schuld, die Trauerarbeit und die neue Internationale, aus dem Französischen übers. von Susanne Lüdemann, Frankfurt a.M. 2004, S. 9. Hervorhebung im Original.

Für Derrida ist die Frage nach der Art und Weise des Lebens zugleich eine ethische Frage, in der ein verantwortliches, gerechtes Denken und Handeln mitdiskutiert wird: »Es [das Leben] hat nur Sinn und kann nur *gerecht* sein, wenn es sich mit dem Tod auseinandersetzt. Dem meinen wie dem des anderen.«[18] Das Verständnis von Zeit spielt für diese Fragen, die sich ebenso das Subjekt wie die Gesellschaft stellen, eine wesentliche Rolle. Die Gegenwart erfordert eine Auseinandersetzung mit ihrer Vergänglichkeit. Eine Zeit, so Derrida, die ihre Gegenwart als unabgeschlossen versteht, generiert eine ›Politik des Gedächtnisses‹: »[...] eine Zeit ohne bevormundendes Präsens, käme auf das zurück, wohin der Auftakt uns führt: Lernen, *mit* den Gespenstern zu leben, in der Unterhaltung, der Begleitung oder der gemeinsamen Wanderschaft, im umgangslosen Umgang mit Gespenstern. Es würde heißen, anders zu leben und besser. Nicht besser, sondern gerechter. Aber *mit* ihnen.«[19] Das Leben mit dem Unabgeschlossenen der Zeit beeinflusst das Leben der Gesellschaft und ist für sie konstitutiv. Ein Leben mit den Gespenstern der Vergangenheit wird nicht einfacher, aber es lässt Momente von Selbstreflexion zu, weil das Andere wie eine unsichtbare Instanz oder ein Gewissen anwesend ist. »Es gibt kein *Mitsein* mit dem anderen, keinen *socius* ohne dieses *Mit-da*, das uns das *Mitsein* im allgemeinen rätselhafter macht denn je. Und dieses Mitsein mit den Gespenstern wäre auch – nicht nur, aber auch – eine *Politik* des Gedächtnisses, des Erbes und der Generationen.«[20]

Das, was Derrida als eine sozialpolitische, historische Frage nach verantwortlichem, gerechtem Handeln formuliert, greift Janet Cardiff in ihrer Narration des Walks »Her Long Black Hair« auf. Die Walkteilnehmerin fühlt sich sowohl in individuelle Geschichten als auch in historische Kontexte eingespannt: Sei es die Geschichte des Mannes auf der Parkbank, der von seiner Mutter, einer schwarzhaarigen Frau, erzählt, die die Familie verließ, oder Harry Thomas' Beschreibung seiner Flucht, in der er von Hunden verfolgt wird. Lincolns Satz »We cannot escape history«, der im Walk zitiert wird, nimmt bei Cardiff daher viele Bedeutungen ein: Der Mensch kann nicht vor seiner eigenen Geschichte, seiner Vorstellung von Leben und seiner Vergänglichkeit fliehen, die Gesellschaft nicht vor der Frage nach dem was war, was ist und was sein wird. Für die Walkteilnehmerin wird dies erfahr- und spürbar: Mit jedem ihrer Schritte wird sie in Geschichten und in die Geschichte verwickelt. Die Stadt umfasst dabei wie ein Speicher die Geschichten und die verschiedenen Zeitformen, die miteinander verbunden sind. Das New York des 21. Jahrhunderts ist mit dem New York des

---

18 Ebd., S. 10. Hervorhebung im Original.
19 Ebd. Hervorhebung im Original.
20 Ebd. Hervorhebung im Original.

18. Jahrhunderts durch die Geschichten der Menschen verknüpft. Cardiff bringt diese Verbindungen durch ihr heterogenes und assoziatives Erzählen zum Vorschein und macht sie im Walk nachvollziehbar. Historische Geschichte wird zu einem lebendigen Teil der Gegenwart. Die Gegenwart fungiert als ein Spiegel für Verlorenes, Vergängliches und Fehlendes. Ein Spaziergänger und der Sklave Harry Thomas könnten sich, so erscheint es der Walkteilnehmerin, im Central Park über den Weg laufen. Die Figur, die in allen Zeiten gleichermaßen präsent ist und die Rezipierende durch verschiedene Zeiträume führt, ist die Stimme ›Janet‹: Sie ist das Gespenst, das die Rezipierende heimsucht.

Welche Bedingungen müssen für diese Inszenierung eines Gespenstes gegeben sein? Das, was da war, ist, sein wird und gewesen sein wird, was sich als ein noch Uneingelöstes artikuliert, hat, wie Jacques Derrida es anhand seines Begriffes des Gespenstes verdeutlicht, keine eindeutige Gestalt. Um es jedoch als ein in jeder Zeit Vorhandenes wahrzunehmen, muss ein chronologisches Zeitverständnis aufgelöst sein. Erst dann können Fragen nach Gerechtigkeit und Verantwortlichkeit greifen. Was jenseits der Gegenwart liegt, muss also mitgedacht werden: »[…] keine Gerechtigkeit scheint möglich oder denkbar ohne das Prinzip einer *Verantwortlichkeit*, jenseits jeder *lebendigen Gegenwart*, in dem, was die lebendige Gegenwart zerteilt, vor den Gespenstern jener, die noch nicht geboren oder schon gestorben sind, seien sie nun Opfer oder nicht: von Kriegen, von politischer oder anderer Gewalt, von nationalistischer, rassistischer, kolonialistischer, sexistischer oder sonstiger Vernichtung […].«[21] Die Zeit muss aus den Fugen geraten. In Hamlets Satz »The time is out of joint«[22] sieht Derrida eine andere Zeit verwirklicht, in der ein ›gespenstischer Augenblick‹ entstehe: »[…] ein Augenblick, der nicht mehr der Zeit angehört, wenn man darunter die Verkettung modalisierter Gegenwarten versteht (vergangene Gegenwart, aktuelle Gegenwart: ›jetzt‹, zukünftige Gegenwart).«[23] Die Zeit ist dann vielmehr »[…] *exartikuliert*, ausgerenkt, aus den Fugen, verzerrt, die Zeit ist aus dem Gleis, sie ist verdreht und aus sich selbst herausgerückt, *gestört*, gleichzeitig aus dem Takt und verrückt. Die Zeit ist außer Rand und Band, die Zeit ist aus der Bahn geraten, außer sich, uneins mit sich.«[24] Diese ›time‹ bei »Hamlet« umfasst alle Facetten von Zeit: »die *Zeit* selbst, […] die Zeit als *Geschichte*, der Zeiten Lauf, die

---

21 Ebd., S. 11. Hervorhebung im Original.

22 Ebd., S. 15.

23 Ebd., S. 12.

24 Ebd., S. 34. Hervorhebung im Original.

Zeit, in der wir leben, unsere Tage, die Epoche[,] [...] unsere heutige Welt, [...] die Aktualität«.[25]

In dieser aufgefächerten Zeit, zwischen Generationen, Leben, Tod und noch nicht Existierendem tritt etwas in Erscheinung, das in Shakespeares »Hamlet« von der Figur Horatio zunächst als ›Ding‹ (thing[26]) beschrieben wird. Erst später, nach Warten auf sein Wiedererscheinen, wird es als Geist von Hamlets Vater erkannt und benannt. Das Erwarten, so zeigt Shakespeare in »Hamlet«, gehört wesentlich zum Erscheinen des Unbekannt-Unsichtbaren hinzu; es ermöglicht dies erst. Durch das Gefühl des Angeblicktwerdens wird dem, was in irgendeiner Weise zu einem spricht oder sprechen will, eine Existenz zugesprochen. Dieses muss jedoch in irgendeiner Weise bestätigt oder bezeugt werden, damit es von einer Halluzination oder einem Traum zu unterscheiden ist. Bei »Hamlet« sind es seine Freunde Marcellus, Horatio und Bernardo, die das Wiedererscheinen des verstorbenen Vaters und Königs bezeugen. In Cardiffs Walks ist es die Übereinstimmung des Gehörten (Erzählten) mit dem zu Sehenden, die ›Janets‹ Existenz als eine unsichtbare Person, welche einen stets im Blick hat, beglaubigt.

Derrida beschreibt das Phänomen von »dem was wir nicht sehen, aber uns erblickt«[27] als Visier-Effekt: »Dieses Ding (*Chose*), das keines ist, dieses Ding, das zwischen seinen Erscheinungen unsichtbar ist[,] [...] erblickt dagegen uns und sieht uns, wie wir nicht sehen, selbst wenn es da ist.«[28] Es gibt im Verhältnis zwischen dem, was man nicht sehen kann, was einen erblickt und mit einem etwas macht, eine Gesetzmäßigkeit, in der es um die Verbindung von Macht und Glauben geht: »[...] da wir nicht sehen, wer [...] befiehlt, können wir ihn oder es nicht mit voller Sicherheit identifizieren, wir sind seiner Stimme ausgeliefert. Wer sagt: ›Ich bin der Geist (*le spectre*) deines Vaters‹ (›*I am thy father's spirit*‹), dem kann man nur aufs Wort glauben. Die unabdingbar blinde Unterwerfung unter sein Geheimnis, das Geheimnis seines Ursprungs, ist der erste Akt des Gehorsams gegenüber der Verfügung. Er wird alle anderen bedingen.«[29]

Anders als in Shakespeares Theaterstück, in dem der Geist des Vaters auf der Bühne eine konkrete Gestalt annimmt (und von Kopf bis Fuß mit einer Rüstung oder einem Biberpelzmantel bekleidet ist), bleibt die weibliche Stimme in Cardiffs Audiowalk gestaltlos. Sie existiert als ein unsichtbares Gegenüber im Kopf

---

25 Ebd., S. 35. Hervorhebung im Original.

26 Horatio sagt: »What, has this thing appeared again to-night?« Siehe: Shakespeare, William: Hamlet, hrsg. von Holger Klein, Stuttgart 1993, S. 6.

27 J. Derrida: Marx' Gespenster (2004), S. 21.

28 Ebd., S. 20 f. Hervorhebung im Original.

29 Ebd., S. 22. Hervorhebung im Original.

der Walkteilnehmerin und entfaltet dort umso intensiver ihr Spiel von An- und
Abwesenheit. Wie Schaub in Bezug zum Film herausarbeitet, erhält, wenn Bild-
sequenz und Tonspur auseinanderklaffen, der Ton eine bestimmende Kraft, besonders wenn es eine Stimme ist:»An imperious voice or a suggestive voice that
is heard and that is independent but that is not seen is more versatile and disturb-
ing than any evil look.«[30]

Eine weitere Beschreibung zu dem, was Jacques Derrida über den Akt des
Gehorchens gegenüber einer körperlosen Stimme schreibt, gibt auch der Philosoph Slavoj Žižek anhand Alfred Hitchcocks Film »Psycho«[31] (1960): Der Ho-
telbesitzer Norman Bates hält seine längst verstorbene Mutter künstlich am Leben, indem er vorgibt, dass sie lebe und ihre Stimme imitiert, bis er, wegen viel-
fachen Mordes im Gefängnis sitzend, seine eigene Stimme aufgibt, weil die
Stimme der verstorbenen Mutter von ihm ganz und gar Besitz ergriffen hat. Die
Stimme der Mutter ist, so Žižek, unheimlich und omnipräsent, da sie nicht richtig lokalisiert werden kann: »[...] eine Stimme ohne Träger, [...] die keinem
Subjekt zugeschrieben werden kann und in einem unbestimmten Zwischenraum
schwebt; die Stimme ist unerbittlich, eben weil sie nicht richtig lokalisiert werden kann. Sie ist [...] weder Teil der diegetischen ›Realität‹ noch Teil der akustischen Begleitung des Films (Kommentar, Musik), sondern sie gehört jener
rätselhaften Sphäre an, die Lacan als ›l'entre-deux-morts‹ bezeichnet.«[32] Im Film
»Psycho« wird die Zuschauerin zunächst von ihrer furchtvollen Faszination er-
löst, als die Stimme der Mutter schließlich einen Körper oder temporären Ort
findet: »[...] diese Stimme ist sozusagen auf der Suche nach ihrem Körper.
Wenn sie am Ende diesen Körper findet, so ist es nicht der der Mutter, sondern
sie ›haftet‹ künstlich an Normans Körper.«[33] Doch die Stimme könnte genauso
gut jemand anderen heimsuchen (auch die Zuschauerin, die sie gehört hat und
damit Zeugin wurde), sie bleibt, wie Žižek an anderer Stelle sagt, »a voice of an
invisible master«[34]. Die tatsächliche Bannung eines Geistes oder Gespenstes
wäre nur dessen Rückkehr in sein Grab, denn, so Derrida:»Man *muß wissen*,
wer wo begraben ist – und man *muß wissen* oder sich versichern, daß der Begra-
bene in dem, was von ihm übrig ist, *auch wirklich ruht. Daß er dort bleibe und*

---

30 Mirjam Schaub. In: M. Schaub: Janet Cardiff. The walk book (2005), S. 178.

31 Hitchcock, Alfred: Psycho, Farbfilm, 109 Min., USA 1960.

32 Žižek, Slavoj: Liebe Dein Symptom wie Dich selbst! Jacques Lacans Psychoanalyse
und die Medien, hrsg. von Peter Weibel, Berlin 1991, S. 60.

33 Ebd., S. 61.

34 Žižek, Slavoj: »Der audiovisuelle Kontrakt – der Lärm um das Reale«, in: Deutsche
Zeitschrift für Philosophie 3 (1995), S. 521-533, hier S. 525.

sich nicht mehr rühre!«[35] Wenn dies nicht geschieht, der Bann nicht durchgeführt werden kann, müsse jeder mit der Wiederholung der Heimsuchung des Gespenstes rechnen. Das Gespenst personifiziert die Frage der Wiederholung: »Ein Gespenst ist immer ein Wiedergänger. Man kann sein Kommen und Gehen nicht kontrollieren, weil es *mit der Wiederkehr beginnt.*«[36]

In den Walks hat die namenlose weibliche Stimmfigur keinerlei visuellen Ursprung und nimmt auch keine hüllenartige Gestalt an. Sie ist gespenstisch, weil sie sich, um sich Gehör zu schaffen, einen Körper, der mit ihr geht, und eine Person, zu der sie spricht, suchen muss. Die Walkteilnehmerin wird von der Stimme heimgesucht und in eine zweite akustische Welt geführt, die der realen ähnelt, diese aber komplett ausblendet. Der räumliche Weg der akustischen Signale hin zum Ohr, durch die jemand eine Stimme oder ein Ereignis verorten kann, geht verloren. All die zu hörenden Stimmen, Geräusche und Lärmwolken entstehen direkt am Ohr der Rezipientin, die glaubt, das zu sehen, was sie hört, und das zu hören, was sie sieht. Nach Derrida entsteht hier ein »virtueller Raum der Spektralität oder des Gespenstischen«[37]. In »Her Long Black Hair« stehen die junge Frau mit den schwarzen Haaren und ihr Geliebter, der sie fotografierte, symbolisch für die Geschichte von Orpheus und Eurydike, in der Orpheus versucht, Eurydike aus der Unterwelt herauszuführen, aber daran scheitert. Die schon zu einer Schattenfigur gewordene Eurydike kann nicht in die reale Welt zurückgeführt werden. Orpheus greift bei dem Versuch, sie anblicken und umarmen zu wollen, ins Leere. In »Her Long Black Hair« sagt die weibliche Stimme zur Rezipientin, dass sie sich nicht wie Orpheus umdrehen solle. Janet Cardiff inszeniert im Walk auf diese Weise den Gehorsam als ein Geheimnis. Das Gespenst symbolisiert genau das, was das Subjekt nicht weiß und nicht wissen kann: »Man *weiß* es nicht – aber nicht aus Unwissenheit, sondern weil dieser Nicht-Gegenstand, dieses Anwesende ohne Anwesenheit, dieses Dasein eines Abwesenden oder eines Entschwundenen nicht mehr dem Wissen untersteht. Jedenfalls nicht mehr dem, was man unter dem Namen des Wissens zu wissen glaubt.«[38]

Auch auf der Ebene des Erscheinens entzieht sich das Gespenstische einem Zugriff. Das Gespenst ist, so Derrida, ›eine paradoxe Verleiblichung‹[39]: »Es gibt Entschwundenes (disparu) in der Erscheinung (apparition) als ein Wiedererschei-

---

35 J. Derrida: Marx' Gespenster (2004), S. 24. Hervorhebung im Original.
36 Ebd., S. 26. Hervorhebung im Original.
37 Ebd.
38 Ebd., S. 20. Hervorhebung im Original.
39 Ebd., S. 19.

nen des Entschwundenen selbst.«[40] Von diesem ›Wiedererscheinen des Entschwundenen‹ erzählt Cardiff am Ende ihres Walks. Die weibliche Stimme fordert die an einem See stehende Rezipientin auf, sich die letzte Fotografie anzusehen:»There's one last photography. [...] She stands with her back to us. I want
her to turn around but she never will, frozen by the camera, forever facing the
lake. My words are here now just as she was here. They'll disappear even though
I try to keep them, record them, play them over and over in my attempts to hang
on to time. They're just sound waves in the air dissolving and disappearing.«[41]

Ebenso wie die Frau mit den schwarzen Haaren, die von vielen Stimmfiguren besungen und beschrieben wird und durch die unterschiedlichen Erzählungen
vielfach existiert, bleibt die zur Stimme gehörende unsichtbare Begleiterin unbe-
kannt. Es ist das Uneingelöste, was am Ende des Walks bleibt und sich un-
gewollt als ein Zweifel oder eine Befürchtung in das Bewusstsein der Rezipientin schiebt. Das Gespenstische löst die Zeit aus einer Chronologie und dies ist ihr
›Spuk‹, nach dem Derrida auch fragt:»Was heißt das: einem Gespenst folgen?
Und wenn es darauf hinausliefe, von ihm verfolgt zu werden, für immer, verfolgt
vielleicht von der Jagd selbst, die wir nach ihm anstellen? Noch einmal kehrt
hier das, was vor uns zu liegen scheint, die Zukunft, im vorhinein wieder: aus
der Vergangenheit, von hinten.«[42] Es handle sich hierbei, so Derrida, vielmehr
um die Frage nach dem Ereignis als um die Frage von Wiederholung und Differenz:»Wiederholung *und* erstes Mal, aber auch Wiederholung *und* letztes Mal,
denn die Einzigartigkeit jedes *ersten Mals* macht daraus zugleich ein *letztes Mal*.
Jedesmal ist ein erstes Mal ein letztes Mal, das ist das Ereignis selbst. Jedesmal
anders. Inszenierung für ein Ende der Geschichte.«[43]

Cardiff entlässt die Rezipientin in »Her Long Black Hair« mit den Worten:
»You have to walk back on your own now. [...] There's one last experiment that
I want you to do. Synchronize your breathing with mine.«[44] Die Rezipientin
lauscht auf die Atemgeräusche ihrer unsichtbaren Begleiterin, gleicht ihren Atem
ihrem Rhythmus an und in diesem Moment verschmilzt und verschwindet zugleich die weibliche Stimmfigur in ihr. Die Rezipientin bleibt nur scheinbar allein zurück, sie wird ihren Rückweg und weitere Spaziergänge durch den Central
Park nicht mehr völlig unbeobachtet begehen. Die weibliche körperlose Stimme
könnte jederzeit erneut beginnen, zu ihr zu sprechen. Der Central Park beher-

---

40 Ebd., S. 19 f.

41 Zitat aus dem Walk. In: M. Schaub: Janet Cardiff. The walk book (2005), S. 62.

42 J. Derrida: Marx' Gespenster (2004), S. 24.

43 Ebd., S. 25. Hervorhebung im Original.

44 Zitat aus dem Walk. In: M. Schaub: Janet Cardiff. The walk book (2005), S. 62.

bergt im Bewusstsein der Rezipientin geisterhafte Figuren, deren Präsenz und Wiederkehr mit dem Ort verbunden sind.

Janet Cardiff stellt den Rezipierenden im Walk »Her Long Black Hair« eine grundsätzliche Frage: Auf welche Weise kann das Verlorene, Unbekannte und Unsichtbare der Stadt im urbanen Raum präsent werden? Stadt wird, so verdeutlicht Cardiff in ihrem Walk, auch von Obdachlosen und Toten bewohnt. Diese symbolisieren das Unsichtbare und auch den Verfall der Stadt. Das Umherziehen ohne eine feste Behausung und das Suchen von temporären Schlafstätten widersprechen der Idee von Stadt, ein Ort der Ankunft und des Wohnens zu sein. Das rasche Wachstum der Städte hat die ehemals aus dem Stadtzentrum verbannten Friedhöfe längst wieder umschlossen. Durch Friedhofsmauern bleiben die Verstorbenen von den Wohnenden getrennt. Tod, Verlust und Verfall existieren in der Stadt nur in Zwischenräumen. Sie sind blinde Flecke in der Stadt und verweisen gleichzeitig auf ein ›Jenseits‹ der Stadt. Manchmal kann in der Stadt etwas wieder sichtbar werden, was längst vergessen schien. Der Umgang mit dem temporär Vergessenen macht deutlich, ob und wie Probleme aus der Vergangenheit bewältigt werden. Der Schriftsteller Teju Cole erzählt in einem seiner Stadtspaziergänge durch New York von den Sklavenfriedhöfen des 17. und 18. Jahrhunderts, die hinter dem Stadtrand lagen. »An dieser Stelle, nördlich der Wall Street, am damaligen Stadtrand, was gleichbedeutend mit Wildnis war, hatten sie den Schwarzen erlaubt, ihre Leichen zu begraben. Doch im Jahr 1991 kehrten die Toten zurück, als der Bau eines Gebäudes an der Ecke Broadway und Duane Street die Überreste von Menschen an die Oberfläche brachte.«[45] Die Verstorbenen liegen heute in einer Erdschicht unterhalb der Büro- und Einkaufsgebäude. Nur eine Skulptur auf einem Grünstreifen zwischen zwei Straßen, so schildert Cole, erinnert an die ohne Grabtafeln bestatteten Toten. Die Geschichte der Sklaverei holt die Anwohnenden New Yorks nicht nur durch das zufällige Finden von menschlichen Überresten ein, sondern auch durch die Verletzungen, die an ihnen sichtbar sind. »Am Negro Burial Ground, wie die Grabstätte damals hieß, und an den vielen ähnlichen Begräbnisplätzen an der Ostküste wiesen die ausgegrabenen Körper Spuren von Gewalt auf [...]. Viele Skelette hatten gebrochene Knochen, Belege von Leidensgeschichten«[46] Das nicht ausreichend verarbeitete Thema der Sklaverei spiegelt sich im alltäglichen Rassismus wider. Armut und

---

45 Cole, Teju: Open City, aus dem amerikanischen Englisch übers. von Christine Richter-Nilsson, Berlin 2013, S. 284 f.
46 Ebd., S. 285.

Rassismus, auf die Cardiff im Walk hinweist, gehören ebenso zu den Unsichtbarkeiten der Stadt.

Die erste Fotokarte in »Her Long Black Hair«, die eine Jubiläumsfeier in den 1960er Jahren zur Gründung des Central Parks zeigt, täuscht über die Diskriminierung der schwarzen Bevölkerung hinweg. Erst beim zweiten Blick fällt auf, dass auf der Fotografie ausschließlich Weiße zu sehen sind. In dem Walk wird das Thema Rassismus angesprochen, jedoch nicht, wie bei Teju Cole, mit Hintergrundinformationen reflektiert. Janet Cardiff legt Spuren, um die Rezipientin für das Thema zu sensibilisieren. Wichtiger ist bei Cardiff das Einfügen der Erzählstränge in die Atmosphäre des Ortes und eine veränderte Wahrnehmung des Ortes. Im Gang durch den Park durchwandert die Rezipierende auf den Wegen auch Zwischenräume und -welten. Die imaginäre Topologie der Unterwelt von Orpheus und Eurydike, die Untergrundwelt der Obdachlosen und Toten und die möglicherweise letzten Lebenszeichen der jungen Frau mit schwarzen Haaren unterhöhlen die künstliche Landschaft des Central Parks.

Die aufgefächerte Zeit, die auch das Vergangene, das Verlorene und Vergessene umschließt, ermöglicht es, andere Fragen an das Leben und Zusammenleben zu stellen. Geschichtenerzählen, so verdeutlicht Cardiff es in ihren Walks, übernimmt die Aufgabe des Bewahrens und Erinnerns von Dingen, die ansonsten verloren gingen. In »Her Long Black Hair« ist der Ariadnefaden der Geschichte die gespenstergleiche Stimme ›Janet‹: Sie führt durch die Parklandschaft, zeigt den Rezipierenden die Nachbarschaft von parallelen Welten, Leben und Tod, Begehren und Verlust sowie Sinnlichkeit und Verfall auf. Inmitten der schnelllebigen Großstadt New York entwickelt ihr Walk symbolhafte visuelle Qualitäten wie die eines Stilllebens (Natura Morte).

Verpasste Begegnungen

»Cardiff's walks heighten our awareness of the
way that we always alter our environments with
our feelings, as we traverse them. Our memories
constantly enter into our perception of what is
the ›here and now‹.«[1]

Einer Stimme folgen; im Gehen nachvollziehen, was einem da mal flüsternd,
raunend, nah am Körper, am Ohr erzählt wird; achtgeben, den Weg nicht zu verfehlen, der begangen werden soll, um der Geschichte zu folgen; Bilder sehen, die
einem die Stimme zu zeigen gibt; sich in einer Umgebung orientieren, in der
plötzlich gewohnte Geräusche auftauchen, die aus der Umgebung, aber nicht immer aus dem Jetzt stammen; den Erzählungen anderer Stimmen, die hinzukom-
men, zuhören und dabei sich der einen Stimme immer mehr und mehr anvertrau-
en, da nur sie den Weg und die Geschichte zu kennen scheint – dies birgt viele
Risiken in sich und generiert vor allem ein Erlebnis. Wenn die Stimme Janet
Cardiffs den gemeinsamen Spaziergang und die Geschichte irgendwann für beendet erklärt und auffordert, den ausgeliehenen Walkman oder iPod wieder abzu-
geben, nimmt jeder die Umgebung, Geräusche und Passanten mit einer veränderten Intensität wahr. »Auf dem Rückweg erfährt man denselben Raum, die Alltäglichkeit seiner Durchquerung, unter dem Signum des Verdachts (eine Spur für
etwas anderes zu sein) plötzlich mit anderer Schärfe, verlängert das Zuvor-
Gehörte unwillkürlich ins Jetzt hinein.«[2] Das Erlebte bindet sich an die Wahrnehmung des Ortes und dieser wird zum Ort einer Erfahrung. Die Walks sind
nicht nur Geschichten im urbanen Raum, sondern sie behandeln auch die
schwierige Frage des Wahrnehmens und des Generierens von Realität.

---

1   Carolyn Christov-Bakargiev. In: M. Schaub: Janet Cardiff. The walk book (2005),
     S. 271.
2   M. Schaub: »Die Kunst des Spurenlegens und -verfolgens« (2007), S. 136.

Bei Janet Cardiff ist es das Motiv des Wiederholens – im Akt der Erinnerung an Gesehenes, Erlebtes und Geträumtes –, mit dem sie ihre Geschichten in den urbanen Raum einbettet. Das Wiederholen und Wiedererleben sind psychische Kategorien, mit denen Erlebnisse verarbeitet werden. Traumhaftes und Traumatisches sind dabei aufs Engste miteinander verknüpft, weil sie ähnliche und auch gemeinsame Bilder produzieren. Der Traum und das Trauma lassen archetypische Bilder entstehen, um Vergessen und Verdrängen zu bebildern und zu verhüllen. Cardiff arbeitet mit der Uneindeutigkeit von inneren Bildern. Es bleibt in ihren Arbeiten ungeklärt, wessen Traumbilder und Erinnerungen es sind, über die gesprochen wird, denn die von Cardiff erzählten Bilder und die inneren Bilder der Walkteilnehmerin verlaufen zunehmend ineinander. Woher stammen die Traumbilder, wenn sie aus vielen medialen, kommerziellen und persönlichen Bildquellen hervorgehen, die das Subjekt aufgrund der Menge von Bildern und Eindrücken nicht mehr kontrollieren kann? Das mehrdeutige Erzählverfahren ist von Janet Cardiff beabsichtigt. Die Künstlerin weist auf die Uneindeutigkeit und Fragilität von Wahrnehmung und Erinnerungen hin und stellt das Subjekt als eine stabile Instanz in Frage. »Die Überlagerung verschiedener Perspektiven wird gezielt eingesetzt, um auf den schwankenden Charakter von Subjektivität aufmerksam zu machen. Sie säht [sic] Zweifel daran, dass Klarheit möglich, Erfahrung einzigartig und Sinn eindeutig sein kann.«[3]

Im digitalen Zeitalter, in dem scheinbar subjektive, persönliche und mediale Bilder und Erzählungen hybride Bildwerke entstehen lassen, ist das Uneindeutige teilbar mit anderen geworden und wird in digitalen Netzwerken verteilt. Die Bewegung eines stetigen Assoziierens wird nicht unterbrochen. Diese Situation macht sich Cardiff zunutze. Begehren, Suggestion und Frustration halten (kommerzielle) Bedürfnisse am Laufen. Janet Cardiff hat dabei weniger eine Kapitalismuskritik im Blick, ihr geht es um die Beschaffenheit der menschlichen Psyche als ein Produktions- und Ablagerungsort von Bildern. Den Raum der Psyche – mit seiner Unschärfe, Unstimmigkeit, Überdeutlichkeit und Mehrdeutigkeit – überträgt sie mit ihren Walks in reale Räume und den urbanen Raum. Dort inszeniert die Künstlerin surreale, fiktionale und narrative Atmosphären, in denen die menschlichen Sinne umspielt werden. Die Walkteilnehmerin kann ihren Sinnen nicht mehr trauen. Wie in einem Traum oder in Trance gehen Sehen, Hören, Riechen, Tasten, Schmecken, Berühren und Gehen ungewohnte Allianzen ein. Cardiff macht deutlich, dass das Bewusstsein, welches vorgibt, Wahrnehmungen

---

3   Bell, Kirsty: »Janet Cardiff und George Miller: Fantasie ist kein Fehler«, in: Akademie der Künste (Hg.), Janet Cardiff & George Bures Miller. Käthe-Kollwitz-Preis 2011, Berlin 2011, S. 14.

und Eindrücke ordnen und steuern zu können, instabil ist und vielleicht auch nur aus einer Vorstellung besteht. Auch das Gehen in den Walks führt eine mehrfache Bewegung aus: Durch die Wiederholung (Aneinanderreihung) von Schritten entsteht eine Vorwärtsbewegung, die verschiedene Orte miteinander verbindet und in Beziehung setzt. Gleichzeitig bringt der sich bewegende Körper die Umgebung, im Sinne einer Verwirklichung von Raum, erst hervor. Cardiff nutzt für ihr Erzählen diese doppelten und mehrdeutigen Bewegungen. Gehen, Erinnern und Assoziieren verlaufen ineinander: Ein urbanes Erzählformat entsteht.

Weil die Walks performativ angelegt sind, nur im flüchtigen Format von Gehen und Hören zu erfahren sind, fließen Unwägbarkeiten der Wahrnehmung und Erinnerung wesentlich in die Rezeption des Walks hinein. Die Walks selbst handeln davon: von Fragen der Wahrnehmung von Zeit, sich selbst und der Umgebung. Wie nehmen Menschen die Vergangenheit und Gegenwart wahr, wann fühlen sie sich als erinnernde, träumende Subjekte präsent, wie verhalten sich ihre Träume, Zeit- und Raumvorstellungen zueinander? »I'm searching through my past, but it's the present I really want. I want to be here, walking in the hills. Not just a voice in my head, talking to myself«[4], sagt die Erzählstimme in dem Audiowalk »Chiaroscuro«[5] (1997) auch stellvertretend für die Rezipientin, die der Geschichte gespannt lauscht, um am Anderen etwas über sich, ihr Dasein und ihre Begehren zu erfahren.

Da Erinnerungen, Träume und Begehren auf die subjektive Wahrnehmung von Welt und auf den Menschen selbst wirken, ist es schwierig, von einem wirklichen Dasein zu sprechen, oder wie Cardiff in dem Audiowalk »Her Long Black Hair« (2004) es formuliert: »The hard part is staying in the present. Really being here.«[6] Die Erfahrung, die die Rezipientin dann auch in Cardiffs Walks macht, ist die, dass sie woanders ist als dort, wo sie sich tatsächlich befindet. Sie hinkt ihren Wahrnehmungen, der erzählenden Stimme und den erzählten Geschichten immer einen Schritt hinterher – in der Art und Weise, wie es sich auch im Gehen zeigt: »Walking is very calming. One step after another, one foot moving into the future and one in the past.«[7] Auch fließen, wie die Kuratorin und Kunsthistorikerin Carolyn Christov-Bakargiev Cardiffs Walks schildert, Erinnerungen immer schon in unsere Wahrnehmung eines Hier und Jetzt mit ein.[8] Das Subjekt steht

---

4   Zitat aus dem Walk. In: M. Schaub: Janet Cardiff. The walk book (2005), S. 251.

5   Cardiff, Janet: Chiaroscuro, Audiowalk, 12 Min., kuratiert von Gary Garrels, San Francisco Museum of Modern Art, San Francisco, USA 1997.

6   Zitat aus dem Walk. In: M. Schaub: Janet Cardiff. The walk book (2005), S. 75.

7   Zitat aus dem Walk. In: Ebd.

8   Christov-Bakargiev. In: Ebd., S. 271.

zu dem, was es als etwas Reales wahrnimmt und was ihm seine Existenz sozusagen zu versichern scheint, immer in einem Verhältnis des Begehrens. Der Philosoph und Psychoanalytiker Jacques Lacan beschreibt bildhaft den psychischen
Vorgang, bei dem das Subjekt sich seine Existenz bestätigt: »Und um zu wissen,
daß man da ist, gibt es nur eine einzige Methode: das Netz auszumachen. Wie
aber ein Netz ausmachen? Indem man wiederkehrt, zurückkehrt, seinen Weg
kreuzt, indem es immer zu derselben Überschneidung kommt, es gibt keine andere Bestätigung für seine [des Subjektes] *Gewißheit* [...].«[9] Die Wiederholung
generiert eine vorläufige Stabilität. Die Begegnung mit dem Realen scheint der
Mensch jedoch, so Lacan, immer nur verpassen zu können. Diese Beobachtung
vermittelt Janet Cardiff in ihren Walks den Rezipierenden. Auch sie geht, wie
Lacan, von einem Subjekt aus, das vielen verschiedenen Eindrücken, Begehren
und Bildern ausgesetzt ist, ohne diese in ein einheitliches Welt- und Selbstbild
eintragen zu können. Die Frage, die Cardiff in ihren Arbeiten, insbesondere den
Walks, aufwirft, ist die Frage nach der Beschaffenheit des Subjekts im Verhältnis
zu einer immer komplexer werdenden Umwelt: In welchem Netz von Realität
und Traum, Bewusstsein und Unbewusstsein steht das Subjekt?

Jacques Lacan stellt sich in Bezug zu den Freud'schen Begriffen ›das Unbewusste‹ und ›das Bewusste‹ die Frage, wann und wie das Subjekt das Reale erfahren kann. Es handle sich, so Lacan, vielmehr um ein »Rendez-vous mit dem
Realen, zu dem wir stets gerufen sind, das sich jedoch entzieht«.[10] Das Reale ist
unerreichbar, bestimmt aber das Subjekt maßgeblich: »Die Einkehr des Subjekts,
das biographische Eingedenken geht nur bis zu einer bestimmten Grenze, die ich
›das Reale‹ nenne. [...] Das Reale wäre [...] das, was stets an derselben Stelle
wiederkehrt – an der Stelle, wo das Subjekt als denkendes oder die *res cogitans*
ihm nicht begegnet.«[11] Das Reale ist demnach weder imaginär noch symbolisier-
bar und fungiert als ein »harter Kern, ein Überrest, der sich dem [...] Spiel illu-
sorischer Spiegelung entzieht«[12].

Wo kann ein Rendezvous mit dem Realen stattfinden? Diese Frage nimmt
der Philosoph Slavoj Žižek auf und fasst in Bezug zu Lacan zusammen, dass
sich im Traum das Reale offenbare: »Das Subjekt kommt im Traum dem trauma-
tisch-realen Ding nahe, und es erwacht in der Realität deshalb, um noch weiter

---

9   Lacan, Jacques: Die vier Grundbegriffe der Psychoanalyse. Das Seminar Buch XI,
    hrsg. von Norbert Haas/Hans-Joachim Metzger, übers. von Norbert Haas, Weinheim
    1987, S. 51. Hervorhebung im Original.
10 Ebd., S. 59.
11 Ebd., S. 56. Hervorhebung im Original.
12 S. Žižek: Liebe Dein Symptom wie Dich selbst! (1991), S. 115.

träumen zu können, d.h. um der Begegnung mit dem Realen auszuweichen. Wenn wir in der Realität aufgewacht sind, meinen wir, ›es seien doch nur Träume gewesen‹, und machen uns damit [...] für die Tatsache blind, daß wir ja im Wachzustand nichts anderes sind als genau das ›Bewußtsein dieser Träume‹ [...].«[13] Das Verhältnis des Subjekts zum Realen bleibt stets ambivalent. Das Aufwachen schützt das Subjekt vor einer Begegnung mit sich selbst und ermöglicht ihm neue Erlebnisse, die wieder in den Kreislauf von Bewusstsein und Unbewusstsein eingehen und die psychischen Prozesse aufrechterhalten. Im Wechsel zwischen Wachen und Träumen und den diffizilen Übergängen generiert das Subjekt seine Vorstellung von Wirklichkeit. Diese Erfahrungen mit dem Schlafen, Träumen und Aufwachen werden von vielen Menschen gemacht, jedoch erinnern sich nur wenige an die ephemeren Übergänge, weil der Alltag mit seinen Anforderungen sowohl Erinnerungen an Träume als auch an das Aufwachen überschreibt.

Janet Cardiffs Walks nehmen die Wünsche, Begehren und Träume von Menschen in den Blick – die psychischen Orte, in denen sich Erfahrungen und Erlebnisse artikulieren. Dadurch ermöglicht die Künstlerin den Walkteilnehmenden sich an etwas zu erinnern, das von ihnen in die Bereiche des Traumes, des Unbewussten und Vergessenen verlagert oder verdrängt wurde. Den Rezipierenden wird ihre Unvollständigkeit als Subjekt vor Augen geführt. Wird in einem Walk an etwas Vergessenes erinnert, bauen sich um das erinnerte Bild schrittweise Gefühle und Erinnerungen auf. Ähnlich wie beim Übergang vom Schlaf zum Wachsein konstituiert das Subjekt sich und seine Welt. Wie dies geschieht, schildert Jacques Lacan anhand eines Traumerlebnisses. Er erzählt minutiös von den Übergängen und Verbindungen zwischen der inneren und äußeren Welt, in denen das Subjekt sich zwischen Schlaf und Wachsein befindet.

Lacan berichtet, dass er aus einem Schlaf nicht aufwachte, obwohl jemand bei ihm an der Tür klopfte. Der Grund dafür war, so stellt Lacan im Nachhinein fest, dass er im Schlaf das störende Geräusch in seinen Traum einband. Erst zeitverzögert zum Klopfen erfolgt sein Aufwachen:»Ich wache [...] auf, werde mir des Klopfens – der Wahrnehmung – bewußt, indem ich um das Klopfen herum meine ganze Vorstellung wieder konstituiere. Ich weiß dann, daß ich da bin, auch wann ich einschlief und warum ich den Schlaf suchte.«[14] An dem Punkt, so Lacan, als das Geräusch des Klopfens noch nicht in die Wahrnehmung gelangt ist, aber in das Bewusstsein sickert, rekonstituiert sich das Bewusstsein um eine Vorstellung herum. In diesem Moment weiß das Subjekt, dass es am Aufwachen

---

13 Ebd.
14 J. Lacan: Die vier Grundbegriffe der Psychoanalyse (1987), S. 62.

ist oder, wie Lacan es formuliert, das Subjekt befindet sich unter dem ›coup des Aufwachens‹[15]. Die wesentliche Frage bei Lacan ist, wie das Subjekt in diesem kurzen Moment zwischen Träumen und Aufmerken (Aufhorchen) im Traum beschaffen ist. Er kommt zum Schluss, das Subjekt sei eines, das sein Aufwachen voraus stellt, bevor es aufwacht. Nach dem Aufwachen nimmt das Subjekt sich nur noch im Verhältnis zu dieser Vorstellung seiner selbst wahr.»Wobei die Vorstellung offensichtlich aus mir nur Bewußtsein macht«, sagt Lacan und folgert, dies sei »ein Reflex mit rückbildender Wirkung – in meinem Bewußtsein erfasse ich nur noch meine Vorstellung«.[16]

Das Schlafen, Träumen, Aufwachen, Wahrnehmen, Bewusstwerden und die Vorstellung von Realität sind wie Glieder einer Kette miteinander verbunden, sie bringen sich gegenseitig hervor und lassen in ihren Übergängen psychische Zwischenzustände entstehen. Der Bereich, in dem die Vorstellung des aufwachenden Subjekts sich formuliert, liegt zwischen Wahrnehmung und Bewusstsein. Jacques Lacan beschreibt diesen Bereich als einen ›unzeitigen Ort‹, als »jener andere Raum, Schauplatz, der ein *Zwischen Wahrnehmung und Bewußtsein* darstellt«[17]. In ihm finden jene Vorgänge (bezeichnet als Primärvorgänge (Freud) oder Primärprozesse (Lacan)) statt, in denen die psychische Energie (Libido) sich frei bewegt. Dieser Raum solle jedoch, so Lacan, als ein ›Zwischen‹ in der Erfahrung eines Bruchs zwischen Wahrnehmung und Bewusstsein aufgefasst werden. Denn erst durch die Vorstellungswirklichkeit des Subjekts entstehe das Phänomen der Distanz, der Kluft, die das Aufwachen ausmacht. Dieser ›Bruch‹ ist für das Subjekt wichtig, denn ansonsten würde es aus dem Schlaf nicht aufwachen. Die Distanz, die aus dem Bruch hervorgeht, erlebt das Subjekt auf der emotionalen und psychischen Ebene als seine eigene Unvollständigkeit.

Wie Jacques Lacan berichtet, übersetzt er im Träumen das Geräusch des Klopfens zunächst als etwas anderes. Die Frage, warum er dennoch aufwacht, ist für ihn wesentlich. Anhand seines Aufwacherlebnisses und des bekannten Traumbeispiels Sigmund Freuds – in dem ein unglücklicher Vater, während sein toter Sohn im Nebenzimmer aufgebahrt liegt, in einen kurzen Schlaf fällt, in dem jener tote Sohn ihn weckt, weil sein Bett durch eine umgefallene Kerze in Flammen steht – fragt Lacan sich: »*Was weckt eigentlich auf? Ist's vielleicht, im Traum, eine zweite Realität?*«[18] Nicht nur durch »den Choc, das *knocking* eines

---

15 Ebd. Frz. coup: Schlag, Streich; auch Einbruch.

16 Ebd., S. 63.

17 Ebd., S. 62. Hervorhebung im Original.

18 Ebd., S. 64. Hervorhebung im Original.

Geräuschs«, das die bloße Realität ankündigt, wird Lacan als auch die Figur des Vaters in Freuds Traumbeispiel geweckt, »sondern durch das, was die Scheinidentität dessen [ist], was passiert: die Realität einer Kerze, die umfällt und dabei das Bett in Brand steckt, auf dem das Kind liegt [...]«.[19] Lacan bezweifelt daher, dass der Traum nach Freud ausschließlich eine nachträgliche Wunschbefriedigung sei, die auf eine Verdrängung eines Begehrens zurückzuführen wäre: »Vielmehr sehen wir, fast zum erstenmal in der *Traumdeutung*, eine zweite Traumfunktion erscheinen – der Traum dient hier allein dem Bedürfnis einer Verlängerung des Schlafs.«[20] Die ›Bildseite des Traums‹[21] macht dabei zweierlei: Einerseits gibt sie dem, was noch nicht realisiert wurde, eine Gestalt als ›Stellvertretung einer Vorstellung‹[22] und verlängert den Schlaf, andererseits verhüllt sie die Realität. Oder, wie Lacan es beschreibt: »Ist der fortgesetzte Traum nicht sozusagen ein Kniefall vor der versäumten, der verfehlten Realität – einer Realität, die sich allein noch in unendlicher Wiederholung herzustellen vermag, in einem auf ewig nicht erreichten Erwachen?«[23]

Dem Aufwachen kommt dabei ebenfalls ein doppelter Sinn zu: Zum einen, um dem Nichteingelösten, »dem Realen (der ›psychischen Realität‹) des Begehrens zu entkommen«[24], zum anderen, um jenes Nichteingelöste wiederholen zu können. Oder, wie Lacan feststellt, »was uns erwachen läßt, ist jene andere, hinter der Vorstellungsvertretung [...] versteckte Realität«.[25] Das Erwachen zeige zudem, dass das »Bewußtsein des Subjekts als Vorstellung dessen erwacht, was passiert ist – jener peinliche Vorfall in der Realität, gegen den man sich nur noch zu Wehr setzen kann«.[26] Das aus seinen Träumen erwachte Subjekt erlebt das Vorhandensein und die Nichterreichbarkeit des Realen (Ambiguität) als eine emotionale und psychische Spaltung seiner selbst. »Diese Spaltung dauert nach dem Erwachen fort – zwischen einer Rückkehr zum Realen, der Vorstellung einer endlich wieder auf die Füße gestellten, händeringenden Welt [...] und dem Bewußtsein, das sich erneut anspinnt und sich all das als einen Alptraum durchleben weiß, sich aber gleichwohl in sich selbst fängt.«[27] Wird, wie bei Lacan, der

---

19 Ebd., S. 63.
20 Ebd. Hervorhebung im Original.
21 Ebd., S. 66.
22 Ebd.
23 Ebd., S. 64.
24 S. Žižek: Liebe Dein Symptom wie Dich selbst! (1991), S. 110.
25 J. Lacan: Die vier Grundbegriffe der Psychoanalyse (1987), S. 66.
26 Ebd., S. 65.
27 Ebd., S. 76.

Akzent auf die alternierende Erfahrung des Verpassens des Realen gesetzt, dann erscheint die Realität als ein ›Unterlegtes‹, ›Unterschobenes‹: »Die Realität ist *en souffrance*, im Wartestand«[28] – im Sinne von »noch ausstehend, noch nicht zugestellt«[29].

Das Subjekt erfährt seine Spaltung als einen immer wiederkehrenden Moment, der sein ganzes Dasein durchzieht. Jacques Lacan spricht daher von einer immer wieder verpassten Gelegenheit der Begegnung (›Tyche‹) mit dem Realen. So scheint das Subjekt zunächst einer »beständigen Wiederkehr des Immer-Glei-chen [...] ausgeliefert zu sein«[30], resümiert die Kunstwissenschaftlerin und Künstlerin Marion Strunk in ihrem Essay zum ›Wiederholungsbegriff‹ bei Freud und Lacan. Lacan stellt zu der Frage der Wiederholung fest: »Nichts ist rätsel-hafter geblieben als dieses *Wiederholen*, das [...] nah verwandt ist mit *haler – halage* bezeichnet die Tätigkeit des Treidelns, des Ziehens – also nah verwandt ist mit dem haler/ziehen/holen des Subjekts, das seine Last immer einen be-stimmten Weg entlangzieht, aus dem es nicht heraus kann.«[31] Die Wiederholung verlange gleichzeitig aber auch nach einem Neuen und »verschreibt sich dem Spiel, das sich dieses Neue zu eigen macht [...]. Alles, was in der Wiederholung abgewandelt, moduliert wird, ist nur Alienation ihres Sinns. Den Erwachsenen, das fortgeschrittene Kind verlangt es in ihren Betätigungen, im Spiel nach Neu-em. Hinter diesem Gleiten verbirgt sich aber das eigentliche Geheimnis des Spielerischen: jene radikale Verschiedenheit, die die Wiederholung an sich kon-stituiert.«[32] Die Wiederholung produziert daher eine Differenz: »Das Wiederho-len will ein Noch-einmal, doch dieses Wieder findet nie zur selben Zeit statt, die Zeit selbst setzt einen Unterschied, und die Wiederkehr wird Vergegenwärtigung, Vergangenes wird abwesend anwesend.«[33] Da zwischen erinnertem Tun und er-neutem Tun Unterschiede entstehen, sei, so Lacan, die Wiederholung nicht mit der »Wiederkehr der Zeichen zu verwechseln, noch ist in ihr eine Reproduktion oder Modulation zu sehen, die am Leitfaden einer Art agierten Erinnerns von-

---

28 Ebd., S. 62. Hervorhebung im Original.

29 Ebd., S. 293.

30 Strunk, Marion: »Die Wiederholung«, in: Marion Strunk (Hg.), Bildergedächtnis. Ge-dächtnisbilder, Zürich 1998, S. 160-214, hier S. 166.

31 J. Lacan: Die vier Grundbegriffe der Psychoanalyse (1987), S. 57. Hervorhebung im Original.

32 Ebd., S. 67.

33 M. Strunk: Die Wiederholung (1998), S. 164.

statten ginge«.[34] Im Gegensatz zur ›Wiederkehr‹, die Lacan nicht einzig in dem Wiederkehren von dem, was verdrängt wurde (das Trauma), sieht, sondern zudem als Garanten für die »Konstituierung des Felds des Unbewußten«[35] versteht, geschieht das Wiederholen durch eine bewusst gesetzte Handlung: die Tat. In dieser werden Erinnerungen (Imaginäres) freigesetzt, Symbolisches generiert und neue Erinnerungen produziert.

Auf welche Art und Weise im Akt des Wiederholens sich jene abwesende Anwesenheit (das Reale) artikuliert, die Lacan an der Funktion des Traumbildes (Stellvertretung der Vorstellung) aufzeigt, wird in seinem weiter gedachten Beispiel Freuds, in dem Freuds Enkelkind mit einer Spule spielt, deutlich. Er beschreibt, wie das von der Mutter kurzfristig allein gelassene Kind eine Holzspule, die an einem längeren Faden hängt, immer wieder hinter sein Bett wirft. Aus den diesen Wiederholungsakt begleitenden Lauten des Kleinkindes schließt Freud, dass es die Abwesenheit, das Außersichtsein der Spule, mit einem ›fort‹ bezeichnet und das Wiedersehen der Spule mit einem ›da‹. Freud interpretiert jenes Fort-Da-Spiel als eine Übertragung, in der das Kind das Nichtdasein der Mutter in seine spielerische Handlung überträgt, um die Lust des Wiederfindens (die dem Kind versagt bleibt, solange die Mutter fort ist) zu erleben.[36] Für Lacan ist das Holzobjekt der Spule nicht die Repräsentanz der Mutter, sondern sie ist »vielmehr ein kleines Etwas vom Subjekt, das sich ablöst, aber trotzdem ihm zugehörig ist, von ihm bewahrt wird. [...] Mit seinem Objekt überspringt das Kind die Grenzen seines Bezirks, der sich in Gräben verwandelt hat, und beginnt so die Beschwörung.«[37] Die Wiederholung des Fortgehens der Mutter ist die Ursache für »eine Spaltung im Subjekt – die durch das alternierende Spiel des *fort-da*, das ein *hier oder da* ist, überwunden wird und das in seinem Alternieren nur das *fort* eines *da* meint und das *da* eines *fort*. Das Spiel meint wesentlich das, was, weil vorgestellt, nicht da ist – es ist *Repräsentanz* der *Vorstellung*.«[38] Diese im Traum und in der Realität auftauchenden ›Repräsentanzen der Vorstellung‹ bestimmen, so Lacan, wesentlich das Unbewusste. Das Subjekt stellt immer wieder neue Resonanzen mit der Umwelt her, um seine Einsamkeit (Spaltung) zu überbrücken. In der Wiederholung wird, so stellt es Marion Strunk heraus, der

34 J. Lacan: Die vier Grundbegriffe der Psychoanalyse (1987), S. 60.

35 Ebd., S. 54.

36 Freud, Sigmund: »Jenseits des Lustprinzips«, in: Sigmund Freud, Das Ich und das Es. Metapsychologische Schriften, hrsg. von Ilse Grubrich-Simitis, Frankfurt a.M. 2009, S. 193-249, hier S. 200 f.

37 J. Lacan: Die vier Grundbegriffe der Psychoanalyse (1987), S. 68.

38 Ebd., S. 69. Hervorhebung im Original.

Verlust deutlich: »Die Wiederholung holt nicht dasselbe wieder, sie erinnert an das Gleiche, das eben nicht identisch ist, und zeigt damit auch das auf immer Verlorene im Wiederfinden«[39]. Die Erinnerung ist unter diesem Aspekt, wie Strunk beschreibt, auch eine Trauer um das Verlorengegangene – das Erinnerungsbild ist in diesem Sinne eine Repräsentanz des Verlorenen.

Wie treten jene Repräsentanzbilder des Realen in unser Bewusstsein? Lacan stellt zum Unbewussten fest, dass es zunächst als eine Art Kluft, ein Anecken oder ein Knick in Erscheinung tritt. Das, was sich dort zeigt, stellt sich als ein glücklicher Fund (›Trouvaille‹) dar, als eine Überraschung, und ist das, »worin sich das Subjekt übergangen sieht, wo es zu gleicher Zeit mehr aber auch weniger vorfindet, als es erwartete [...]. Sowie sie auftritt, ist die Trouvaille ein Wiederfinden, aber auch immer bereit sich wieder zu entziehen und so die Dimension des Verlustes zu instaurieren.«[40] Das Unbewusste zirkuliert in der Zeit und in seiner »Diskontinuität manifestiert sich etwas als ein Flimmern, ein Schwanken«[41]. In der Annahme oder, wie Lacan sagt, ›Vorwegnahme‹, dass sich im Aufflackern oder in der Kluft ein Reales zeige, wird ein Gefühl von Realität evoziert, eine »Gewißheit, daß wir in der Wahrnehmung sind«[42].

Slavoj Žižek führt Lacans Gedanken weiter und spricht dabei von einem ›kleinen Stück des Realen‹[43], das im Subjekt jene Gewissheit hervorruft. Anhand Steven Spielbergs Film »Empire of the Sun«[44] (1987) schildert Žižek, wie die chinesische Alltagswelt kurz vor der japanischen Invasion Ende der 1930er Jahren in die abgeschottete Welt des britischen Jungen Jim hineinbricht und ihn dazu zwingt, auf den drohenden Verlust seiner Realität zu reagieren: »Durch das Fenster des Rolls Royce betrachtet Jim das Elend und das Chaos des chinesischen Alltagslebens (die erschreckenden Szenen einer kämpfenden Masse, ihr obszönes Gelächter, ihre Grausamkeit, mit düsterem Grau vermischtes Blut) wie eine Art Kino-›Projektion‹, wie eine Art traumhafte, fiktionale Erfahrung, die in völliger Diskontinuität zu seiner Realität steht.«[45] Der Moment, in dem das Reale in Jims Welt eindringt, ist der Beschuss von einem japanischen Kriegsschiff auf das Hotel, in dem Jim und seine Eltern geflüchtet sind und das durch die De-

---

39 M. Strunk: Die Wiederholung (1998), S. 168.

40 J. Lacan: Die vier Grundbegriffe der Psychoanalyse (1987), S. 31.

41 Ebd.

42 Ebd., S. 74.

43 S. Žižek: Liebe Dein Symptom wie Dich selbst! (1991), S. 64.

44 Spielberg, Steven: Empire of the Sun, Farbfilm, 146 Min., USA 1987.

45 S. Žižek: Liebe Dein Symptom wie Dich selbst! (1991), S. 65.

tonation erschüttert wird. Jim fühlt sich für den Beschuss verantwortlich, da er zuvor aus einem Hotelzimmer auf Lichtsignale des japanischen Kriegsschiffes mit seiner Taschenlampe antwortete. Žižek argumentiert: »Die erste sozusagen automatische Reaktion auf diesen Verlust von Realität, auf diese Begegnung mit dem Realen ist die Wiederholung der elementaren ›phallischen‹ Geste der Symbolisierung, d.h. die Umkehrung äußerster Impotenz in Omnipotenz.«[46]

Durch diese Übersetzung eines Verlustgefühls in ein Verantwortlichsein macht sich das Subjekt »selbst als *radikal verantwortlich* für das Eindringen des Realen.«[47] In dieser Identifikation entsteht eine ›Antwort des Realen‹: »Es muß also ein ›kleines Stück des Realen‹ geben, das, obwohl völlig kontingent, vom Subjekt als Bestätigung und Unterstützung seines Glaubens an die eigene Omnipotenz aufgefaßt wird.«[48] Als weitere Beispiele führt Žižek Wagners Oper »Tristan und Isolde« an, in der ein Liebestrank das Reale materialisiert; auch in der Wahrsagerei oder in Horoskopen genüge ein kontingentes Zusammentreffen, eine Voraussage mit einem Detail aus dem wirklichen Leben, damit ein Übertragungseffekt stattfände: »Dieses ›kleine Stück des Realen‹ löst die endlose Interpretationsarbeit aus, die verzweifelt versucht, das symbolische Netzwerk der Weissagung mit den Ereignissen des ›wirklichen Lebens‹ in Verbindung zu bringen – plötzlich ›bedeuten alle Dinge etwas‹, und wenn die Bedeutung nicht klar ist, so liegt es nur daran, daß sie noch verborgen ist, noch auf ihre Dechiffrierung wartet.«[49] Žižek betrachtet Lacans Gedanken, dass das Subjekt in der ›verpassten Begegnung‹ mit dem Realen eine Gewissheit erfährt, in Bezug zu Vorgängen im alltäglichen Leben und kommt zu dem Ergebnis, dass das Reale nicht nur als ein uneinlösbarer Rest im Netz der Signifikanten fungiert, »der nicht in das symbolische Universum integriert werden kann, sondern, im Gegenteil, als dessen entscheidende Stütze. Damit die Dinge eine Bedeutung haben, muß diese Bedeutung durch irgendein kontingentes Stück des Realen bestätigt werden, das als ein ›Vorzeichen‹ gelesen werden kann«.[50]

Janet Cardiffs Walks schaffen Momente, in denen das Subjekt dem ›kleinen Stück des Realen‹ nahe kommt. Die Rezipientin fühlt sich auf der emotionalen Ebene von vielen Bildern und Eindrücken berührt, ohne diese Situation und die Erinnerungen sofort einordnen zu können. Es entsteht in den Walks vielmehr ein

---

46 Ebd.
47 Ebd. Hervorhebung im Original.
48 Ebd., S. 66.
49 Ebd., S. 68.
50 Ebd.

Rhythmus von Ein- und Auftauchen und Bewusstwerden und Vergessen – dies ähnelt den Schwellenbereichen zwischen Träumen und Aufwachen. In welcher Welt befindet sich die Rezipierende? Träumt sie mit offenen Augen? Schlafwandelt sie im eigenen oder in einem fremden Traum durch die Stadt? Diese Fragen bleiben offen und generieren einen psychischen und physischen Zwischenzustand für die Walkteilnehmerin. Das Hin- und Herpendeln zwischen verschiedenen Eindrücken und Vorstellungen verschiebt dabei die Realität und lässt sie, wie Jacques Lacan es beschreibt, als etwas ›Unterlegtes und Unterschobenes‹ erscheinen. Das Gleiten zwischen den Welten wird zur Wirklichkeit. Die Rezipierende kann sich in Cardiff Walks als ein unvollständiges und fragiles Subjekt erleben, das zu sich und seinen Gefühlen in einem Begehren steht. Cardiff appelliert an das Verdrängte und Vergessene und bietet der Rezipierenden eine sanfte Begegnung mit sich selbst an. Nicht das Wiederfinden oder Aufarbeiten von psychischen Prozessen steht bei Cardiff im Vordergrund, sondern der fragile Moment des Daseins (Lebens). Zwischen Träumen und Bewusstwerden, Erinnern und Vergessen, Ahnen und Nichtwissen wird die Zerbrechlichkeit (Unvollkommenheit) des Menschen spürbar. Schaub macht auf das Unabgeschlossene in den Walks aufmerksam und auf dessen Auswirkung auf das Subjekt: »Cardiff's art reaches a place beyond truth and fiction, beyond reality and illusion. Welcome to the realm of the unforeseen, a world of involuntary memory, that form of erratic recollection, which allows us to confront ourselves as thinking, sexual, multi-sensual, and utterly temporal beings.«[51]

Die Walkteilnehmenden können in den Walks sowohl ihre Verletzlichkeit als auch ihre Vielfalt als menschliche Wesen wahrnehmen. Die Sinnlichkeit, die bei Cardiff eine große Rolle spielt, vermittelt zwischen den verschiedenen Welten und Wirklichkeiten, in denen der Mensch steht. Sinnliche Reize können, so veranschaulicht es Janet Cardiff in ihren Erzählungen, Erinnerungen und verdrängte Begehren wachrufen. Zudem stimulieren Bilder und Vorstellungen die sinnliche Wahrnehmung. Sowohl im Wachsein als auch in seinen Träumen ist der Mensch diesen Verkettungen ausgesetzt und muss mit der Ambiguität seiner Wünsche und Ängste umgehen. Dabei folgt das Subjekt oftmals dem Schema, das für ihn Angenehme oder Verlockende zu bewahren und das Verunsichernde und Angstauslösende zu verdrängen. Geheimnisse, unerfüllte Sehnsüchte und Wünsche werden verschoben, symbolisiert oder an Orte verwiesen, die einen Schutz vor Einblicken Anderer gewähren. Dieses Spiel mit den Begehren und mit der Nähe und Ferne des Menschen zu sich selbst nimmt Cardiff auf. Nicht nur gehen diese Thematiken in die Erzählungen ihrer Walks und auch Installationen ein, sondern

---

51 Mirjam Schaub. In: M. Schaub: Janet Cardiff. The walk book (2005), S. 27.

die Künstlerin verortet diese Schwellenbereiche der menschlichen Psyche in verschiedene Räumlichkeiten. Diese atmosphärisch aufgeladenen Räume werden von den Rezipierenden beschaut und begangen. Auf diese Weise werden psychische Prozesse vielfältig erlebbar gemacht.

Diese Orte, in denen Träume, Verdrängtes und Begehren der Menschen Platz finden, sind kulturell bestimmt. In einigen Walks, die in Innenräumen beginnen, wie beispielsweise in einer Bibliothek, einem Museum, einem Theater und auch in ihren installativen, aus Holz bestehenden Schaukästen und -bühnen, werden die Vorstellungsbilder der Rezipierenden von einer geschützten Räumlichkeit umgeben. Diese von der Außenwelt abgerückten Räume laden zur Kontemplation und zum Tagträumen ein und bieten den Gefühlen, Gedanken und inneren Bildern sowohl eine Projektionsfläche als auch einen Schutz an. Da Bibliotheken und Museen Orte des Lesens, Betrachtens und der Kontemplation sind, wird in ihnen vornehmlich geschwiegen, geflüstert oder leise gesprochen. Janet Cardiffs Geschichten über Erinnerungen und die Welt der Wünsche und Geheimnisse der Menschen sind dort ähnlich gut aufgehoben wie Geschichten in Büchern. Diese Orte wirken zeitlos und vom alltäglichen Leben entfernt. In ihnen können unabhängig von den Veränderungen der Außenwelt vergessen geglaubte historische und subjektive Bilder wieder in Gang gesetzt werden und Zusammenhänge hergestellt werden. Diese Orte, so beschreibt es die Kunsthistorikerin Kirsty Bell, »schlagen Allegorien der Psyche in Miniaturform vor und gehen davon aus, dass die Vorstellungswelt die Fähigkeit besitzt, durch selbstgeschaffene Parallelwelten die Zusammenhänge von Materialität und Bedeutung zu prüfen. Wie die Psyche selbst besitzen der Karteischrank, die Bibliothek und das Theater ihre düsteren Abteilungen für die Reservoire der Fantasie.«[52]

In diesen Räumen und Gegenständen gibt es Verborgenes und Unzugängliches, weil die psychische Welt in die materielle übertragen wird. Dies macht die Welt der Dinge für die Menschen und für das Geschichtenerzählen interessant. Im Umgang mit materiellen Dingen kann das Verborgene und Geheimnisvolle viele Facetten, Formen und Sinnlichkeiten entwickeln, die die Begehren und Ängste stimulieren und die Psyche temporär beruhigen. In einem Gegensatz zu diesen geschützten Räumen und Orten steht der urbane Raum mit seiner lauten Geräuschkulisse, den plötzlichen Störungen und Zufällen. In dem offenen und ungewissen Raum der Stadt ist die Walkteilnehmerin noch stärker der Suggestivkraft von Cardiffs Erzählungen ausgesetzt. Der Effekt ist wirkungsvoll: Das ›Kino im Kopf‹, das in Cardiffs Installationen auf äquivalente Gehäuse (Innen-

---

52 K. Bell: »Janet Cardiff und George Miller: Fantasie ist kein Fehler« (2011), S. 16.

räume, Schaukästen, Holzboxen) trifft, stößt nun auf einen zu allen Seiten geöffneten und unüberschaubaren Raum. Die Verteilung und Zerstreuung der Erzählungen über Gefühle und psychische Prozesse nimmt im urbanen Raum eine andere Dimension an.

Die Psyche produziert innere Bilder, die mit der realen Welt nicht übereinstimmen müssen. Merkwürdigkeiten, Unstimmigkeiten, Verdrängtes und dunkle Seiten finden Platz und dringen unvermutet in Träume und das Tagesbewusstsein ein. Gerade in Momenten der Erregung (Begehren, Angst, Trauer und Glück) geraten diese Bilder in Bewegung. Janet Cardiffs Vorliebe für bestimmte Räumlichkeiten in der Stadt, die von den Walkteilnehmenden aufgesucht, durchschritten und imaginiert werden, gewinnen in diesem Zusammenhang an Bedeutung. Es sind nicht nur akustische, atmosphärische und topografische Eigenschaften eines Ortes, die durchquert werden. Hinzu kommen Orte, die eine historische und damit verbunden eine gesellschaftliche oder auch traumatische Bedeutung haben. Cardiff betont diese psychische Seite von Räumen und Orten, indem sie akustische und visuelle Bilder von Zerstörung, Bedrohung, Geborgenheit und Begehren einführt. Mal werden diese von Cardiff lautstark und raumeinnehmend inszeniert, wie bei Explosionen und Detonationen (»Forest, for one thousand years…« (2012) und »The Missing Voice: Case Study B« (1999)), ein anderes Mal subtil als Spuren, die sich in einen Ort einschleusen, wie in dem Walk »Her long black Hair«: Rote Farbflecken an einem Vorhang eines Hotelzimmers und eine TV-Nachrichtenszene über einen toten Jungen im Irak und seinen weinenden Vater rücken Tod und Krieg in das wohnliche Interieur. Die Verunsicherung dringt in den Hör- und Erlebnisraum ein und generiert eine psychische Spannungssituation.

Es geht bei Cardiff jedoch um mehr als nur visuelle Effekte, die dem Genre der Action- oder Horrorfilme entnommen sind, in reale Räume zu inszenieren. Ihre Geschichten umkreisen auf verschiedene Weise die Faszination dessen, was dem Subjekt entgeht und es gleichzeitig anzieht: Es sind die Geheimnisse und Undurchsichtigkeiten der Psyche. Daher spielen Motive wie die Heimsuchung (von historischer Geschichte, persönlichen Geschichten) und gespenstische Figuren (Verstorbene, körperlose Stimmen, das Ich des Unbewussten) und Schauplätze (Orte, die sich narrativ aufladen lassen) bei Cardiff eine wichtige Rolle. Es geht im Umgang mit Wünschen, Sehnsüchten und seelischen Wunden immer um das Nichteingelöste und Nichteinlösbare, jener versteckte Kern (Lacan), der das Subjekt in Unruhe, Erregung und Angst versetzt. Gleichzeitig benötigt das Subjekt genau diese Ungewissheit, um eine komplexere Sicht auf das Leben zu erhalten: »Die verlorenen Wahrheiten suchen uns weiter heim und verlangen Wiedergutmachung. Sie sind ungewollte Erscheinungen, die uns plagen; oft wünschen wir, sie ließen uns in Ruhe. Doch ebenso wie sie in der ersehnten Ruhe verstörende Schauer hervorrufen, verleihen diese gespenstigen Wahrheiten dem psychischen Leben auch seine Tiefe.«[53]

Die Stadt ist ein Ort für das Traumatische. Städte beherbergen aufgrund ihrer (Entstehungs-)Geschichte unzählige vergessene und verdrängte Ereignisse und Realitäten. Auf diese geht Janet Cardiff in ihren Walks im urbanen Raum ein. Die unabgeschlossenen Geschichten können bei Cardiff historisch oder biografisch sein. Die Künstlerin trifft keine Unterscheidung, weil das Subjekt immer in viele Geschichten verstrickt ist und in Kontexten (ent-)steht: »Subjektivität ist ein gesellschaftlich vermittelter Prozess der Berechtigungen und Verhandlungen von Machtverhältnissen. Folglich ist die Bildung und Entstehung neuer gesellschaftlicher Subjekte immer ein kollektives Unterfangen, dem individuellen Ich äußerlich, während gleichzeitig die tiefen und singulären Strukturen des Ichs in Bewegung gesetzt werden.«[54]

Verdrängtes kann auch traumatisch sein. Eine Eigenschaft des Traumas ist das Fehlen von Erinnerungen. Stellvertretend für diese werden andere Bilder produziert, die um die Leerstelle des Traumatischen kreisen: Halluzinationen, Alpträume, plötzliche Erinnerungssplitter (Flashbacks) und auch Geister- und Gespenstererscheinungen. Dies sind Bildformen, die Cardiff mit anderen Erinnerungsbildern und Beobachtungen aus der Umgebung verbindet. Die Bilder verschwimmen. Traumatische Bilder werden mit anderen Bildern ergänzt und im Gang durch die Stadt durchschritten und heben sich dabei nicht auf. Die Künstlerin verschiebt die verschiedenen Bildlichkeiten, ihre Entstehungs- und Projektionsorte ineinander. So entstehen Verbindungen und Übergänge zwischen realen und imaginierten Räumen, zwischen halluzinierten und gegenwärtigen Bildern, geträumten und tatsächlichen Handlungen. Traumatisch Erlebtes wird von Menschen an andere weitergegeben und betrifft Generationen. Geschichten und Bilder werden weitergetragen, ohne dass es gelingt, die problematischen Verstrickungen aufzulösen. Angehörige von verfolgten und ermordeten Menschen und Angehörige von Tätern sind gleichermaßen traumatisiert und miteinander verbunden. Die Geschichten der Einzelnen sind oftmals die Geschichten von Vie-

---

53 Frosh, Stephen: »Fragile Identitäten. Das Subjekt zwischen Normalität und Pathologie«, aus dem Englischen übers. von Robert Schlicht, in: Witzgall/Stakemeier, Fragile
Identitäten (2015), S. 29-40, hier S. 37.

54 Braidotti, Rosi: »Nomadische Subjekte«, aus dem Englischen übers. von Karl Hoffmann, in: Witzgall/Stakemeier, Fragile Identitäten (2015), S. 147-156, hier S. 152.

len. Kollektive und individuelle Erinnerungen und Erlebnisse sind miteinander verwoben. »Wir sprechen über verdrängtes Wissen, das von einer Generation zur anderen überliefert wird, ohne vollständig erkannt zu werden und das nichtsdestotrotz ohne Abschluss ist – jene offen bleibenden Wunden, die nach Linderung verlangen, die das Subjekt aber auch mit den Geschichten und Wünschen dessen auffüllen, was vorher geschah.«[55]

Cardiffs Walk »Alter Bahnhof« (2012) erzählt davon: In einem Buch, das in einem Schaukasten ausgelegt ist, sieht die Rezipientin Bilder von im Nationalsozialismus ermordeten Menschen aus Kassel. Parallel dazu blättert ›Janet‹ in einer Videosequenz im gleichen Buch und beschreibt Eindrücke beim Blick in die Gesichter der Frauen und Männer auf den Bildern. Einige Minuten später erzählt sie an einem Bahngleis die Geschichte von einem Mann, der die Transportzüge mit den jüdischen Menschen beaufsichtigte, die vom Bahnhof in Kassel in Konzentrationslager fuhren.

Das Traumatische von Orten in der Stadt und das subjektiv traumatisch Erlebte werden in den Walks durchschritten, wiederholt, aufgeführt und variiert: Auf diese Weise wird es zu einem Bestandteil der Erzählung über Stadt. Einen aufklärerischen, psychotherapeutischen Ansatz vertritt die Künstlerin dabei nicht. Cardiff bewahrt das Geheimnisvolle, weil in ihm Traumatisches enthalten ist. Das Geheimnis ist zum einen das Anvertraute und zum anderen symbolisiert es das Unerklärliche, Verborgene und Mystische. Wenn Orte Traumatisches beherbergen können – weil an ihnen traumatische Erlebnisse stattgefunden haben oder weil Menschen dem Traumatischen einen Ort zuweisen, um ihn fortan meiden zu können –, dann durchqueren die Walkteilnehmenden das Traumatische eines Ortes mehrfach. Sie durchschreiten gleichzeitig den realen Ort und auch den symbolischen Ort, an dem das Traumatische aufgehoben ist, und durchqueren die Wiederbelebung des Traumatischen mit den dazugehörigen unausgesprochenen Sehnsüchten und Wünschen. Dieser Gang gleicht auf der emotionalen Ebene einem Gang durch tiefgehütete Geheimnisse und Wünsche der Psyche. Der Prozess des Verschiebens, den Janet Cardiff nutzt, wird vom Subjekt auf psychischer und emotionaler Ebene ständig ausgeführt, um mit der Fülle von Einflüssen, Informationen, Begehren, Macht und Ohnmacht umzugehen. Die Walks machen dies sichtbar und generieren eine temporäre Begegnung mit den ephemeren Prozessen der Psyche im Raum der Stadt.

---

55 S. Frosh: »Fragile Identitäten« (2015), S. 37.

There is no subject without desire

Was macht das Interesse am Erzählen und an Erzählungen aus? Warum mögen es die meisten Menschen, wenn ihnen jemand etwas erzählt? Auf welche Art und Weise erzählt das Erzählen über dieses Mögen?

In Franz Kafkas Roman »Das Schloß« (1922) wartet der Landvermesser K. in einem Dorf auf eine offizielle Aufenthaltserlaubnis, die ihm von dem Schloss erteilt werden soll. Auch die Dorfbewohnenden erhalten vom Schloss Anweisungen und werden bestraft, wenn sie diese nicht einhalten. Im Dorf herrscht daher eine beklemmende Atmosphäre. Das Schloss erscheint als ein undurchsichtiger Verwaltungsapparat, zu dem nur wenige Personen Zugang haben. Obwohl es K.s ganzes Verlangen ist, zum Schloss zu gelangen, sieht er es nur aus der Ferne. Ein Versuch von K., sich dem Schloss zu nähern, scheitert: »Die Straße nämlich, die Hauptstraße des Dorfes, führte nicht zum Schloßberg, sie führte nur nahe heran, dann aber, wie absichtlich, bog sie ab, und wenn sie sich auch vom Schloß nicht entfernte, so kam sie ihm doch auch nicht näher«.[1] Gilles Deleuze und Félix Guattari stellen in ihrer Untersuchung »Kafka. Für eine kleine Literatur« (1975) fest, dass sich in dieser Wegbeschreibung zum Schloss K.s ganzes Begehren artikuliert: »Der Wunsch durchläuft all diese Positionen und Zustände, er folgt allen diesen Linien. Denn das Verlangen ist nicht Form, sondern unbegrenzter Fortgang, Prozeß.«[2]

In Kafkas Romanen und Erzählungen geht es weniger um die Frage, wie ein Individuum sich aus einer einengenden Situation befreit, sondern vielmehr um die Fragen, wie es sich in einem System bewegt, welche Mechanismen es durch seine Handlungen in Gang setzt, was seine Begehren sind und wie es diese durchläuft. Wege und Räume nehmen in Kafkas Geschichten dabei einen beson-

---

1   Kafka, Franz: Das Schloß, hrsg. von Max Brod, Frankfurt a.M. 1968, S. 15.
2   Deleuze, Gilles/Guattari, Félix: Kafka. Für eine kleine Literatur, aus dem Französischen übers. von Burkhart Kroeber, Frankfurt a.M. 1976, S. 14.

deren Stellenwert ein. Flure, Korridore, Kammern, Nischen und Türen ermögli-chen immer wieder überraschende Zugänge zu anderen Räumen. Architektoni-sche Raumordnungen werden dabei übergangen und außer Kraft gesetzt. So kön-nen weit auseinander liegende Räume durch einen Korridor verbunden sein und plötzlich nebeneinander liegen. Die Architektur wirkt auf diese Weise traumhaft und spiegelt die Seinszustände und die inneren Prozesse der Protagonisten wider. Das Repräsentative von Architektur, wie beispielsweise die herrschaftliche Ar-chitektur des Schlosses, wird dadurch unterhöhlt.

Die Literaturtheoretikerin Rike Felka untersucht in ihrem Text zu Kafkas Umgang mit Räumen diesen Aspekt. »Sie [die Architektur] ist, wider ihre Natur, keine vollendbare, abgeschlossene Struktur mehr. Das Thema des Übergangs wird nicht mehr gebraucht. Ebenso wie Kafkas Texte besteht seine Architektur aus Stücken, erzählten Stücken, die einander zugeführt, einander entrückt und auf unerwartete Weise aneinandergefügt werden. Das Gestückte bleibt immer sichtbar, es kann nicht in einer Sinneinheit ›Schloß‹ aufgehoben werden.«[3] Statt-dessen entfalte Franz Kafka in der Unabgeschlossenheit der repräsentativen Ar-chitektur eine ›zweite, fiktive Architektur‹[4], in der neben den inneren Prozessen der Protagonisten auch von verborgenen Machtmechanismen der Institutionen (das Schloss, die Dorfgemeinschaft) erzählt wird. Auch in anderen Romanen geht Kafka mit der Architektur auf diese Weise um. So öffnet beispielsweise der Protagonist K. in dem Roman »Der Prozeß« (1915) eine Tür, die neben seinem Büro liegt, und befindet sich auf einmal in einem Raum des Gerichts. In diesem wird ein Wächter ausgepeitscht. Diese absurd erscheinende Szene verweist auf die Ambivalenz von Opfer-Täter-Beziehungen und auf die Frage von Repressio-nen einer staatlichen Institution. »So führt die Hintertür eines Malers über Korri-dore in eine Gerichtskanzlei, die sich in einem anderen Stadtteil befindet. Geisti-ge Zusammenhänge und soziale Vorgänge werden von Kafka räumlich darge-stellt, wobei seine Ironie nicht immer auf den ersten Blick erkennbar ist. Ein Sprachbild wird wörtlich. Aus einer Metapher wird räumliche Wirklichkeit.«[5]

Es gibt bei Kafka daher eine Vielfalt von Räumen, in denen absurde, sich wi-dersprechende und überraschende Handlungen entfalten. Kafka situiert in Räume Wünsche, Verbote, Begehren, Angst und Träume. In den Räumen tauchen oft-mals verschiedene türlose Ein- und Ausgänge auf, aber trotzdem besitzen sie Wände, Türen und Fenster – Elemente, die einen Raum begrenzen. Die Fragen, die durch die Vielzahl der Räume entstehen, sind: Wer hält sich in welchem

---

3 Felka, Rike: Das räumliche Gedächtnis, Berlin 2010, S. 182.
4 Ebd.
5 Ebd., S. 201.

Raum auf? Wer hat Zugang zu welchen Räumen? Welche Räume bleiben leer? Welcher Raum hat keinen Anschluss an weitere? Der Umgang mit Räumen ähnelt dem Umgang mit Beziehungen: »Kafka entwirft eine Architektur, die, mit Derrida gesprochen, das ›Begehren‹ einträgt – aber als Problem. Kafkas Architektur ist ein Spiegel des Verhältnisses zum anderen, dessen Grenzen sie definiert, mit den sich daraus ergebenden und sich immer wieder neu herstellenden Widersprüchen.«[6]

Jede Art von Beziehung – zwischen Menschen und zwischen einer Person und ihren Wünschen – muss immer wieder neu gezogen werden. Unsicherheiten und Instabilitäten gehören zu diesem Prozess ebenso wie das Aufstellen und Berücksichtigen von Regeln und Verhaltensweisen. Im zwischenmenschlichen Bereich werden Grenzen ebenso generiert wie im institutionellen Bereich. Erlaubnisse und Verbote definieren dabei nicht nur Grenzen, sondern sie bringen auch Machtpositionen hervor. Die Art und Weise der Sanktionen, das Aufstellen von Barrieren und die Intensität des Verlangens sind dabei nicht immer voneinander zu unterscheiden. Wann dient eine Grenzziehung dem persönlichen Schutz, wann wird durch Grenzziehung Macht ausgeübt? Wann wird aus einem Prozess eine Verfahrensweise? Was treibt die Menschen an?

Deleuze und Guattari stellen zu Kafkas Roman »Der Prozeß« fest: »Durch den ganzen *Prozeß* zieht sich eine Ungerichtetheit, eine Polyvozität des Verlangens, die dem Roman seine erotische Kraft verleiht. Die Repression gehört nicht zur Justiz, ohne selber Verlangen zu sein, Wunsch des Unterdrückers ebenso wie des Unterdrückten.«[7] Kafka zeigt den Justizapparat (das Gericht) als einen Ort, in dem Interessensgruppen (Parteien) mit unterschiedlichen Wünschen und Begehren aufeinander treffen. Er dekonstruiert dabei die institutionelle Machtstellung des Gerichts und lenkt den Blick auf verborgene Prozesse. »Wenn die Justiz sich nicht repräsentieren, nicht darstellen läßt, so eben deshalb, weil sie Wunsch und Verlangen ist. Das Verlangen tritt niemals direkt auf die Bühne; es erscheint bald einseitig als Partei, die sich einer anderen Partei entgegenstellt (Verlangen contra Gesetz), bald auf beiden Seiten, beherrscht von einem höheren Gesetz, das ihre Verteilung und Zusammensetzung reguliert.«[8]

Das Verhandeln zwischen den Parteivertretern, die Gewinnung von Informationen, die Verdachtsmomente und Gerüchte finden hinter der Bühne, in

---

6   Ebd., S. 192.

7   G. Deleuze/F. Guattari: Kafka. Für eine kleine Literatur (1976), S. 69. Hervorhebung im Original.

8   Ebd. Hervorhebung im Original.

den Nebenräumen, Fluren und Korridoren statt. Das Verlangen ist dabei ein Katalysator, der diese Handlungen in Gang setzt. Die Handlungen greifen ineinander und setzen weitere Begehren frei, die wieder neue Handlungen hervorrufen. Im Falle des Romans »Der Prozeß« ist die Justiz in diesem Sinne eine ›Wunschmaschinerie‹, in dem jede Person, angetrieben durch ihre Begehren, handelt. Dabei macht es keinen Unterschied, ob beispielsweise ein Richter, eine Angeklagte oder ein Angeklagter, ein Anwalt oder Wächter seinen Wünschen und Ängsten folgt, das Verlangen will vollzogen werden. Die Frage dabei ist, welche Vorgehensweisen jede Person entwickelt, um ihre Wünsche erfüllt zu sehen. Die Frage von Macht ist mit der Frage der Wuncherfüllung verbunden. »Es gibt kein Verlangen nach Macht: *Die Macht selber ist Verlangen.*«[9]

Das Verlangen eines Subjekts und sein Streben nach der Erfüllung stehen, so schildert es Franz Kafka in seinen Geschichten, immer mit den Handlungen und den Begehren der Anderen zusammen. Es entsteht ein Gefüge von verschiedenen Handlungsabsichten und Wünschen, die Deleuze und Guattari als Maschinengefüge bezeichnen.[10] Jedes Verlangen hält dabei die Maschinerie in Gang: »Gerade weil das Verlangen maschinelle Verkettung ist, fällt es mit den Rädern und Teilen der Maschine, mit der Macht der Maschinerie zusammen. Und der Wunsch *nach* Macht ist nur die Faszination vor diesem Räderwerk, die Lust ein paar dieser Räder in Gang zu setzen, selber eins dieser Räder zu sein [...].«[11] Das Subjekt muss also stets mit seinem Verlangen in Tuchfühlung bleiben, um für sich Chancen zum Handeln zu generieren. Jede kleinste Handlung ist eine Bekundung des Verlangens. Die tatsächliche Erfüllung des Wunsches verliert sich jedoch in diesen unzähligen Handlungsschritten. Ausschlaggebend sind vielmehr das In-Kontakt-Bleiben mit dem Begehren und die Intensität des Verlangens.

Gilles Deleuze und Félix Guattari schreiben über das Verhältnis des Protagonisten K. zum Schloss: »Noch deutlicher zeigt sich im *Schloß*, daß K. nichts als Verlangen ist: Sein ganzes Bestreben richtet sich darauf, mit dem Schloß in ›Verbindung‹ zu treten oder mit ihm in ›Fühlung‹ zu bleiben.«[12] Das Begehrte ist immer etwas, das gleichzeitig in der Ferne und in der Nähe liegt. Aus dieser Ambivalenz generiert Kafka für »Das Schloß« eine Topografie und Architektur: Die Wege, die zum Schloss hinaufführen, leiten K. wieder vom Schloss fort; die Häuser und Zimmer, die K. betritt, um mit Personen zu reden, die ihn mit dem Schloss in Kontakt bringen könnten, schieben sich wie weitere Kulissen zwi-

---

9   Ebd., S. 77 f. Hervorhebung im Original.
10   Ebd., S. 12 f.
11   Ebd., S. 78. Hervorhebung im Original.
12   Ebd., S. 73. Hervorhebung im Original.

schen K. und dem Schloss. Die Silhouette des Schlosses changiert: Mal gleichen die Umrisse des Schlosses einer Stadt, mal dem Dorf, in dem K. wohnt, und dann wird das Schloss durch Nebel und Schneefall jeglichen Blicken entzogen. Franz Kafka erzählt von den Begehren des Menschen innerhalb von sozialen und gesellschaftlichen Beziehungen. Die Lesenden vollziehen die Bewegungen der Kafka'schen Protagonisten durch die Räume und die Stationen ihrer Begehren nach. Ebenso wie für den Protagonisten lässt sich für die Lesenden die Architektur des Schlosses nicht vervollständigen und so wird auf der Rezeptionsebene etwas nachvollzogen, von dem in der Geschichte erzählt wird. Es bleibt für die Rezipierenden von Beginn an unklar, was das Schloss ist oder was es zu bedeuten hat. So wird bei ihnen ein Begehren nach dem geweckt, was sie nicht erfahren und von dem dennoch ständig die Rede ist. Zwischen Kafkas Beschreibungen des Schlosses und dem von der Leserin Vorgestellten, zwischen Andeutung und Ahnung entfaltet sich ein Möglichkeitsraum. »Aus einem konventionellen Gegenstand wird durch Zerlegung ein ›verborgener Raum‹ hervorgezaubert, der die Aussagen des vorherigen Objekts verändert.«[13] Das Schloss gewinnt beim Lesen an Konturen, die sich jedoch wieder auflösen und von anderen Konturen überzeichnet werden. Auf diese Weise bleiben die Lesenden mit dem Verlangen verhaftet, zu erfahren, was das Schloss ist.

Handelt jede Erzählung von einem Begehren? Generiert jede Erzählung ein Begehren? Eine Geschichte, die erzählt wird, ruft ein Begehren hervor, weil die Rezipierenden beispielsweise gerne erfahren möchten, welche Schwierigkeiten die Protagonisten erleben, welche Wendungen die Geschichte nimmt und nehmen könnte. Auch die Frage, wie eine Geschichte ausgeht und wie sie weitergehen könnte, bindet das Interesse der Rezipierenden. Nicht nur bangt beispielsweise eine Rezipientin, ob der Held oder die Heldin der Geschichte die ihm oder ihr auferlegten Schwierigkeiten besteht, sondern die Rezipientin macht die erzählten Abenteuer auch zu ihren. Dabei ist es möglicherweise nicht nur der Verlauf einer Geschichte (Entstehung einer Krise, Bewältigung einer Krise), der die Rezipientin anspricht, sondern auch ein Detail in der Geschichte – ein Aspekt der erzählten Krisis, eine Eigenschaft des Helden, die Art und Weise des Erzählens, ein Bild oder ein Satz –, das sie nicht mehr loslässt.

Für den Philosophen Roland Barthes sind das Lesen, Zuhören und Schreiben von Begehren durchzogen. Die Schriftstellerin Susan Sontag schreibt zu Barthes' Auffassung vom Schreiben: »Für Barthes ist es nicht das Engagement, mit dem das Schreiben sich auf etwas außerhalb seiner selbst verpflichtet (auf ein gesell-

---

13 R. Felka: Das räumliche Gedächtnis (2010), S. 183.

schaftliches oder moralisches Ziel), das Literatur zu einem Instrument von Opposition und Subversion macht, sondern eine bestimmte Praxis des Schreibens selbst: exzessiv, verspielt, verschlungen, subtil, sinnlich – Sprache, die niemals die der Macht sein kann.«[14] Durch das Spiel mit dem Begehren wird Barthes' Sprache eine ›Sprache der Liebe‹[15], die sich einer (politischen) Instrumentalisierung entzieht. In seiner Analyse »Die Vorbereitung des Romans« (1980) schreibt Barthes über sein leidenschaftliches Verhältnis zu Büchern und Musikstücken und über seine eigene Textproduktion. Er beschreibt dabei Eigenschaften des Begehrens selbst: »Ich dagegen weiß, soweit ich selbst darüber Klarheit gewinnen kann, daß ich schreibe, um einen Wunsch, ein *Begehren* (im starken Sinne), zu befriedigen: *das Begehren zu schreiben.* Ich kann nicht sagen, ob das *Begehren der Ursprung des Schreibens* ist, denn es ist mir nicht gegeben, mein *Begehren* und seine Bestimmungen erschöpfend zu durchschauen: Hinter jedem *Begehren* kann sich ein anderes verbergen [...].«[16]

Ein Begehren lässt sich nur kurzzeitig stillen – eben nur solang der Mangel geglättet, das heißt befriedet, ist. Begehren zielt daher auf Wiederholung. Doch jede Wiederholung erfolgt verändert: Die Intensität des Verlangens wandelt sich und die Schritte zu Befriedigung des Verlangens sind andere. Zudem kann, wie Barthes sagt, ein Begehren auch viele Begehren beinhalten. Daher bilden Lesen, Zuhören und Schreiben für Roland Barthes ein Begehren, das ihn immer wieder in Erwartung setzt und ihn stimuliert, etwas zu tun. »Jedes schöne, jedes beeindruckende Werk funktioniert wie ein begehrtes, das dennoch unvollständig und gleichsam verloren ist, *weil ich es nicht selbst verfaßt habe,* und das es wiederzufinden gilt, indem ich es noch neu schaffe: schreiben heißt neu schreiben wollen: Ich möchte *aktiv* teilhaben an dem, was schön ist und mir jedoch fehlt, was ich *entbehre.*«[17] Damit sagt Barthes etwas zum Begehren, das über die Reflexion von Beweggründen des Textschreibens hinausgeht: Das Begehren, das aus einem Mangel hervorgeht, führt dem Subjekt seine eigene und immerwährende Unvollständigkeit vor Augen.

---

14 Sontag, Susan: »Das Schreiben selbst: Über Roland Barthes«, in: Susan Sontag, Worauf es ankommt, aus dem Amerikanischen übers. von Jörg Trobitius, Frankfurt a.M. 2007, S. 90-124, hier S. 107.

15 Barthes, Roland: Fragmente einer Sprache der Liebe, aus dem Französischen übers. von Hans-Horst Henschen und Horst Brühmann, Frankfurt a.M. 2015.

16 Barthes, Roland: »Das Begehren zu schreiben«, in: Roland Barthes, Die Vorbereitung des Romans, hrsg. von Éric Marty, aus dem Französischen übers. von Horst Brühmann, Frankfurt a.M. 2008, S. 211-272, hier S. 211. Hervorhebung im Original.

17 Ebd., S. 213. Hervorhebung im Original.

Jacques Lacan beschreibt diesen Moment, in dem das Subjekt mit seinem Begehren und seinem Mangel in Berührung kommt, im Zusammenhang mit dem Unbewussten. Anders als Sigmund Freud führt er das, was in Träumen und in Handlungen geschieht, nicht auf verdrängte und verfehlte Wunscherfüllungen des Menschen zurück. Lacan fragt:»Was fällt uns denn als erstes auf – beim Traum, bei der Fehlleistung, beim Witz? Als erstes fällt eine Art Anecken auf, das sich in all diesen Erscheinungen zeigt. Ein Anecken, Misslingen, ein Knick. Im gesprochenen wie im geschriebenen Satz kommt etwas ins Straucheln.«[18] Ein Verfehlen bildet im Ablauf von Handlungen und Prozessen eine Unterbrechung. Diese Unterbrechung ist für das Subjekt immer unerwartet.»Was sich in dieser Kluft produziert, im vollen Wortsinn von *sich produzieren*, stellt sich dar als *Trouvaille*.«[19] Mit ›Trouvaille‹ (frz. Fund, Geistesblitz) bezeichnet Lacan das in der Überraschung liegende Wiederfinden.

Überraschungen sind unvorhersehbare Unterbrechungen im Handeln, Planen und Kalkulieren eines Subjekts. In der Überraschung – einem schockartigen Moment, der jede Handlungen außer Kraft setzt – erfährt das Subjekt seine eigene Instabilität. Die Überraschung ist nach Lacan das, worin sich das Subjekt übergangen sieht. Das Subjekt kann nur von dem überrascht werden, was es nicht erwartet hat. Das Unerwartete ist das ›Mehr‹ oder das ›Weniger‹ des Erwarteten. Dem Subjekt wird dadurch bewusst, dass ihm immer etwas fehlt.»Sowie sie auftritt, ist die Trouvaille ein Wiederfinden, aber auch immer bereit, sich wieder zu entziehen und so die Dimension des Verlusts zu instaurieren.«[20] Die Unterbrechung durchzieht alle Handlungen und Wahrnehmungsprozesse des Subjekts.

Jacques Lacan stellt fest, dass sich das Unbewusste in dieser Diskontinuität artikuliert. Das Unbewusste referiert den Mangel des Subjekts.»Sie werden mir zustimmen, wenn ich sage, daß das in der Erfahrung des Unbewußten eingeführte *un* jenes *un* des Spalts, des Zugs, des Bruchs ist. Es zeigt sich hier plötzlich eine verkannte Form des *un:* das *Un* des Unbewußten. Die Grenze des *Unbewußten* ist sozusagen der *Unbegriff* – der nicht ein Nicht-Begriff ist, sondern der Begriffs des Fehlens. Wo ist der Grund? Ist's die Abwesenheit? Wohl nicht. Bruch, Spalt, Zug der Öffnung lassen die Abwesenheit erst entstehen [...].«[21] Es gibt nach Lacan also kein Sein des Subjekts ohne die Erfahrung des Mangels und daher auch kein Subjekt ohne Begehren. Die Intensität des Begehrens (das Verlangen) hängt vom Gefühl eines Mangels ab und bestimmt das Subjekt.

---

18 J. Lacan: Die vier Grundbegriffe der Psychoanalyse (1987), S. 31.

19 Ebd. Hervorhebung im Original.

20 Ebd.

21 Ebd., S. 32. Hervorhebung im Original.

Auch das Erzählen entsteht durch Fehlendes, durch Auslassungen. Im Wechselspiel zwischen Beschreibungen und Andeutungen der Erzählerin und den Vorstellungen und Ahnungen der Rezipierenden entsteht ein Raum, in dem sich das Erzählte entfaltet. Erzählen erzählt auf diese Weise auch von dem, was dem Subjekt entgeht, was ihm eigentlich verborgen bleibt. Rike Felka schreibt über die Wahrnehmungsprozesse beim Lesen von Kafkas Roman »Das Schloß«: »Das projektive Gedächtnis sucht sich, über die Entwicklung einer Bildsprache, welche die Anschlüsse zwischen den Bildern offenhält, einen Raum, in dem es sich artikulieren kann – Raum für das Vertraute ebenso wie für das ›Irrsinnige‹. Es bildet mithilfe von Teilstücken ein sekundäres System aus, das sich, diese interpretierend, über das erste legt.«[22] In diesem Wahrnehmungsprozess wird das, was sich nicht in Übereinstimmung bringen lässt, sich also für die Rezipientin widersprüchlich verhält und sich ihr entzieht, genau das sein, wonach sie Ausschau hält und was ihr Verlangen ausmacht.

---

22 R. Felka: Das räumliche Gedächtnis (2010), S. 183.

Der Garten der Pfade, die sich verzweigen

Die Erzählung »Der Garten der Pfade, die sich verzweigen« (1941) des Schriftstellers Jorge Luis Borges wird in »Janet Cardiff. The walk book« fast vollständig abgedruckt, nicht nur, weil, wie die Künstlerin erzählt, diese Geschichte eine Inspiration für ihren »Münster Walk« (1997) war, sondern auch, weil Borges' Erzähl- und Zeitmodell viel mit Cardiffs Überlegungen des Erzählens und Wahrnehmens von Zeit zu tun haben. In ihrer installativen Arbeit »Telephone/Time«[1] (2004) hört die Rezipientin über einen Telefonhörer einem Gespräch zu, in dem es um Fragen über Zeit, Raum und Erleben geht:

»Janet: At one time you were talking to me about the multiple time periods that appear on the edge of the event horizon.

Mathematician: At the event horizon, at the edge of physics in some sense, a person wouldn't experience time in an ordinary sense, you couldn't be talking about doing things, there wouldn't be intervals between events most likely, rather there would be transformations going on, but not ones that a person could linearly track.

Janet: So a person would be in multi-dimensions at the same time?

Mathematician: In some sense.«[2]

Wie kann sich Zeit, beziehungsweise das Erleben von Zeit, derart auffächern, dass, wie Cardiff es hier thematisiert, sich multiple Beziehungen zwischen Handlungen, Ort und Zeit ergeben? Diese philosophische, physikalische und beinahe existentielle Frage nach dem Verhältnis von Zeit und Raum und der Verortung des Subjekts eröffnet gleichzeitig Fragen zur Darstellbarkeit von Zeiträu-

---

1   Cardiff, Janet/Bures Miller, George: Telephone/Time, Mixed-Media- und Audioinstallation, 2 Min., 1,6 m × 1,2 m × 1 m, 2004.

2   Zitat aus der Audioinstallation. In: M. Schaub: Janet Cardiff. The walk book (2005), S. 13.

men. Wie wird jene Mehrdimensionalität erlebbar und erzählbar? Wie bringen Erzählungen diese Raum-Zeit-Modelle hervor?

In »Der Garten der Pfade, die sich verzweigen« entwirft Borges ein Raum-Zeit-Modell, das eine Mehrdimensionalität von Zeit beschreibt. Die Flucht eines enttarnten Spions (Yu Tsun) vor einem Captain der Britischen Armee (Richard Madden) ist das Handlungsgerüst der labyrinthischen Geschichte, die während des Ersten Weltkrieges spielt. Borges verschachtelt die Handlungen der Protagonisten ineinander und variiert die in der Geschichte thematisierten Motive Geheimnis, Labyrinth und ›mögliche Realitäten‹. Es entstehen immer wieder neue Beziehungen zwischen den Protagonisten und ihren Handlungen. Da jede Handlung mit einer anderen Handlung etwas zu tun hat, werden in der Erzählung andere Erzählungen denkbar und von Borges der Leserin als ›mögliche Welten‹ angeboten.

Der flüchtende Yu Tsun sucht den Sinologen (Stephen Albert) auf, der das Manuskript bearbeitet, das Yu Tsuns Großvater (dem Gelehrten Ts'ui Pên) gehörte. Dieses Manuskript (eines Romans) ist geheimnisumwoben, denn Ts'ui Pên erklärte nicht, worum es in seinem Roman geht. Einmal sagte er zu seinen Freunden, dass er einen Roman schreiben wolle, und ein anderes Mal erzählte Ts'ui Pên, er wolle ein Labyrinth bauen. Der Sinologe Albert entdeckt, dass das Buch und das Labyrinth ein Gegenstand sind. »[...] *Der Garten der Pfade, die sich verzweigen* war der chaotische Roman. Die Wendung: ›verschiedenen Zukünften (nicht allen)‹ brachte mich auf das Bild der Verzweigung in der Zeit, nicht im Raum.«[3] Borges verwendet somit den gleichen Titel für seine Erzählung und den Roman von Ts'ui Pên und überträgt das Labyrinthische auf die Erzählebene. Mithilfe seiner literarischen Protagonisten erläutert Borges sein Denkmodell von ineinander verschachtelten Realitäten. Der Sinologe Albert erklärt Yu Tsun bezüglich der Struktur des Romans von Ts'ui Pên: »In allen Fiktionen entscheidet sich ein Mensch angesichts verschiedener Möglichkeiten für eine und eliminiert die anderen; im Werk des Ts'ui Pên entscheidet er sich – gleichzeitig – für alle. Er *erschafft* so verschiedene Zukünfte, verschiedene Zeiten, die ebenfalls auswuchern und sich verzweigen.«[4] In den Ausführungen des Sinologen wird Yu Tsun deutlich, dass das Zeitmodell Ts'ui Pêns mehr als nur ein Ereignis umfasst. Es handelt sich vielmehr um ein »Webmuster aus Zeiten, die sich einan-

---

3 Borges, Jorge Luis: »Der Garten der Pfade, die sich verzweigen«, in: Jorge Luis Borges, Fiktionen. Erzählungen 1939-1944, hrsg. von Gisbert Haefs/Fritz Arnold, übers. von Karl August Horst/Wolfgang Luchting/Gisbert Haefs, Frankfurt a.M. 1992, S. 77-89, hier S. 85 . Hervorhebung im Original.

4 Ebd., S. 86. Hervorhebung im Original.

der nähern, sich verzweigen, sich scheiden oder einander jahrhundertelang igno-
rieren«[5] und daher alle Möglichkeiten enthalten. Die Zeit, so schließt der Sinologe Albert seine Erläuterungen ab, verzweige sich beständig zahllosen Zukünften
entgegen. Nach diesen philosophischen Ausführungen über die Zeit schließt Borges seine Geschichte mit einer in sich verschachtelten spannungsreichen Szene
ab, die genau das verwirklicht, was in dem Gespräch seiner Protagonisten, dem
Sinologen Albert und dem flüchtenden Yu Tsun, besprochen wurde.

Jorge Luis Borges' Erzählung überführt das Labyrinth, ein topologisch gedachtes
System aus Linien und Wegen, die mal in einer Sackgasse enden oder weiterfüh-
ren, in ein Bild der Zeit. Die Zeit ist es, die sich in alle Richtungen verzweigen
kann, sodass in einem Kontinuum von Zeit gleichzeitig verschiedene Dimensionen in Vergangenheit, Gegenwart und Zukunft existieren, sich berühren, schneiden und wieder voneinander entfernen. Alle Varianten eines Ereignisses sind somit gleichermaßen möglich, ebenso wahrscheinlich wie unwahrscheinlich und
wahr wie unwahr und gehören, wie Gilles Deleuze über Borges schreibt, zum
»selben Universum und bilden Modifikationen derselben Geschichte«[6]. Während
der Mathematiker und Philosoph Gottfried Wilhelm Leibniz im 18. Jahrhundert
den Begriff der Inkompossibilität für die Unvereinbarkeit und die Idee von parallelen Welten einführte, um widersprüchliche Variationen eines Ereignisses berücksichtigen zu können, löst Borges den Begriff der Unvereinbarkeit auf.
Nimmt man an, dass ein Ereignis in der Zukunft stattfinden wird, dann wird –
folgt man einem kausal-logischen Denken – sein Nichtstattfinden ausgeschlossen.

Deleuze geht in seiner Untersuchung zum ›Zeit-Bild‹ des Kinos dieser Frage
der Widersprüchlichkeit von möglichen Ereignissen nach. Die Schwierigkeit, die
sich ergibt, sei, so Deleuze, das Verhältnis zwischen dem Verständnis von Zeit
und dem Begriff der Wahrheit. Um dieses Verhältnis zu erläutern, greift er Leibniz' Beispiel von einer Seeschlacht auf: »Wenn es *wahr* ist, daß eine Seeschlacht
morgen stattfinden *kann*, wie läßt sich dann eine der beiden nachstehenden
Schlußfolgerungen vermeiden: entweder geht das Unmögliche aus dem Möglichen hervor (wenn nämlich die Schlacht stattfindet, dann ist es nicht mehr möglich, daß sie nicht stattfindet), oder die Vergangenheit ist nicht notwendigerweise
wahr (da sie nicht stattgefunden haben könnte).«[7] Um die Vorstellung von Wahr-

---

5 Ebd., S. 88.

6 Deleuze, Gilles: Das Zeit-Bild. Kino 2, aus dem Französischen übers. von Klaus Englert, Frankfurt a.M. 1997, S. 175.

7 Ebd., S. 173. Hervorhebung im Original.

heit zu bewahren und alle möglichen Ausführungen eines Ereignisses denken zu können, hat Leibniz die Idee einer Parallelität von verschiedenen, voneinander getrennten Welten eingeführt. Beide Welten können nebeneinander existieren (›possibles‹), sind jedoch nicht zur gleichen Zeit und im gleichen Raum möglich (›compossibles‹). Leibniz musste erst zu dem Begriff der »*Inkompossibilität* gelangen (der völlig verschieden von dem des Widerspruchs ist), um das Paradox zu lösen und gleichzeitig die Wahrheit zu retten. Leibniz zufolge geht nicht das Unmögliche (*impossible*), sondern das Inkompossible aus dem Möglichen hervor [...].«[8]

Erst in Borges' Erzählungen wird deutlich, dass das Unvereinbare, auch wenn es im Verhältnis zu etwas anderem als ein Unwahrscheinliches erscheint, immer mitgedacht werden kann und daher nicht auszuschließen ist. Wie in der Erzählung »Der Garten der Pfade, die sich verzweigen« sind in jeder Begegnung und in jedem Ereignis alle Möglichkeiten zur gleichen Zeit existent und halten sich gegenseitig in Bewegung. Deleuze formuliert Borges' Antwort auf Leibniz so: »[...] die gerade Linie als Kraft der Zeit, als Labyrinth der Zeit, ist zugleich die Linie, die sich verzweigt und nicht aufhört, sich zu verzweigen, wenn sie die *inkompossiblen Gegenwarten* durchläuft und auf die *nicht notwendigerweise wahren Vergangenheiten* zurückkommt.«[9] Das Denkmodell der sich verzweigenden Zeit löst den Wahrheitsanspruch auf, an dem sich traditionell Erzählungen und in ihnen beschriebene Handlungen ausrichten, und ermöglicht damit neue Erzählungen. Ob eine Handlung wahr oder falsch ist, hängt nicht mehr von einer Chronologie ab, vielmehr wird eine Vielfalt von Perspektiven auf Ereignisse generiert. Von jedem Standpunkt aus wird das, was wahr oder falsch ist, neu verhandelt. In diesen Prozessen entstehen Übereinstimmungen und Abweichungen, Verdopplungen und Differenzen: »[...] die falsifizierende Erzählung [...] setzt in der Gegenwart unerklärbare Differenzen und in die Vergangenheit unentscheidbare Alternativen zwischen dem Wahren und dem Falschen«.[10]

Die Erzählhandlung muss sich nicht mehr an kausalen Begebenheiten und Abläufen eines Ereignisses orientieren, sondern sie kann sich vom Ereignisrahmen lösen und andere ungesehene und unbemerkte Facetten des Geschehens (auf-)zeigen. Dieses postmoderne Erzählverfahren, das Jorge Luis Borges in den 1940er Jahren in der Literatur verwirklichte, findet sich in Variationen auch in den Filmen des französischen Kinos der ›Nouvelle Vague‹ der 1950er Jahre wie-

---

8   Ebd., S. 174. Hervorhebung im Original.
9   Ebd. Hervorhebung im Original.
10 Ebd., S. 174 f.

der. Die Erzählverfahren der postmodernen Literatur und des postmodernen Films sind für die Analyse von Janet Cardiffs Arbeiten relevant, weil auch ihre Erzählungen mehrere Realitäten gleichzeitig generieren. Hat ein Ereignis in der Vergangenheit, Gegenwart oder in einer zukünftigen Gegenwart stattgefunden, oder handelt es sich um eine Täuschung, einen Traum oder eine Halluzination? Diese Fragen stellt Cardiff den Rezipierenden. Statt einer Klärung, was Realität ist oder um welche Realität es sich handelt, rückt Cardiff das Erleben der Situation in den Vordergrund: Wie fühlt sich das Erlebte an? Welche inneren Bilder löst ein Erlebnis aus? Wie generiert das Subjekt Realität? Dies sind Motive und Motivationen ihrer Arbeiten. Die Künstlerin bezieht sich nicht nur auf die Erzählungen von Jorge Luis Borges und auf Filme von Vertretern des französischen Kinos, wie beispielsweise Alain Resnais und Chris Marker, sondern sie erweitert auch mediale Formate der bildenden Kunst, um andere Wahrnehmungen von Zeit und Raum zu ermöglichen. Dies hat, wie sich zeigen wird, auch Einfluss auf die Wahrnehmung von Stadt. Janet Cardiff schafft in ihren Walks und multimedialen Installationen neue Kombinationen zwischen Bild und Ton und neue Beziehungen zwischen den Rezipierenden und den Präsentationsorten ihrer Kunst. Diese Erweiterungen stehen im Zusammenhang mit den medialen und narrativen Verfahrensweisen der Nouvelle-Vague-Filme.

Gilles Deleuze führt in Bezug auf multiple Realitäten zahlreiche Filmbeispiele der Nouvelle Vague an, um zu analysieren, wie die ›falsifizierende Erzählung‹ Figuren und Handlungen generiert, die immer wieder auf weitere fälschende Figuren und Ereignisse verweisen, bis eine Serie von Verwandlungen, Referenzen, Spiegelungen und Verzerrungen entsteht. »Die Macht des Falschen gibt es nur unter dem Aspekt einer Serie der Mächte, die ständig aufeinander verweisen und ineinander übergehen. [...] Der Fälscher wird folglich mit einer Kette von Fälschern verbunden sein, innerhalb deren er sich verwandelt. [...] Die Erzählhandlung wird nichts anderes zum Inhalt haben als die Zurschaustellung dieser Fälscher, ihr Gleiten vom einen zum anderen, die Verwandlung der einen in den anderen.«[11] Durch fortlaufende fälschende Erzählungen der Figuren und sich widersprechende Reden über unmögliche Ereignisse wird nicht nur das Urteilsvermögen und das Urteilssystem (Deleuze) der Rezipierenden erschüttert, sondern auch ein Raum-Zeit-Modell entworfen, das dem Borges'schen entspricht.

Wenn beispielsweise in Alain Resnais' Film »Stavisky...«[12] (1974) die von dem Inspektor befragten Figuren unterschiedliche Aussagen über den noch le-

---

11 Ebd., S. 177 f.

12 Resnais, Alain: Stavisky..., Schwarz-Weiß-Film, 120 Min., Frankreich 1974.

benden Hochstapler Stavisky treffen (der den Zeugenaussagen widerspricht) und innerhalb ihrer Erzählung weitere Personen auftauchen, die über Stavisky bereits als Verstorbenen sprechen, dann trifft das ein, was Deleuze beschreibt: »Dies bedeutet, daß sich die Elemente selbst fortwährend mit den zeitlichen Beziehungen verändern, in die sie eintreten, ebenso wie die Terme mit ihren Konnexionen.«[13] Die gesamte Erzählstruktur wird durch die Dynamik der Veränderung (des Wandels) gelenkt. Eine Eigenschaft des Falschen, so Deleuze, wäre auch ihre ›irreduzible Multiplizität‹[14], die die Annahme eines ›Ichs‹ durch ein ›Ich ist ein anderer‹ (Rimbaud) ersetzt.

Janet Cardiff verwirklicht diese Multiplizität des ›Ichs‹ in ihren Walks durch die Aufsplitterung von Erzählperspektiven. Die Künstlerin ist nicht die einzige Erzählerin, ebenso erzählen die vielen anderen Stimmen in einem Walk. Cardiff schleust sich als körperlose ›Janet‹ in die verschiedenen Welten (Erzählebenen) ein. Dieses Verfahren, den Erzählstatus in viele gleichberechtigte Erzählfiguren aufzuteilen, ist ein Prinzip, das auch die Filmemacher der Nouvelle Vague in ihren Geschichten anwenden. Nicht eine Person erzählt eine Geschichte, sondern mehrere Personen erzählen Versionen einer Geschichte. Die Geschichte entwickelt sich durch Vielstimmigkeit der Erzählenden und die übergeordnete Erzählinstanz (Autorin) verschwindet in der Geschichte bzw. geht in sie ein. Dies hat für die Rezipierenden zur Folge, dass sie sich mit der Frage, wie Wirklichkeit generiert wird, auseinandersetzen müssen. Bei Janet Cardiff werden die Geschichten von den Rezipierenden maßgeblich miterzählt und weitererzählt. Besonders bei einem Walk durch den urbanen Raum wird deutlich, dass das Erzählgerüst erst mit dem Durchwandern der Stadt, den Zeichen des urbanen Raumes und den Vorstellungen der Rezipierenden visuell aufgefüllt und belebt wird. Die Narration eines Walks und die Handlungsanweisungen Cardiffs gleichen einem Filmskript, das die Rezipierende im Gehen durch die Stadt erst vervollständigt.

Vorläufer für diese Form der offenen Erzählung, in der Zeit und Raum verhandelt werden, sind die Filme der Nouvelle Vague. Ein bekanntes Beispiel für das Infragestellen von Zeit und Handlung ist Resnais' Schwarz-Weiß-Film »L'Année dernière à Marienbad«[15] (1961), der in Zusammenarbeit mit dem Schriftsteller Alain Robbe-Grillet entstanden ist. Die Atmosphäre von Zeitlosigkeit, in der die Protagonisten situiert sind, verunsichert auch die Rezipierenden bei der Betrachtung des Films. Ein Schloss und ein weitläufiger Park sind die

---

13 G. Deleuze: Das Zeit-Bild. Kino 2 (1997), S. 177.

14 Ebd.

15 Resnais, Alain: L'Année dernière à Marienbad, Schwarz-Weiß-Film, 90 Min., Frankreich 1961.

Schauplätze des Films. Durch die barocken Ornamente und Strukturen, die die Innenräume und die Parklandschaft schmücken, ähneln sich Innen- und Außenraum. Die Schwarz-Weiß-Kontrastierung unterstützt den Eindruck, dass das Schloss und sein Park eine zeitlose Welt sind, in der die Protagonisten wie in einem Traum umherwandeln. Ein Mann »X« trifft in einem von einem barocken Park umgebenen Schloss auf die Frau »A«, die in Begleitung eines anderen Mannes »M« ist. Der Mann X ist der Erzähler der Geschichte, der durch seine Erinnerungen versucht, die Rezipientin des Films und die Frau A zu überzeugen, dass sie sich im Jahr zuvor begegnet sind und verliebt waren. Während A die Begegnung leugnet, beschreibt X umso eindringlicher das damalige Zusammentreffen. Es ist nicht zu unterscheiden, ob es sich bei den unterschiedlichen Aussagen von X und A um Erinnerungen, Träume oder Wunschvorstellungen handelt, denn die Zeit im Film wird nicht strukturiert. Es herrscht nur eine andauernde Gegenwart. Die Räume, in denen die Protagonisten auftauchen, unterstützen diesen Eindruck: Während die kegelförmigen Sträucher und barocken Steinskulpturen schattenlos bleiben, werfen die Figuren im Garten des Schlosses lange Schlagschatten. Die Filmfiguren gehen durch lange, verspiegelte Flure und Räume, die ebenso barock gestaltet sind wie der Park. Die schweigenden Gäste wandeln fast erstarrt durch das Schloss und den Park gemeinsam mit A und X und erzeugen dadurch eine surreale Szenerie. Was geschah letztes Jahr in Marienbad? War es überhaupt in Marienbad oder an einem anderen Ort? Jede Szene, jeder Dialog zwischen X und A stellen die vorherigen und folgenden in Frage. Wirklichkeit erscheint als eine Konstruktion, an deren Generierung sowohl die Protagonisten als auch die Zuschauenden beteiligt sind. Am Ende des Films verlassen X und A gemeinsam das Schloss und die Rezipierenden wissen nicht, ob dies gegenwärtig geschieht oder im letzten Jahr geschah.

Janet Cardiff inszeniert in ihren Walks ein ähnliches narratives Zeit-Raum-Modell: Vergangenheit, Gegenwart und Zukunft erscheinen als Spielarten einer andauernden Gegenwart. Alle Handlungen sind dadurch miteinander verwoben und scheinen von der Realität losgelöst zu existieren. Die Nähe zum Traum, in dem es keinerlei Strukturierung von Zeit und Raum gibt, wird dadurch intensiviert. Diese Kontinuität der Zeitlosigkeit unterbricht Cardiff in ihren Walks durch akustische und visuelle Sequenzen: Eine Realität wird durch andere Bilder erschüttert und dadurch in Frage gestellt. Das plötzliche Auftauchen eines Erinnerungsbildes, das sich in die Wahrnehmung schiebt und diese unterbricht, ist mit dem Medium Film gut darstellbar, wie Resnais' Film »Muriel ou le Temps d'un retour«[16] (1963) zeigt. Cardiff geht ähnlich wie Resnais vor, auch sie benö-

---

16 Resnais, Alain: Muriel ou le Temps d'un retour, Farbfilm, 105 Min., Frankreich 1963.

tigt eine zunächst stabil erscheinende Welt (die Alltäglichkeit des urbanen Raumes), um andere Realitäten und Wahrnehmungsebenen generieren zu können.

Alain Resnais legt einen konventionellen Erzählrahmen an, der durch unterschiedliche Schnitte und Montagen aufgebrochen wird, um die psychische Verfasstheit der drei Hauptfiguren zeigen zu können, die in ihrer Vorstellung von Vergangenheit verfangen sind: Hélène, eine Witwe, die in ihrer Wohnung ein Möbelantiquariat führt, denkt an ihre Jugendliebe Alphonse, die vielleicht keine war, und nimmt nach zwanzig Jahren Kontakt zu ihm auf; Bernard, ihr Stiefsohn, trauert einer jungen Frau, Muriel, nach, der er im Algerienkrieg begegnete; Alphonse konstruiert seine Vergangenheit aus Erlebnissen des Zweiten Weltkrieges. Vor dem Hintergrund der im Krieg zerstörten Kleinstadt Boulogne-sur-Mer, in der anonyme Neubauten und halb zugewachsene Häuserruinen aufeinander stoßen und eine urbane Metapher für Vergangenheit und eine geschichtslose Zukunft bilden, wirken die drei Figuren ruhelos, von ihrem Trauma heimlich angetrieben. In Hélènes Wohnung gehen Gegenstände verloren und tauchen an unerwarteter Stelle wieder auf, Möbelstücke werden verkauft, andere deswegen verschoben. Damit wird auch die Wohnung zu einer räumlichen Metapher, sie steht für das menschliche Gedächtnis. Über die Dinge, die jeden bewegen, wird trotz der vielen alltäglichen Gespräche geschwiegen und so bemerkt Bernard, dass Muriel nicht erzählt werden könne.

In »Muriel ou le Temps d'un retour« führt Resnais Schnitte unterschiedlicher Länge ein: Blitzartig eingeschobene Bilder sowie längere und kürzere Sequenzen folgen unregelmäßig aufeinander, unterbrechen und zerstreuen die erzählte Zeit. Unterhalb der Oberfläche von ›Realität‹ erodiert die subjektive Wahrnehmung von Zeit und stellt diese in Frage. Die Figuren und ihre Handlungen schwanken zwischen mehreren möglichen Realitäten. Janet Cardiff arbeitet in ihren Walks mit ähnlichen Montageprinzipien. Ein erzähltes Bild, ein Geräusch oder die Aufforderung, eine Berührung auszuführen, sind Hilfs- und Stilmittel, um einen Erzählstrang zu unterbrechen und eine neue Erzählung einzuführen. Die unterschiedlichen Formen eines Wechsels machen die Walks lebendig und halten gleichzeitig ihr divergierendes Erzählgerüst zusammen. Da der Film mit Ton und Bild und ihren möglichen Kombinationen arbeitet, können die visuellen Abläufe von Erinnerungsbildern, Erinnerungslücken und Vorstellungen visuell gut veranschaulicht werden. Das Erzählen über traumhafte Zustände und innere Realitäten motiviert Filmemacherinnen und Drehbuchautorinnen zudem zu einer Entwicklung von Räumlichkeiten, in denen die inneren Prozesse der Protagonisten widergespiegelt werden können. Verbunden mit den Montagetechniken entsteht eine komplexe (filmische) Wirklichkeit, die gleichermaßen fiktional als auch real erscheint und Innerliches und Äußerliches darstellt.

Ein filmisches Prinzip mit schnellen Schnitten und Bildmontagen wendet Alain Resnais in »Je t'aime, je t'aime«[17] (1968) an, um eine Reise in die Vergangenheit des Protagonisten Claude Ridder zu erzählen. Nach einem misslungenen Selbstmordversuch wird Claude in eine Privatklinik gebracht, in der eine Gruppe von Wissenschaftlern ihn einem Zeitexperiment unterziehen. Er wird in eine Zeitmaschine, ein schaumstoffartiges, gehirnähnliches Gebilde gelegt, um in eine bestimmte Minute des vorherigen Jahres zurückversetzt zu werden. Durch eine technische Komplikation gerät jedoch seine Reise in die Vergangenheit außer Kontrolle: Claude landet in anderen Augenblicken seines Lebens, verfängt sich in einem Strudel von Erinnerungsbildern, Wiederholungen und Variationen von Ereignissen und begegnet neben seinen Liebschaften immer wieder seiner Liebe Catrine, die er vielleicht ermordet hat. Er ist in einem flimmernden, kaleidoskopähnlichen Zeitnetz verfangen und erlebt eine Begebenheit aus der Vergangenheit, die ein paar Sekunden dauerte, in leicht abgewandelten Variationen wieder und wieder. »Der Held ist auf eine Minute seiner Vergangenheit verwiesen, doch diese wird in immer wieder anderen Sequenzen, in sukzessiven Ziehungen neu verkettet.«[18]

Die Kausalität zwischen Ursache und Wirkung von Handlungen, die Idee eines chronologischen Vorhers und Nachhers und lineare Konstruktionen von Biografie und Erzählung werden durch Resnais' Schnitt- und Montagetechnik aufgelöst. Auch hier vervielfältigt und fächert sich die Zeit auf und der Protagonist erfährt jede Zeitsequenz als Gegenwart. Obwohl Resnais' »Je t'aime, je t'aime« durch das Motiv der Zeitreise an Science-Fiction-Geschichten angelehnt ist, macht das verwendete Präsens den Unterschied aus: Die Figur erlebt Zeit noch einmal, ohne jedoch eingreifen oder etwas verändern zu können. Der Protagonist scheint sich in einer Zeitschleife verfangen zu haben. Der Film liefert eine Metapher für ein traumatisches Erlebnis und veranschaulicht die Schwierigkeit von Gedächtnisarbeit. Auch bei Janet Cardiff spielt, wie bereits erwähnt, das Motiv der Wiederholung von Erinnerungsbildern und die Einsprengung von anderen Bildern eine große Rolle, um die Psyche des Menschen zu beschreiben. Über diese inhaltlichen Funktionen von Montagetechniken hinaus werden im französischen Film und auch bei Cardiff Seh- und Denkgewohnheiten durchbrochen, die Wahrnehmung von Zeit neu definiert und neue Realitäten generiert.

Mit dem ›neuen Kino‹ (dem Kino der Nouvelle Vague) tritt, wie die Philosophin und Filmwissenschaftlerin Michaela Ott in ihrer Analyse zu Gilles Deleuze'

---

17 Resnais, Alain: Je t'aime, je t'aime, Farbfilm, 94 Min., Frankreich 1968.

18 G. Deleuze: Das Zeit-Bild. Kino 2 (1997), S. 274.

Schriften über Film bemerkt, eine maßgebliche Veränderung ein: »Die Zeit ist nicht mehr das Maß der Bewegung, sondern die Bewegung wird zu einer der Perspektiven in der Zeit [...].«[19] Filmische Realität wird nicht mehr an der alltäglichen Umwelt gemessen, die neu entwickelten Montagetechniken brechen filminhärente Verbindungen von Bildfolgen und Bild-Ton-Verhältnissen auf und ermöglichen eine Reflexion des Mediums selbst. Das ›neue Kino‹ »problematisiert die Bildproduktion selbst, versetzt den gesamten Film in eine Position des reinen Schauens, in welcher das Unerträgliche und Unfassbare der neuen Situation ausgestellt wird.«[20] Wie in den angeführten Filmbeispielen deutlich wird, geraten die Protagonisten und ihre Handlungen, die Erzählebenen, die im Film dargestellten Räume und die Position der Rezipierenden in Bewegung. Der Film generiert eine Realität, die alle anderen Realitäten mit umfasst.

Anders als im klassischen Film, in dem die erzählte Geschichte das ›Ganze‹ bildet und sich die Filmbilder der Konstruktion der erzählten Geschichte unterordnen, ist im ›neuen Kino‹ das ›Ganze das Außen‹.[21] Dies hat Auswirkung auf das Verständnis von Einzelbildern und ihre Beziehungen zueinander. Nicht mehr kausale Anschlüsse von Bildern spielen eine Rolle, sondern die Unterschiedlichkeit von Bildern und ihr Potential, Zwischenräume zu generieren. Um einen Zwischenraum zwischen zwei Bildern herzustellen, muss ein drittes gedacht werden, das die Qualitäten der beiden Bilder aufgreift und erweitern kann. Die Differenz (der Bilder) ist das produktive Mittel: »der Zwischenraum kommt der Verbindung zuvor; die Differenz, auf die die Verteilung der Ähnlichkeiten zurückgeht, ist unhintergehbar. Die Spalte ist das erste geworden, und aus diesem Grunde weitet sie sich aus.«[22] Die Idee des Zwischenraumes geht dabei über das Bild hinaus, es betrifft alle Elemente des Films: »Zwischen zwei Aktionen, zwischen zwei Affekten, zwischen zwei Wahrnehmungen, zwischen zwei visuellen Bildern, zwischen zwei akustischen Bildern, zwischen dem Akustischen und Visuellen: das Ununterscheidbare, das heißt die Grenze sichtbar machen [...].«[23]

Die Differenz lässt Zwischenräume entstehen und ermöglicht dadurch eine offene Struktur, in der alle ästhetischen und formalen Elemente und Mittel eines Films sich gegenseitig beeinflussen können und auch das Ungedachte und Unbemerkte miteinbezogen werden können. Gibt es eine außerhalb des Films liegende Realität, die sich dieser Referentialität entziehen kann? Kann alles zum Film

---

19 Ott, Michaela: Gilles Deleuze zur Einführung, Hamburg 2010, S. 136.

20 Ebd., S. 135.

21 G. Deleuze: Das Zeit-Bild. Kino 2 (1997), S. 233.

22 Ebd., S. 234.

23 Ebd.

werden? Deleuze betont, dass gerade der Gedanke des Unterschiedlichen und des Ungedachten im Denken den Menschen einen ›Glauben an die Welt‹ wiedergeben kann. »Es stellt sich nicht mehr die Frage: Gibt uns das Kino die Illusion der Welt?, sondern: Wie gibt uns das Kino den Glauben an die Welt zurück?«[24]

Der Gedanke der Mutation, den Deleuze zur falsifizierenden Erzählung und ihren Figuren ausführt, betrifft auch das Außerhalb des Films (hors-champ), das ebenso durch eine Differenz verdeutlicht wird. Am Beispiel der Einführung des Tons im Film erläutert er die Verhältnisse zwischen visueller und akustischer Welt und ihren Beziehungen zu einem Außen: »[...] einerseits konnten die Geräusche und Stimmen einen Ursprung außerhalb des visuellen Bildes haben; andererseits kann eine Stimme oder eine Musik, hinter dem visuellen Bild oder jenseits von ihm, von dem veränderlichen Ganzen zeugen.«[25] Wenn jedoch das Akustische ein außerhalb des Visuellen Liegendes einfasse, entwächst aus der Differenz zwischen Gesehenem und Gehörtem ein Zwischenraum: »Das ›Off‹ verschwindet tendenziell zugunsten [...] einer Differenz, die konstitutiv für das Bild ist. Es gibt kein *hors-champ* mehr. Das Außerhalb des Bildes wird durch den Zwischenraum zwischen den beiden Kadrierungen ersetzt.«[26] Verschwinden meint hier ein Anderswerden, eine Veränderung oder Verwandlung. Beispiele, die Gilles Deleuze erwähnt, sind die späteren, ab den 1970er Jahren entstandenen Filme Jean-Luc Godards, in denen dieser beginnt, sich vom realistischen Erzählkino zu lösen, und einen experimentellen Umgang mit Videobildmaterial, gesprochenem Text, über Bilder verlaufende Schriftzüge, den Bildfluss unterbrechende Texttafeln und Musiksequenzen entwickelt. Für eine Fernsehausstrahlung entwickelt Godard zusammen mit der Filmemacherin Anne-Marie Miéville 1976 die zweiteilige Filmreihe »Six fois deux«[27]: Ein Filmteil ist in sechs Episoden aufgeteilt, die jeweils in Kooperation zwischen den beiden Autoren entstehen; der erste Teil jeder Episode führt ein Thema ein, wie beispielsweise ein geschichtliches oder sozialpolitisches Thema, daran anschließend wird eine Person interviewt, die mit einer der Thematiken eng verbunden ist. Unterschiedliche Quellen und Formate von Bild und Ton – verschiedene Filmmaterialien, wie Videomaterial, Schwarz-Weiß- und Farbfilm; unterschiedliche Filmgenres, wie Interviewsituationen, performative Sequenzen und experimenteller Film mit Methoden der Überblendung von Schrift und Zeichnung und dem Abfilmen von

---

24 Ebd., S. 236.

25 Ebd., S. 235. Hervorhebung im Original.

26 Ebd. Hervorhebung im Original.

27 Godard, Jean-Luc/Miéville, Anne-Marie: Six fois deux, Farbfilm, 57 Min., Frankreich 1976.

Zeitungsbildern – laufen alternierend ineinander und zeigen, mit welchen verschiedenen Informationsquellen und ästhetischen Verfahrensweisen filmische Bilder ›Realität‹ konstruieren und produzieren.

Mit dem Verschwinden der Idee eines äußeren Ganzen, einer Filmeinheit, der alle Elemente untergeordnet werden, gehen noch andere Auflösungen einher, die, so Deleuze, zwischen dem modernen Kino und dem Denken neue Beziehungen schaffen. Weitere Elemente des Films, die sich durch das ›neue Kino‹ und seine offene Erzählweise verändern, sind die Relevanz des Subjekts und sein subjektbetontes Sprechen. Statt innerer Monologe, die beispielsweise Handlungsmotive erläutern, eine Geschichte aus einer Perspektive darstellen oder kommentieren, plädiert Deleuze für eine ›freie indirekte Rede und Sicht‹[28]. Damit würde das einheitliche Verhältnis des Menschen zur Welt durch einen Bruch ersetzt und die Welt und ihre Kausalitäten in Frage gestellt. Durch die Auflösung der Bedeutungseinheit von Autorin, Welt und dargestellten Personen verliert der innere Monolog seine ›personale und kollektive Einheit‹[29]: »Stereotypen, die Klischees, die feststehenden Vorstellungen und Formeln führen die Außen- und die Innenwelt der Personen derselben Auflösung zu. [...] Jegliche Metapher oder Figur verschwindet nun.«[30] Es entstehen Serien eigenwertiger Bildfolgen, irrationale Schnitte, ›entfesselte Töne‹[31]: »Jede Serie verweist ihrerseits auf eine Sicht- und Sprechweise, die diejenige der gängigen Meinung und ihrer Schlagworte sein kann, aber auch diejenige einer Klasse, einer Gruppe oder eines Figurentyps, die sowohl Thesen, Hypothesen, Paradoxa als auch Hinterlist und Gedankensprünge verwendet.«[32] In der Bildfolge erfolgt die Äußerung der Autorin nun indirekter, denn die Mitteilung kann ebenso einer anderen Autorin zugesprochen werden oder von einer dritten Person stammen, die die Autorin beschreibt: »Es entsteht eine ›freie indirekte Rede‹, eine *freie indirekte Sicht,* die von einer zur anderen Figur übergeht; sei es, daß sich der Autor durch Vermittlung einer autonomen und freien Figur äußert, die weder mit dem Autor noch mit einer der von ihm fixierten Rollen identisch ist; sei es, daß die Figur so handelt und spricht, als ob ihre eigenen Gesten und Reden bereits auf eine dritte bezogen wären.«[33]

Die ›freie indirekte Rede‹ betrifft nicht nur die sprachliche Ebene, sondern auch das Format des Films. Deleuze führt Filme Jean-Luc Godards an und stellt

---

28 G. Deleuze: Das Zeit-Bild. Kino 2 (1997), S. 238.
29 Ebd., S. 237.
30 Ebd.
31 Ebd.
32 Ebd., S. 238.
33 Ebd. Hervorhebung im Original.

fest, dass dieser die ›freie indirekte Sicht‹ nicht nur für einzelne Bildfolgen nutzt, sondern durch die Einführung unterschiedlicher Genres in den Film diese im jeweils anderen reflektiert: »In diesem Sinne sind Godards reflexive Genres wahrhafte *Kategorien*, durch die der Film hindurchgeht.«[34] Es handelt sich weniger um eine Collage als um eine in das Bild eingeführte Reflexion. Gilles Deleuze fasst diese Aspekte des modernen Kinos zusammen: »Zum Kino gehört ebenso eine Reflexion über sich selbst wie über die anderen Gattungen, insofern die visuellen Bilder nicht bloß auf unabhängig von ihnen bestehende Tänze, Romane, Theaterstücke oder Filme verweisen, sondern sich selbst anschicken, für die Dauer einer Serie oder einer Episode Kino, Tanz, Roman, Theater zu ›machen‹. Die Kategorien und Genres können auch psychische Vermögen sein (Einbildungskraft, Gedächtnis, Vergessen ...).«[35] Das, was Deleuze am modernen Film erkennt, tritt weit über die plane Projektion auf eine Filmleinwand und deren Illusionsbildung von Welt hinaus und generiert ein ›neues Bild des Denkens‹[36], ein neues Kino: »Der Film zeichnet den filmischen Vorgang in der Weise auf, daß er einen zerebralen Vorgang projiziert. Ein Gehirn, das flackert, neu verkettet oder Schleifen durchläuft: das ist Kino.«[37]

Als Wegbereiter dieser Entwicklung sieht Deleuze den Lettrismus und den lettristischen Film, wie ihn der Künstler, Autor und Philosoph Isidore Isou entwarf: In seinem experimentellen Film »Traité de bave et d'éternité«[38] (1951) greift Isou teilweise auf sein älteres Filmmaterial zurück, montiert es neu, kratzt Zeichen in dieses hinein, lässt die Tonspur unabhängig vom Bild laufen und erzählt auf einer fiktionalen Ebene, in der Stimmfigur eines Künstlers, wie es zum Entstehen des Films kam und welche Vorstellungen er von dem Film hatte. Die Idee des Lettrismus bereitet, so Deleuze, das Expandieren des Kinos vor, es entwickelt sich daraus ein »Kino ohne Kamera, aber auch ohne Leinwand und Filmband.«[39] Und so kann alles »als Leinwand dienen: der Körper eines Protagonisten oder sogar die Körper der Zuschauer; alles kann das Filmband in einem virtuellen Film ersetzen, der sich nur noch im Kopf abspielt, hinter den Augenlidern und mit den Klangquellen, die notfalls aus dem Zuschauerraum aufgenommen werden«.[40]

---

34 Ebd., S. 240. Hervorhebung im Original.

35 Ebd., S. 241.

36 Ebd., S. 277.

37 Ebd.

38 Isou, Isidore: Traité de bave et d'éternité, Farbfilm, 120 Min., Frankreich 1951.

39 G. Deleuze: Das Zeit-Bild. Kino 2 (1997), S. 277.

40 Ebd.

Gilles Deleuze' Analyse zum neuen Kino und seinen Möglichkeiten haben in der bildenden Kunst eine Fortführung gefunden. Nicht nur lassen sich Janet Cardiffs Walks an diese medialen Entwicklungen und Möglichkeiten des Films und Kinos anbinden, sondern auch ihre multimedialen Installationen, die mit den Innenräumen von Kinosälen korrespondieren. Mit George Bures Miller entwirft Cardiff modellartige Kino- und Bühnenräume, in denen sie zusätzlich zum Filmbild die Rezeptionswelt in ihre Erzählung einbindet. So hört man beispielsweise in »The Paradise Institute«[41] (2001) – einer akustischen Installation in einer Holzbox, in dem die Rezipierenden, auf roten Kinosesseln sitzend, in eine Miniaturreplik eines alten Kinosaals mit verzierten Decken, Balkonen und einer Leinwand schauen – über am Sitz befestigte Kopfhörer der akustischen Spur des Films zu, hört gleichzeitig jemanden Popcorn kauen und das Klingeln eines Mobiltelefons. Dazwischen fädeln sich Gedanken der Sprechfigur ›Janet‹ in die Erzählung ein, mit denen sie das zu Sehende und zu Hörende kommentiert. Zusätzlich zur Vermischung der verschiedenen akustischen Ebenen vernetzen sich auch die größtenteils schwarz-weißen Filmbilder und die erzählten Bilder miteinander. Dann beispielsweise, wenn eine Frau, die nach dem Filmbeginn sich scheinbar neben einen setzt und ins Ohr flüstert, dass sie zu spät kam, weil sie vergaß, den Herd auszustellen. Unwillkürlich dreht man sich zur Seite, da ihre Schritte, das Rascheln der Kleidung und ihr Flüstern direkt neben einem zu sein scheinen – doch dort sitzt nur eine andere Besucherin von Cardiffs und Millers Kinoraum-Installation. Während ›Janets‹ Stimme anschließend fragt: »Did you check the stove before we left?«[42] und im Film ein altes Holzhaus zu brennen beginnt, fragt man sich unwillkürlich, ob das Geschehen um einen herum oder man selbst den Fortlauf des Films beeinflusst.

Die Stimme des ›Doctors‹, der in den Filmsequenzen medizinische Experimente mit dem Patienten Drogan in einem Krankenhaus überwacht und die Krankenschwester unter Druck setzt, spricht plötzlich aus dem Zuschauerraum: »She's walking up to the house right now«[43], und scheint direkt hinter einem zu sitzen. Während der ›Doctor‹ im Film hämisch lachend in einem Aufzug zum Stockwerk fährt, in dem Drogans Zimmer liegt, wird Drogan von der Krankenschwester beobachtet, verführt und zur Flucht überredet. Die Filmsequenzen von »The Paradise Institute« sind fragmentarisch angelegt, sie erzählen in Genres der

41 Cardiff, Janet/Bures Miller, George: The Paradise Institute, Multimediainstallation, Videoprojektion, 13 Min., 5,0 m × 11,0 m × 3,0 m, 2001.

42 Beil, Ralf/Marí, Bartomeu (Hg.): Janet Cardiff & George Bures Miller. The killing machine und andere Geschichten 1995-2007, Ostfildern 2007, S. 147.

43 Ebd., S. 150.

Filmgeschichte, wie Spionage-, Thriller- oder Science-Fiction-Filmen, von einem Verbrechen, von einer Verfolgung und Flucht, von Traum- und Wahnvorstellungen. ›Janets‹ Stimme flüstert der Rezipientin dann auch zu:»I read about this film, it's based on a true story about the experiments that the military did in the 50s… or maybe that was another movie?«[44] Der Eindruck vom Film im Film wird intensiviert: Die durch einen langen Korridor laufende Krankenschwester erinnert an Szenen in Alfred Hitchcocks »Vertigo«[45] (1958); das brennende Holzhaus gleicht Andrei Tarkowskis Motiv eines in Flammen stehenden Hauses in »Der Spiegel«[46] (1974) und »Opfer«[47] (1986); Drogans Blick vom Krankenbett in die Kamera zitiert Chris Markers »La Jetée«[48] (1962), in der die junge Frau, aus dem Schlaf erwachend, die Augenlider hebt und einen Moment lang sich ihr virtueller Blick mit dem der Zuschauerin trifft und ein Übergang vom Unbewusstsein der Figur in ein Bewusstsein markiert wird.

Die filmische Erzählung vermischt sich in »The Paradise Institute« mit der akustischen Inszenierung eines realen Kinosaals, in dem man zu sitzen meint, und Erinnerungen an Kinobesuche und gesehene Filme fließen mit dem aktuell Gesehenen und Gehörten ineinander. Das Filmische löst sich von der (Miniatur-)Kinoleinwand und erweitert sich in den Raum: die Filmfiguren werden für einen Moment lang real, die Rezipientin hört sie neben sich atmen und lachen; sie denkt, sie sitze in einem Kino, obwohl sie sich in einer Holzbox im Museum befindet, und fragt sich, ob sie gar selbst Teil eines Films sei. Cardiff und Miller entwickeln ein falsifizierendes Spiel mit dem ›hors-champ‹ des Films, der Differenz zwischen akustischem und visuellem Bild und der ›freien indirekten Rede‹ und beziehen den Raum, in dem sich die Rezipierende befindet, mit ein. Dadurch werden Kategorien zwischen Realität und Fiktion zunächst entkoppelt, um sie dann zu vermischen.

In »The Berlin Files«[49] (2003) greifen Janet Cardiff und George Bures Miller den Produktionsraum der Arbeit – ein Ton-Film-Studio oder Atelierraum – in einer selbstreferentiellen Weise auf, um die Rezipierenden in ihre nichtlineare, mäandernde Geschichte zu führen. Die Rezipientin betritt einen dunklen und schall-

---

44 Ebd., S. 147.

45 Hitchcock, Alfred: Vertigo, Farbfilm, 129 Min., USA 1958.

46 Tarkowski, Andrei: Der Spiegel, Farbfilm, 108 Min., Russland 1974.

47 Tarkowski, Andrei: Opfer, Farbfilm, 149 Min., Schweden 1986.

48 Marker, Chris: La Jetée, Schwarz-Weiß-Film, 26 Min., Frankreich 1962.

49 Cardiff, Janet/Bures Miller, George: The Berlin Files, Multimediainstallation, Videoprojektion, 13 Min., 9,0 m × 7,5 m × 3,5 m, 2003.

isolierten zwölfseitigen Raum, in dessen Ecken jeweils ein Lautsprecher montiert ist, sodass die Rezipientin inmitten eines großen räumlichen Klangfeldes steht; im Kontrast dazu wird ein Videofilm nur auf eine kleine Fläche auf einer Wand projiziert: Das pulsierende Licht einer defekten Neonröhre blendet plötzlich die Rezipientin und der von allen Seiten schallende, klackende Ton erhöht zunächst die Desorientierung in dem fensterlosen Raum. Nachdem die Beleuchtung ausfällt, hört man ›Janets‹ und ›Georges‹ Stimmen und ihre Schritte, die im Dunklen den Raum durchschreiten, und fühlt sich unmittelbar in ihren Arbeitsraum versetzt. Im Videofilm wird ein Diaprojektor eingeschaltet und eine Projektionsfläche entsteht: Die Rezipientin hört im Film das Rauschen und Klacken des Projektors und schaut sekundenlang auf die weiße Lichtfläche, während ›Janet‹ leise fluchend versucht, Dias einzulegen.

Ein erstes Dia erscheint, eine junge Frau mit blonder Perücke und kräftig rot geschminktem Mund; ein nächstes Dia zeigt den langen Korridor einer Altbauwohnung; dann blickt die Rezipientin auf einen spärlich beleuchteten, mit Graffiti besprühten Berliner Hinterhofdurchgang und plötzlich geschieht ein Übergang von den sequentiellen Diabildern hin zum bewegten Bild. Das (Dia-)Standbild geht in eine Kamerafahrt durch den Hinterhofdurchgang über, gleichzeitig sind die hallenden Schritte einer Frau zu hören und eine Filmmusik setzt ein. Während diese weiterläuft, wechselt die Filmsequenz in ein länger andauerndes Schwarzbild, bis eine neue Filmsequenz beginnt. Bruchstückhafte Szenen reihen sich aneinander und ergeben keine Geschichte, sondern einzelne, fragmentarische Kapitel: Ein Mann spielt Klavier in einer Altbauwohnung; eine schwarzhaarige Frau im roten Mantel geht durch die Nacht; ein Auto fährt durch eine Schneelandschaft; ein Mann steigt aus, läuft über ein schneebedecktes Feld; Hubschrauber kreisen, aufgeregte Stimmen rufen; eine blonde Frau spricht einen Satz in die Kamera und lacht dann darüber, sie geht durch eine Unterführung; an einer Hausfassade dringt aus einem Lüftungsrohr Musik; ›Janet‹ spielt Gitarre und singt dazu ein Lied David Bowies; aus einer Bar ist das gleiche Lied von einem Karaokesänger zu hören, der aber nur zu einem Play-back singt; die blonde Frau telefoniert in der Bar, sie weint, lässt den Hörer sinken, ihre Schminke verläuft, das Lied geht zu Ende und der Karaokesänger fängt an zu rauchen. Diese aneinandergefügten Film- und Tonsequenzen könnten aus verschiedenen Filmen stammen und etwas weitererzählen, was in den Filmen selbst nicht ausgeführt wurde. »The Berlin Files« ist in diesem Sinne eine Ideenskizze zu einem noch nicht existierenden Film.

Die Geräusche und Musik korrelieren zeitweise nicht mit dem Filmbild und entwickeln dadurch eine eigene Visualität; die Bildsequenzen und die den Raum kurzzeitig in eine völlige Dunkelheit versetzenden Projektionspausen laufen al-

ternierend ineinander. Wieder entsteht bei der Rezipientin die Frage, wo die Geschichte entsteht und stattfindet. Der ganze zwölfeckige Raum, in dem die Bildsequenzen auftauchen und wieder verschwinden, in dem der raumgreifende,
skulpturale Klang eigene Vorstellungsbilder entstehen lässt und in dem Filmpro-
jektion und tiefe Dunkelheit ineinander fließen, ist Filmfläche. Cardiffs und Millers Film-Sound-Installation unterscheidet sich von klassischen Videoprojektio-
nen in abgedunkelten Ausstellungsräumen und schafft ein neues Hör- und Seher-
lebnis, das in seiner die Sinne einnehmenden Intensität an Traumerlebnisse,
Halluzinationen oder Wunschvorstellungen erinnert. Gerade, wenn man den
nicht kubischen Raum verlässt und vom Licht geblendet wieder in die Alltagswelt tritt, beschleicht einen das Gefühl, man wäre für eine kurze Zeitspanne in
eine fremde oder eigene Erinnerungswelt eingetaucht. Begünstigt durch eine
Black-Box-Situation simuliert »The Berlin Files« ein ›Kino im Kopf‹.

Mit ihren Walks führt Janet Cardiff die Rezipierenden aus den White Cubes der
Museen, Sammlungen, Kulturinstitutionen hinaus und dirigiert die Rezipierenden durch für die Öffentlichkeit ansonsten geschlossene Räumlichkeiten, wie
Keller, Dachböden oder Hintertreppen von Museumshäusern und Ausstellungs-
hallen. Die Wege eines Walks können ebenso nach draußen führen, wie bei-
spielsweise in die Parkanlagen und Gärten der Museen und auf die Straße. Die
Künstlerin verlegt ihre kinematografischen Erzählungen von den Innen- in die
Außenräume und in den urbanen Raum. Damit löst sie auch das kulturhistorisch
gesetzte binäre Modell[50] von Black Box und White Cube auf: Jeder Ort und
Raum kann Fläche für eine kinematografische Projektion sein und Stadt wird in
den Walks auf diese Weise zum Kino. Einem Walk zu folgen, bedeutet zudem,
Wege zu beschreiten, die nicht für ein öffentliches Publikum vorgesehen sind.
Durch das Gehen der Walkteilnehmenden werden auf subtile Weise räumliche
Nutzungen und hierarchische Strukturen von Institutionen und öffentlichen Räu-
men temporär unterlaufen. Das den Walkteilnehmenden vielversprechend ins
Ohr geflüsterte »Walk with me« nimmt hier eine Dynamik innerhalb von eta-
blierten Strukturen ein. Die Teilnehmenden werden instruiert, ungewöhnliche
Wege einzuschlagen, und sind Mitgestaltende einer räumlichen und institutionel-
len Umformung.

---

50 Das kunstgeschichtliche und politische Verhältnis zwischen der Konzeption des White
   Cube und dem Kino als eine Black Box im Ausstellungskontext diskutiert die Filmemacherin und Autorin Hito Steyerl im Kapitel »White Cube und Black Box« auf den
   Seiten 101-113 ihrer kunstwissenschaftlichen Untersuchung: Steyerl, Hito: Die Farbe
   der Wahrheit. Dokumentarismen im Kunstumfeld, Wien 2008.

Nach Deleuze hat das ›neue Kino‹ ein neues Zeitverständnis entwickelt, das Zeit unabhängig von der Bewegung versteht und Einfluss auf die Definition von Realität und Fiktion nimmt. Die Bewegungen werden nun der Zeit zugeordnet und nicht umgekehrt. »Nicht mehr die Zeit ergibt sich aus der Bewegung, ihrer Norm und ihren berichtigten Irrungen, sondern die Bewegung als *falsche* und ›abweichende‹ Bewegung ergibt sich nun aus der Zeit.«[51] Das Zeit-Bild sei nunmehr direkt geworden und habe neue Aspekte hinzugewonnen, so sei das »Abweichen der Bewegung nichts Zufälliges mehr, sondern ihr wesentlich«[52]. Ähnlich wie Jorge Luis Borges betrachtet Deleuze Zeit unabhängig von Bewegung und Raum. Zeit kann sich als solche erst selbst darstellen, wenn »das aktuelle Bild mit dem eigenen virtuellen Bild als solchem in Beziehung tritt und die anfängliche reine Beschreibung sich verdoppelt, ›sich wiederholt, erneut beginnt, sich verzweigt, sich widerspricht‹. Es ist unerläßlich, daß sich ein zweiseitiges, wechselseitiges Bild konstituiert, das zugleich aktuell und virtuell ist.«[53] Das aktuelle Bild bezieht sich dann nicht mehr auf virtuelle Bilder, wie Erinnerungs-, Traumoder Wunschbilder, die sich dadurch entfalten oder aktualisieren: »Vielmehr befinden wir uns jetzt in einer Situation, in der das aktuelle Bild und sein eigenes virtuelles Bild vorliegt, dergestalt, daß es keine Verkettung des Realen mit dem Imaginären mehr gibt, sondern – in einem fortdauernden Austausch – *eine Ununterscheidbarkeit* beider.«[54] Aus dieser neuen Situation ergeben sich, so Deleuze, weitere Konsequenzen: Reales und Imaginäres werden ununterscheidbar; Wahres und Falsches unentwirrbar; Unmögliches geht vom Möglichen aus und die Vergangenheit muss nicht wahr sein; das Vorher und Nachher bestimmen nicht mehr einen Zeitverlauf, sondern organisieren eine Serie, in der sich ein Werden artikuliert.[55] Der Serie (Bildfolge) liegen irrationale Schnitte zugrunde, die eine neue Verbindung zwischen voneinander losgelösten Bildern generieren; die Neu-Verkettung entsteht durch Zerstückelung und so entwickelt sich ein neues Denken, das nicht von einem Ganzen, einem symmetrischen Außen und Innen ausgeht, sondern das Ungedachte im Denken, das Ununterscheidbare, Unerklärliche, Irrationale, Inkommensurable und Unmögliche bedenkt.[56]

Es gibt in diesen Ideen einer multidimensionalen Welt, die Borges in seinen Erzählungen und Gilles Deleuze in seiner Filmtheorie beschreiben, keine eukli-

---

51 G. Deleuze: Das Zeit-Bild. Kino 2 (1997), S. 347. Hervorhebung im Original.
52 Ebd.
53 Ebd., S. 349.
54 Ebd., S. 349 f. Hervorhebung im Original.
55 Ebd., S. 350 f.
56 Ebd., S. 355.

dischen Strukturen eines Beginns und Endes, eines Außen und Innen, einer Linearität und Symmetrie mehr; stattdessen gehen Ereignisse, Figuren, Handlungen, visuelle und akustische Bilder vielfältige Verbindungen ein, aus denen wieder neue Bilder, Verkettungen und Verzweigungen entstehen.

In »The Paradise Institute« verknüpfen Janet Cardiff und George Bures Miller das Prinzip des Kinos (Kinosaal, -besuch, Unterhaltungen beim Filmeschauen) mit ihrer filmischen und akustischen Erzählung. Cardiffs und Millers hölzerner, einem Kinosaal nachempfundener Installationsaufbau steht zwar in einem Museum, doch die gesamte Erzählung lässt die Rezipientin dies vergessen. Sie glaubt, zeitweise in einem realen Kinoraum zu sitzen. In »The Berlin Files« erlebt die Rezipientin eine ganz andere Raumsituation: Sie taucht in einen die Außenwelt ausblendenden, zwölfeckigen Raum ein. Die akustische und filmische Erzählung entwickelt eine Räumlichkeit, die sich von der bei »The Paradise Institute« unterscheidet. Sie erinnert in ihrer hermetischen Atmosphäre vielmehr an die Zeitmaschine in Alain Resnais' Film »Je t'aime, je t'aime«. Die Zeitmaschine ist bei Resnais ein einem Gehirn ähnliches, membranförmiges Gebilde, in deren Innerem der Protagonist eine Zeitreise erlebt. Cardiff erweitert das Format von Erzählung und Film, die Rezipientin verliert ihre Position als Betrachterin und erlebt einer (literarischen) Figur gleich die virtuelle Welt unmittelbar.

In den Walks überführen Cardiff und Miller den kinematografischen Projektionsraum in den öffentlichen und urbanen Raum, der zur filmischen Erzählung wird, durch die sich die Rezipientin hindurchbewegt. Diese wandelt ähnlich zu Borges' Geschichte »Der Garten der Wege, die sich verzweigen«, nicht durch einen euklidisch gedachten, topologischen Raum, sondern durch eine sich auffächernde Zeit, in der sie auf gleichzeitig existierende Ereignisse, Figuren, visuelle und akustische Bilder und Wahrnehmungsebenen trifft und diese als Wirklichkeit erlebt. Die Rezipierende durchläuft die Stadt und die Geschichten. Wie in Borges' Geschichten finden bei Cardiff unterschiedliche Ereignisse gleichzeitig statt, Zeiträume werden auf diese Weise miteinander verbunden und verzweigen sich. Der urbane Raum nimmt die verschiedenen Ereignisse und ihre Zeiträume wieder in sich auf. Durch die Betonung des Zeitlichen und der Vielfalt der Ereignisse, die in der Stadt verschachtelt neben- und übereinander liegen und bei jedem Schritt zum Leben erweckt werden können, entsteht eine labyrinthische Raumerfahrung. In den Walks wird das Verhältnis zwischen Innen und Außen aufgelöst. Die Narrationen umfassen den urbanen Raum und finden gleichzeitig in ihm statt. Die Walks sind das Außen (hors-champ). Dadurch erscheint der urbane Raum als ein Zwischenraum, der sich – wie eine visuelle und filmische Sequenz – zwischen die erzählten und imaginierten Bilder schiebt. Durch das neue Zeitverständnis werden in Janet Cardiffs Walks Realität, Fiktionalität und Imagination ununterscheidbar. Dies wirkt sich auf die Sichtweise auf Stadt aus. Stadt wird zu einem variablen Raum, der den Walks immer wieder unbekannte und überraschende Zeichen zuspielt.

Mannigfaltigkeiten

Gilles Deleuze und Félix Guattari setzen sich mit den Begriffen Heterogenität, Vielheit und Unbestimmtheit auseinander und analysieren mit ihnen kulturgeschichtliche und philosophische Themen aus verschiedenen kulturellen Epochen. Mit ihrer ›Theorie der Mannigfaltigkeiten‹[1] gehen Deleuze und Guattari dabei der Frage nach, an welchen Punkten Vielfältigkeiten generiert werden können. In ihrer Kultur- und Gesellschaftskritik reflektieren sie homogene (Macht-)Strukturen und schlagen eine andere Sichtweise und ein anderes Denken vor, das Vielfältigkeiten und Differenzen mitdenkt. So ist für sie beispielsweise ein Buch weder ein Objekt oder Subjekt noch vertritt es diese, sondern es ist ein ›Gefüge‹[2], das in Verbindungen zu anderen Gefügen zu sehen ist: »Es ist eine Mannigfaltigkeit.«[3]

Der Begriff ›Mannigfaltigkeit‹ ist dabei der Mathematik entlehnt und bezeichnet dort die Relationen von einem Teilelement zu benachbarten Teilelementen. Ausgegangen wird dabei nicht von einer Einheit, in der einzelne Elemente immer dem Ganzen untergeordnet werden, sondern die Beziehungen der verschiedenen Teilaspekte zueinander sowie ihre Überschneidungen, Überlappungen und Differenzen werden betrachtet. In diesem Modell lässt sich ein einzelnes Element zwar lokalisieren, aber seine Eigenschaften können nur im Verhältnis zu den anderen Elementen betrachtet und benannt werden. Zwischen allen Elementen gibt es daher unzählige Relationen und Allianzen: Mannigfaltigkeiten. Deleuze und Guattari verstehen im Kontext von Kulturgeschichte und Philosophie die Mannigfaltigkeiten als ein Denkmodell, das alle Beziehungen und Prozesse durchläuft und verändert: »Die Hauptmerkmale von Mannigfaltigkeiten hängen

---

1 G. Deleuze/F. Guattari: Kapitalismus und Schizophrenie. Tausend Plateaus (1992), S. 2.

2 Ebd., S. 12.

3 Ebd.

mit ihren Elementen zusammen, die *Singularitäten* sind; mit ihren Beziehungen, die *Art des Werdens* sind; mit ihren Ereignissen, die Diesheiten, *Haecceïtates* sind (das heißt, Individuierungen ohne Subjekt); mit ihren Zeit-Räumen, die *glatte* Räume und Zeiten sind; mit ihrem Verwirklichungsmodell, dem *Rhizom* (im Gegensatz zum Baummodell) [...].«[4] In dieser Betrachtung von Mannigfaltigkeiten geht es ähnlich wie im mathematischen Modell um die Wahrnehmung von Relationen einzelner Elemente und um die Wahrnehmung der Dynamiken, die im Zusammentreffen der Elemente produziert werden. Der Aspekt von Variabilität und Unbestimmbarkeit muss also in der Betrachtung des Elements und in seinem Zusammentreffen mit anderen berücksichtigt werden.

Für Gilles Deleuze und Félix Guattari spielen in ihrer postmodernen Analyse daher die Bewegung und das Werden eine große Rolle. Um vielfältige und heterogene Bewegungsformen beschreiben zu können, führen sie in ihren Diskurs einen aus der Botanik stammenden Begriff ein: das Rhizom. Im Gegensatz zu dem Wachsen eines Baumes oder eines Strauches, die beide durch Wurzeln mit der Erde verbunden sind und aus deren Stamm oder Stängel Verzweigungen entwachsen, wächst ein Rhizom zu allen Seiten. Das Rhizom ist ein Sprossachsensystem, das an jeder beliebigen Stelle neue Knollen bilden und neue Sprossen und Triebe hervorbringen kann. Es wechselt seine Form je nach Bedarf und steht für ein variables Wachstum.

Deleuze und Guattari sehen in den bisherigen bis zur Moderne reichenden kulturhistorischen und philosophischen Denkmodellen linear-hierarchische Strukturen und binäre Logiken wirken und bezeichnen diese als ›Baummodelle‹[5]. Sie veranschaulichen dies am Beispiel des Buchs, weil in ihm Wissen weitergegeben und strukturiert wird und dadurch Prinzipien von Wissensproduktion und -vermittlung sichtbar werden. Bücher seien, da sie die Umwelt und die Natur auf vielfältige Weise schildern und wiedergeben, in ihrer Struktur nach einer chronologischen Vorgehens- und Denkweise (Baummodell) aufgebaut: »Das Buch als geistige Realität dagegen, der Baum oder die Wurzel als Bild, bringt unaufhörlich dieses Gesetz hervor: aus eins wird zwei, aus zwei wird vier... Die binäre Logik ist die geistige Realität des Wurzel-Baumes.«[6] Die Frage, wie Linearität durchbrochen und ein Buch als eine Mannigfaltigkeit verstanden werden kann, beantworten Deleuze und Guattari durch einen Aufruf zum Handeln. Jeder wird herausgefordert, andere Umgangsweisen mit Wissen zu generieren und Mannigfaltigkeiten zu produzieren: »Das Mannigfaltige *muß gemacht werden,*

---

4 Ebd., S. 2. Hervorhebung im Original.
5 Ebd.
6 Ebd., S. 14.

aber nicht dadurch, daß man immer wieder eine höhere Dimension hinzufügt, sondern vielmehr schlicht und einfach in allen Dimensionen, über die man verfügt, immer n-1 (das Eine ist nur dann ein Teil des Mannigfaltigen, wenn es davon abgezogen wird). [...] Man könnte ein solches System Rhizom nennen.«[7] Nicht nur betrifft Deleuze' und Guattaris Kritik den Umgang mit Büchern, das Lesen und das Rezipieren, sondern auch das Erstellen von Texten und im Allgemeinen die Produktion von Wissen.

In Bezug zur Erzählung stellt sich die Frage, wie sich die Idee der Mannigfaltigkeit auf Erzählweisen und Erzählinhalte auswirkt. Deleuze' und Guattaris Kritik an Büchern und Literatur richtet sich hauptsächlich gegen ein Denken, das homogene Strukturen verfestigt. Auch in modernen Vorgehensweisen, wie in der Fragmentierung und Montage, sind strukturelle Elemente enthalten – denn das Aneinanderreihen von Fragmenten geht von einer, wenn auch unvollständigen, Einheit aus. Das Problem ist also die Produktion von Strukturen an sich. In einer Strukturbildung baut ein Element auf dem anderen Element auf, es entsteht eine Zusammenfügung, eine Gliederung. Um Strukturbildungen zu vermeiden, müssen die Elemente immer wieder in andere, neue Zusammenhänge gesetzt werden. Erst dann kann ein Gebilde entstehen, das vielfältige Anschlüsse ermöglicht. Der Blick wird so nicht auf eine interne Struktur gerichtet, sondern er orientiert sich vielmehr an einem offenen Außen. Dieses Außen wird aufgrund von unzähligen Verbindungsmöglichkeiten zwischen verschiedenen Elementen stets verändert und modifiziert. Unkalkulierbare Verbindungen werden so ermöglicht.

Anhand ihres variablen Denkbildes ›Rhizom‹ verdeutlichen Deleuze und Guattari dieses Vorgehen in Bezug zur Sprache und zum Sprechen. Verschiedene kulturelle und gesellschaftliche Bereiche stehen miteinander in Beziehung, obwohl sie unterschiedliche Sprechweisen, Begrifflichkeiten, Sachverhalte und Verhaltensweisen hervorbringen und manifestieren. Das Rhizom (als Möglichkeit eines Denkens und Handelns) verbindet die verschiedenen gesellschaftlichen Parteien und Interessengemeinschaften (Politik, Kunst, Wissenschaft) und ihre Machtpotentiale miteinander, in dem es ihre Unterschiedlichkeiten bejaht und aufnimmt. Abgrenzungen und Bewertungen werden auf diese Weise aufgelöst und stattdessen Eigenschaften und Qualitäten in ein produktives Nebeneinander gesetzt: »[...] es gibt weder eine Sprache an sich noch eine Universalität der Sprache, sondern einen Wettstreit von Dialekten, Mundarten, Jargons und Fremdsprachen. Es gibt keinen idealen Sprecher-Hörer, ebensowenig wie eine homogene Sprachgemeinschaft.«[8] Sprache entsteht im Akt des Sprechens immer

---

7   Ebd., S. 16. Hervorhebung im Original.
8   Ebd., S. 17.

wieder neu und kreiert dabei neue Formen; bei jeder Sprachäußerung wird Sprache modifiziert. Sprache hat nach Gilles Deleuze' und Félix Guattaris Verständnis deshalb die Eigenschaften von Mannigfaltigkeiten: »Eine Mannigfaltigkeit hat weder Subjekt noch Objekt, sondern nur Bestimmungen, Größen, Dimensionen, die nicht wachsen, ohne daß sie sich dabei verändert (die Kombinationsgesetze wachsen also mit der Mannigfaltigkeit).«[9]

Wie sieht nun eine Literatur aus, die vielfältige Anschlüsse an unterschiedliche Themen ermöglicht und dadurch neue Wissenszusammenhänge und Sprachmöglichkeiten produziert? Deleuze und Guattari sehen in der Literatur von Heinrich von Kleist das Nebeneinander von verschiedenen Inhalten, Sachbezügen, historischen Ereignissen, Beschreibungen von gesellschaftlichen Verhältnissen und eigenen Ideen und Vorstellungen verwirklicht. Ihrer Ansicht nach hat Kleist dadurch auf der sprachlichen Ebene durch das Einbeziehen verschiedener Sprach- oder Mundarten eine neue Art der Literatur generiert: »Kleist hat eine Schreibweise […] erfunden, ein von Affekten durchbrochenes Gefüge mit unterschiedlichen Geschwindigkeiten, Überstürzungen und Transformationen, immer in Beziehung zum Außen. Offene Ringe. Seine Texte stehen daher in jeder Hinsicht im Gegensatz zum klassischen und romantischen Buch, das auf der Innerlichkeit einer Substanz oder eines Subjekts beruht.«[10] Literaturgeschichtlich lässt sich Kleist nicht einordnen. Der im 18. Jahrhundert geborene Kleist kann als ein moderner Schriftsteller betrachtet werden, der sowohl Dramen, Erzählungen, Theaterstücke und journalistische Texte verfasste, sprachliche und ästhetische Formen auslotete und Bezug zu zeitgeschichtlichen, politischen und literarischen Themen nahm.

Als weiteres Beispiel für eine vielfältige Literatur führen Deleuze und Guattari Erzählungen von Franz Kafka an, die im Gegensatz zu Kleist mit Metaphern und hermetischen Atmosphären arbeiten. Mannigfaltigkeiten, so zeigen es die Romane und Erzählungen von Kafka, können sich auch in abgeschlossenen Systemen und hierarchischen Institutionen bilden und dort produktiv wirken. Kafka wählt für seine Geschichten in sich geschlossene Schauplätze, wie ein Gericht, Schloss, Schiff, Hotel und ein Dorf, und konfrontiert seine Protagonisten mit dem Regelwerk dieser gesellschaftlichen Institutionen. Durch Träume und wahnhafte Halluzinationen des Protagonisten und absurde Verhaltensweisen der Stellvertretenden der gesellschaftlichen Institutionen setzt Kafka Bilder und Situationen immer wieder in Bewegung und unterhöhlt auf diese Weise die Mechanis-

---

9 Ebd., S. 18.
10 Ebd., S. 19.

men der Institutionen. Kafka demaskiert Strukturen und Hierarchien, indem er ihre Verbindungen und Auswirkungen auf die handelnden Figuren aufzeigt. Alle Vorgehensweisen und alle psychischen Verkettungen der Figuren stehen in einer Verbindung zueinander. Auf diese Weise schildert Kafka Systeme als Bewegungsräume, die von allen Handelnden durchlaufen werden. In dieser Dynamik (Rotation) werden Hierarchien und Machtstrukturen dekonstruiert. Handlungen laufen in Kafkas Geschichten scheinbar ins Leere und geben dafür den Blick auf Motive, die hinter den Handlungen verborgen sind, frei.

Über Erzählhandlungen und -kontexte hinaus betrifft die Idee der Mannigfaltigkeit auch die Erzählung und ihre kulturelle Funktion. Bei Walter Benjamin wird das Erzählen unter dem Gesichtspunkt von Tradition betrachtet. Erzählen bildet eine Kette, in der jedes Glied sich auf ein vorheriges und ein folgendes bezieht. Deleuze' und Guattaris Denkmodell der Mannigfaltigkeit schlägt einen offenen Erzählbegriff vor, der dem Benjamin'schen nicht widerspricht, sondern ihn erweitert. Erzählen bewahrt und generiert ganz verschiedene Wissensfelder, die in unterschiedlichen Beziehungen zueinander stehen und neue Betrachtungsmöglichkeiten generieren. Erzählen bringt vielfältige Relationen zwischen verschiedenen Elementen und Kontexten aus unterschiedlichen Epochen hervor. Tradierte Vorstellungen, was zur Erzählung gehört, wie erzählt wird, wer erzählt und mit welchen Mitteln, können hinterfragt werden. Ein mannigfaltiges Erzählen produziert neue Sichtweisen und Zugänge zu unterschiedlichen Themenfeldern und generiert Zusammenhänge, die vorher noch nicht denkbar waren. Die Medien, mit denen erzählt wird, sind dabei vielfältig und beschränken sich nicht mehr auf eine, wie Benjamin beschrieb, mündliche Wiedergabe. Auch in der bildenden Kunst entstehen Erzählungen mit unterschiedlichen Medien und in Bezug auf vielfältige Referenzen zu unterschiedlichen Wissensbereichen. Der mannigfaltige (postmoderne) Erzählbegriff, wie ihn Gilles Deleuze und Félix Guattari vorschlagen, erweitert literaturwissenschaftliche und kunsthistorische Vorstellungen eines Erzählens und ermöglicht es, die bildende Kunst und ihre vielfältigen Erzählweisen zu betrachten.

Für Deleuze und Guattari gibt es in ihrem Konzept der Mannigfaltigkeit keine räumlichen und zeitlichen Beschränkungen. Stattdessen bringen die unterschiedlichen Bewegungen, Geschwindigkeiten, Richtungen und Anschlüsse, die im vielfältigen Denken generiert werden, eine dynamische Mitte hervor. Die Mitte ist für sie kein statischer Zwischenraum, sondern sie entsteht durch wechselnde Bewegungen: »*Zwischen* den Dingen bezeichnet keine lokalisierbare Beziehung, die von einen zum anderen geht und umgekehrt, sondern eine Pendelbewegung, eine transversale Bewegung, die in die eine *und* die andere Richtung geht [...].«[11] Diese transversale Bewegung in einer Mannigfaltigkeit eignet sich auch als Beschreibung für das Erzählen in der bildenden Kunst, in der Schilderungen, Schauplätze und Vorstellungsbilder vielfache Beziehungen eingehen. Erzählen wird zu einem produktiven, dynamischen Element, das Sichtweisen auf Wirklichkeiten dekonstruiert und verändert.

---

11 Ebd., S. 42. Hervorhebung im Original.

Erzählen und Gehen

»The space unfolds through the act of walking,
just as a story unfolds in the process of narration.
It is a dualistic experience that takes place on
two intertwined levels of the body's movement
in space and the continuity of the narrative
form.«[1]

Erzählen und Gehen beinhalten Bewegung: als Moment der ›Entfaltung‹ (Daniela Zyman), in der ›Äußerung‹ (Rhetorik des Gehens und Sprechens), wie es Michel de Certeau in »Kunst des Handelns«[2] vorschlägt, oder im heterogenen Ver-
weben von Zeitlichem und Räumlichem, wie der von Certeau und Gilles Deleuze verwendete Begriff des ›Transversalen‹[3] es umfasst. Bewegung ist für das
Erzählen und das Gehen mehr als ein Vergehen von Zeit oder Zurücklegen einer
Strecke, sie ist ein Motor für das Entstehen von vielfältigen Formen, Resonanzen
und Rhetoriken. Man erzählt oder verfolgt eine Geschichte, zählt Schritte oder
einen Takt (die Zeit): Zwischen Markiertem und Ausgelassenem, Gesagtem und
Ungesagtem, einem Hier und Dort und einem ›es war‹ und ›es ist‹ gehen unzählige Verbindungen und Verfehlungen hervor. Die Erzählung, so argumentiert der
Philosoph Michel de Certeau, setzt wie das Gehen Bewegung voraus oder ist Bewegung, denn »sie beschränkt sich nicht darauf, über eine Bewegung zu sprechen. Sie *vollzieht* Bewegung.«[4]

---

1 Zyman, Daniela: »At the edge of the event horizon«, in: Schaub, Janet Cardiff. The
   walk book (2005), S. 11-13, hier S. 11.
2 M. de Certeau: Kunst des Handelns (1988).
3 Deleuze, Gilles: Proust und die Zeichen, aus dem Französischen übers. von Henriette
   Beese, Frankfurt a.m. 1978, S. 101 und bei Michel de Certeau im Sinne des heterogenen Raumes, in: Kunst des Handelns (1988), S. 179-188 und S. 217-220.
4 M. de Certeau: Kunst des Handelns (1988), S. 161. Hervorhebung im Original.

Das bedeutet auch, es braucht einen Bewegungsablauf, einen Rhythmus, damit aus Sätzen eine Geschichte und aus Schritten ein Gehen wird. Die Art und Weise des Erzählens und des Gehens variiert, weil jeder anders geht und eine Geschichte anders (weiter-)erzählt. So kann man beispielsweise großen Schrittes ausschreiten, stolzieren, in Gänseschritten vorwärts gehen, schleichen, waten oder staksen, wie Mirjam Schaub zu Ausdrucksarten des Gehens schreibt,[5] oder das Gehen als bis in die Antike reichenden, philosophisch-kulturellen Akt verstehen, wie der Kunsthistoriker Michael Glasmeier es tut, wenn er unter dem Gehen eine langsame, taktvolle, schweifende, dem Denken ähnelnde Bewegung[6] sieht. Der Schriftsteller Thomas Bernhard befragt hingegen in seiner Erzählung »Gehen« (1971) die Annahme, dass Gehen und Denken zwangsläufig eine Synthese bilden. »Wir können nicht sagen, wir denken, wie wir gehen, wie wir nicht sagen können, wir gehen, wie wir denken [...].«[7] Gehen zeige das menschliche Dasein als ein Wechseln zwischen Bewegungsimpulsen und Stillstand: »Es ist ein ständiges zwischen allen Möglichkeiten eines menschlichen Kopfes Denken und zwischen allen Möglichkeiten eines menschlichen Hirns Empfinden und zwischen allen Möglichkeiten eines menschlichen Charakters Hinundhergezogenwerden.«[8]

Bei Janet Cardiff sind es die unzähligen, sich immer wieder neu ergebenden Allianzen zwischen den Sinnen und der Umgebung, die das Gehen charakterisieren. »The gait is ›pre-synchronized‹ with the senses. While walking, everything is moving, yet *nothing is out of control.*«[9] Schaub geht hier von einem mehr oder weniger bewusst wahrgenommenen Gehen aus in der Art und Weise, wie Cardiff auch ihre Rezipierenden auf den Weg und in ihre Geschichten führt: »One thing I try to do is to slow the walker down, so that it becomes the speed of a thinking walker. If I want to create a bit of tension I increase the speed of the gait.«[10] In

---

5   Mirjam Schaub. In: M. Schaub: Janet Cardiff. The walk book (2005), S. 74.

6   »Dieses Denken, das sich unter den Kynikern der Antike zur akademischen Form herausbildete, ist einerseits modellhaft für die Stadterfahrung der Flaneure und Physiognomiker unseres Jahrhunderts, andererseits widerspricht es jener Geschwindigkeit, die für Paul Virilio und andere zur Signatur der Moderne geworden ist.« Glasmeier, Michael: Material. Materialökonomie, Gehen, Sehen, Zitate und andere Beweglichkeiten, Köln 2002, S. 17.

7   Bernhard, Thomas: Gehen, Frankfurt a.M. 1971, S. 85.

8   Ebd., S. 5.

9   Mirjam Schaub. In: M. Schaub: Janet Cardiff. The walk book (2005), S. 74. Hervorhebung im Original.

10 Janet Cardiff. In: Ebd.

dieser Art des Gehens werden die Wahrnehmung, Sinnlichkeit und ein (Nach-)Denken gleichermaßen stimuliert, wobei Cardiff es versteht, Tempo als ein dramaturgisches Element zu nutzen, um die Wahrnehmung und Schritte der Walkteilnehmerin beeinflussen zu können.

Gehen kann jedoch ebenso jegliche Gedanken, Identitätsentwürfe und die Umgebung vergessen machen und in einen Art Trancezustand[11] führen oder, anders gesagt, ein schlaf- oder traumwandlerisches Bewusstsein erzeugen. Solch eine Gangart evoziert Janet Cardiff bei den Rezipierenden ihrer Walks. Durch das traumwandlerische Gehen durch die Stadt wird der urbane Raum fluide und transparent. Welche Wahrnehmung von Stadt dadurch entstehen kann, beschreibt der Schriftsteller Paul Auster in seiner Erzählung »Stadt aus Glas« (1987). Der Protagonist wandert tagtäglich ziellos durch die Stadt und verliert dabei das Gefühl für sich selbst; Auster schreibt: »Die Bewegung war entscheidend, die Tätigkeit, einen Fuß vor den anderen zu setzen und sich einfach von seinem eigenem Körper treiben zu lassen. [...] Auf seinen besten Gängen vermochte er zu fühlen, dass er nirgends war. [...] New York war das Nirgendwo, das er um sich her aufgebaut hatte [...].«[12] Außenwelt und Innenwelt verlieren hier einen korrespondierenden Kontakt; durch die stetige Gehbewegung schafft sich Austers Protagonist einen leeren Zwischenraum, in den er immer wieder eintauchen und in dem er sich immer wieder verlieren will. Da er an keinem Ort Halt macht, sich auf nichts weiter als die Vorwärtsbewegung einlässt, bleibt die Stadt für ihn, weil von jeglichen Geschichten und Erinnerungen befreit, anonym.

Der wesentliche Unterschied zwischen Austers Beschreibung eines leeren Zwischenraumes und eines die Sinne stimulierenden Gehens bei Cardiff ist das Ausblenden von Zeichen – oder anders formuliert: das Ausbleiben einer Interpretation von Zeichen, mit denen der Raum der Stadt ansonsten gefüllt ist und das Gedächtnis belebt wird. Wie Deleuze zu Marcel Prousts Erzählen und der Frage des Erinnerns schreibt, schaffen Zeichen »den Stoff dieser oder jener Welt«[13]. Die Interpretationen wechseln jedoch. Zeichen müssen immer wieder neu gelesen werden: »[...] keine Wahrheit kann entdeckt werden, nichts kann gelernt werden, es sei denn durch Entzifferung und Interpretation. Die Vielheit die-

---

11 Trance: schlafähnlicher Bewusstseinszustand. Engl. *trance*; afrz. *transe* ›das Hinübergehen (in den Todesschlaf); Angstzustand‹; (a)frz. *transir* ›hinübergehen; verscheiden‹; lat. *trans* ›hinüber‹ und lat. *ire* ›gehen‹. In: Wissenschaftlicher Rat der Dudenredaktion: Duden Etymologie (1989), S. 751.

12 Auster, Paul: Stadt aus Glas, ins Deutsche übers. von Joachim A. Frank, München 2004, S. 6.

13 G. Deleuze: Proust und die Zeichen (1978), S. 8.

ser Welten aber besteht darin, daß die Zeichen nicht der gleichen Gattung angehören, nicht die gleiche Erscheinungsweise haben, sich nicht auf die gleiche
Weise entziffern lassen, keine identische Beziehung zu ihrer Bedeutung haben.«[14] Jeder Mensch stellt die Zeichen, die er aus der Vielzahl von unterschiedlichen Zeichen ausgewählt hat, in einen Zusammenhang und gestaltet daraus
Sinnzusammenhänge und Bedeutungen.

Die Stadt ist ein durch Gebrauchsspuren und Beeinflussungen geformter
Raum und damit ein Ort voller Interpretationsmöglichkeiten. »Die Verdichtung
von Spuren, die nichts miteinander gemein haben als ihr Auftauchen am selben
Ort zu verschiedenen Zeiten, prägt unser Bild der Stadt und verlangt nach einer
alternativen Form von ›Archäologie‹.«[15] Bei jedem Gang durch die Stadt entstehen neue Bindungen, Interpretationen, Begegnungen, deren Charakteristikum jedoch die Flüchtigkeit ist. Die Vorliebe des Menschen, Spuren zu interpretieren
und Spuren zu hinterlassen, bleibt dennoch bestehen: »Wir heften unsere flüchtigen Gefühle wie Post-it-Zettel an ihn [den öffentlichen Raum], bereit, sie bei der
nächsten Begegnung ungelesen einzusammeln.«[16] Das Spurenlegen und -lesen
ist auch ein Spiel mit dem Zufall, der im urbanen Raum potenziert wird. Die
Spuren und Zeichen der Stadt lösen bei jedem Gang unwillkürliche und bewusste Erinnerungen aus, die sich mit dem Vorhandenen vermischen und immer wieder neue Erzählungen hervorbringen. Stadt ist, so die Kulturwissenschaftlerin
Elke Krasny, als ein »räumliches wie zeitliches Nebeneinander«[17] zu verstehen,
in dem Erinnerungen verortet werden können. Wege durch die Stadt sind daher
»nie nur Fortbewegung durch den physischen Raum, sondern immer auch Bewegung durch Zeiträume. Die soziale Dimension des Raums und die Erinnerungs-
funktion von Stadt, die Stadt ›im Gedächtnis‹, ist nicht nur individuelle Erfahrung, sondern auch kollektiver Geschichtsspeicher.«[18] So symbolisieren beispielsweise bestimmte Gebäude oder Orte gleichermaßen historische Ereignisse
als auch subjektive Erlebnisse.

Walter Benjamin geht diesem Verhältnis zwischen subjektiver und historischer Erinnerung in seinem Essay »Berliner Kindheit um Neunzehnhundert«
(1932) nach. An Orten wie dem Berliner Tiergarten oder der Siegessäule werden
von ihm Erinnerungen an Spaziergänge, Kindheits-Anekdoten und historische

---

14 Ebd.

15 M. Schaub: »Die Kunst des Spurenlegens und -verfolgens« (2007), S. 130.

16 Ebd., S. 131.

17 Krasny, Elke: »Narrativer Urbanismus oder die Kunst des City-Telling«, in: Krasny/
    Nierhaus, Urbanografien (2008), S. 29-41, hier S. 34.

18 Ebd.

Bilder miteinander zu einem Erinnerungsbild verknüpft; in diesem ist die Vielschichtigkeit und Bruchstückhaftigkeit des Erlebens und Erinnerns mit aufbewahrt.[19] Benjamin erzählt von seinen Erinnerungen als Kind und entwirft dabei mit seinem Prosatext ein historisch-politisches Modell des Erinnerns. Im alltäglichen Sprachgebrauch von den Stadtbewohnenden wird deutlich, wie sowohl persönliche als auch historische Ereignisse und die Erinnerungen daran mit Orten verknüpft werden. Redewendungen wie »hier stand früher«, »als dort noch …«, »hier, wo jetzt das … steht, führte mein Schulweg vorbei …« und »der Platz … auf dem …« machen deutlich, dass alltägliche Erlebnisse mit Orten, Schauplätzen anderer Ereignisse verbunden werden, um sich seiner selbst und der Zeit, in der man beispielsweise jung war, zu vergewissern und bezeugt zu wissen. Ein Ort ist, so verstanden, eine zeitlich-räumlich bestimmte Form oder Konstellation, an der sich die angehefteten Erinnerungen, sprich Erzählungen, entfalten können, oder wie Michel de Certeau es formuliert: »Orte sind fragmentarische und umgekrempelte Geschichten, der Lesbarkeit für andere entzogene Vergangenheiten und erfüllte Zeiten, die sich entfalten können, die aber mehr noch als die Geschichten in Form von Bilderrätseln bereitstehen; sie sind Symbolisierungen, die im Schmerz oder in der Lust des Körpers eingekapselt sind.«[20]

Im Gehen werden diese Erinnerungen wieder aktiviert und auch über den Körper und die Sinne ins Gedächtnis gerufen. Fühlt sich beispielsweise das Pflaster holprig an, kann dies an einen anderen, entfernt liegenden Ort, beispielsweise einen Pfad, erinnern. Auch die Asphaltierungen von Wegen, Straßen und Plätzen haben sinnliche Qualitäten; sie sind Texturen, die in der Wahrnehmung weniger beachtet werden. Die Sinnlichkeit der urbanen Oberflächen vermittelt und hinterlässt einen Eindruck und verbindet gleichzeitig das Gehen, die Erinnerung und den urbanen Raum miteinander. Auch die unwillkürlichen Erinnerungen, die im Durchqueren der Stadt zuhauf auftauchen und sich beim nächsten Schritt schon wieder verflüchtigen – beispielsweise, wenn eine wahrgenommene Farbe oder Form, ein wahrgenommener Geruch oder ein wahrgenommenes Geräusch ein Erinnerungsbild blitzartig in die Gegenwart schiebt – machen das Gehen zu einem narrativen Akt. Dabei ist die ›Zersplitterung des Erinnerungswürdigen‹ bereits ein Hinweis auf die ›Zersplitterung des Erzählten‹[21], denn Erzählungen über Orte sind immer »Basteleien, Improvisationen, die aus den

---

19 Benjamin, Walter: »Berliner Kindheit um Neunzehnhundert«, in: Walter Benjamin, Einbahnstraße. Berliner Kindheit um Neunzehnhundert, Frankfurt a.M. 2011, S. 77-155, hier S. 77 ff.

20 M. de Certeau: Kunst des Handelns (1988), S. 206.

21 Ebd., S. 205.

Trümmern der Welt gebildet werden«[22]. Erinnerungen brauchen oft nur eine ›günstige Gelegenheit‹ (Certeau), um sich ins Gedächtnis zu rufen: »[…] die Erinnerung produziert an einem Ort, der nicht ihr eigener ist. Sie bekommt ihre Form und ihre Verwurzelung durch äußere Umstände, auch wenn der Inhalt (das fehlende Detail) von ihr kommt.«[23] Erinnerungen bestehen aus unzähligen Details, das heißt, ein Gesamtzusammenhang fehlt von vornherein, wie Certeau erklärt: »Jede Erinnerung, die sich aus dem Dunkel löst, ist auf ein Ganzes bezogen, das ihr fehlt.«[24]

Stadt stimuliert nicht nur durch ihre Vielfalt von Formen, Gerüchen, Texturen und Begegnungen ein Erinnern, sondern sie ergänzt das Fehlende der Erinnerung durch ihre Bilder. Stadt ist aufgrund von verschiedenen Architekturen, einem Wechsel zwischen Dichte (Bebauung) und Freifläche (Brachen) und unterschiedlichen räumlichen Atmosphären ein abwechslungsreicher Raum. Bei einem Spaziergang durch eine Stadt werden daher viele unterschiedliche Räume und Atmosphären durchschritten, die einmal ineinander übergehen und ein anderes Mal wie Bruchstellen aufeinander stoßen. Der urbane Raum generiert auf diese Weise verschiedene Rhythmen und Strukturen, die der fragmentarischen Struktur der Erinnerung ähneln. Die Erinnerungen finden in dem wechselvollen urbanen Raum viele Gelegenheiten, sich ins Gedächtnis zu rufen.

Die Veränderung als Eigenschaft der Stadt ähnelt den Formen des Erinnerns und Erzählens. Beide bestehen aus Transformationen und generieren neue Transformationen. Diese unzähligen Gelegenheiten des unwillkürlichen und bewussten Erinnerns und spontanen Handelns der Stadtbewohnenden machen mit dem geplanten Raum der Stadt etwas: Sie schaffen ›andere Räumlichkeiten‹ (Certeau). Ein Beispiel dafür sind die alltäglichen Wege der Stadtbewohnenden. Wegstrecken in der Stadt werden nicht ausschließlich aufgrund der kürzesten Verbindung von A nach B ausgesucht, sondern auch nach Vorlieben und Gewohnheiten. Dabei werden von den Stadtbewohnenden die geplanten Wege auch gerne umgangen oder nach den eigenen Bedürfnissen umgewandelt. Jede Stadtbewohnerin kennt Abkürzungen, ruhigere und belebte Wege, die sie je nach Stimmung wählt, und nutzt auch gerne die unzähligen Trampelpfade, die neben asphaltierten Gehwegen entstanden sind. »Diese Art, mit dem Raum umzugehen, verweist auf eine spezifische Form von *Tätigkeit* (von ›Handlungsweisen‹), auf ›eine andere Räumlichkeit‹ (eine ›anthropologische‹, poetische und mythische Erfahrung des Raumes) und auf eine *undurchschaubare und blinde* Beweglich-

---

22 Ebd., S. 203.
23 Ebd., S. 170.
24 Ebd., S. 172.

keit der bewohnten Stadt.«[25] Da es in der Stadt unzählige Wege und Orte gibt, die für viele Menschen gleichzeitig etwas bedeuten, überlagern sich sichtbare und unsichtbare Zeichen und unterschiedliche Erinnerungen. Michel de Certeau beschreibt diesen ephemeren Zustand des urbanen Raumes als eine »metaphorische oder *herumwandernde* Stadt«[26], die sich über die architektonische Struktur und Planung der Stadt legt. Wem gehören die unzähligen Zeichen des urbanen Raumes? Welche fremden Spuren und Erinnerungen kann eine Stadtspaziergängerin entziffern? Wie lassen sich Spuren lesen?

Das Gehen durch den urbanen Raum stimuliert die subjektive Gedächtnisarbeit und weckt die Aufmerksamkeit für die Spuren anderer. Dabei sind eine Zuordnung von Spuren, ihre Bedeutungsmöglichkeiten und die Frage, welche Erinnerungen und Eindrücke sie hervorrufen, nicht eindeutig zu beantworten. Die Affekte der Spuren, subjektive Eindrücke und Erinnerungen an biografische und historische Geschichten vermischen sich. Statt einer Dechiffrierung (Lesbarkeit von Spuren) wird das Gedächtnis aktiviert, das Eindrücke mit Erlebtem vergleicht und dabei Unvollständigkeiten produziert. Janet Cardiff erzählt in »Waterside Walk«[27] (1999) von der Ungewissheit und unklaren Herkunft von Spuren: »Every time I walk this street, […] I encounter other thoughts, other stories attaching themselves to me.«[28]

Der urbane Raum wird durch die Spuren anderer zwielichtig und instabil, denn mit jeder unbekannten Spur, die in das Bewusstsein eindringt, fragt sich die Stadtgängerin, auf welche vergessene Geschichten und Schicksale sie tritt. In einem ihrer Walks thematisiert Cardiff diese unheimliche Situation einer abwesenden Anwesenheit anderer Menschen, deren Geschichten im Verborgenen liegen und dennoch spürbar sind. »How is it that we can walk over their footsteps and not remember?«[29], fragt die Künstlerin in »The Missing Voice: Case Study B«[30] (1999) – einer Geschichte über den letzten Spaziergang einer verschwundenen Frau in London. Die Vergänglichkeit des Lebens, die kurze Dauer von Bindun-

---

25 Ebd., S. 182. Hervorhebung im Original.

26 Ebd. Hervorhebung im Original.

27 Cardiff, Janet: Waterside Walk, Audiowalk, 5:45 Min., kuratiert von Suse Allen, Artwise for British Airways, Waterside, Harmondsworth, Großbritannien 1999.

28 Zitat aus dem Walk. In: M. Schaub: Janet Cardiff. The walk book (2005), S. 169.

29 Zitat aus dem Walk. Ebd., S. 157.

30 Cardiff, Janet: The Missing Voice: Case Study B, Audiowalk, 50 Min., kuratiert von Artangel, Whitechapel Library to Liverpool Street Station, London, Großbritannien 1999.

gen an Orte und die Flüchtigkeit des Erinnerns finden im Bild der Spur eine Entsprechung. Das Hinterlassen von Zeichen im urbanen Raum geht aus dem Umgang mit ihm hervor. Stadtbewohnende gehen mit dem urbanen Raum um, ohne dass ihnen bewusst wird, wie die urbane Umgebung zu einem räumlichen Gegenüber wird, in das sie ihre Gedanken und ihre Bewegungen eintragen. Einzelne Häuser, Straßenecken und Plätze werden zu Erinnerungsträgern. An sie werden Befindlichkeiten, Gedanken, Erlebnisse und Gefühle gebunden. Dies hat Auswirkung auf das Erzählen, wie Rike Felka in ihrer Untersuchung zum ›räumlichen Gedächtnis‹ ausführt:»Orte stehen oft am Anfang einer literarischen und filmischen Fiktion. Jeder weiß, dass sie eine Kraft der Suggestion haben können. Sie können Personen an sich binden. Sie schreiben sich in tiefergelegene Schichten ein, in die körperliche Erinnerung ihrer Bewohner und Beschauer.«[31]

Archetypische Erfahrungen von Nähe, Geborgenheit, Verlust und Angst und ihre symbolischen Bilder finden Einlass in Architekturen, Raumverhältnisse und damit in die Stadt. In Erzählungen wird diese Übertragung sichtbar, denn die mit Emotionen aufgeladenen Architekturen lassen in den Erzählungen weitere Räume und Raumbeziehungen entstehen. Es entstehen Sprachbilder, die mit dem urbanen Raum korrespondieren und zusätzlich Zwischenräume generieren, in denen Gedanken, Wünsche und Begehren sich entfalten können. Da im Alltag diese inneren Monologe mit der Stadt ephemer bleiben, ist es schwierig, außerhalb der Kunst darüber zu sprechen. Einen wichtigen Beitrag in Bezug zur Stadt und subjektiver Stadtwahrnehmung liefert Elke Krasny mit ihrem Projekt »City-Telling«[32]. Den wechselseitigen Prägungen zwischen den Stadtbewohnenden und dem urbanen Raum geht Krasny nach, und sie untersucht mit Stadtgängerinnen, wie durch Erfahrungen, Erinnerungen und Vorlieben im alltäglichen Gehen Bindungen an Wege und Orte in der Stadt entstehen. »Menschen nehmen ihre Wege persönlich. Kleine und kleinste städtische Veränderungen werden ebenso wie große urbane Transformationen seismografisch registriert. Es entspricht der schlafwandlerischen Sicherheit, mit der alltägliche Wege sich in den Körper übersetzt haben und sich, ohne Nachdenken, wie von selbst gehen.«[33]

---

31 R. Felka: Das räumliche Gedächtnis (2010), S. 142.

32 Elke Krasny führt das Projekt in verschiedenen Städten durch, wie z.B. in Wien, Zagreb, Hong Kong, São Paulo und Los Angeles, und begleitet ihre Interviewpartnerinnen auf den Wegen. »Die Methode besteht aus dem Mit-Gehen, dem Sprechen entlang des Weges. So entstehen die Artikulationen des Alltags, die oft unausgesprochen bleiben […].« Zitiert aus: Krasny, Elke:»Hong Kong City Telling«, in: Kulturrisse/Zeitschrift für radikaldemokratische Kulturpolitik 02/2011.

33 E. Krasny:»Narrativer Urbanismus oder die Kunst des City-Telling« (2008), S. 33.

Der Körper übernimmt im urbanen Raum die Aufgabe einer intuitiven Gedächtnisarbeit und vermag etwas wahrzunehmen und zu erinnern, was dem Auge
oder Ohr der Stadtbewohnenden vielleicht entgangen ist. In diesem Sinne entsteht eine ›blinde Vertrautheit‹ (Certeau) mit der Stadt, die den Raum der Stadt
mitprägt. Durch Gewohnheiten der Stadtbewohnenden werden diese Prägungen
im urbanen Raum sichtbar, beispielsweise in ausgetretenen Treppenstufen, in
Abkürzungen (Trampelpfade) und an Gebäudeteilen, die Unterschlupf vor Regen
bieten oder einen (Sitz-)Platz für eine Pause gewähren. Diese Bindungen der
Stadtbewohnenden an die Orte sind nie von Dauer. Sie werden stets von neuen
Erlebnissen überschrieben und die Orte verändern sich: Neue Wege und Häuser
werden gebaut, neue Spuren haften auf älteren und lassen Zeichen verschwinden. Es entstehen immer wieder andere Konstellationen, Situationen, auf die die
Stadtbewohnenden antworten.

Trotz oder gerade wegen der Formbarkeit des urbanen Raumes bleibt Stadt
für das Subjekt ein Ort der Auseinandersetzung und der Grenzerfahrung. Konfrontiert mit einer Vielzahl von täglich sich verändernden Eindrücken, Begegnungen und Erfahrungen, muss jede Person ihren Weg durch den urbanen Raum
aufs Neue finden. Die Stadt und das Leben in ihr bleiben unwägbar. Das Subjekt
verortet sich im Raum der Stadt und muss sich gleichzeitig vor der Öffentlichkeit schützen. Janet Cardiff verhandelt in ihren Walks diese Ambivalenz zwischen öffentlichen und privaten Räumen, zwischen Anonymität und Intimität.
Der urbane Raum ist bei ihr das Spielfeld für diese Auseinandersetzungen. Cardiffs Vorgehen im urbanen Raum ist eine poetische Archäologie: Aus unzähligen
ephemeren Schichten von Erinnerungen, Gefühlen und Atmosphären aus verschiedenen Zeiten und Orten hebt sie einzelne hervor, gleitet oder springt von einem flüchtigen Zeichen zum nächsten. Sie führt die Rezipientin durch ein kris-
tallines, palimpsestartiges Gefüge verschiedener Geschichtsstränge. Die Bewegung, die dabei entsteht, führt nicht nur von einem Ort, einer Zeit zur nächsten,
sondern sie durchquert, schneidet unterschiedliche Verläufe, sie verhält sich
transversal. Alles ist beweglich, veränderbar und hängt von der Sichtweise des
Subjekts und dessen Relation zu den Dingen ab.

Félix Guattari hat den mathematischen Begriff des Transversalen in den philosophischen Kontext eingeführt, um eine Bewegung zu beschreiben, die nicht
linear und nicht hierarchisch, sondern quer verläuft.[34] Die Vorgänge des Erinnerns zeigen, dass Zeit und Raum nicht chronologisch, linear oder homogen er-

---

34 Guattari, Félix: »Transversalität«, in: Félix Guattari, Psychotherapie, Politik und die
Aufgaben der institutionellen Analyse, aus dem Französischen übers. von Grete Osterwald, Frankfurt a.M. 1976, S. 39-55.

lebt werden. Mit Transversalen scheint sich das flexible Verhältnis des Subjekts zur Zeit und zum Raum beschreiben zu lassen. Im Erzählen lassen sich transversale Beziehungen gut darstellen, wie Gilles Deleuze an Marcel Prousts »À la recherche du temps perdu« (1922) verdeutlicht: »Das gesamte Werk besteht darin, *Transversalen* herzustellen, wie die zwischen der Seite von Méséglise und der Seite der Guermantes, die von Albertines Profil zu ihrem anderen springen lassen, von einer Albertine zur anderen, von einer Welt zur anderen, von einem Wort zum anderen, ohne jemals das Vielfältige auf ein Eins zurückzuführen, ohne jemals das Vielfältige in einem Ganzen zu sammeln [...].«[35] Auf diese Weise werden nicht nur zwischenmenschliche und emotionale Verbindungen aufgezeigt, die wie in Prousts Roman auf einer gesellschaftlichen Ebene unausgesprochen und verdeckt blieben, sondern es werden auch auf der ästhetischen und inhaltlichen Ebene neue Bilder und Beziehungen ermöglicht. Durch die transversale Sichtweise können alle Dinge eine Bedeutung annehmen und zueinander in Beziehung stehen. Ähnlich geht Cardiff bei ihren Erzählungen im urbanen Raum vor. Eine Sequenz in »Her Long Black Hair« (2004) veranschaulicht, wie die Künstlerin innerhalb von wenigen Schritten verschiedene Räume, Zeiten und Geschichten auffaltet. ›Janet‹ beschreibt eine zunächst friedliche Atmosphäre an einem See im Central Park: Wildenten landen auf dem Wasser, dann unterbricht ein Klingelton eines Mobiltelefons die Idylle und Gesprächsfetzen sind zu hören, bis auf einmal Gewehrschüsse alles übertönen.

»Janet: Did you hear that? They're shooting the scavengers, the wild goats and pigs. They were supposed to eat the garbage in the city streets. But they keep coming into the park so they have to be shot.
organ grinder music
Janet: This very moment there is an organ-grinder in the street ... it is wonderful, it is the accidental and insignificant things in life which are significant ... The philosopher Kierkegaard wrote that. He was a walker ...
sfx of kids going by, people talking, sound of dogs barking
Janet: Keep walking straight. Now I'm following a woman with long black hair. Another clue.«[36]

Im transversalen Erzählen entstehen neue Verbindungen und Bilder, die über den Ort und seinen Kontext hinausreichen und ihm zusätzlich atmosphärische und fiktionale Räume hinzufügen. Ein urbaner Ort wird auf diese Weise zu einem Speicher von Geschichten, die in Verbindung mit vielen anderen Orten stehen.

---

35 G. Deleuze: Proust und die Zeichen (1978), S. 101. Hervorhebung im Original.
36 Zitat aus dem Walk. In: M. Schaub: Janet Cardiff. The walk book (2005), S. 205. Hervorhebung im Original.

Die topologische Struktur der Orte wird durch Geschichten und andere Zeiten aufgefächert. Bei Cardiff wird das Erzählte durchschritten. So, wie Erzählung verschiedene Orte und Zeiten hervorbringt, versetzt das Gehen das Erzählte in die unmittelbare Umgebung. Gehen und Erzählen produzieren heterogene und miteinander verschachtelte Räume. Durch das Gehen und durch das Erzählen werden die Wahrnehmung von Orten und die Vorstellung von Räumen beeinflusst.

Michel de Certeau begreift das Gehen als eine produktive Tätigkeit: »Das Gehen, das sich Schritt für Schritt fortsetzt oder fortgesetzt wird, macht aus der Umgebung etwas Organisch-Bewegliches, eine Abfolge von phatischen *topoi*.«[37] Laut Certeau bringt das Gehen auf diese Weise den Weg hervor und nicht umgekehrt. Es entsteht ein anderes Wegesystem als das der geplanten (architektonischen) Stadt. Auch die Umgebung ist, wie Certeau beschreibt, in diesen produktiven Prozess miteinbezogen, sie wird gestaltet. Die Erzählung geht in einer ähnlichen Weise mit den in ihr vorkommenden Orten um. Durch die Bewegungen der Erzählfiguren werden aus Orten (zum Beispiel einer Ortschaft, einem Haus, einem Platz) Räumlichkeiten, die bestimmte Eigenschaften und Atmosphären besitzen. »Die Erzählungen führen also eine Arbeit aus, die unaufhörlich Orte in Räume und Räume in Orte verwandelt. Sie organisieren auch das Spiel der wechselnden Beziehungen, die die einen zu den anderen haben.«[38] Janet Cardiff arbeitet mit diesen Eigenschaften und Qualitäten des Gehens und Erzählens. Ihre Walks sind, in diesem Sinne, eine permanente Transformation: Das Gehen fließt in die Erzählung ein, die Erzählung erzählt vom Gehen. Eine Sequenz aus dem »Münster Walk« (1997) beschreibt dies:

>»Janet: Sometimes you fall into a story but sometimes you have to unravel it. It's night. I'm standing in the Domplatz, where you are now. The street lights are glowing through the trees. A couple is walking by, hand in hand. I want you to walk with me … Go straight ahead …
>
>*sound of footsteps walking. you hear these footsteps throughout the entire piece except when the person on the headset stops to look at something.*«[39]

Das Gehen verbindet die Erzählung mit dem Ort und wird gleichzeitig von Cardiff in ihrer Erzählung zu einem wichtigen Motiv gemacht. Die Schritte, die die Walkteilnehmerin im »Münster Walk« hört, geben zudem Auskunft über die Beschaffenheit, den Charakter des Ortes. Durch den Klang der Schritte auf den un-

---

37 M. de Certeau: Kunst des Handelns (1988), S. 191. Hervorhebung im Original.

38 Ebd., S. 220.

39 Zitat aus dem Walk. In: M. Schaub: Janet Cardiff. The walk book (2005), S. 70. Hervorhebung im Original.

ebenen Pflastersteinwegen am Domplatz wird die Geschichte des Ortes, seine sakrale Gründungsgeschichte miterzählt. Ebenso zeichnen die Kieswege der be-
grünten Innenhöfe der Universität, ein asphaltierter Weg am Kanal und der hallende Betonboden des unterirdischen, zur Universität gehörenden Bunkers des
Zweiten Weltkrieges, in den Cardiff die Rezipientin führt, einen thematischen
Hintergrund, der viel über die Geschichte der Stadt und Deutschlands erzählt.
Während die Orte und ihre Entstehungsgeschichten im Gehen erkundet werden,
erzeugen die Wege und Flächen beim Betreten einen eigenen materiellen und
räumlichen Klang. Die akustische Topografie ist eine Erzählung des Ortes – über
die die Künstlerin wiederum ihre Geschichten legt: »[…] I created a character
that was tracing his dead daughter's footsteps through the town, standing where
she would have stood, creating maps and writings of his own wanderings.«[40]

Die Schritte von Menschen, die die Stadt zu verschiedenen Zeiten durchwandern, werden in Janet Cardiffs Walk thematisiert und durch ihre im Walk zu hörenden Schritte repräsentiert. Teilweise sind auch die Schritte von Passanten zu
hören. Die Stadt wird hierbei zu einem Klangkörper, in dem die hallenden
Schritte von der Beschaffenheit der Stadt, ihren Untergründen und Zeitschichten
erzählen. Der audiovisuelle Walk, der sich im Gehen ausbreitet und im urbanen
Raum verwirklicht wird, macht die Stadt zur Skulptur.[41]

Cardiff geht auch auf die Verbindung zwischen biografischer und historischer Geschichte in Bezug zum Erinnern im urbanen Raum ein. Im »Münster
Walk« führt sie die Geschichte des älteren Mannes weiter aus und vermischt sie
mit Erinnerungen an ihren eigenen Vater: »Janet: My father. The sound of his
breath while he sleeps on the couch. The mole on his cheek. His image mixing
with this other man's. Their stories getting entangled.«[42] An diese persönliche
Erinnerung knüpft Cardiff die Frage nach Verantwortung. Im Walk erzählt ›Janet‹ von ihrem kranken Vater, den sie kurz vor seinem Sterben nicht mehr gesehen hat, und fragt nach dem Leben in Deutschland und der historischen Schuld:
»[…] ideas of guilt come into the piece … personal guilt and how that reflects on
the collective guilt of a whole country. […] The excerpts from the films that I
used in Münster were from ›Fahrenheit 451‹ (Truffaut) and ›The Conformist‹
(Bertolucci), both of which reference totalitarian regimes and the individual's
role.«[43] Die Referenzen zu den beiden Filmen verweisen auf die Auseinanderset-

---

40 Janet Cardiff. In: Ebd., S. 260.
41 Janet Cardiffs »Münster-Walk« erweitert den Skulpturbegriff und wurde während der
    »Skulptur. Projekte in Münster« 1997, kuratiert von Kasper König, gezeigt.
42 Zitat aus dem Walk. In: M. Schaub: Janet Cardiff. The walk book (2005), S. 214.
43 Janet Cardiff. In: Ebd., S. 215.

zung mit der Geschichte der Stadt Münster im Nationalsozialismus und gleichzeitig auf das ruhige Leben in der Universitätsstadt. Die Altstadt, durch die Cardiffs Walk hindurchführt, besteht größtenteils aus nachgebauten Fassaden, weil die alten Gebäude im Krieg vollständig zerstört wurden. Münster erscheint durch den eindeutigen Bezug zur (Stadt-)Geschichte und zu den Filmen über totalitäre Regime als eine Kulisse.

Ein anderes Motiv, das im »Münster Walk« besonders häufig auftaucht, ist das Zählen. Gezählt und erzählt werden: Schritte, Stufen, Zeit und Atemrhythmen. Einerseits entwirft Janet Cardiff eine Leichtigkeit, wenn sie beispielsweise ein Kind singen lässt, andererseits lässt das Zählen die Vergänglichkeit des Lebens stärker spüren, gerade dann, wenn der ältere Mann es tut:

»Little Girl: singing Cinderella, dressed in yellow, went upstairs to kiss a fellow, made a mistake, kissed a snake, how many doctors did it take, 1, 2, 3, 4, 5, 6 ... 18, 19, 20.

Older Man: this voice is always in the listener's left ear 14, 15, 16, 17, 18, 19, 20 aligned with little girl's counting.«[44]

Zudem beschreibt Cardiff mit dem Zählen von Schritten räumliche und zeitliche Entfernungen und sie lässt den alten Mann, der die Schritte seiner Tochter rekonstruiert und erinnert, die Stadt kartografieren: »Older Man: The museum to the Cathedral and back 218 steps.«[45] Die Walkteilnehmerin ist versucht nachzuzählen, doch sie muss weiter dem Erzählten folgen, um nicht vom Weg abzukommen. Das melodisch-rituelle Zählen von Schritten, Atemzügen oder Treppenstufen ist ein verbindendes Element, das die Erzählung, die Handlungen und die Orte alternierend durchzieht. Es kündigt der Rezipientin gleichzeitig den Fortlauf der Geschichte an: Eine Sequenz mit Schritten, denen die Rezipientin folgt, verspricht, zu einem neuen Geschehen, einem weiteren Ort zu führen.

Mit den verschiedenen Stimmen, Musiksequenzen und Geräuschen öffnet Cardiff unzählige Räume, die, wenn sie auch zeitlich oder geografisch entfernt liegen, in das Hier und Jetzt transformiert werden. Geräusche sind höchst narrativ: »[...] one of the things I enjoy about using sound effects is how they carry their source time and place with them. When they mix together in the present they create a kind of cubist reality.«[46] Sie können von einem Moment zum anderen intensive Bilder und Wirklichkeiten erzeugen, die, gerade, wenn sie nicht mit dem vor Ort zu Sehenden übereinstimmen, eine Verschiebung von Zeit und Raum erzeugen. Dröhnende Hubschraubergeräusche, schrille Polizei- oder Au-

---

44 Zitat aus dem Walk. In: Ebd., S. 70.
45 Zitat aus dem Walk. In: Ebd.
46 Janet Cardiff. In: Ebd., S. 99.

toalarmsirenen, dumpf splitternde Einschlaggeräusche von Bomben und das Getrampel von wegrennenden Menschen, die die Rezipierenden in »The Missing Voice: Case Study B« (1999) hören, bringen die historische Fashion Street sinnbildlich ins Wanken und zum Einstürzen. Es sind nicht nur akustische Signale der Gefahr, die die Wahrnehmung der Walkteilnehmenden erschüttern können, sondern auch leisere Töne wie ein Atem oder die Schritte einer unsichtbaren Person, die man im »Münster Walk« hinter sich zu spüren glaubt:

»Janet: Sit down and wait. He should be here soon.
sound of heavy-set man coming down the stairs and into room. he walks around listener, moves things on table.«[47]

Geräusche erzählen von Entfernung und Nähe, sie machen Raum spürbar, loten ihn aus, sie vergegenwärtigen Ereignisse und besitzen sinnlich-taktile Eigenschaften. Man hört nicht nur, wie eine Person über Pflastersteine läuft, man kann gleichzeitig all die Unebenheiten der Steine spüren. Deleuze beschreibt diesen Effekt: »Es trifft in der Tat zu, daß der Ton einen bevorzugten Bezug zum Tastsinn unterhält, der [...] darin besteht, sich den Dingen und Körpern aufzuprägen.«[48] Janet Cardiff arbeitet mit den sinnlichen Qualitäten des Gehens und der Orte, so wie sie es mit ihrer Stimme tut, wenn sie in verschiedenen Tonlagen spricht und die Zuhörerenden immer wieder in ihren Bann zieht. Ähnliche tonale Variationen liefert das Gehen auf verschiedenen Untergründen: Böden können weich sein, Geräusche verschlucken oder harte Halleffekte erzeugen. Durch das Spüren und Hören der eigenen oder fremden Schritte erhalten Orte eine Dimension. In den Walks spürt und hört die Rezipientin: mit Laub bedeckte Böden; Waldwege, auf denen Äste beim Gehen zerbrechen; Pflastersteine, die unter Schritten oder Fahrrädern rumpelnde Geräusche erzeugen; erdige oder asphaltierte Pfade, die an leise rauschenden, gurgelnden Bächen oder Kanälen vorbeiführen. Das Gehen generiert akustische, sinnliche Bilder, die den Ort beschreiben. So beschreibt Mirjam Schaub diese Erfahrung des Gehens unter diesem Aspekt: »Suddenly, it makes a huge difference whether you are walking over English or American marble paving stones, German lawns, Swedish forest soil [...].«[49] Jeder Ort hat eigene sinnlich-akustische Eigenschaften.

Wie sehr das Topografische, das Gehen und das Erzählte eines Walks ineinander greifen, beschreibt Cardiff in »Her Long Black Hair« (2004): »Lines must ›fit‹ with the physical. It's like writing in three dimensions. Spoken lines have to feel

---

47 Zitat aus dem Walk. In: Ebd., S. 106. Hervorhebung im Original.
48 G. Deleuze: Das Zeit-Bild. Kino 2 (1997), S. 303.
49 Mirjam Schaub. In: M. Schaub: Janet Cardiff. The walk book (2005), S. 70.

right in sequence as well as location and the pacing of the lines has to be right with the footsteps.«[50] Die Topografie und die Erzählstränge sind kompositorische Elemente. Janet Cardiff und George Bures Miller laufen den Ort des Walks immer wieder ab, sie erproben Routen, gleichen das akustische Skript mit den Wegen ab, um eine bestmögliche Choreografie für das Erzählte zu finden, wie beispielsweise im Central Park. Nicht nur Synthesen zwischen Gesprochenem, Akustischem und der Topologie des Parks sind für eine Walk-Choreografie wichtig, sondern auch Unstimmigkeiten. Zwischen der Erzählung und dem Einfügen in die Umgebung müssen auch Spannungen, Widerstände hervorgehen, um Zwischenräume für anderes zu ermöglichen.

Gehen und Sprechen, Wege und Texturen, Gang und Schrift – diese Analogien zwischen Bewegung und Sprache betonen sowohl Janet Cardiff als auch Michel de Certeau und kommen auf diese Weise auf eine andere Beschreibung von Räumen als die einer geplanten Stadt. Für Certeau sind das Gehen und die Auseinandersetzung mit dem urbanen Raum Handlungsweisen: ›Rhetoriken‹. Er vergleicht das Gehen mit dem Sprechen: »Der Akt des Gehens ist für das urbane System das, was die Äußerung (der Sprechakt) für die Sprache oder für formulierte Aussagen ist.«[51] Mit dem Gehen generieren die Gehenden Stadt und verwirklichen sie in diesem Sinne. Der urbane Raum wird durch die Stadtbewohnenden produziert und dabei in eine Relation gesetzt. »[...] zum einen gibt es den Prozeß der *Aneignung* des topographischen Systems durch den Fußgänger (ebenso wie der Sprechende die Sprache übernimmt oder sich aneignet); dann eine räumliche *Realisierung* des Ortes (ebenso wie der Sprechakt eine lautliche Realisierung der Sprache ist); und schließlich beinhaltet er *Beziehungen* zwischen unterschiedlichen Positionen [...].«[52]

Diese Parallele zwischen Gehen und Sprechen ermöglicht es Certeau, weitere strukturelle Gemeinsamkeiten herauszustellen. Für das Gehen im urbanen Raum ist Certeaus »Rhetorik des Gehens«[53] produktiv. Die Stadt wird zu einem Experimentierfeld für Bewegungen, die in der Sprache eine Entsprechung finden. Die Ersetzung eines Wortes durch einen Begriff aus demselben Begriffsfeld (Synekdoche) und das Weglassen von Bindestrichen, Konjunktionen oder Adverbien (Asyndeton) sind zwei Figuren, die Certeau im Umgang mit Räumen hervorhebt.[54] Die Synekdoche »dehnt ein Raumelement aus«, es steht als mar-

---

50 Janet Cardiff. In: Ebd., S. 35.
51 M. de Certeau: Kunst des Handelns (1988), S. 189.
52 Ebd. Hervorhebung im Original.
53 Ebd., S. 192.
54 Ebd., S. 194.

kantes Zeichen für ein »Ganzes, ein Mehr«, es »vergrößert ein Detail und ver-
kleinert das Ganze«.[55] Das Asyndeton hingegen führt eine gegenläufige Bewegung aus, es »überspringt Verbindungen und ganze Teile«, schafft »Lücken im
räumlichen Kontinuum« und »zerstört die Kontinuität und stellt deren Wahr-
scheinlichkeit in Frage«.[56] Certeau überträgt diese sprachlichen Strukturen, die
Zusammenhänge differenzieren und etwas ausdrücken, was sich nicht unmittelbar sagen lässt, auf die Bewegung des Gehens im urbanen Raum. Auch dieser, so
Certeau, wird geformt und mit dem Gehen verwandelt. Durch unterschiedliche
Gehgeschwindigkeiten, Auslassungen von Wegen, Unterbrechungen oder auch
das Wählen von Umwegen und einem ›Rundendrehen‹ entstehen Bewegungsfi-
guren in dem architektonisch strukturierten Raum der Stadt. »Durch diese Auf-
blähung, Schrumpfung und Zerstückelung, durch diese rhetorische Arbeit bildet
sich ein räumliches Satzbild analogischer (nebeneinanderstehende Zitate) und el-
liptischer Art (Lücken, Lapsus und Anspielungen).«[57] Die eingeschlagenen Wege
verändern den Stadtraum und es entstehen im Alltag spontane, zufällige und kal-
kulierte Choreografien, die den urbanen Raum rhythmisieren, akzentuieren und
variieren.

In diesem rhetorischen Umgang mit dem urbanen Raum entsteht »eine zu-
sammengestoppelte Erzählung [...], eine fragmentarische Geschichte voller Andeutungen, deren Auslassungen den sozialen Praktiken entsprechen, die sie symbolisiert.«[58] Nicht nur im Gehen, sondern auch im Diskurs und beim Träumen
tauchen diese stilistischen Verfahren auf und ermöglichen Handlungsmöglichkeiten, die homogene Strukturen, Hierarchien und Begrenzungen umformen. Michel de Certeau begreift das Gehen, den Diskurs und das Träumen als Überset-
zungsformen, in denen Auslassungen entstehen, die produktiv wirken. Die Ähnlichkeit besteht darin, dass »ihr diskursiver (verbalisierter, geträumter oder
gegangene) Ablauf sich als ein Verhältnis zwischen dem *Ort*, von dem er ausgeht
(ein Ursprung), und dem *Nicht-Ort*, den er erzeugt (eine Art des ›Vorüber-
gehens‹), organisiert.«[59] Der Moment des Verfehlens ist dabei konstitutiv. In Bezug zur Stadt und Stadtwahrnehmung hat dies eine bedeutsame Auswirkung:
Stadt ist ein unvollständiger Ort. »Gehen bedeutet, den Ort zu verfehlen. Es ist
der unendliche Prozeß, abwesend zu sein und nach einem Eigenen zu suchen.
Das Herumirren, das die Stadt vervielfacht und verstärkt, macht daraus eine un-

---

55 Ebd., S. 195.
56 Ebd.
57 Ebd.
58 Ebd., S. 196.
59 Ebd., S. 197. Hervorhebung im Original.

geheure gesellschaftliche Erfahrung des Fehlens eines Ortes.«[60] Certeau geht dabei von einer Stadt aus, in deren Dichte die Verfehlungen eine symbolische Bedeutung annehmen und für die Unvollständigkeit menschlichen Handelns, Denkens und Wahrnehmens stehen. Die Betonung des Verfehlens als eine urbane Praktik ermöglicht es, tradierte Vorstellungen von Stadt als einem homogenen Raum aufzulösen. Das Verfehlen von Orten und von Stadt wird umso deutlicher, wenn die Stadt zerstört wurde.

Eine Szene in Wim Wenders' Film »Der Himmel über Berlin«[61] (1987) veranschaulicht den Zusammenhang zwischen dem Gehen und der Suche von Orten und Erinnerungen: Ein alter Mann geht in West-Berlin über den ›Potsdamer Platz‹ und kann ihn dort, wo er einmal stand, nicht mehr finden. Fast alle Gebäude des Platzes sind im und nach dem Zweiten Weltkrieg zerstört worden. Wenders verortet den inneren Monolog des Mannes über den Verlust der Stadt und von vielen ihrer Menschen in die winterliche Brache am westlichen Mauerstreifen des geteilten Berlins. Während des Gehens, Stehenbleibens und Stolperns über das Brachfeld belebt der alte Mann sein Bild vom Potsdamer Platz der 1930er Jahre mit Erinnerungen an Cafés, Geschäfte und Passanten und versucht diese mit dem vor ihm liegenden leeren Feld in einen Zusammenhang zu bringen. Die Erinnerungsbilder des alten Mannes finden in der Leere keinerlei Halt und Entsprechung. Daher schlussfolgert er, dass der vor ihm liegende Ort nicht der Potsdamer Platz sein könne. Wenders veranschaulicht in dieser Szene nicht nur die gewaltige Zerstörung und Leere, die der Zweite Weltkrieg in Städten und damit auch im Erzählen über das Leben in Städten hinterlassen hat, sondern auch, dass Erinnerungen, um eine Wendung in das Traumatische zu vermeiden, eine Verortung brauchen. Die zerfurchte Stadtlandschaft Berlins der 1980er Jahre ist eine zerbrechliche Spur, an die Wenders seine fragmentarischen Erzählungen über Menschen, Erinnerungen und Orte anknüpft. Wenders macht auf die Instabilität von Stadt und Erinnerung aufmerksam: Was passiert mit den Sehnsüchten, Erinnerungen und Träumen der Menschen, wenn sie keine Orte und Bilder mehr finden, in die sie sich einschreiben können? Orte und Bilder bilden Ausgangspunkte für Geschichten und sind Gedächtnisstützen für Erzählungen.

Erzählen macht, wie Benjamin zeigt, nichts anderes als das Gehen und Träumen: Es legt nichts fest, es belässt es bei der Andeutung und arbeitet mit dem Auslassen, generiert Verschiebungen und Übertragungen. Sei es also eine Ge-

---

60 Ebd.

61 Wenders, Wim: Der Himmel über Berlin, Schwarz-Weiß- und Farb-Film, 127 Min., Deutschland 1989.

schichte, ein Weg oder ein Traum, immer produziert der Übersetzungsprozess von Gegebenem zu Angenommenem zahlreiche Verfehlungen, Abweichungen und Lücken. Inhalte – wie beispielsweise der Sinn einer Geschichte, die Beziehung zu einem Weg oder Ort, die Bedeutung eines Traumes – sind damit nicht gegeben, sie werden stets neu gebildet. Cardiff macht dies in ihren Walks erlebbar. Sie führt Gehen und Erzählen nicht nur zusammen, sondern verschränkt deren (Übersetzungs-)Prozesse ineinander. Das Gehen wird narrativ und das Erzählen wird zu einer Handlung im Raum. Gehen und Erzählen bringen sich gegenseitig hervor und verfehlen sich ebenso, weil sie nicht immer eine Ergänzung im jeweils anderen finden. Unwillkürlich setzen bei den Rezipierenden auf der Wahrnehmungsebene Prozesse des Ersetzens, Überspringens, Auslassens, Abweichens, Verkleinerns, Vergrößerns und Zerstückelns ein. Diese rhetorischen Figuren werden bei Cardiff auf der Erzähl- und auf der performativen Ebene des Gehens verwirklicht und nehmen Einfluss aufeinander. Janet Cardiffs Walks sind mehrschichtige, fragmentarische Erzählungen voller Andeutungen und Auslassungen, die die Topografie der Stadt neu strukturieren.

Übereinandergeschichtete Orte

Stadt ist aus der Sicht von Architektur, Stadtverwaltung und Ökonomie ein geordneter und überschaubarer Raum. Die von Michel de Certeau beschriebenen alltäglichen Handlungen (Praktiken), die der architektonisch geplanten Stadt andere (anthropologische) Räume hinzufügen, sind flüchtige Bewegungen, die sich nicht festlegen, archivieren oder kartografieren lassen. Im Gegensatz dazu etabliert die architektonisch geplante Stadt Kategorien, mit denen der urbane Raum strukturiert wird und sich überschauen lässt: Stadtpläne, Stadtarchive, Straßenverzeichnisse, architektonische Modelle für Gebäude und Plätze, Quer- und Längsschnitte von Gebäuden und Panoramaperspektiven auf Stadt vermitteln eine ›Lesbarkeit von Stadt‹[1]. In den Prinzipien der geplanten Stadt etabliere sich der Gedanke von Übersicht, Lesbarkeit und Ordnung. Entwürfe und Arbeitsschritte werden in eine Ordnung des Nach- und Nebeneinanders gebracht und »*aufgeschrieben*, so daß man dieses Bild auf den Boden oder auf die Fassaden, in den Städten oder auf Maschinen übertragen kann.«[2] Diesen technischen, bürokratischen Methoden setzt Certeau die Subversion der Alltagspraktiken entgegen: Sie bringen Unvorhersehbares, Unbestimmtes und Unlesbares hervor, mit ihnen drängt eine ›nicht-codierbare Differenz‹[3] in den geplanten Raum der Stadt ein und verändert ihn. Die Alltagspraktiken erhalten dadurch eine politische Bedeutung und ermöglichen Widerständigkeit gegen eine Kontrollierbarkeit von Stadt. Zwei Eigenschaften generieren für Certeau eine ›Undurchsichtigkeit und Zweideutigkeit‹[4], aus der im geplanten Raum der Stadt heterogene Räume hervorgehen können: die ›Ubiquität des Ortes‹ und die ›Einbrüche in die Zeit‹[5].

---

1   M. de Certeau: Kunst des Handelns (1988), S. 351.
2   Ebd. Hervorhebung im Original.
3   Ebd., S. 352.
4   Ebd., S. 351.
5   Ebd., S. 353.

Beides, die Mannigfaltigkeit von Orten und die Brüche in Zeitabläufen, sind Möglichkeiten, ökonomische Prinzipien, die in der Stadt vorherrschen, zu dekonstruieren. Die meisten Orte in der Stadt, analysiert Certeau, seien durch technologische Prinzipien bestimmt, wie zum Beispiel das Büro und die Fabrik. Unter deren durchgeplanten Strukturen verbergen sich aufgrund von unkalkulierbaren Handlungen auch »undurchsichtige und eigensinnige Orte«.[6] Handlungen hinterlassen demnach Spuren, die in den Orten bruchstückhaft eingelagert werden. »Die Revolutionen der Geschichte, die ökonomischen Mutationen und die demographischen Vermischungen bleiben dort, übereinandergeschichtet, erhalten – eingewoben in die Bräuche, Riten und Praktiken im Raum. Die lesbaren Diskurse, die sie einst artikulierten, sind verschwunden oder haben in der Sprache nur Bruchstücke hinterlassen.«[7] Es ist also nicht möglich, die widerständigen Handlungen vollständig zu entziffern und zu lesen. Stattdessen prägen diese Restanzen die Beschaffenheit des Ortes und geben ihm eine andere Struktur: »Dieser Ort sieht an seiner Oberfläche wie eine Collage aus. Er ist tatsächlich eine verdichtete Ubiquität. Eine Aufschichtung von heterogenen Lagern.«[8]

Mit dieser Theorie einer Schichtung von Orten ermöglicht Certeau eine komplexere Sicht auf Stadt und Zeitgeschichte. Auch wenn nicht alle Handlungen sichtbar sind und werden, so erzählen doch die in den Orten auftauchenden Unstimmigkeiten, Brüche und Widersprüche von etwas, das nicht in Geschichtsbüchern und in Stadtarchiven zu lesen und zu sehen ist. Ebenso wie das Alltagsleben widersetzt sich auch die Sprache verschiedenen Normen, entwickelt eigensinnige Praktiken und handelt sich Freiräume aus. In der Sprache werden Resistenzen bei Redewendungen, Sprachbildern und Dialekten deutlich, die sich nicht an vorherrschende Regeln von Sprache orientieren, sondern an Gebrauchsweisen. Wie können sich Handlungen mit ihren Eigenschaften in Orten artikulieren? Wie entstehen Schichtungen und Übereinanderlagerungen von Orten? Wie wird von ihnen erzählt und wie gehen sie in neue Praktiken ein? Das Unkalkulierbare führt im Normativen eine Differenz ein. In Bezug zu urbanen Orten, so präzisiert Certeau, hat die Differenz der Orte, im Gegensatz zum Nebeneinander des Normativen, eine Form von ›ineinandergeschachtelten Schichten‹[9].

Der Gedanke einer Form von Speicherung des Zeitlichen im Räumlichen lässt sich auf Sigmund Freud zurückführen, der am Beispiel der Stadt Rom Vergleiche mit Strukturen der menschlichen Psyche diskutierte. Für die Betrachtung

---

6   Ebd., S. 354.
7   Ebd.
8   Ebd.
9   Ebd., S. 353.

einer Schichtung von urbanen Orten ist Freuds Beispiel der antiken Stadt Rom geeignet, weil in Rom verschiedene Epochen mit ihren Baustilen nebeneinander existieren und viele Teile der Stadt auf und mit den Ruinen vorheriger Epochen gebaut und umgebaut wurden. Freud stellt zunächst die Frage zu einem Nebeneinander von Verschiedenem: Wie kann im Hinblick auf die Entwicklung und Reife der menschlichen Psyche das »Ursprüngliche neben dem Späteren, das aus ihm geworden ist«[10] überleben? Nichts, was in den Prozessen der Psyche einmal gebildet wurde, kann untergehen, so Freud, alles bleibt irgendwie erhalten und kann, wenn die Umstände günstig sind, wieder auftauchen.

Die Stadt Rom, die er als Vergleich heranzieht und aus einer archäologischen Perspektive beschreibt, besteht aus unterschiedlichen Vergangenheitsschichten: aus Epochen und deren Architekturen, die sich übereinandergelegt haben, in denen ältere Fragmente in neue Gebäude integriert wurden, verschiedene topologische und architektonische Schichten ineinander wuchsen, sich vermengten und Flächen für neue Gebäude geebnet wurden. »Was jetzt diese Stellen einnimmt, sind Ruinen, aber nicht ihrer selbst, sondern ihrer Erneuerungen aus späteren Zeiten nach Bränden und Zerstörung.«[11] »Vergangenheit und Gegenwart, Häuser und Ruinen« können in diesem steten Prozess des Verschiebens, Ersetzens und Erneuerns jedoch nicht mehr deutlich voneinander unterschieden werden, vermerkt der Kunstwissenschaftler Knut Ebeling zu Freuds Beschreibung.[12] Für Freud selber beginnt sein Vergleich zwischen der Vergangenheit einer Stadt und der seelischen Vergangenheit unstimmig zu werden, und er revidiert ihn daher später in seinem Aufsatz »Das Unbehagen in der Kultur«[13]. Er entwickelt zum Bild der ›ewigen Stadt Rom‹ ein anderes, modellhaftes Rom, in dem »nichts, was einmal zustande gekommen war, untergegangen ist, in dem neben der letzten Entwicklungsphase auch alle früheren noch fortbestehen.«[14] Dieses Rom beherberge alle Stile, Bauwerke, Einzigartigkeiten gleichzeitig: »[...] an der Stelle des Palazzo Caffarelli stünde wieder, ohne daß man dieses Gebäude abzutragen brauche, der Tempel des Kapitolinischen Jupiter, und zwar dieser nicht nur in seiner letzten Gestalt, wie ihn die Römer der Kaiserzeit sahen, sondern auch in

---

10 Freud, Sigmund: »Das Unbehagen in der Kultur«, in: Sigmund Freud, Das Unbehagen in der Kultur. Und andere kulturtheoretische Schriften, hrsg. von Ilse Grubrich-Simitis, Frankfurt a.M. 2009, S. 29-108, hier S. 35.

11 Ebd., S. 36.

12 Ebeling, Knut: Wilde Archäologien 1. Theorien der materiellen Kultur von Kant bis Kittler, Berlin 2012, S. 257.

13 S. Freud: »Das Unbehagen in der Kultur« (2009), S. 37.

14 Ebd.

seiner frühesten, als er noch etruskische Formen zeigte [...].«[15] Anhand weiterer Plätze und Gebäude zeichnet Freud die verschiedenen Epochen Roms nach und verdeutlicht die Veränderbarkeit von Stadt. Sein Rom-Modell geht nun von der Vorstellung aus, dass alles gleichzeitig und am selben Ort existiert. Der Gedanke von Vollständigkeit, Unversehrtheit und Koexistenz, der, wie er festhält, in der realen Wirklichkeit nicht zu finden ist, da »derselbe Raum nicht zweierlei Auffüllung«[16] verträgt, ähnelt der Produktion möglicher Welten des Traumes.

Michel de Certeau interessiert an Freuds zweitem Rombild der Aspekt der gegenseitigen Belebung von Elementen aus unterschiedlichen Zeiten an einem Ort. Denn die ›übereinandergeschichteten Räume‹ könnten nicht auf eine kontrollierbare Oberfläche reduziert und rekonstruiert werden. Sie sind eher »unentzifferbare Zusammenballungen an einem Ort, Listen im Handeln und Zufälle der Geschichte«[17], die sich einer Entzifferung entziehen. Ihre Spuren verweisen auf eine andere Form von Verteilung und Symbolisierung. Bruchstücke werden in diesem anderen Verständnis von Zeitgeschichte nicht wie Artefakte behandelt. Sie sind nicht Teile eines Ganzen, das sich mit ihnen rekonstruieren ließe. Die Bruchstücke sind vielmehr Einsprengungen in Zeit und Raum. Sie können daher nicht, wie es in der Geschichtsschreibung oder in der klassischen Archäologie üblich ist, archiviert und zugeordnet werden, um anhand ihrer Fundorte ein zeitliches wie topologisches Vorher und Nachher zu bestimmen und ganze Städte und Stadtleben zu rekonstruieren.

Die Kartografierung von Räumen und Strukturierung von Zeit, die die Archäologie und Geschichtsschreibung anwenden, haben nach Certeau einen ›fiktiven Charakter‹ und vernichten »Eigenarten dieses Spiels zwischen disparaten Kräften und Zeiten«.[18] Seine Überlegungen zeigen, dass die resistenten Kräfte wesentlich sind: Sie funktionieren wie Katalysatoren und bringen das eine im anderen hervor. Diesen Gedanken der Gleichzeitigkeit und gegenseitigen Belebung verschiedener Teile sieht Certeau im Bild des Palimpsests gegeben. »Der Ort ist ein Palimpsest«[19]: eine weiche, formbare Masse, in die alle Spuren eingehen, es Einschlüsse wie Überschreibungen gibt und auch durch »Veränderungen das Ungedachte gewisser Umstände in die durchkalkulierte Zeit«[20] wieder eingeführt werden kann. In diesem Gemenge kann es immer wieder zu Aufwerfungen, Ver-

---

15 Ebd.
16 Ebd.
17 M. de Certeau: Kunst des Handelns (1988), S. 353.
18 Ebd., S. 355.
19 Ebd.
20 Ebd., S. 353.

schiebungen und neuen Konstellationen kommen. Dabei fällt jede kleine Bewegung, Veränderung und Verschiebung ins Gewicht und beeinflusst auf subtile Weise die Konstellationen der anderen Teile. Nicht die Nachbildung (und Annahme) eines Ganzen ist in dieser Perspektive relevant, sondern das sich gegenseitige (belebende) Hervorbringen der differenten Teilstücke und die Frage nach der Generierung von Zusammenhängen und Bedeutungsebenen. Die Stadt ist in diesem Sinne eine Sammlung von übereinandergeschichteten Orten, in denen verschiedene Restanzen verborgen liegen. Durch Handlungen können diese teilweise wieder zum Vorschein kommen, ohne dass jedoch Stadt als ein Ganzes wiederhergestellt oder erzählt werden könnte.

Ein weiterer Faktor, der die Idee einer Plan- und Lesbarkeit von Stadt und Stadtleben unterwandert, ist, so Certeau, das Unvorhergesehene, das er mit dem Begriff ›Einbrüche in die Zeit‹ bezeichnet.[21] Zeit wird im Allgemeinen als eine ›programmierte Zeit‹[22] verstanden, die die Abläufe von Industrialisierung und Kapitalismus in Gang hält. Deswegen werden Unterbrechungen und Stockungen ausgeklammert, denn diese erscheinen in einem ökonomisch-wirtschaftlichen Denken als Un- und Ausfälle, die die Produktion aufhalten. Diese Vorstellung von Zeit erweist sich jedoch im Alltag als unzureichend, weil sie das ausblendet, was insbesondere für die Hervorbringung von Theorien und Praktiken wesentlich ist. Gerade das Unwahrscheinliche, das Scheitern und die Umwege bringen Neues hervor. Versagen oder Scheitern ist »genau der blinde Punkt, der einen Zugang zu einer *anderen* Dimension verschafft«[23], das Denken orientiert sich dann an dem Verfehlten und an der Abweichung und berücksichtigt damit das, was es nicht fassen kann, mit. Das Ungedachte, das Andere werden so mit ins Spiel gebracht und erweitern die Möglichkeiten des Handelns und Denkens. Die Alltagspraktiken, die von den ›günstigen Gelegenheiten‹ und ›Zeiteinbrüchen‹ leben, die einen Erfahrungsraum in die geplante Stadt einführen, werden auf diese Weise zu ›Denk-Akten‹.[24] Die ›Einbrüche in die Zeit‹ und die ›übereinandergeschichteten Orte‹ bedingen sich und ermöglichen zusammen eine Sichtweise auf Stadt, die den alltäglichen Erfahrungen im Umgang mit Stadt entspricht. Die geplante Stadt und Sichtweisen von Chronologien, Ordnungen und Strukturierungen erscheinen als formale Systeme. »Die Zeiteinbrüche sind das, von dem in den tatsächlichen Diskursen der Stadt erzählt wird: eine unendliche und unbestimmte Fabel, die besser in den metaphorischen Praktiken und an den überein-

---

21 Ebd., S. 355.
22 Ebd., S. 356.
23 Ebd. Hervorhebung im Original.
24 Ebd., S. 356 f.

andergeschichteten Orten zum Ausdruck kommt als im Reich der Evidenz der funktionalistischen Technokratie.«[25]

Die Kritik an einer kapitalistischen und technokratischen Sicht auf Stadt wird auch in der Literatur und bildenden Kunst reflektiert. Dort entstehen in Bezug zu einer Archäologie von Stadt beispielsweise dystopische und poetische Denkmodelle und Praktiken. Was passiert, wenn sich das Konzept einer Planbarkeit von Stadt und die Annahme einer Kontinuität von Kultur und Geschichte komplett auflösen, erzählt der Schriftsteller Russell Hoban in seiner Geschichte »Riddley Walker«[26] (1980). Der jugendliche Protagonist Walker wird zu einem Wissensvermittler und Erzähler zwischen der früheren, mittlerweile von einem Atomkrieg zerstörten Welt und seiner gegenwärtigen Welt, die sich aus Trümmern und Resten der früheren Zivilisation und einer desolaten Natur zusammensetzt. In den Trümmern findet Walker nur die Relikte einer Kultur: Die Gegenstände, die zerbrochen und verstreut in der Erde liegen, haben für ihn keinerlei Bedeutung. »Walker versucht, Verbindungen zu diesen Spuren herzustellen, Bedeutungen und Wissen aus den Mustern herzuleiten, die er in alltäglichen Geschehnissen sowie in den ihn umgebenen Fragmenten und Widerspiegelungen einer verlorenen, weit zurückliegenden Vergangenheit entdeckt.«[27]

Mit Maschinenfunden versuchen die wenigen Menschen der Nach-Nuklear-Generation, die Stromerzeugung zu rekonstruieren und wiederaufzubauen. Das Wissen darüber ist verloren gegangen, die Maschinenteile sind unverständlich bleibende Artefakte. Obwohl es verboten ist, andere Gegenstände als Maschinen aus den Trümmern zu bergen, zieht Walker bei einem Gang über die Trümmerhaufen eine Puppe aus dem Schutt und steckt sie ein. Er beschreibt dies in der den ganzen Roman durchziehenden Sprache, die so bruchstückhaft ist wie die rätselhaft bleibende Vergangenheit und die aus einer Kombination von Referenzen, lautmalerischen Abweichungen und Wortneuschöpfungen besteht. Walker erzählt über den Fund der Puppe: »This here figger tho it wernt like no other figger I ever seen. It wer crookit. Had a hump on its back and parper sewt there in the clof. For a wyl I cudnt think what it myt be then when it come to me what it wer I cudnt hardly beleave it yet there it wer nor no mistaking it. It wer a hump and it wer meant to be a hump.«[28]

25 Ebd., S. 357.

26 Hoban, Russell: Riddley Walker, London 2012.

27 Clark, Martin: »Das ländliche England in Bildern«, in: Eva Schmidt/Ines Rüttinger (Hg.), Lieber Aby Warburg. Was tun mit Bildern?, Heidelberg 2012, S. 263-266, hier S. 263.

28 R. Hoban: Riddley Walker (2012), S. 72.

Die Figur ist eine Handpuppe (Mr. Punch) aus »Punch and Judy«. Walker versucht herauszufinden, was oder wer diese Figur ist. Mit ihr und vor anderen spielend, versucht er die Vergangenheit und Fragen der Gegenwart zu erzählen. Das Land in der Erzählung »Riddley Walker« birgt die Reste einer ganzen Welt in sich und ist im Sinne Certeaus eine Collage und eine ›verdichtete Ubiquität‹, in der heterogene Schichten eingelagert sind. Zusammenhänge können anhand der Reste und Bruchstücke nicht mehr hergestellt werden und doch erzählen diese Restanzen von Handlungen, Symbolisierungen und von einer Kultur. Das Land in Hobans Roman ist, wie der Kunstwissenschaftler Martin Clark feststellt, ein »nicht zu Ruhe kommendes Palimpsest«[29]. In der Erzählung »Riddley Walker« wird ein Ort bzw. ein Land mit dem Bild eines kulturellen Gedächtnisses verglichen, »das verstreut oder zersplittert ist, aber dennoch irgendwie in das Land eingelesen oder aus ihm herausgelesen werden kann«.[30]

Ähnlich verfährt Janet Cardiff in ihren Walks im urbanen Raum. Durch die Praxis des Gehens und Erzählens werden im Stadtraum verstreute und verborgene Spuren interpretiert und Bedeutungen hergestellt. Der urbane Raum ist bei Cardiff ein Palimpsest. Im (Video-)Walk »Alter Bahnhof« (2012) in Kassel führt die Künstlerin Bruchstücke von politischer Geschichte, von Familiengeschichten und von verschiedenen kulturellen Praktiken (wie Tanz, beispielsweise Ballett und moderner Tanz; Musik einer Blaskapelle; Kino und Film; Erzählungen von Erinnerungen und Träumen) zusammen. Sie thematisiert Fragen der Erinnerungs- und Gedenkkultur zum Holocaust, indem sie die von einem Künstler und einer Schulklasse gestaltete und am Bahnhof ausgestellte Vitrine filmt, in der Dokumente und Fotografien der von diesem Bahnhof deportierten Männer und Frauen gezeigt werden; sie blättert selbst (in einer Videoszene) in einem Buch, in dem diese Menschen mit ihren Fotos und Lebensläufen aufgeführt sind; sie gleicht eine Fotografie eines Mannes, der im Nationalsozialismus ein KZ-Wächter war, mit dem Aufnahmeort des Fotos am Kasseler Hauptbahnhof ab; sie erzählt von ihrem Vater, dessen Gedächtnis durch Alzheimer allmählich ausgelöscht wurde; sie lässt ein Kinoerlebnis und die Erinnerung an ein erstes Date Revue passieren; sie inszeniert in der Wartehalle mit zwei Tänzern eine Liebes- oder Abschiedsszene, die an Pina Bauschs Choreografien erinnert, und bindet subjektive Erzählungen von Erlebnissen einer Zugfahrt in England, einer Übernachtung in einem Hotel in Kassel, einen Alptraum und Vorstellungen von Zeit ein.

---

29 M. Clark: »Das ländliche England in Bildern« (2012), S. 263 f.
30 Ebd., S. 264.

Ähnlich wie in Hobans dystopischer Erzählung werden von Janet Cardiff Zusammenhänge zwischen Erinnerung, Gedächtnis und Orten thematisiert. Dabei generiert Cardiff eine poetische Sichtweise und Sprache, die im Hinblick auf die geplante Stadt eigensinnige Eigenschaften hat und normative Sicht- und Verhaltensweisen unterläuft. Im Walk »Alter Bahnhof« fragt ›Janet‹: »How do other people deal with memories they don't want? Do they just close the suitcase? Sometimes I imagine rolling bad memories in a ball, like a snowball and then throwing it away.«[31] Und was, so fragt sie weiter, passiert mit den Erinnerungsbildern und Träumen? Sie scheinen ein eigenes, unkontrollierbares Leben zu führen: »But the images just kept creeping back in the black of the night«, schildert ›Janet‹ einen Alptraum und befürchtet: »I worried, dreams and memories are part of the same world and in some way they can meet up in the future and become real.«[32]

Wie greifen vergangene und gegenwärtige Ereignisse, Erinnerungen, Orte und Träume, ineinander – wie bringen sie sich gegenseitig hervor und beleben sich? Michel de Certeau spricht von ›günstigen Gelegenheiten‹, in denen sich das Gedächtnis immer wieder ins Spiel bringt und neue Kombinationen generiert: »Das Gedächtnis setzt sich aus einer Vielzahl von Ereignissen zusammen, in denen es sich bewegt, ohne sie zu besitzen (jedes dieser Ereignisse ist *vergangen*, hat seinen Ort verloren, ist aber ein Zeitsplitter); auch sieht es die ›vielfältigen Wege der Zukunft‹ voraus, indem es frühere und mögliche Einzelheiten kombiniert.«[33] Gelegenheiten, in denen sich diese ständig neu zusammensetzenden Zeitsplitter artikulieren, werden, so Certeau, nicht geschaffen, sondern ergriffen.[34] Der Moment des Unvorhersehbaren wird zur Bedingung. Die alltägliche Praxis bestehe, so Certeau, deswegen darin, vielfältige Gelegenheiten wahrzunehmen und so »aus dem Gedächtnis ein Mittel zur Transformation von Orten zu machen«.[35]

Der Moment der Bewegung durchzieht das Gedächtnis, die Erinnerung und die Orte und setzt alles zueinander in neue Relationen. Das wandelbare Gedächtnis »hat keinen festen Ort«[36] und »bildet sich (und sein ›Kapital‹), indem es *von einem Anderen* (den Umständen) *hervorgebracht wird* und indem es ihn wieder

---

31 Cardiff, Janet/Bures Miller, George: Alter Bahnhof, Videowalk, 26 Min., dOCUMEN-TA (13), Hauptbahnhof Kassel, Deutschland 2012.

32 Ebd., Transkription B.S.

33 M. de Certeau: Kunst des Handelns (1988), S. 164. Hervorhebung im Original.

34 Ebd., S. 169.

35 Ebd.

36 Ebd., S. 170.

verliert (es ist nur eine Erinnerung).«[37] Für Certeau ist das Gedächtnis kein ›Speicherapparat‹, sondern es existiert in der Interaktion mit Ereignissen. Um unmittelbar auf unvorhersehbare äußere Einflüsse reagieren zu können, müsse das Gedächtnis bestimmte Fähigkeiten besitzen: Wachsamkeit und die Erwartung und den Glauben an eine Möglichkeit zur Interaktion. Er begreift auch das Erinnern als etwas, das sich vom Subjekt löst und vielmehr in Bezug und in Korrespondenz mit dem erinnerten Objekt oder Ort steht. Die Erinnerung vermittelt zwischen dem Gedächtnis, den Orten und Dingen und entwickelt in diesem Hin- und Herspringen seine Dynamik. Certeau stellt die konstruktive und produktive Fähigkeit des Erinnerns heraus und beschreibt seine Intensität als eine positive ›Autorität‹: »[...] diese aus dem kollektiven oder individuellen Gedächtnis ›gewonnene‹ Autorität ›autorisiert‹ (ermöglicht) eine Umkehrung, eine Veränderung der Ordnung oder des Ortes, einen Übergang zum Differenten, sie macht aus der Praxis oder aus dem Diskurs eine Metapher.«[38]

Janet Cardiff bezieht sich in ihren Walks auf diese autonome und kreative Kraft des Erinnerns und auf die Stadt als einen Ort des Erinnerns. Die Walks generieren einen affektbetonten Umgang mit der Umgebung, sie rühren an die Subjektivität von Erinnerungen und Assoziationen und zeigen zudem auf, dass diese immer in einem engen Zusammenhang mit kollektiven Erfahrungen stehen. Nach der Teilnahme an einem Walk erscheint der Ort, zum Beispiel der Kasseler Hauptbahnhof, mit vielen unterschiedlichen Schicksalen und alltäglichen Geschichten von Menschen, mit anderen Orten und anderen Zeiten verbunden zu sein, die zuvor nicht sichtbar waren. In den Walks entsteht eine doppelte Bewegung: Das Gedächtnis macht Orte zu Erfahrungsräumen; und jede Spur, jede Stimulation setzt andere Erinnerungen, Assoziationen frei, transformiert bereits Erlebtes in die Gegenwart, überführt weit entfernte Schauplätze in gegenwärtige. Der Gang durch die Stadt wird zu einem kommunikativen, narrativen Prozess, durch den sich über die geplante eine erzählende und erzählte Stadt legt.

---

37 Ebd. Hervorhebung im Original.
38 Ebd., S. 171.

Stadtgeräusche

Stadt ist ein aus verschiedenen Geräuscharten und -atmosphären bestehender Ort. Städte unterscheiden sich in ihren Geräuschen voneinander und bringen unterschiedliche akustische Topografien hervor. Jede Stadt hat Geräuschkulissen, die durch verschiedene Praktiken der Stadtbewohnenden erzeugt wird. Geräusche wie Polizeisirenen, Glockentöne, Gebetsrufe, Baustellenkrach, Zug- und Schiffsverkehr und Sprachen, die auf den Straßen zu hören sind, erzeugen urbane Atmosphären, die von kulturellen Hintergründen und der Historie einer Stadt erzählen. New York mit dem dichten Verkehr und gegliederten Straßennetz hört sich anders an als das nach dem Mauerfall zusammenwachsende Berlin oder als London mit seiner heterogenen Architektur und der Themse, die die Stadttopografie prägt.

Cardiff geht in ihren Walks auf die akustischen Atmosphären von Städten ein. Sie nutzt die Geräusche der Stadt als narratives Material und Stilmittel für ihre Erzählungen. Durch die inszenierten Differenzen zwischen dem Gehörten und dem Gesehenen entsteht in den Walks eine Separierung von akustischer und visueller Welt. In diesen Zwischenräumen ist nicht nur Raum für Imaginationen und Narrationen, sondern es werden auch andere Sichtweisen auf Stadt möglich. Stadt wird als ein akustischer Raum mit einer klanglichen Dimension und Atmosphäre gezeigt. Die akustische Topografie von Stadt korrespondiert zwar mit der visuellen Umgebung, ist jedoch auch eine eigenständige und ephemere Welt. Geräusche und Klänge dringen in die Wahrnehmung als gegenstandslose Formen, ähnlich wie Farben oder Gerüche es tun. In Bezug zur Stadt können Geräusche und Klänge etwas erzählen, was Bildern und Worten erst auf Umwegen gelingt: das Erzeugen von atmosphärischen Räumen. Durch eine akustische Atmosphäre wird die architektonische Massivität der Stadt durchscheinend und fragil. Der Klang kann dann das Visuelle und Materielle unterhöhlen und in Frage stellen. Klänge und Geräusche verweisen auf die Vergänglichkeit des Visuellen und auf seine Unvollständigkeit, Umwelt zu repräsentieren.

Jacques Lacans Überlegung, dass der »Schrei […] die Stille erst entstehen lässt«[1], ist ein Ansatz, um das Verhältnis zwischen akustischer und visueller Welt differenziert darzustellen. Slavoj Žižek führt Lacans Gedanken zur Stille weiter und bezieht die visuelle Welt mit ein. Žižek präzisiert, dass der ›widerhallende Klang‹, den eine Stimme generiert, den Hintergrund schafft, auf dem sich die Stille zeigt und sichtbar wird.[2] Dieser Widerhall ist ein Zwischenraum, in dem sich auch das Fehlende im Visuellen abzeichnet. »Die Stimme verharrt nicht einfach auf einer anderen Ebene im Vergleich zu dem, was wir sehen, sie weist vielmehr auf eine Kluft im Feld des Sichtbaren hin, auf die Dimension dessen, was sich unserem Blick entzieht.«[3] Das Akustische hebt die Unzulänglichkeit im Visuellen hervor, schlussfolgert Žižek und fasst zusammen: »Letztendlich hören wir die Dinge, weil wir nicht alles sehen können.«[4] Sehen und Hören bleiben aufeinander bezogen, sie gehen unterschiedliche Beziehungen ein und produzieren in ihrem Aufeinandertreffen und in ihren Verfehlungen zahlreiche Differenzen, Überlappungen und Brüche. Die nicht aufhebbare Differenz zwischen dem Sehen und dem Hören ist konstitutiv: »Sehen, was man nicht hören kann, ist nicht das gleiche wie hören, was man nicht sehen kann.«[5] Somit lässt sich die Umwelt nie vollständig erfassen und auch im Alternieren der Sinne entgeht der Wahrnehmung jeweils das Andere.

Dabei wirkt das Akustische wie die Stimme als Belebung des Visuellen und symbolisiert Lebendigkeit und Dynamik, während das Visuelle und das Bild vielmehr den Stillstand (Tod) symbolisieren. In Filmen fungiert die Tonspur daher nicht nur als Belebung des Visuellen und als ihre Authentifizierung, sondern sie ist auch ein Raum, in dem Facetten eines Themas gezeigt werden können, die durch Handlungen und Bilder nicht vermittelbar sind. Geräusche, Klänge und Musik nehmen in Filmen eine besondere Funktion ein, wie Žižek es anhand des Musikhörens beschreibt: »In der Musik hören wir, was wir nicht sehen können, die pulsierende Lebenskraft unterhalb des Fließens der Vorstellungen.«[6]

Wie Stadt mit Geräusch- und Klangatmosphären erzählt werden kann, wird nicht nur in Janet Cardiffs urbanen Walks deutlich, sondern besonders auch in

---

1   J. Lacan: Die vier Grundbegriffe der Psychoanalyse (1987), S. 32.

2   Žižek, Slavoj: ›Ich höre dich mit meinen Augen‹. Anmerkungen zu Oper und Literatur, aus dem Englischen übers. von Karen Genschow/Alexander Roesler, München 2010, S. 14.

3   Ebd.

4   Ebd.

5   Ebd., S. 15.

6   Ebd., S. 16.

Filmen, die mit Geräuschen und Musik die Erzählhandlung erweitern und Stadt dabei anders erzählen. Der Walkman führt auf der visuellen und akustischen Ebene eine neue Figur in den Raum der Stadt ein: die (zu-)hörende Spaziergängerin. Diese symbolisiert im Gegensatz zum Flaneur, der in die Visualität der Stadt eintaucht, das Hören. Eine walkmanhörende Person verfolgt vornehmlich akustische Spuren. Ein Film, in dem ein walkmanhörender Protagonist eine Stadt durchwandert und mit Musiksequenzen und Geräuschen die Stadt beschrieben wird, ist Alfred Behrens' Film »Walkman Blues«[7] (1985). Wenn die Filmbilder eine urbane Situation zeigen, erweitern die Musik und die intensiv klingende Geräuschkulisse die urbane Atmosphäre und schildern die innere Beziehung des Protagonisten zur Stadt.

Zu Beginn des Films sind lange Kameraeinstellungen auf den Berliner Westhafen zu sehen: eine karge, winterliche Industrieatmosphäre, die durch dumpfe und schrille Geräusche der ein- und ausfahrenden Güterzüge und des Be- und Entladens von Containern dargestellt wird. In der Nähe des Hafens, in einem leer stehenden Industriegebäude, zerlegt ein junger Mann in einem notdürftig eingerichteten Zimmer im Dachstuhl einer Fabrik Sperrholz und heizt damit einen Ofen. Er nimmt einen Walkman, der ein Mikrofon hat, in die Hand und spricht langsam hinein:»Du weißt genau, warum ich weggegangen bin, die Stadt nicht mehr ausgehalten habe, das Haus ...« Er spielt wieder paar Töne auf einem Klavier und spricht weiter:»Kannst Du nach Berlin kommen? Es gibt hier riesige Wälder, zumindest sieht es auf dem Stadtplan so aus ...«[8] Ein Schnitt. In den Glasscheiben einer Straßenbahn zeichnen sich Lichtreflexe der Stadt ab. Der junge Mann steigt in einen Bus um. Die Fenster sind beschlagen, die Stadt taucht nur schemenhaft auf. Er steigt um, man sieht ihn walkmanhörend auf einer Rolltreppe fahren.

Der Walkman übernimmt im Film viele Funktionen: Er ist ein akustisches Notizbuch des Protagonisten, mit dem er seine Gedanken für seine Freundin aufzeichnet; ein Aufnahmegerät für seine musikalischen Improvisationen und ein Abspielgerät der Lieblingsmusik des Protagonisten. Mit den Klängen der Musik durchwandert er die Stadt, die ihm noch fremd ist und durch die blaugrauen Farben und hallenden Geräusche anonym und kühl wirkt. Es sind alltägliche Szenen aus dem Leben des jungen Mannes im Westberlin der 1980er Jahre, die der Film zeigt: seine Fahrten mit der S- und U-Bahn oder dem Bus durch ein tristes West-

---

7 Behrens, Alfred: Walkman Blues, Farbfilm, 16-mm-Film und TV-Format, 90 Min., Deutschland 1985. Vielen Dank an Alfred Behrens für die Möglichkeit, seinen Film ansehen zu können.
8 Ebd., 06:30-06:40 Min., Transkription B.S.

berlin; im Bus schlafende, lesende Menschen auf ihren Wegen zu Früh- oder Nachtschichten; die Arbeit im Schlachthof, türkischstämmige Kollegen, mit denen er sich in einer Zigarettenpause unterhält; immer wieder das Gelände des Westhafens, menschenleer und doch geräuschvoll; seine Wege zwischen seiner Unterkunft, dem Schlachthof und einer Fabriketage, in der er sich mit seiner Band trifft und Musik macht. Die Stadt ist ungefiltert zu hören. Die Geräusche des Schlachthofs, der Verkehrsmittel, des Hafens sind laut, dumpf und schrill und wirken kontrastierend zu der Musik, die der junge Mann spielt oder im Radio oder bei einem Konzert hört. Immer wieder spricht er ein paar Gedanken für seine Freundin auf die Kassette im Walkman, spult zurück, hört sich an, was er einen Tag zuvor gesprochen hat. Auf den Aufnahmen sind kleine Mitschnitte von Hintergrundgeräuschen zu hören, das Knistern beim Drehen einer Zigarette, scheppernde Geräusche des Hafens, Teile seiner Klavierimprovisationen. Durch das erneute Hören dessen, was zuvor in den Bildern zu sehen war, erscheinen der Alltag des Protagonisten und die urbanen Räume, die er durchquert, als ein die Bilder übertönender Nachhall. Die Hintergrundgeräusche werden zu einem Rauschen, das sich über die Bilder legt und die Atmosphäre der Stadt Berlin zur Zeit des Kalten Krieges beschreibt.

Der Protagonist durchfährt und durchläuft eine dissonante Stadt, zeichnet mit seiner Musik, seinen Tonbriefen eine zweite, leisere Spur in diese hinein. Die Stadt wird in diesen alternierenden, kontrastierenden und ineinander spiegelnden Bewegungen erzählt. Behrens' Protagonist ist als urbane Figur typischerweise viel unterwegs. Der Stadtraum, den er durchquert, ist vor allem auch ein akustisch-atmosphärischer Raum, in den er seine Ton- und Gedankenspuren einzeichnet. In dieser akustischen Welt artikuliert sich die Gefühls- und Gedankenwelt der Figur – so wie der Titel »Walkman Blues« es beschreibt. Der Walkman mit seiner Aufnahme- und Abspielfunktion repetiert und selektiert Geräusche der Umwelt und die Gedanken aus der Innenwelt des Protagonisten und übernimmt die Funktion eines geheimen und unendlichen Archivs. Die Stadt wird aufgenommen und erzählt sich selbst. Weniger hat dieser Protagonist etwas mit der Figur des Flaneurs zu tun als vielmehr mit den suchenden, ortlosen Figuren der Roadmovies, die auf Highways, Landstraßen und urbanen Peripherien Fragen von Freiheit, Unterwegssein, Ausgegrenztsein und -werden verhandeln. Die akustische Stadt bildet das Echo der Verlorenheit der Figur in der geteilten Stadt.

Diese Verbindung zwischen der inneren Verfasstheit einer Figur, ihrem Gehen durch Stadt und das Infragestellen des Bildes als bestimmendes Element für Stadtdarstellungen finden sich auch in anderen Roadmovies wieder. Ein Film, in dem in ähnlicher Weise Musik und Geräusche die Handlung aktivieren und die innere Welt des Protagonisten widerspiegeln, ist »Permanent Vacation«[9] (1980) von Jim Jarmusch. Ein junger Mann durchquert das desolate Manhattan der 1980er Jahre mit leerstehenden Häusern und verlassenen Straßen. Unterlegt ist der Film mit einem durchgehenden, psychedelisch wirkenden, metallisch-rhythmischen Klangteppich, der von Sequenzen aus amerikanischer Jazz- und Blues-Musik[10] durchbrochen wird. Der Stadtraum ist ein Resonanzboden für die innere Suche dieser heimatlosen, umherstreifenden Figur. In den Szenen, in denen der Protagonist auf andere Menschen trifft, sind die Dialoge kurz gehalten. Auch die inneren Monologe des jungen Mannes erzählen nur das Wichtigste über sein Unterwegssein. Vielmehr ist es die aus Geräuschen der Stadt und Musikelementen zusammengefügte Tonspur, die den Film wie einen inneren Monolog durchzieht und die verschiedenen Orte, die durchschritten werden, zusammenhält. Die Stadt gerät in eine akustische Schwingung, die mit der Gefühlswelt des Protagonisten in unmittelbarer Verbindung steht. Die Straßen, durch die der Protagonist geht, scheinen zu schwanken, obwohl das (Kamera-)Bild stabil bleibt. Das ruhelose Gehen des jungen Mannes und die aus verschiedenen Geräuschen, Klängen und Musikfragmenten bestehende Tonspur sind Takt und Rhythmusgeber, die die Stadt und die Sicht auf sie strukturieren.

Eine medienkritische Sicht auf Stadtfilme und die Konstellation zwischen Filmbild und -ton ist Wim Wenders' Film »Lisbon Story«[11] (1994). Wenders verbindet Fado-Lieder der Musikgruppe Madredeus mit Tonaufnahmen der Stadt und Schwarz-Weiß-Aufnahmen mit Farbfilm. Wie in vielen seiner anderen Filme erzählt und reflektiert Wenders hier die Geschichte des Kinos und des Filmemachens mit. Die Frage, die den Film durchzieht, ist, wie sich Stadt darstellen lässt. Welches Lissabon ist das ›wirkliche‹ Lissabon?

Der Protagonist Phillip Winter[12] nimmt als Tontechniker Geräusche Lissabons für ein zu scheitern drohendes Filmprojekt eines Freundes auf. Mit einem Richtmikrofon und Kopfhörern durchwandert er, von seiner Umwelt distanziert und gleichzeitig mit ihr verbunden, lauschend die Stadt, um ihre Klänge einzufangen. Winter ist zunehmend fasziniert von seiner Suche, rennt Geräuschen nach, verliert sich in Gassen oder am Stadtrand und bringt durch sein Richtmikrofon oftmals etwas zu Gehör, was er und die Zuschauerin erst später zu sehen bekommen: ohrenbetäubende Geräusche der Bagger, die eine Autobahn durch

---

9 Jarmusch, Jim: Permanent Vacation, Farbfilm, 90 Min., USA 1980.

10 Musik von John Lurie und Earl Bostic.

11 Wenders, Wim: Lisbon Story, Farbfilm, 99 Min., Deutschland 1994.

12 Phillip Winter ist in »Alice in den Städten« und »Lisbon Story« dieselbe Filmfigur und wird beide Mal vom Schauspieler Rüdiger Vogeler dargestellt.

ein historisches Viertel bauen; die Steinschleifmaschine eines Handwerkers; Tauben auf einem Platz; Fahrgeräusche der Fähre und der Straßenbahn; fußballspielende Kinder; eine Fado-Band, die ihre Lieder an verschiedenen Orten probt. Wim Wenders befragt die Narration von Ton und Bild: In »Alice in den Städten« kann der Journalist Winter nicht mehr schreiben und erzählen, er wundert sich, dass seine gerade gemachten Polaroidfotos nie das zeigen, was er sieht; in »Lisbon Story« erhält der Tontechniker Winter den Auftrag, das Stummfilmprojekt seines Freundes zu retten, er erlebt und porträtiert die Stadt Lissabon durch ihre Geräusche, die die Vergänglichkeit der Stadt aufzeigen. Bild und Ton klaffen, so Winter, immer wieder auseinander und ergeben kein stimmiges Bild von Lissabon. Die Stadt entzieht sich den medialen Aufzeichnungsmitteln und entfaltet ihre Schönheit gerade in den Momenten, die Winter verpasst. Die Stadt, die Wenders im Film zu Gehör bringt, ist eine im Verschwinden begriffene Stadt, die ihre Vergänglichkeit der Betrachtung vorausstellt.

Janet Cardiffs Walks führen, wie in den beschriebenen Filmen, einen zweiten akustischen Raum in die Stadt ein. Ähnlich wie in Behrens' Film »Walkman Blues« werden mit dem Walkman Gedanken, Musik und Geräusche über die vor den Augen erscheinende Stadt gelegt. Die alltägliche Wirklichkeit greift in die narrative Wirklichkeit und umgekehrt, sie bestimmen sich auf diese Weise gegenseitig und bilden sich ineinander ab. Auch ist, wie in Wenders Film »Lisbon Story«, bei Cardiff viel von der Stadt selbst zu hören. Ihre Tonaufnahmen ortsspezifischer Geräusche simulieren die urbane Wirklichkeit und verdoppeln sie. Das Dröhnen von ein- und abfahrenden Zügen im Walk »Alter Bahnhof« ist auch zu hören, wenn die Gleise leer sind. Die Geräuschkulisse der Züge bekommt eine andere Bedeutung, nachdem ›Janet‹ an einem Gleis von der Deportation jüdischer Menschen in Kassel während des Nationalsozialismus erzählt. Das rhythmische Geräusch der Züge erhält durch den historischen Bezug eine Bedrohlichkeit und verdeutlicht, mehr als Bilder es vermögen, die Maschinerie des Tötens des NS-Regimes. Cardiff kontrastiert akustische Atmosphären miteinander. Die unterhaltsam-fröhliche Musik der Blaskapelle, die sie durch die Halle des Hauptbahnhofs wandern lässt, erinnert an musikalische Umzüge an Feiertagen und ist ein Hinweis auf kulturelle Bräuche. Auch hier wird von Stadt und Stadtleben mehr erzählt, als am Ort zu sehen ist. Was sich kaum erzählen lässt, sind die Stimmen (die Lebendigkeit) der Menschen, die im Nationalsozialismus ermordet wurden. Die im Bahnhof aufgestellte Vitrine mit Porträtfotografien von deportierten Menschen, auf die Cardiff eingeht, zeigt, wie schwierig der Umgang mit dem historischen Erinnern und Gedenken ist. Die fotografierten Frauen und Männer blicken ausdruckslos in die Kamera, die sie im Visier hat. Im doppelten Sinne spiegeln diese Fotografien das Fehlen dieser Frauen und Männer wider: Diese Menschen und die meisten ihrer Verwandten sind gestorben. Mit ihnen ist die jiddische Sprache mit den Dialekten, Liedern und Erzählungen verschwunden und auf den Straßen in Kassel sowie in vielen anderen europäischen Städten nicht mehr zu hören.

Janet Cardiff hat ein akustisches Archiv angelegt, in dem neben Geräuschen von Städten auch Geräusche von alltäglichen Situationen, die auch für Filme benutzt werden, gespeichert sind. In ihren Walks mixt die Künstlerin Originaltöne des Ortes mit Geräuschen aus dem Soundarchiv, Soundfragmente aus Filmen und neu produzierte Soundsequenzen zu einer akustischen Collage, die über den Ort gelegt wird und Allianzen mit dem zu Sehenden eingeht. Im Londoner Walk »The Missing Voice: Case Study B« fliegen scheinbar Hubschrauber über eine schmale, beschauliche Straße in London. Kurz nach den Hubschraubergeräuschen hört die Rezipientin Bomben in ein Gebäude einschlagen. Es folgen Schreie von Menschen und Sirenen von Rettungsfahrzeugen. Die Geräuschkulisse löst bei vielen Rezipierenden eine unmittelbare Reaktion aus: Sie ducken sich unwillkürlich und sehen vor dem geistigen Auge brennende Häuser, so wie sie es beispielsweise aus Filmen kennen. Die Walkteilnehmenden fühlen sich augenblicklich in ein Kriegsgeschehen versetzt. Ein weiteres Beispiel für das Hervorrufen von Filmbildern ist der Walk »Her Long Black Hair«: Im Walk ist der Verkehr dröhnend laut, Hupgeräusche von Taxis, Sirenen von Polizeiautos und die weibliche Stimme, die ins Ohr flüstert, dass es gerade aufgehört habe zu regnen, lassen (Film-)Bilder im Kopf auftauchen, die man irgendwann sah. Ein bereits in Filmen erzähltes New York legt sich über das durchschrittene.

Auch ein wenig beachtetes, alltägliches Geräusch kann dabei eine kinematografische Wirkung entfalten: Regen – der den Asphalt nässt, große Pfützen entstehen lässt, durch die die Autos fahren – erzählt, wenn beim Walk die Sonne scheint, den Ort in einer anderen Atmosphäre. Durch die dreidimensionale Tonqualität getäuscht, dreht die Walkteilnehmerin sich um, hält Ausschau nach Regenresten. Das Alltägliche wird durch die akustische Spur verändert und lässt andere Bilder entstehen.

Cardiffs Einbinden von Musik und Liedern referiert das Filmgenre und generiert, wie in den bereits genannten Roadmovies, einen eigenständigen akustischen Raum in der Stadt. Wie die Künstlerin feststellt, verweisen ihre Walks auf den Film und das Kino, versetzen diese in die reale Wirklichkeit und sind ohne diese Bildproduzenten nicht denkbar: »I think it is a desire to dramatize my life, make it real by making it cinematic – probably the result of reading too many detective novels or watching too many movies.«[13] Die Künstlerin bezieht sich dabei auf das Vorgehen von Filmen, in denen Geräusche und Musik in einem korrespondierenden Verhältnis zur Stadt stehen und den urbanen Raum um die Dimension der akustischen und psychischen Topografie erweitern. Die Rezipierenden nehmen in den Walks die gleiche Position ein wie Protagonisten in einem Film. Sie beziehen ihre Gefühlswelt auf die visuelle und akustische Umgebung, die von Janet Cardiff verdoppelt und neu miteinander vermischt wird. Die Walks verwandeln den Gang durch die Stadt in ein filmisches Ereignis. Filmisch, weil das Erzählte und Gehörte unzählige Bilder im Kopf entstehen lassen, wachrufen und sich mit dem zu Sehenden vermischen. Die Stadt bildet den Hintergrund, vor dem sich diese Vorstellungen abbilden, und wird gleichzeitig zu einer Bühne des Erzählten. Die Walkteilnehmerin fühlt sich in einen dreidimensionalen Film versetzt, den sie durchschreitet.

---

13 Janet Cardiff. In: M. Schaub: Janet Cardiff. The walk book (2005), S. 283.

Erzählen und Weitererzählen

»Die Menge der Erzählungen ist unüberschaubar. Da ist zunächst eine erstaunliche Vielfalt von Gattungen, die wieder auf verschiedene Substanzen verteilt sind, als ob dem Menschen jedes Material geeignet erschiene, ihm seine Erzählung anzuvertrauen«[1], stellt Roland Barthes in seiner »Einführung in die strukturale Analyse von Erzählungen« fest. Erzählung ist im weitesten Sinne eine Mitteilung, die einen Sender, einen Empfänger und ein Medium benötigt. Es erscheint leicht, etwas zu erzählen. Doch die Frage, die sich gerade angesichts des Umfangs und der Vielfalt von Erzählungen stellt, ist die nach dem, was eigentlich nicht erzählt wird oder werden kann. Worin unterscheidet sich eine Erzählung von einem Bericht? Ist Erzählen nicht gerade, wie Walter Benjamin schreibt, eine Kunst des Auslassens, des Nichtsagens und Nichtzeigens? Auch steht, wie der Philosoph Jean-François Lyotard analysiert, das Erzählen im Kontext von gesellschaftspolitischen Interessen und kann zu einem politischen Mittel werden. Was macht das Erzählen aus? Wie erzählen?

Im Wort Erzählen steckt die ›Zahl‹. Erzählen heißt auch aufzählen. Es würde, so gesehen, ausreichen, eine Reihe von Ereignissen, Gegenständen oder Beobachtungen aneinanderzureihen, um etwas zu erzählen. Jede Aneinanderreihung kann zeitlich oder räumlich verstanden werden. So entstehen Abfolgen, die jedoch nicht gleich eine Erzählung bilden. Die Beispiele von Erzählungen, die Barthes anführt, haben ein wesentliches Element des Erzählens gemeinsam: die Bildlichkeit des Erzählens. Wenn erzählt wird, tauchen bei den Rezipierenden innere Bilder auf. Das Erzählte veranschaulicht und bringt zu Gehör, was zwischen dem Gesagten und Gezeigten liegt, und dies macht seine Faszination aus. Erzählt wird daher zu allen Zeiten mit allen Mitteln. »Träger der Erzählung kann die ge-

---

1   Barthes, Roland: »Einführung in die strukturale Analyse von Erzählungen«, in: Kulturwissenschaften und Zeichentheorien. Zur Synthese von Theoria, Praxis und Poiesis, hrsg. von Elize Bisanz, Münster 2004, S. 101-134, hier S. 101.

gliederte, mündliche oder geschriebene Sprache sein, das stehende oder bewegte Bild, die Geste oder das geordnete Zusammenspiel all dieser Substanzen [...].«[2] Zur Erzählung gehören nach Roland Barthes neben volkstümlichen und literarischen Formen, wie dem Märchen und der Novelle, auch Gemälde, Filme, Comics und lokale Nachrichten in Zeitungen. Barthes' Beispiele geben einen Einblick in die Vielfalt von Erzählungen und zeigen, dass Erzählen auch die Vorstellung von Kultur und Kulturgütern generiert. Im Erzählen wird somit auch immer eine Form von Wissen mitgeteilt und vermittelt. Spätere Generationen sollen sich an vergangene Ereignisse und Zeiten erinnern können. Diese Idee von Kultur verbindet die Menschen und spricht dem Erzählen eine über sich selbst hinausweisende und ethische Funktion zu. »[...] alle menschlichen Gruppen besitzen ihre Erzählungen, und häufig werden diese Erzählungen von Menschen unterschiedlicher, ja sogar entgegengesetzter Kultur gemeinsam geschätzt: Die Erzählung schert sich nicht um gute oder schlechte Literatur: sie ist international, transhistorisch, transkulturell [...].«[3]

Die Erzählung ist, wie Barthes es darstellt, in allen Lebensbereichen und in jeder Epoche zu finden. Sie scheint von daher omnipräsent und selbstverständlich zu sein. Erzählungen handeln vom Leben, von Lebenserfahrungen und sind doch mehr als Lebensberichte. In Erzählungen wird etwas geschildert, das in irgendeiner Art und Weise vom Alltäglichen und Selbstverständlichen abweicht. Erzählungen schildern entweder Besonderes und Merkwürdiges oder sie machen aus dem Gewohnten etwas Außergewöhnliches. »Erzählung mag wie das Leben da sein; aber sie ist nicht wie das Leben. Sie handelt [...] von gesteigertem Leben.«[4] Im Gegensatz zu einer Nachricht teilt die Erzählung daher nicht alles mit, sondern sie konzentriert sich darauf, neue Vorstellungsräume zu eröffnen. Walter Benjamin geht dieser Eigenschaft des Erzählens nach und betrachtet das Erzählen im Kontext gesellschaftlich-historischer Prozesse. Er stellt fest, dass im Zeitalter einer medialen Gesellschaft die Nachricht mit dem Erzählen konkurriert. Für Benjamin ist das Erzählen eng mit dem Machen von Erfahrungen verknüpft. Beispielgebend für ein Erzählen, in dem über Erfahrungen berichtet wird, sind für ihn die Geschichten von Handwerkern und Seeleuten. Gesellen mussten in traditionellen Handwerksberufen zunächst durch das Land ziehen und an verschiedenen Orten arbeiten, bis sie Meister wurden und sich an einem Ort niederlassen konnten. Ähnlich wie Seeleute, die nach längeren Fahrten zu Hause von

---

2   Ebd.

3   Ebd.

4   Kemp, Wolfgang: »Über Bilderzählungen«, in: Akademie der Künste, Berlin (Hg.), Erzählen, Ostfildern 1994, S. 55-69, hier S. 56.

ihren Erlebnissen berichteten, hatten, so Benjamin, Handwerksmeister nicht nur viel von ihren Berufserfahrungen zu erzählen, sondern auch von anderen Menschen, Ereignissen und Städten. Neben den Reisenden sieht er im sesshaften männlichen Bauern eine Figur des Geschichtenerzählers, weil dieser Geschichten aus der Region und praktisches Wissen überliefert. Das Handwerk und Reisen waren bis ins 20. Jahrhundert vornehmlich nur Männern vorbehalten. Den Zusammenhang zwischen häuslich-handwerklichen Tätigkeiten – wie Weben, Spinnen und Flechten – von Frauen und ihren Ritualen, Geschichten zu erzählen, lässt Walter Benjamin dabei außer Acht. Er erwähnt zwar in seiner Beschreibung des Erzählens diese Tätigkeiten, lässt jedoch die sie ausführenden Frauen unerwähnt.[5] Eine Qualität von Erzählungen ist für Benjamin das Einbinden von Ratschlägen und Verhaltensweisen, die in den Geschichten von Generation zu Generation weitergegeben werden. Märchen, die, aufgrund einer tradierten Rollenverteilung, überwiegend von Frauen an Kinder weitererzählt wurden, machen die Relevanz der Frauen als Erzählerinnen deutlich.

Erfahrungen zu sammeln, diese auszutauschen und weiterzureichen, damit aus einer Erfahrung ein Rat entstehen kann, und das Erzählte von Erklärungen freizuhalten, sind, nach Benjamin, die wesentlichen Eigenschaften des Erzählens. Er beklagt daher im Zeitalter einer Informationsgesellschaft den Mangel an Menschen, die noch etwas zu erzählen haben und erzählen können. Ebenso fehle es an Menschen, die noch zuhören können. »Jeder Morgen unterrichtet uns über Neuigkeiten des Erdkreises. Und doch sind wir an merkwürdigen Geschichten arm. Das kommt, weil uns keine Begebenheit erreicht, die nicht mit Erklärungen durchsetzt wäre. Mit anderen Worten: beinah nichts mehr, was geschieht, kommt der Erzählung, beinah alles der Information zugute.«[6] Benjamin bestimmt ein Kriterium des Erzählens: das Fehlen von Erklärungen. Das Erzählte entsteht zwischen den Zeilen, Worten und Bildern und benötigt diesen Zwischenraum, damit es sich entfalten kann. Genauer formuliert: Die Rezipientin benötigt einen ganz bestimmten Freiraum, um für sich aus dem Geschilderten und dem Angedeuteten einen Erkenntnisgewinn entwickeln zu können. »Das Außerordentliche, das Wunderbare wird mit der größten Genauigkeit erzählt, der psychologische Zusammenhang des Geschehens aber wird dem Leser nicht aufgedrängt. Es ist ihm freigestellt, sich die Sache zurechtzulegen, wie er sie versteht, und damit erreicht das Erzählte eine Schwingungsbreite, die der Information fehlt.«[7]

---

5 W. Benjamin: »Der Erzähler. Betrachtungen zum Werk Nikolai Lesskows« (2007), S. 111.

6 Ebd., S. 109.

7 Ebd.

Die Erzählerin und der Erzähler, denen Geschichten erzählt wurden und die diese weitererzählen und mit eigenen Erfahrungen und Erlebnissen bereichern, überliefern Geschichten immer in der Färbung ihres eigenen Erlebens oder Vorstellens. Erzählen und Zuhören, Weitererzählen und Neuerzählen bilden ein Geflecht. Walter Benjamin begründet den Verlust des Erzählens gerade mit der Auflösung dieser Traditionskette von Erzählenden und Zuhörenden, die zu Erzählenden werden. »Geschichten erzählen ist ja immer die Kunst, sie weiter zu erzählen, und die verliert sich, wenn die Geschichten nicht mehr behalten werden. Sie verliert sich, weil nicht mehr gewebt und gesponnen wird, während man ihnen lauscht.«[8] Er generiert mit einem weiteren Vergleich zwischen dem Erzählen und dem Handwerk eine Metapher. Während der Ausführung der handwerklichen Arbeiten berichten Handwerksmeister ihren Gesellen von ihren Erfahrungen und Beobachtungen der Reisen. So wie die Hände einen Gegenstand anfertigen, ihn formen und an ihm Spuren hinterlassen, so hinterlässt das Erzählen, das Zuhören und Weitererzählen in der Erzählung eine Spur. Benjamin spricht der Erzählung damit eine Stofflichkeit zu: Erzählung wird zu einem Material, das durch viele Hände, Ohren, Münder und Augen geht und in diesem Prozess eine besondere Lebendigkeit erhält, beziehungsweise verleiht das Leben der Erzählung eine Gestalt – und umgekehrt. »Sie [die Erzählung] senkt die Sache in das Leben des Berichtenden ein, um sie wieder aus ihm hervorzuholen. So haftet an der Erzählung die Spur des Erzählenden wie die Spur der Töpferhand an der Tonschale. Es ist die Neigung der Erzähler, ihre Geschichte mit einer Darstellung der Umstände zu beginnen, unter denen sie selber das, was nachfolgt, erfahren haben, wenn sie es nicht schlichtweg als selbsterlebt ausgeben.«[9]

Obwohl die Erzählung in diesem Sinne keine alleinige Autorin oder Autor hat, sondern vielmehr viele Erzählende zu temporären Autorinnen und Autoren werden, bleiben bestimmte Merkmale und Inhalte einer Erzählung erhalten. Dieses Phänomen macht nach dem Literaturwissenschaftler Alexander Honold dann auch eine gute Geschichte aus.[10] Honold fasst in seiner Analyse zum Benjamin'schen Text den kulturhistorischen Stellenwert des Erzählens noch weiter als dieser. Nicht nur das Erzählen von Geschichten bildet einen roten Faden in der Menschheitsgeschichte, sondern auch das »Erzählt-Bekommen von Geschichten«[11]. Das Subjekt ist auf diese Weise stets von unzähligen Geschichten über

---

8 Ebd., S. 111.

9 Ebd.

10 Honold, Alexander: »Noch einmal. Erzählen als Wiederholung – Benjamins Wiederholung des Erzählens«, in: Benjamin, Erzählen (2007), S. 303-342, hier S. 326 f.

11 Ebd., S. 318.

andere Menschen und Zeiten und von anderen Menschen und Zeiten umgeben
und versteht sich selbst als einen Teil davon.»Als befristete und zugleich ihrer
Befristung bewußte Wesen bewegen sich die Menschen in Handlungsbögen zwischen Anfang und Ende, sie sind ›in Geschichten verstrickt‹ (Wilhelm Schapp)
und ihrer gemeinsamen Geschichte teilhaftig. Der erzählende Mensch bewegt
sich in einem unabsehbaren Geflecht von Verknüpfungen [...].«[12]

Dieses Eingebundensein in Geschichten verändert die Sichtweise des Menschen auf sein Leben und auf seine Wahrnehmung von Zeit: Es gibt immer schon
ein Vorher und Nachher und damit auch ein Dazwischen. In dieser anthropologischen Sicht wird das Erzählen zu einer Methode, mit der Vergänglichkeit und
Unwägbarkeit des Lebens umzugehen. Deutlich wird dies in den Versuchen, das
Leben als eine biografische Geschichte zu verstehen. Der Philosoph Wilhelm
Schapp hinterfragt das Vorgehen, Zeit, Erzählungen oder das Leben in Abschnitte einzuteilen, um ihrer habhaft zu werden. Abschnitte, Pausen und Wartezeiten
gehören für ihn als strukturierende Elemente zur Zeit, zur Erzählung und zur Geschichte (Historie).»Wir suchen nach den Zeitmomenten in der Geschichte oder
in den Geschichten. Wir gehen dabei nicht davon aus, daß wir unbedingt etwas
Festes, Greifbares vorfinden müssen, sondern wir werden auch zufrieden sein,
wenn wir etwas Schwankendes vorfinden, das sich fortwährend einer eigentli-
chen Erfassung entzieht.«[13] Andeutungen und Übergänge sind vielmehr Indizien
für eine Veränderung, auf die sich Menschen in ihrer biografischen als auch historischen Geschichtsschreibung beziehen. In die Schwellenbereiche können Zeichen hinein- und hinausgelesen werden, die der Mensch mit Bedeutungen versehen kann. Erst nachträglich werden die Zeitkategorien von Anfang und Ende
festgelegt. Schapp schlägt vor, die Übergänge zu berücksichtigen und Verände-
rungsphasen im Lauf von historischer und biografischer Geschichte als ›Vorge-
schichte und Nachgeschichte‹[14] zu bezeichnen, die erneut ineinander übergehen
und weitere Abläufe bedingen.

Vergangenheit und Zukunft sind bei dieser Sichtweise Spielarten der Gegenwart und bilden sich ineinander ab. In der Erzählung, so Schapp, wird dies verwirklicht: Pausen, Wartezeiten und Unterbrechungen einer Geschichte, in denen
nichts zu geschehen scheint, gehören zur Geschichte dazu und schreiben sie
weiter.»Wenn das Theaterpublikum nach dem Aktschluß den Saal verlässt, geht
die Geschichte weiter. Der nächste Akt mag dann an einem ganz anderen Ort und

---

12 Ebd.
13 Schapp, Wilhelm: In Geschichten verstrickt. Zum Sein von Mensch und Ding, Frankfurt a.M. 2004, S. 139.
14 Ebd.

Wochen oder Monate später beginnen, aber doch immer so, daß die Zwischenzeit mit zur Geschichte gehört und wenigstens im Horizont ausgefüllt ist mit Geschichte.«[15] Das Weitererzählen und -denken von Geschichten über längere Zeiträume hinweg verdeutlicht, dass Zeitphasen des Wartens keine verlorene Zeit sind, sondern Raum geben, Erlebtes wirken zu lassen. Das Erzählen bringt einen eigenen und eigensinnigen Rhythmus hervor, der den optimierten Zeitabläufen einer industriellen Gesellschaft widerspricht. Im 21. Jahrhundert, in dem sich Produktionsabläufe und Kommunikationswege durch die Digitalisierung beschleunigt haben, bietet das Erzählen eine Möglichkeit, innezuhalten und nachhaltige Beziehungen zu knüpfen.

---

15 Ebd.

The Destroyed Room

In dem illuminierten Großbilddia »The Destroyed Room«[1] (1978) zeigt Jeff Wall einen Innenraum, dessen Einrichtung zerstört wurde. Kleidungsstücke einer Frau, Schuhe und Modeschmuck liegen chaotisch verstreut auf einem körnigen Fußboden. Mitten in der Kleiderhäufung lehnt eine aufgeschlitzte Matratze, deren Riss wie ein Ausrufezeichen den Akt der Zerstörung repräsentiert. In den weinrot tapezierten Wänden legen Löcher das Baumaterial des Raumes bloß; Fenster- und Türrahmen, die wie die Tapete ein räumliches Inneres bestimmen, sind herausgerissen worden. Der Innenraum und das Interieur sind durch den gewaltvollen Akt gekennzeichnet.

Die Betrachterin, die in diese maßstabsgetreue räumliche Szenerie hineinschaut, steht auf einer Straße in Vancouver vor den Ausstellungsräumen der Nova Gallery. Wall nutzt die Schaufensterfläche der Galerie, um sein erstes farbiges Großbilddia, ähnlich einer illuminierten Reklametafel, großflächig und von innen beleuchtet zu präsentieren. Die Häuserfront und die Straße umrahmen den fotografisch dargestellten Innenraum und evozieren auf diese Weise den Eindruck, dass es sich um einen Einblick in eine zerstörte Schaufensterdekoration handelt. Eine vorbeieilende Passantin wird keinen Unterschied ausmachen können, ob es sich bei dem Gesehenen um eine beleuchtete Fotografie oder um eine zerstörte Schaufensterauslage handelt. Bei längerer Betrachtung, die auch nach der Installation von 1978 durch Abbildungen möglich ist, entstehen jedoch Zweifel an dem zunächst schnell Angenommenen. Die Betrachterin stellt fest, dass die Zerstörung im Innenraum inszeniert wurde. Zu geordnet wirkt die Komposition der Gegenstände. Der Kunsthistoriker Kerry Brougher hebt zudem die Referenz zur Malerei in »The Destroyed Room« hervor. »Bei dieser Konstruktion ist alles einfach zu konstruiert und kontrolliert: die Komposition, die sich aggressiv

---

1   Wall, Jeff: The Destroyed Room, illuminiertes Großbildia im Schaufenster der Nova Gallery Vancouver und Großbildia in Leuchtkasten, 159 cm × 234 cm, 1978.

auf Diagonalen stützt, läßt zu sehr an barocke und romantische Malerei denken, das Vorherrschen unwahrscheinlicher Rottöne erinnert zu stark an jene, die man aus Reproduktionen kunstgeschichtlicher Bücher kennt [...].«[2] Das Motiv der Zerstörung pendelt so zwischen den Eindrücken der Darstellung einer Räumlichkeit eines verwüsteten Zimmers einer Frau, der zerstörten Dekoration für Kleidung und Modeschmuck und einer Ähnlichkeit zu kunsthistorischen bekannten Bildern. Jeff Wall führt in die alltägliche Situation einer Straße ein inszeniertes Bild ein, das die Thematiken Werbung, Konsum und Gewalt an Frauen kritisch widerspiegelt. Walls in die städtische Umgebung eingefügte, großformatige Fotografie kann auch als eine Installation im urbanen Raum bezeichnet werden. In seinen späteren illuminierten Farb- und Schwarz-Weiß-Fotografien zum Thema Stadt wählt der Künstler eine entgegengesetzte Vorgehensweise: Er beobachtet Situationen im urbanen Raum, stellt diese im Stadtraum nach und fertigt eine Fotografie an, die dann in Ausstellungsräumen gezeigt wird. Stadt erscheint in den White-Cubes der Ausstellungsräume als ein inszenierter Raum. Für die Untersuchung von Walls Umgang mit Stadt ist die Analyse zu »The Destroyed Room« relevant, weil er mit dieser in den 1980er Jahren entstandenen Arbeit Kriterien für seine gesellschaftskritische Kunst aufstellt.

Jeff Wall knüpft in vielen seiner fotografischen Bildern eindeutige Referenzen zu anderen Kunstwerken, um einen Vergleich zwischen verschiedenen Zeiten (Epochen) zu ermöglichen. In »The Destroyed Room« ist es das Gemälde von Eugène Delacroix' »La Mort de Sardanapale«[3] (1827), auf das der Künstler verweist. In diesem bekannten Gemälde beziehen sich die Motive der Zerstörung, der Gewalt an Frauen und auf dem Boden verstreuter Schmuck und Wertgegenstände auf die Sage über den assyrischen König Sardanapal, der, umringt von Feinden, sich und seine verschiedenen Besitztümer in ein Palastzimmer einschloss und mit seinen Dienern und Konkubinen dort starb. Im Mittelpunkt dieses vier mal fünf Meter großen Gemäldes liegt Sardanapal auf einem mit weinrotem Stoff bezogenen Bett und wird umringt von sich windenden, halbnackten Frauen- und Männerkörpern, die inmitten der verstreut im Raum liegenden Schmuck- und Wertgegenstände sich einem Liebes- und Todeskampf hingeben. In »The Destroyed Room« weist eine stilisierte Porzellanfigur einer Tänzerin auf Delacroix' Figuren und deren Liebes- oder Todesreigen hin. Gleichzeitig evo-

---

2 Brougher, Kerry: »Der Fotograf des modernen Lebens«, in: The Museum of Contemporary Art/Scalo Verlag (Hg.), Jeff Wall, Zürich 1997, S. 13-41, hier S. 14.

3 Delacroix, Eugène: La Mort de Sardanapale, Öl auf Leinwand, 395 cm × 495 cm, 1827.

ziert der Blick in das verwüstete Zimmer die Lust am Entdecken von Details der Zerstörung; ein voyeuristischer Blick, der in der Darstellung einer gewaltvollen Handlung gespiegelt wird. Anders als bei Delacroix fehlt jedoch ein weiblicher Körper im Bild, sodass besonders die hinterlassenen und durchwühlten Kleidungsstücke und das zerstörte Interieur als Zeichen einer weiblichen Abwesenheit fungieren. Mit der Präsentation von Gewalt und Zerstörung im Format des farbigen, großflächigen und illuminierten fotografischen Bildes, das zwischen den medialen Ästhetiken von Fotografie, Malerei und Kinobild changiert, kritisiert Wall das Vergnügen am voyeuristischen Blick, der sich in der Konsumgesellschaft etabliert hat. Dan Graham schreibt und zitiert dabei Jeff Wall:»The imagery suggests a kind of erotic violence as well as the debasement of the (absent) ›eternal female‹, but at the same time, in Wall's words, ›attempts to criticize which has become ideologically attached to this kind of subject by making explicit allusions to its acceptable manifestations in fashion magazine illustrations, shop window displays, advertising, art, cinema‹.«[4]

Die ästhetische Präsentation des von innen beleuchteten Großbilddias, der Präsentationsort des Schaufensters an der Straße und die damit verbundene Frage nach dem Stellenwert eines großformatigen, illuminierten fotografischen Bildes in der bildenden Kunst eröffnen einen grundsätzlichen Diskurs über die Frage nach der Bildproduktion im Zeitalter der Massenmedien. Durch die mannigfaltigen Referenzen des fotografischen Bildes entwirft Wall eine dialektische Struktur des Bildes, die Fragen nach seiner Produktion, Präsentation und Beziehung zu einem historischen Kontext aufwirft. So ist das Kunstwerk zum einen im Zusammenhang mit dem Schaufenster und den benachbarten Geschäften als ein vergängliches Warenobjekt einer Massenmediengesellschaft lesbar, zum anderen erhält es in Referenz zu einem 200 Jahre alten Gemälde der europäischen Malerei eine kunsthistorische Rück- und Anbindung.

In dieser Verfahrensweise, die Dan Graham als ›zwei Lesarten‹[5] bezeichnet, wird Jeff Walls künstlerische und kunstwissenschaftlich reflektierte Haltung als zeitgenössischer Bildproduzent deutlich, die er ebenso in Vorträgen und Texten zur Kunst und Kunstgeschichte weiterführt.[6] Seine künstlerische und kunstwissenschaftliche Auseinandersetzung mit der Frage, auf welche Art und Weise

---

4   Graham, Dan:»The Destroyed Room of Jeff Wall«, in: David Campany (Hg.), Art and Photography, London 2003, S. 240-241, hier S. 240.

5   Ebd.

6   Jeff Wall studierte von 1964 bis 1970 bildende Kunst und Kunstgeschichte in Vancouver und verfasst seit den 1970er Jahren kunstwissenschaftliche Texte, die in Kunstmagazinen und in Katalogen zu seiner Arbeit publiziert wurden.

und unter welchen historischen Bedingungen Bilder im ausgehenden 20. und im frühen 21. Jahrhundert produziert werden können, umfasst dabei fast alle Aspekte eines Kunstwerks: seine mediale und ästhetische Darstellung, die Auswahl der Motive, die Ausstellungspräsentation und -rezeption und verschiedene Herstellungsverfahren.

Ausgehend von einer Auseinandersetzung mit dem Begriff der Avantgarde und der Konzeptkunst des 20. Jahrhunderts, die den Kunstdiskurs der 1970er Jahre wesentlich mitbestimmte, entwickelt Jeff Wall seine künstlerische Haltung, die ein geschichtliches Bewusstsein postuliert und im Sinne Walter Benjamins Konzeption eines ›historischen Gedächtnisses‹ das Unvollendete und Unabgeschlossene der Vergangenheit mitberücksichtigt. Wall schildert in einem Interview, dass er zu Beginn seiner künstlerischen Arbeit eine Anknüpfung an die Tradition suchte, »ohne dabei den Weg der Moderne zu verlassen, einen Weg, der über das Bild führt«[7]. In dieser Rückwendung zum Bild wurde »die Tradition des Figurativen«[8] für Jeff Wall wieder bedeutsam und sein Anliegen, »liegen gelassene Fäden der Bildtradition aufzugreifen und ihr im Minimalismus und der Konzeptkunst verlorenes Potential wieder fruchtbar zu machen«[9], bestärkt. Der Bruch der Avantgarde mit der Tradition, die Reduzierung der Konzeptkunst auf Fragen des Formates und die daraus folgende Vernachlässigung einer kritischen Auseinandersetzung mit gesellschaftlichen Konflikten leben jedoch in Form von ›deformierten, negativen Chiffren‹[10] fort und können deshalb wieder aufgegriffen und reflektiert werden. Wall sieht diesen selbstreflexiven Ansatz in Dan Grahams Modell »Alteration to a Suburban House«[11] (1978) bereits verwirklicht. Er beschreibt in seinem Text »Dan Grahams Kammerspiel« (1982) diesen durch Graham neu angestoßenen Diskurs der Konzeptkunst: »[...] ›Alteration to a Suburban House‹ (1978) erzeugt mittels einer historischen Kritik der Konzeptkunst ein halluzinatorisches, geradezu expressionistisches Bild. In dieser Arbeit ist die

---

7   Wall, Jeff: »Anne-Marie Bonnet und Rainer Metzger: Eine demokratische, eine bourgeoise Tradition der Kunst. Ein Gespräch mit Jeff Wall«, in: Stemmrich, Jeff Wall. Szenarien im Bildraum der Wirklichkeit (2008), S. 33-45, hier S. 38.

8   Ebd., S. 34.

9   Hochdörfer, Achim: »Betrachtung einer Unordnung. Jeff Walls historisierende Auseinandersetzung mit der Konzeptkunst«, in: Museum Moderner Kunst Stiftung Ludwig Wien, Jeff Wall. Photographs (2003), S. 36-51, hier S. 40.

10 Ebd., S. 40.

11 Graham, Dan: Alteration to a Suburban House, Objekt, 27 cm × 109 cm × 121 cm, 1978.

Konzeptkunst der Diskurs, der drei der einflussreichsten architektonischen Tro-
pen dieses Jahrhunderts (den Glaswolkenkratzer, das Glashaus und das suburbane Siedlungshaus) zu einem monumentalen Ausdruck von Apokalypse und historischer Tragödie verschmilzt.«[12] In dem Text zu Dan Graham entwickelt Wall
Definitionen einer »sozialkritischen modernen Kunst«[13], die ein historisches Bewusstsein besitzen muss, um in dem Verhältnis zu Vergangenem und Gegenwärtigem Darstellungs-, Ästhetik- und Präsentationsmöglichkeiten formulieren zu
können.

In »The Destroyed Room« fließen bereits diese Überlegungen einer kunstwissenschaftlichen und künstlerisch kritischen Auseinandersetzung in die Bildproduktion ein. Der Bezug zu Eugène Delacroix' Gemälde ist dabei von Jeff
Wall sehr bewusst gewählt worden. »La Mort de Sardanapale« löste bei dem
Kunstpublikum um 1828 Empörung aus, weil die sehr farbkräftige, eindeutige
Darstellungsweise von Erotik und Gewalt, Dekadenz und Tod, der Untergang einer Gesellschaft (das Königreich des Sardanapal) und der Einbezug der Betrachterin und des Betrachters als Voyeure der Szenerie künstlerische und moralische Normen überschritt. Wall bindet sein fotografisches Bild an diesen Aspekt
einer künstlerischen Erneuerung und eines Diskurses über gesellschaftlich tabui-
sierte Themen von Delacroix' Gemälde an. Durch die ähnliche Thematik einer
Darstellung von Vergänglichkeit von Konsumgütern und von Gewalt in einem
häuslichen Inneren, in dem die femininen Kleidungsstücke indirekt Gewalt an einer Weiblichkeit symbolisieren, verweist der Künstler auf sozialpolitische und
gesellschaftliche Problematiken des ausgehenden 20. Jahrhunderts. Gleichzeitig
reflektiert er durch die formale Rückbindung an eine Malerei des 19. Jahrhunderts im Format des fotografischen Bildes die Möglichkeit von Bildproduktion im 20. Jahrhundert, in dem das fotografische Bild zu einem Produkt der Massenmedien geworden ist und das Wahrnehmen von Bildern beeinflusst. Das Gemälde »La Mort de Sardanapale« ist somit für Jeff Wall im mehrfachen Sinne ein
›Vor-Bild‹, durch das er seine Vorstellungen und Empfindungen wie durch ein
»historisches Prisma«[14] leiten kann.

---

12 Wall, Jeff: »Dan Grahams Kammerspiel«, übers. von Andrea Honecker/Alexandra
    Bootz, in: Stemmrich, Jeff Wall. Szenarien im Bildraum der Wirklichkeit (2008),
    S. 89-187, hier S. 89.

13 Ebd., S. 167.

14 Wall, Jeff: »Typologie, Lumineszenz, Freiheit. Auszüge aus einem Gespräch zwischen
    Els Barents und Jeff Wall«, in: Schirmer/Mosel (Hg.), Jeff Wall. Transparencies, aus
    dem Englischen übers. von Brunhild Seeler/Rolf Seeler, München 1986, S. 95-105,
    hier S. 96.

Ein weiterer Aspekt des Gemäldes »La Mort de Sardanapale«, der sehr deutlich in »The Destroyed Room« und ebenfalls in anderen Arbeiten Walls greift, ist die Zerstörung der ›Syntax der Bildsprache‹[15]. Der Kunsthistoriker Werner Busch macht in seiner Untersuchung zur Krise in der europäischen Malerei des 18. Jahrhunderts auf eine wesentliche Veränderung der bildinternen Ordnung aufmerksam und sieht darin den Beginn der Moderne. Der Bildaufbau und die Gliederung des Bildes werden zerstört, sodass »die Kunst nur vor der Folie und im Bewusstsein der Zerstörung der alten Ordnung neue Ausdrucksbereiche erobern kann. Das Moderne daran ist, dass das Zerstörte oder der Zerstörungsakt im Bild sichtbar aufgehoben ist.«[16] Achim Hochdörfer sieht in »The Destroyed Room« diesen kunsthistorischen, bildinternen Prozess einer Zerstörung erneut wirksam werden: »Wall greift auf jenen Punkt des Transformationsprozesses zurück, an dem die Regeln der klassischen Kunst und die traditionellen ikonografischen Codes zwar ausgehöhlt und infrage gestellt werden, gerade in dieser Erosion jedoch die Darstellung zeitgenössischer sozialer und gesellschaftlicher Konflikte erlauben.«[17]

Das fotografische Bild »The Destroyed Room« betrachtet das Thema der Zerstörung in der Gegenwart der 1970er Jahre, in der Diskussion über Bildproduktion und in der Problematik eines Umgangs mit Gewalt, ihren gesellschaftlichen Auswirkungen und ihrer Darstellbarkeit. Dadurch, dass Wall diese Problematiken durch das Prisma von Delacroix' »La Mort de Sardanapale« noch einmal und anders zeigt, erhält »The Destroyed Room« einen symbolischen Charakter. Das fotografische Bild verweist somit auf den Beginn der Moderne und ihren Traditionsbruch, es zeigt in seiner Gestaltung des Gegenständlichen die Ästhetik einer Destruktion mit auf, die für die Avantgarde, die abstrakte Malerei und Konzeptkunst des 20. Jahrhunderts bestimmend war. »The Destroyed Room« greift diese kunsthistorischen Entwicklungen auf und wirkt dadurch historisierend. Gleichzeitig formuliert das fotografische Bild innerhalb seines Bezugs zur Kunstgeschichte seinen eigenen historischen Standort und reflektiert dabei die Mittel und Elemente, aus denen es besteht. Hochdörfer sieht in den ästhetischen Details der Anordnung von Gegenständen in »The Destroyed Room« zudem zahlreiche andere kunsthistorische Querverweise angelegt: »Wenn das aufgeschlitzte Leintuch der Matratze den Blick auf den herausklaffenden Schaumstoff freigibt, erinnert es an die verletzende Oberflächenbehandlung radi-

---

15 Busch, Werner: Das sentimentalistische Bild. Die Krise der Kunst im 18. Jahrhundert und die Geburt der Moderne, München 1993, S. 10.

16 Ebd.

17 A. Hochdörfer: »Betrachtung einer Unordnung.« (2003), S. 41.

kaler abstrakter Malerei, und das aufgerissene Stück der roten Wandbekleidung gleicht in seiner destruktiven Bearbeitung der Oberfläche einem informellen Bild [...].«[18]

Mit der Anhäufung von unzähligen durcheinander geworfenen Gegenständen, den daraus entstehenden Details an Formen und Farben, die hauptsächlich den gewaltsamen Eingriff in einen Innenraum suggerieren, legt Jeff Wall parallel zu seinen kunsthistorischen Anknüpfungen eine bildhafte Inszenierung an. Die Zerstörung verdichtet sich in der Vielzahl der Einzelheiten, der Gegenstände, der Farben, Überdeckungen und Aufwölbungen zu einem malerischen Gesamtarrangement, in dem die Frage nach einer Ursächlichkeit immer mehr zurücktritt. »The Destroyed Room« scheint vielmehr ein Arrangement zu sein als ein Tatort. Wie Hochdörfer in Analogie zu Edgar Allan Poes Erzählung »Der entwendete Brief« beschreibt, existiert in dem fotografischem Bild »The Destroyed Room« ein »Übermaß an Spuren«, an dem die »akribische Suche schließlich ersticken« muss.[19] In Edgar Allan Poes Erzählung wird ein eine verheiratete Frau kompromittierender Brief in der Wohnung ihres Erpressers gesucht. Die Suche bleibt zunächst erfolglos, obwohl alle Schränke, Schubladen, Fußböden und andere denkbaren Verstecke durchwühlt wurden. Erst in einer zweiten Untersuchung entdeckt der Präfekt den Brief in der Briefablage des Schreibtisches. Das Versteck des Briefes war seine Offensichtlichkeit.

In Jeff Walls fotografischem Bild erscheint in diesem Zusammenhang der körnige Fußboden, der ebenso Material einer Schaufensterdekoration als auch ein nach außen gestülptes Füllmaterial eines Kissens sein könnte, als ein fluider Boden, in dem Spuren ein- und versinken können. »The Destroyed Room« besitzt weder in der Darstellung des Rauminneren noch im Umgang mit dem Medium des fotografischen Bildes eine Form einer ›Beweiskraft‹, die beispielsweise einen Tatort und dessen fotografische Dokumentation auszeichnet. Das vorausgehende Ereignis bleibt ein fiktionales Ereignis, das Wall mittels eines überdeutlichen Arrangements formuliert. Brougher kommt über dieses arrangierte Chaos in »The Destroyed Room« dann auch zu der Erkenntnis: »Ruckartig hat sich das Dokumentarische des Werks in Fiktion verwandelt, und wir werden gewahr, daß wir weder die wirkliche Welt noch ein Foto der Wirklichkeit betrachten, sondern uns vielmehr einem fotografischen Kunstwerk gegenübersehen, auf dem sich ein Drama abspielt.«[20] Das Prinzip, das fotografische Bild nicht als »avantgardistischen Eingriff ins Reale und dessen authentischer Doku-

---

18 Ebd., S. 42.

19 Ebd., S. 48 f.

20 K. Brougher: »Der Fotograf des modernen Lebens« (1997), S. 14.

mentation«[21] zu verstehen, sieht Hochdörfer auch in anderen Werken Walls greifen und formuliert die Suggestivität in dessen Bildern so: »An die Stelle des Ereignisses wird sein als Arrangement sich ausweisendes Abbild gesetzt, das so wenig zur Identifikation mit den Subjekten und Objekten der Handlung einlädt, wie es sie stellvertretend repräsentiert.«[22] Diese Suggestivität betrifft in »The Destroyed Room« nicht nur das dargestellte Sujet, sondern auch eine Bedingung des fotografischen Bildes, das in diesem Falle durch seine Größe, Schaufensterhängung und Beleuchtung vorgibt, wie eine wirklichkeitsnahe Räumlichkeit ›einsehbar‹ zu sein. Walls Inszenierung einer realistisch wirkenden, eins zu eins großen Raumtiefe suggeriert einen Bildraum, der, mit unzähligen Details gefüllt, malerisch, plastisch wirkt, und verbirgt gerade darin die Flächigkeit und Konstruiertheit des fotografischen Bildes. Das, was Brougher in seiner Analyse als die ›Effekte der Szene‹ beschreibt – »der Rand des Aufbaus (set) und der Raum dahinter, die oberflächliche, fast miserable Konstruktion, der requisitenhafte Charakter der Objekte und Kleider, die körperliche Präsenz des riesenhaften Transparenzes [sic] im Fensterrahmen und die filmische Beleuchtung«[23] –, bildet neben der Architektur und der Straße einen zusätzlichen Rahmen, in dem sich das Fiktionale der Szenerie, die gewaltsame Zerstörung eines privaten Innenraumes, entwickeln kann.

Jeff Walls fotografisches Bild führt der Betrachterin die unterschiedlichen Prozesse und Kontexte vor Augen, die in die Rezeption selbst eingeschrieben sind. »The Destroyed Room« ästhetisiert den destruktiv-produktiven Prozess kritischer Bildfindung, um das fotografische Bild in die Gegenwart zu retten, damit es dort eine politische Wirkung entfalten kann. In Bezug zur Stadt und Fotografie erweitert Wall mit seiner inszenierten Fotografie das Genre der Straßenfotografie, das seit Eugène Atgets fotografischer Serie von Paris (1897-1920) und der Street-Photography in den 1930er Jahren das alltägliche Leben in Städten in den Blick nimmt.

---

21 A. Hochdörfer: »Betrachtung einer Unordnung.« (2003), S. 49.
22 Ebd.
23 K. Brougher: »Der Fotograf des modernen Lebens« (1997), S. 14.

Eine Bildbeschreibung

Die großformatige Schwarz-Weiß-Fotografie »Men waiting«[1] von Jeff Wall zeigt einen Ausschnitt einer am Stadtrand gelegenen asphaltierten Straße, an der zwanzig Männer vereinzelt und voneinander abgewendet stehen. Vom linken zum rechten Bildrand hin verringert sich der Abstand zwischen ihnen. Ein paar Pfützen lassen darauf schließen, dass es kurz zuvor geregnet hat. Eine Baumgruppe am rechten Bildrand hat Schutz vor Wind und Regen gespendet, sodass hier einige Männer in einer dichteren Gruppierung stehen, wobei ihre Blicke sich nach rechts in Richtung eines außerhalb des Bildformats liegenden Ortes verlieren. Keiner ihrer Blicke trifft auf den Standpunkt des Fotografen auf der anderen Straßenseite. Dadurch entsteht der Eindruck einer unbemerkten und distanzierten Beobachtung.

Betrachtet man den szenischen Aufbau der Fotografie, so lassen sich drei Bildebenen feststellen. Den Vordergrund bildet eine regenfeuchte Straße. An ihrer Begrenzung liegen ein asphaltierter Gehweg und ein erhöht liegender Pfad, der durch Gras und Laub verläuft. An diesen Gehwegen stehen in loser Reihe die wartenden Männer. Der Mittelteil der Fotografie zeigt einen erdigen Teil mit drei Bäumen und einigen Vertiefungen, in denen sich Regenwasser angesammelt hat. Ein paar Rucksäcke, Taschen und ein Schirm sind neben den wartenden Männern auf dem Wiesenstück abgestellt. Hinter diesem grasigen Streifen liegen neben Pavillons und Kleincontainern Einfahrten, die zu Höfen führen. Die Fassaden der niedrigen Bebauung weisen auf kleingewerblich genutzte Hinterhöfe hin, in denen Garagen oder Betriebe liegen. Einzig der erkennbare Schriftzug »Value Village« lässt auf eine englischsprachige Stadt schließen. Ansonsten gibt es keine spezifischen Hinweise auf einen konkreten Ort. Gerade diese anonym wirkende Atmosphäre eines Straßen- und Stadtrandes lässt eine hohe Identifizierung mit vielen Stadträndern zu – der hier abgelichtete Ort könnte überall

---

1   Wall, Jeff: Men waiting, Silbergelatineabzug, 262 cm × 388 cm, 2006.

sein. Der Bereich mit den Gebäuden geht in einen bewölkten und doch auch lichtvollen Himmel über, der den szenischen Hintergrund der Fotografie bildet. Oberleitungen und Laternen, die in den Himmel hineinragen, unterstreichen den Stadtrandcharakter der Szenerie. Der Himmel nimmt mehr als die Hälfte der Bildfläche ein und ist in seinen Schattierungen und Lichtverhältnissen stimmungsbildend. Es scheint, als habe es vor kurzer Zeit geregnet. Die laublosen Äste und der leicht bewölkte Himmel unterstützen die Atmosphäre einer kargen Szenerie, die im Übergang zum Land liegt und durch Ausfahrtstraßen aus der Besiedlung der Stadt hinausweist. Tauben und Krähen auf der Wiesenfläche betonen diese halb landschaftliche und halb urbane Szenerie und sind Anzeichen für ein Fehlen von schnellen Bewegungen und lauten Geräuschen in der unmittelbaren Umgebung. Dass die Männer schon länger an der Straße stehen, äußert sich auch an ihren Körperhaltungen: Arme liegen nah an den Oberkörpern, Hände stecken in Jackentaschen, und Kopfbedeckungen wie Mützen, Kapuzen und Bauhelme schützen vor Kälte und Regen eines Herbst- oder Wintertages. Das Am-Straßenrand-Stehen und Warten scheinen die hauptsächlichen Tätigkeiten der Männer zu sein. Ihr Warten stellt eine Gemeinsamkeit dar, die die Männer trotz ihrer Kommunikationslosigkeit und Vereinzelung als eine Gruppe erscheinen lässt.

Urbane Akteure

Tagesarbeitende, die sich in einer größeren Gruppe am Straßenrand aufreihen und einen überwiegenden Teil ihrer Zeit mit dem Warten auf Arbeitgeber verbringen, sind in westlichen Ländern des 21. Jahrhunderts ein eher ungewohntes Bild. Vielmehr lassen sich ähnliche Bilder mit Wirtschaftskrisen des frühen 20. Jahrhunderts oder mit osteuropäischen und asiatischen Ländern assoziieren, in denen instabile oder fehlende ökonomische Strukturen Arbeitende dazu zwingen, Tagesarbeitende zu werden.

Im kanadischen Vancouver, wo Jeff Wall hauptsächlich seine fotografischen Bilder produziert, gehört das Phänomen der ›cash corners‹[1] seit den 1990er Jahren zum alltäglichen Stadtbild. Erwerbslose Männer, ›day laborers‹, warten ab dem frühen Morgen an zentral gelegenen Straßen auf temporäre Arbeit und wechselnde Arbeitgeber, die sie je nach Bedarf für einen Arbeitstag anheuern. Der Stundenlohn ist niedrig und die Tätigkeiten bestehen oftmals aus schwerer körperlicher Arbeit, wie Umzugshilfe, Bau- oder landwirtschaftliche Arbeit. In den lokalen Medien von Vancouver wird die seit den letzten Jahren zunehmende sozialpolitische Brisanz zum einen zwischen ›day laborers‹ und den ›immigrants‹ und zum anderen zwischen den ›day laborers‹ und ansässigen Geschäftsleuten und Stadtpolitikern thematisiert. Die städtische Verwaltung und Politiker wollen aufgrund des Drucks der Unternehmen die ›day laborers‹ aus den zentralen Stadtbezirken in Außenbezirke verdrängen.[2] Dies hätte zur Folge, dass die

---

1 ›Cash corners‹ sind Orte im Raum der Stadt, an denen erwerbslose Männer und seltener auch Frauen auf Arbeitgeber warten, die sie für einen Tag gegen einen geringen Lohn ohne Zahlung von Steuern und Sozialabgaben beschäftigen.

2 Southwick, Reid: »»This place is fighting two demons‹: Work, even odd jobs, dry up at Calgary's ›cash corner‹«, in: National Post, http://news.nationalpost.com/news/canada/this-place-is-fighting-two-demons-work-even-odd-jobs-dry-up-at-calgarys-cash-corner vom 31.7.2016.

Themen Erwerbslosigkeit und ungesicherte Arbeitsverhältnisse, die im Erscheinungsbild der ›day laborers‹ im alltäglichen Betrieb der Stadt präsent sind, aus der Wahrnehmungsperspektive der Stadtbewohnenden und Touristen gerückt werden sollen.

Die ›day laborers‹ sind ein Aspekt der sogenannten ›street level social problems‹, soziale Probleme, die auf der Straße, im ›öffentlichen Raum‹ der Stadt klar erkennbar sind. Eine Umquartierung verschiebt diese gesellschaftspolitische und soziale Thematik aus dem Gesichtsfeld der Beteiligten. Der zweite Konflikt findet innerhalb der Gruppe der ›day laborers‹ statt. Der Anteil der Immigranten an den Arbeitssuchenden hat sich seit den 1990er Jahren erhöht, sodass eine Konkurrenz zwischen aus Lateinamerika kommenden Arbeitssuchenden und kanadischen ›day laborers‹ besteht, da diese mehr Stundenlohn verlangen als die ›immigrants‹.[3] Wall hat das fotografische Bild »Men waiting« (2006) in Vancouver in Kooperation mit von ihm angeheuerten ›day laborers‹ gemacht; es ist sehr wahrscheinlich, dass der Künstler aufgrund seines sozialpolitischen Interesses sich beider gesellschaftspolitischer Konflikte bewusst war. Die Akteure des fotografischen Bildes sind ›day laborers‹ aus Vancouver und sie geben somit einen Ausschnitt aus einer alltäglichen urbanen Situation, einer gesellschaftlichen Schicht und aus sozialpolitischen Zusammenhängen wieder und stehen als urbane Figuren für diese Inhalte.

Der Journalist Arthur Lubow zitiert aus einem Gespräch mit Jeff Wall: »When I asked what interested him in the subject of day laborers, Wall told me that he was fascinated by the physical animal energy that is present on the street and waiting to be disposed of.«[4] Die physische Präsenz der Männer, die sich im Warten in die Umgebung einschreibt, hat der Künstler als eine figurative Situation des urbanen Raumes memoriert. Dieses zunächst ästhetische Erinnerungsbild stellt er wieder her, indem er die ›day laborers‹ für die Produktion seines fotografischen Bildes engagiert. Aus Walls Neuinszenierung eines Ausschnittes aus einem Stadtbild mit urbanen Akteuren ergeben sich Fragen, die zum einen den Stellenwert der Figuren für die künstlerische Produktion betreffen und zum anderen gesellschaftliche Probleme berühren, auf die die ›day laborers‹ durch ihre dauerhafte Präsenz im Stadtbild verweisen.

---

3   Liew, Jamie C.Y.: »Finding order in Calgary's cash corner: Using legal pluralism to craft legal remedies for conflicts involving marginalized persons in public spaces«, Alberta Law Review, 52:3 (2015). Ebenfalls veröffentlicht unter http://www. albertalawreview.com/index.php/ALR/article/view/25/25

4   Lubow, Arthur: »The Luminist«, in: The New York Times Magazine, http://www. nytimes.com/2007/02/25/magazine/25Wall.t.html vom 25.2.2007.

Wall bezieht sich in »Men waiting« und auch in anderen Fotografien auf das soziale Milieu der Stadtbewohnenden, die er temporär für die Erstellung seiner Fotografien engagiert. Die nicht einstudierten Verhaltensweisen und der Kleidungsstil der von der Straße ausgewählten Protagonisten sind wichtige Elemente für Walls Inszenierung eines städtischen Alltags. Die Männer in »Men waiting« stehen für den urbanen Alltag in Vancouver. Als großformatige Fotografie im Museum oder Galerieraum gezeigt, erhalten die ›day laborers‹ einen Statuswechsel. Waren sie zuvor anonyme Stadtbewohnende, werden sie im Ausstellungskontext zu Figuren, die, stellvertretend für ein bestimmtes soziales Milieu, über Stadt und sozialpolitische Problematiken erzählen. In »Men waiting« wird besonders deutlich, dass Menschen an der Peripherie Menschen am Rande der Wahrnehmung sind. Jeff Wall transferiert in »Men waiting« – und ebenso in anderen fotografischen Bildern, die den urbanen Raum zeigen – die Menschen der Peripherie in den repräsentativen Raum der Museen und Galerien und rückt diese Menschen damit in eine öffentliche Wahrnehmung und Debatte.

Die day laborers erzählen etwas

Noch einmal zum fotografischen Bild »Men waiting«: Ein gerade vorbeigezogener Regenschauer ist nur noch durch ein paar Pfützen und dem mit Wolken gezeichneten Himmel erkennbar. Die blattlosen Bäume im Vorder- und Hintergrund intensivieren die herbstliche, nasskalte Stimmung, in der die Männer fröstelnd warten. Die meisten reden nicht, sie haben ihre Hände in Hosen- oder Jackentaschen vergraben und tragen Wetterjacken, Kapuzenpullover, Jeans, Turn- und Arbeitsschuhe, Wollmützen, Baseballkappen und Schutzhelme. Einige Rucksäcke und ein paar Tauben säumen die Figuren. Der überwiegende Teil der Männer steht auf dem Rasen in der Nähe eines Pinienbaumes, der die rechte Bildhälfte der Schwarz-Weiß-Fotografie abschließt. Sie scheinen unter dem Nadelbaum Zuflucht vor dem Regen gesucht zu haben. Ein anderer, noch stärker vereinzelt wirkender Teil steht am linken Straßenrand. Eine Figur – ein Mann mit Baseballkappe und darüber gezogener Kapuze – wendet sich von dieser linken Gruppierung fast ganz ab. Er schaut auf den Boden, sein Körper ist vom Warten ermüdet und die Leere um ihn herum wirkt besonders ausgeprägt. Die Gesichter einiger Personen sind erkennbar, sie sind verschieden alt und kommen vermutlich aus unterschiedlichen Herkunftsländern.

Was die Männer miteinander verbindet, ist ihr Warten, die ähnliche Körperhaltung und ihre Kleidung. Obwohl sie vereinzelt, lose gruppiert stehen, scheinen die Männer durch ihre Körperhaltungen und durch die Gesamtheit der Gruppe etwas zu demonstrieren. Abgesehen von der frontalen Perspektive auf die Personen, ist es die Besonderheit des Nebeneinander- und Stillstehens, des Wartens in der Öffentlichkeit, die an eine politische, wenn auch stillschweigende, Kundgebung erinnert. Was zeigen die Männer durch ihre verhaltene, stumme (da nicht gestikulierende) Körperhaltung und ihre dennoch so intensive Präsenz im fotografischen Bild? Sind ihre Hände, die in den Jacken- und Hosentaschen zum Schutz vor Kälte stecken, vielleicht zu Fäusten geballt? Je länger man als zuschauende Person dieser Szene die Männer, ohne einen Gegenblick fürchten zu müssen, betrachtet, umso deutlicher schwingt in ihrem Versunkensein in ihrer Situation, in ihrer Abwendung von der Umwelt die Möglichkeit eines unkalkulierbaren, eruptiven Ausbruchs aus der Stille und Passivität mit. Ist das Stillstehen, das Warten also Zeichen einer Unterdrückung, eines ausgegrenzt Seins?

Jeff Wall thematisiert in seinen fotografischen Bildern oftmals Mechanismen und Erscheinungsformen von Gewalt in der Gesellschaft. Er holt, wie die Kunstwissenschaftlerin Kaja Silverman insbesondere in Bezug zu Walls beleuchteten Großbilddias feststellt, gerade die Menschen »ins Licht, die an den Rand der Gesellschaft gedrängt sind: Mütter aus der Arbeiterschicht, Obdachlose, Alte und rassistisch Unterdrückte«[1]. Mit diesem Figurenpersonal kann Wall deutlich machen, welche Ausgrenzungsmechanismen in der gegenwärtigen konsum- und leistungsorientierten Welt wirken. Im Medium der Fotografie, mit dem im 20. und 21. Jahrhundert die Ideen des Kapitalismus gut transportiert werden, reflektiert Wall Fragen von Repräsentation und Bild sowie den Blick auf jene Menschen, die sich außerhalb des Sichtfeldes des Kapitalismus befinden. Silverman stellt zu Walls Umgang mit den Protagonisten fest, dass er den Blick der Betrachterin auch auf andere Orte lenke, denn schließlich »nötigt uns Wall, die Orte zu studieren, wo seine Randexistenzen leben, wo sie arbeiten und einander begegnen. […] All diese Darstellungsmittel übermitteln uns eine ungewohnte Empfindung: die Empfindung der Gegenwart der Menschen in *unserer* Welt.«[2]

Diese peripheren Orte, in denen die Protagonisten zu sehen sind, sind von Wall ausgesuchte, urbane Schwellenorte. Nicht immer stimmt der fotografierte Ort mit dem Wohn- oder Arbeitsort der Protagonisten überein. Jeff Wall sucht jedoch ähnliche Umgebungen aus und so geraten abseitsliegende Orte der Stadt in den Blick der Öffentlichkeit: Bei »Men waiting« (2006) ist es die Stadtrandstraße, in »Bad Goods«[3] (1984) wird eine Müllhalde mit Recyclingmaterialien zum Schauplatz und bei »Diatribe«[4] (1985) wird ein staubiger Trampelpfad in der Nähe einer Stadtrandsiedlung in den Blick gerückt. Da Walls fotografische Bilder eine große Tiefenschärfe haben, wirken alle Details in seinen Bildern sehr plastisch. In dem illuminierten Großbilddia »Bad Goods« erzeugen der sandige Boden, die verschieden großen Anhäufungen mit Ästen, Schutt und Beton und die verstreut liegenden Pappkartons, Natursteine und Ziegelsteinreste eine hap-

---

1 Silverman, Kaja: »Totale Sichtbarkeit«, aus dem Englischen übers. von Roger M. Buergel, in: Museum Moderner Kunst Stiftung Ludwig Wien, Jeff Wall. Photographs (2003), S. 97-117, hier S. 102.

2 Ebd. Hervorhebung im Original.

3 Wall, Jeff: Bad Goods, Großbilddia in Leuchtkasten, 229 cm × 347 cm, 1984.

4 Wall, Jeff: Diatribe, Großbilddia in Leuchtkasten, 229 cm × 203 cm, 1985.

tische Wirkung. Wie Silverman feststellt, gelingt es Jeff Wall, über das Sehen hinaus den Riech- und Tastsinn der Rezipierenden zu aktivieren.[5] Beim Betrachten von »Bad Goods« oder »Diatribe« kann sich eine Betrachterin den staubigen Geruch von erdigen Böden, Schutt und vertrockneten Ästen unmittelbar ins Gedächtnis rufen. Auch die Unebenheiten des Straßenrandes in »Men waiting« erzeugen gerade in der Schwarz-Weiß-Fotografie eine visuelle Textur, die den Tastsinn stimuliert und das Sehen zusätzlich versinnlicht. Die urbanen Orte erzählen in Walls Fotografien etwas von ihrer Beschaffenheit: Ihre Materialität wirkt intensiver als in der Wirklichkeit und jedes Detail ist ein Zeichen auf der Bühne der urbanen Peripherie. Im Gegensatz zur Bühne eines Theaters, auf der Bühnenbilder und Requisiten oftmals aus Pappe und Kunststoff nachgebaut werden und Echtheit vortäuschen, sind die alltäglichen Dinge in Walls fotografischen Bildern des urbanen Raumes real. Ihre Farben, Umrisse und Oberflächen erhalten durch die Fotografie eine schärfere Kontur und eine intensivere Farbigkeit und Textur. Die urbanen Orte erzählen von sich selbst. Jeff Wall widmet diesen Orten eine ähnliche Aufmerksamkeit wie in seinem fotografischen Bild »The Destroyed Room«, für das er einen Innenraum nachbaute, Gegenstände arrangierte und eine Unordnung inszenierte. Die urbanen Orte verändert er nur wenig. Er ergänzt sie durch das Hinzufügen von einigen Details, die für das Sujet wichtig sind – beispielsweise der Karton mit Eisbergsalaten in »Bad Goods« –, und durch die Platzierung seiner Protagonisten. Deren Positionierung am Ort und ihre Gesten bestimmen Walls Bildausschnitt am Ort.

Die Gesten der Protagonisten stehen sowohl mit der Umgebung als auch mit dem Blick der Betrachterin in einem korrespondierenden Verhältnis. Der Blick der Betrachterin schätzt die Menschen in Walls fotografischen Bildern nach ihrem sozialen Milieu und Status ein und bringt sie dann mit der Umgebung in einen Zusammenhang. Die Gesten der Protagonisten richten sich an den Blick der Betrachtenden und erscheinen vor dem Hintergrund des urbanen Ortes. Die verschiedenen Kontexte der Orte nehmen zusätzlich Einfluss auf die Handlungen der Figuren. Allein die Gesten der Figuren, ihre Körperhaltungen und Blicke können die voreiligen Schlüsse und Zuweisungen der Betrachtenden hinterfragen. Durch welches Arrangement und mit welchen Darstellungsmitteln gelingt es Jeff Wall, die Männer in »Men waiting« gegenüber den Blicken der Betrachtenden zu emanzipieren? Welche Bedeutung nimmt dabei die Frage der Geste im Sinne eines Zeigens, Erzählens ein? Über den Stellenwert von Gesten und Gebärden in seinen fotografischen Bildern sagt der Künstler: »My work is based on the representation of the body. In the medium of photography, this rep-

---

5   K. Silverman: »Totale Sichtbarkeit« (2003), S. 102.

resentation depends upon the construction of expressive gestures which can function as emblems. ›Essence must appear‹ says Hegel, and, in the represented body, it appears as a gesture which knows itself to be appearance.«[6] Welche Gesten können ›Sinnbilder‹ für die gegenwärtige Zeit sein und wie stellt Wall sie mit seinem Figurenpersonal dar?

In seinem Text »Gestus« von 1984 erläutert Jeff Wall seine Idee zu Gesten und zieht einen Vergleich von Barock und Moderne. Er stellt fest, dass sich Gesten, die insbesondere in der barocken Malerei als Darstellungsmittel für Gefühle wie Freude oder Trauer fungierten, sich durch die Technisierung verkürzt und mechanisiert haben. »The ceremoniousness, the energy, and the sensuousness of the gesture of baroque art are replaced in modernity by mechanistic movements, reflex actions, involuntary, compulsive responses. Reduced to the level of emissions of bio-mechanical energy, these actions are not really ›gestures‹ in the sense developed by older aesthetics.«[7] Die Gesten haben sich, so erläutert Wall, verformt, sie sind starrer geworden und zeugen von mehr Aggressivität und Gewalt. Mit den Gesten, die Jeff Wall aufgrund ihrer Reduzierung als »Emissionen biochemischer Energie«[8] bezeichnet, könnten »der hastige Griff nach einer Einkaufstüte, das Lösen eines Tickets am Automaten, das hektische Verhalten am Steuer eines Autos nach Dienstschluss oder das Zappen vor dem Fernsehbildschirm«[9] gemeint sein. Eine weitere Entwicklung dieser Gesten sind die abrupten Handbewegungen und Befehle auf berührungsempfindlichen Flächen wie auf Smartphones und Fahrscheinautomaten. Diese Gesten sind funktional und spiegeln die in Intervalle eingeteilten Abläufe von mechanischen Prozessen und Apparaten wider, die weite Teile des Alltags- und Arbeitslebens durchziehen. Auch die Gesten, die nicht nur auf eine reine Zweckmäßigkeit bezogen sind, sondern sich an ein soziales Umfeld richten oder in diesem stattfinden, fallen gewaltvoller aus. Im urbanen Raum werden diese Gesten sichtbar und erzählen wie eine Zeichensprache des alltäglichen Lebens von unterdrückten und von offen ausgetragenen Konflikten. Wall fokussiert diese Gesten auch, weil sie sich in seinen fotografischen Bildern gut darstellen lassen und dort eine subtile Dramaturgie entwickeln. Die beiden fotografischen Bilder »Mimic«[10] (1982) und »Man

---

6 Wall, Jeff: »Gestus«, in: Phaidon Press, Jeff Wall (2002), S. 76-77, hier S. 76.

7 Ebd.

8 Ebd.

9 Stemmrich, Gregor: »Zwischen Exaltation und sinnierender Kontemplation. Jeff Walls Restitution des Programmes der Peinture De La Vie Moderne«, in: Museum Moderner Kunst Stiftung Ludwig Wien, Jeff Wall. Photographs (2003), S. 154-173, hier S. 158.

10 Wall, Jeff: Mimic, Großbilddia in Leuchtkasten, 198 cm × 229 cm, 1982.

with a Rifle«[11] (2000) sind Beispiele für seine Auseinandersetzung mit Gesten, die deutlich Formen von Gewalt in einer kapitalistischen Gesellschaft aufzeigen. In beiden fotografischen Bildern sind der Gehweg und die Straße Schauplätze, in die Jeff Wall eine Konfliktsituation in Szene setzt.

In »Mimic« ist es die Ausgrenzung von Menschen aus verschiedenen nicht nordamerikanischen Herkunftsländern, die die Spannbreite von Ausgrenzungsmechanismen in der Gesellschaft verdeutlicht. Ein Mann mit dunklen, lockigen Haaren und einem Bart geht mit seiner in kurzer Hose, schmalem Top und High Heels gekleideten Freundin auf einem Gehweg in einem vorstädtischen Mischgebiet entlang. Ein Meter neben ihm läuft in gleicher Richtung ein Mann asiatischer Herkunft, der mit seinem gebügelten Hemd und Hose seriös wirkt. Der schwarzhaarige, bärtige Mann blickt auf ihn und zieht mit seinem Mittelfinger sein Augenlid nach hinten zurück und verschmälert es zu einem ›Schlitzauge‹ oder ›chinky eye‹; eine rassistische Bezeichnung für Asiaten. Zudem kann der benutzte Mittelfinger als obszöne Geste gemeint sein. Unklar bleibt, für welche Beobachtenden der schwarzhaarige Mann, der zur Einwanderergruppe der Hispanics gehören könnte, die rassistische Geste ausführt: Richtet sie sich direkt an den Mann asiatischer Herkunft, der jedoch die Handbewegung nur aus den Augenwinkeln misstrauisch beäugen könnte oder sie vorausahnt? Ist sie an eine entgegenkommende Passantin gerichtet, die wie der Fotograf und die Betrachterin zur Mitwisserin und Zeugin gemacht wird? Oder gilt das Ausführen der Geste seiner Freundin, die er vielleicht beeindrucken möchte?

Eindeutig dagegen ist, dass die Straße der Raum ist, in dem die rassistische Geste aus- und vorgeführt wird und sich der schwelende gesellschaftliche Konflikt zwischen den verschiedenen Einwanderungsgruppen und Einwohnern artikuliert. In Walls fotografischem Bild wird die Straße zu einer Bühne, in der eine kurze, alltägliche Begegnung einen szenischen Charakter erhält. Die Betrachterin schaut auf ein Miniatur-Drama des urbanen Raumes. Die Straße und der Gehweg in »Mimic« sind bis auf die drei gehenden Personen leer. Nur ein paar geparkte Autos im oberen Teil der Straße lassen auf ein Wohngebiet schließen. Das mit dunklen Ziegelsteinen gebaute Gebäude, das den Gehweg begrenzt, könnte Teil einer Fabrik sein. Das Gehen der drei Personen auf dem Trottoir erhält dadurch eine mögliche Hintergrundgeschichte. Vielleicht ist es der Feierabendgang von Fabrikarbeitern, den Jeff Wall zeigt. Auf der abseitsliegenden Straße wird ein Konflikt sichtbar, den die Arbeiter aus unterschiedlichen Herkunftsländern innerhalb ihrer Arbeitszeit nicht austragen können. Der in Kanada typischerwei-

---

11 Wall, Jeff: Man with a Rifle, Großbilddia in Leuchtkasten, 226 cm × 289 cm, 2000.

se geringere gesellschaftliche Status von Arbeitern aus asiatischen Herkunftsländern gegenüber Arbeitern mit europäischen Wurzeln wird auf der Straße, dem Ort der anonymen Öffentlichkeit, artikuliert. Der Raum der Straße ist ein Ort, an dem gesellschaftliche Positionen verhandelt werden: Wer kann wo entlanggehen, ohne dass der Gang auf der Straße gefährlich wird? Wer wird wie angesehen oder angesprochen? Die drei Figuren veranschaulichen mit ihrer Mimik, ihren Gesten und Körperhaltungen typische Reaktionen: die Angst vor Diskriminierung, die Aggression und schließlich das Wegsehen.

In »Man with a Rifle« zielt ein Mann mit einem imaginären Gewehr auf die ihm gegenüberliegende Straßenseite, auf der ein paar Passanten entlanggehen und eine Baulücke die Häuserzeile unterbricht. Es ist unklar, was genau der Mann anvisiert. Durch die Lücke in der Straßenbebauung läuft seine Geste des Schießens noch mehr in eine Leere. Seine angespannte Körperhaltung macht die Geste des Zielens glaubwürdig: Er steht in gehockter Stellung, als ob er tatsächlich irgendwo ein Opfer ausfindig gemacht hat, und hält seine Arme und Finger wie an einem Gewehrkolben und -abzug liegend. Diese merkwürdige Szene ereignet sich scheinbar zufällig, in einer Lücke von parkenden Autos und vereinzelt stehenden oder vorbeilaufenden Passanten, die jedoch keinerlei Notiz von dem Mann nehmen. Wer ist der imaginäre Gegner, den der Mann im Raum der Stadt ausmacht? Nichts in der Fotografie gibt darauf eine Antwort. Die Leere der Straße und der Abstand zu den anderen Fußgängern werden durch die Geste des Zielens noch verstärkt. Es ist ein unüberwindbarer Raum, der zwischen dem Mann und den Passanten liegt. Die im Sonnenlicht friedlich anmutende Straßenszene verliert ihre alltägliche Harmlosigkeit. Weniger die Vorstellung, dass der Mann ein Attentäter oder Amokläufer sein könnte, der seinen Gewaltfantasien spontan freien Lauf lässt, erzeugt die subtile Beunruhigung, die das Bild hervorruft, sondern vielmehr die Körperhaltung und Gestik des Protagonisten, der in seiner Aggression und Vorstellungswelt merkwürdig ferngesteuert und isoliert erscheint. Die Geste des Gewehrhaltens und Zielens wirkt adaptiert und erinnert an Ästhetiken einer mechanisierten Gewalt, wie sie in Actionfilmen und Computerspielen dargestellt wird. Der Protagonist stilisiert sein imaginäres Gegenüber und sich selbst zu einem Objekt, das nur noch eine mechanisierte Geste ausführt. Gleichzeitig ähnelt das imaginäre Zielen des Mannes einer Vorstellung von Fotografieren, indem der Fotograf auf einen besonderen Moment lauert, diesen ins Visier nimmt, um dann ein Foto ›zu schießen‹.

In »Mimic« und »Man with A Rifle« können die ausgeführten Gesten von den Betrachtenden gelesen, jedoch nicht entschlüsselt werden. Zwischen den Protagonisten, ihren Handlungen und dem urbanen Ort werden nicht nur Zusammenhänge denkbar, sondern es bleiben auch Unstimmigkeiten bestehen. Diese Unstimmigkeiten sind Leerräume, die das narrative Potential der Wall'schen Bilder unterbrechen. Sie symbolisieren den Bruch und die Spaltung, die das Subjekt in einer industriell-kapitalistischen Gesellschaft erlebt. Wall zeigt diese Spaltung des Subjekts, seine Unsicherheit und Entfremdung in den Bildsujets, in einzelnen Gesten der Figuren und auf der Ebene der Präsentation und Rezeption des fotografischen Bildes. Zudem sensibilisiert der Künstler die Betrachtenden, das alltägliche urbane Leben genauer wahrzunehmen. Die Rezipierenden von Walls fotografischen Bildern können zu Beobachtenden einer gewaltvollen Szene werden, die ihnen im Alltag vielleicht entgangen wäre. Diese Gesten, wie das Augenziehen in »Mimic« oder die Schussgeste in »Man with a Rifle«, werden von den Protagonisten schnell und spontan ausgeführt, sodass es des Zufalls bedarf, sie im Alltag überhaupt wahrzunehmen. Jeff Wall veranschaulicht in diesen fotografischen Bildern nicht nur diesen ›blinden Fleck‹ einer urbanen Gemeinschaft, die sich im öffentlichen Raum bewegt, sondern auch die tiefe Isolation der Aggressoren, die sich zwischen einem Übersehenwerden oder übermäßigen Auffallen zu artikulieren versuchen.

Was sind wesentliche Eigenschaften einer Geste? Eine Geste kann sowohl etwas Gesagtes unterstreichen als auch dieses ersetzen und für sich selbst stehen. Gerade in Bezug zur Gewalt fungiert eine Geste als Drohung, das heißt, sie symbolisiert die Bereitschaft Gewalt auszuführen und kündigt diese an. Am Beispiel der Drohgebärde verdeutlicht Jacques Lacan diese Nuancierung. »Hinterher werde ich ihn [den Hieb] möglicherweise zu Ende führen, aber als Drohgebärde erfolgt seine Niederschrift rückwärts. Diese ganz besondere Zeitlichkeit, die ich terminologisch als Stocken/arrêt definiert habe und die hinter sich ihre Bedeutung erschafft, ist der eigentliche Grund für die Unterscheidung von Gestus und Akt.«[12] In einem Akt wird etwas vollzogen, die Geste hingegen ist ein Zeichen und Vorbote einer Handlung und entwickelt dabei verschiedene Ausdrucksformen und Facetten. Am Beispiel der ›Pekingoper‹ erläutert Lacan, wie sich Gesten zu kulturellen Zeichen entwickelt haben. »Es wird da gekämpft, wie zu allen Zeiten gekämpft worden ist, mit Gesten viel eher als mit Hieben. [...] In solchen Balletten schlägt man sich nie wirklich, man bewegt sich in verschiedenen Räumen, in denen eine Folge von Gesten sich ausbreiten, was im traditionellen Kampf gleichwohl den Wert von Waffen hat, wobei diese Gesten als Instrumente der Einschüchterung letztlich auch ihre Wirkung tun.«[13]

---

12 J. Lacan: Die vier Grundbegriffe der Psychoanalyse (1987), S. 123.
13 Ebd., S. 124.

Die Geste symbolisiert die gewaltvolle Handlung, sie ist eine Drohgebärde. Die Abfolgen der Gesten in der ›Pekingoper‹ vergleicht Lacan mit Räumen, die in der Oper in einem überschaubaren zeitlichen und topologischen Rahmen stattfinden und einen tänzerischen Rhythmus (Sprache) entwickeln. Jeff Wall hingegen zeigt einzelne Gesten an verschiedenen Orten im urbanen Raum. Die Gesten wirken bei Wall zerstückelt und geben keine Handlungsabläufe wieder. Im Gegenteil, sie sind Fragmente und stehen für eine Sprachlosigkeit und Handlungsunfähigkeit. Die peripheren Orte unterstützen mit ihrer Atmosphäre des Abseitsliegenden, Ungeordneten und Vernachlässigten die Fragmentierung der Gesten und die Isolation der Figuren. Die Gesten, die Wall fotografiert, versinnbildlichen daher die Störung, Reibung und das ›Stocken‹ im alltäglichen Zusammenleben in der Stadt.

Das Medium der Fotografie, mit dem Wall auf gesellschaftliche Konflikte und Missstände verweist, eignet sich als Darstellungsmittel von Gewalt besonders gut. »The contracted little actions, the involuntarily expressive body movements which lend themselves so well to photography are what remains in everyday life of the older idea of gesture as the bodily, pictorial form of historical consciousness.«[14] Wall gibt den alltäglichen Gesten eine symbolische Bedeutung, indem er sie in seinen fotografischen Bildern, die in ihrer Größe oftmals historischen Gemälden gleichen, in den Mittelpunkt stellt. Die scheinbare Nebensächlichkeit einer Geste wird zu einem gesellschaftspolitischen Indiz für eine sich spaltende Gesellschaft. Mit dem Medium der Fotografie können die reduzierten, gewaltvollen Gesten wieder ›in den Blick‹ gerückt werden und es kann deutlich gemacht werden, dass im ›In-den-Blick-Nehmen‹ bereits eine Idee von Gewalt steckt. Gewaltsam ist die Fotografie, weil sie das zu Sehende durch einen bestimmten Blickwinkel festlegt und andere Sichtweisen damit ausgrenzt. Dies macht auch Roland Barthes in seiner Analyse zur Fotografie deutlich. Er verfolgt den Gedanken, dass die Fotografie gewaltsam ist, nicht »weil sie Gewalttaten zeigt«, sondern weil nichts in ihr sich verweigern noch sich umwandeln kann«.[15] Barthes schlussfolgert, dass in einer Gesellschaft, in der die Religion eine immer weniger einflussreiche Rolle spielt, der Tod woanders zu finden sein müsste und sich in der Fotografie verbildlicht habe. Die Fotografie, so Barthes, symbolisiere den Stillstand (Tod), weil sie mit allen Mitteln versuche, das Leben zu bewahren. Das Leben über den Tod hinaus weiterzutragen, ist die Aufgabe der Religion; da-

---

14 J. Wall: »Gestus« (2002), S. 76.

15 Barthes, Roland: »Der gewöhnliche Tod«, in: Roland Barthes, Die helle Kammer. Bemerkungen zur Photographie, aus dem Französischen übers. von Dietrich Leube, Frankfurt a.M. 1985, S. 102-105, hier S. 102.

her betrachtet Barthes Religion und die Verfahrensweise von Fotografie zusammen. »Die *Photographie* könnte als Erscheinung, die mit dem Schwinden der Riten einhergeht, vielleicht mit dem Vordringen eines asymbolischen *Todes* in unserer modernen Gesellschaft korrespondieren, eines *Todes* außerhalb von Religion und Ritual, einer Art von plötzlichem Eintauchen in den buchstäblichen *Tod*.«[16] In der Fotografie sind der Tod, die Gewalt und Macht bereits eingeschrieben.

Werden, wie bei Jeff Wall, die Themen von Gewalt- und Machtausübung durch Figuren und ihre Handlungen dargestellt, muss das Fotografieren selbst reflektiert werden, um Gewalt und Macht nicht zu verharmlosen oder zu verherrlichen. Wall verhandelt daher die visuellen Mechanismen und Vorstellungen von Sichtbarkeit in seinen fotografischen Arbeiten. Im Text »Totale Sichtbarkeit« geht Kaja Silverman der Frage nach, wie Jeff Wall die Problematiken von Sichtbarkeit in der Fotografie reflektiert und damit zur Diskussion stellt. Sie macht auf einen wichtigen Aspekt in Bezug zum Blickregime der Fotografie aufmerksam: die Autonomie des Subjekts. »Die Welt zu umrahmen hat sich als äußerst wirksames Mittel erwiesen, um sowohl das Scheinen ihrer als auch unserer *Wahrheit zu verstellen*. Reduzieren wir andere Menschen und Dinge auf den bloßen Status von Repräsentationen, dann bringen wir sie um ihr Vermögen, den Blick zu erwidern. Wir allein erheben den Anspruch auf die Betrachterposition.«[17] Die Motivation, die Welt zu umrahmen, ist »die gleiche, die uns veranlasst, uns fotografieren oder porträtieren zu lassen: der Wunsch ein ›Einzelwesen‹ zu sein«[18]. In dieser Vorstellung, die Welt wie ein ›umrahmtes Bild‹ zu verstehen, liegt eine Problematik. Das Subjekt geht dabei davon aus, die Welt überschauen und beherrschen zu können. Zudem »negiert diese Betrachtung, dass wir uns selbst *in diesem Bild* befinden«[19]. Silverman erkennt in einigen von Walls fotografischen Bildern konkrete Versuche, jene ›Logik der Umrahmung‹ zu überwinden, und sieht Parallelen zu Lacans Reflektionen des Bildes in Bezug zum Subjekt.

Jacques Lacan geht davon aus, dass die mentale Vorstellung und materielle Darstellung eines Bildes reine Repräsentation sind, das heißt, sie sind »eine menschliche Erzeugung und zudem perspektivischer Natur«[20]. Dagegen ist die Welt ›Bild‹, weil »sie sich zu sehen gebe – und das noch vor jedem Blick, den

---

16 Ebd., S. 103. Hervorhebung im Original.

17 K. Silverman: »Totale Sichtbarkeit« (2003), S. 107 f. Hervorhebung im Original.

18 Ebd., S. 107.

19 Ebd. Hervorhebung im Original.

20 J. Lacan: Die vier Grundbegriffe der Psychoanalyse (1987), S. 109.

wir auf sie richten. Da die Welt aus jeder Richtung unmittelbar sichtbar sei, gehe sie unserem Blick nicht nur voraus, sondern weise auch über sie hinaus; es gebe keine Position, aus der wir *alles* sehen könnten oder auch nur einen *zentralen* Blick erhielten. Schließlich befänden wir uns im Bild und nicht *außerhalb*. Wir seien Teil des ›Schauspiels der Welt‹.«[21] Diese ›Präexistenz eines Blickes‹ entsteht, weil das Subjekt nur von einem Punkt aus sieht, aber sich in seiner Existenz von überall erblickt weiß. Die Menschen sind, so Lacan, im Hinblick auf ihr Dasein in der Welt ›angeschaute Wesen‹: »[…] in diesem Sinne erscheint uns das Schauspiel der Welt als allsehend.«[22] Lacan vergleicht das Phänomen des ›Allsehenden‹, das er auch das ›Blickregime‹ nennt, mit der Kamera und das ›Bild‹, von dem die Menschen ein Teil sind, mit der Fotografie. Die Kamera kann aus diesem Grunde etwas erfassen, was dem menschlichen Auge entgeht. »[…] auf dem Felde des Sehens ist der Blick draußen, ich werde erblickt, das heißt ich bin Bild/tableau. […] Durch den Blick trete ich ins Licht, und über den Blick werde ich der Wirkung desselben teilhaftig. Daraus geht hervor, dass der Blick das Instrument darstellt, mit dessen Hilfe das Licht sich verkörpert, und aus diesem Grund auch werde ich […] *photo-graphiert*.«[23] Der technische Blick der Kamera kann also ›Äußeres‹ erfassen, etwas, was dem menschlichen Blick von vornherein nicht zugänglich ist. Dies betrifft nicht nur das Subjekt und sein Verhältnis zur Welt, sondern auch eine Welt, die dem menschlichen Auge aufgrund von physiologischen Bedingungen nicht zugänglich ist.

In dem Text »Kleine Geschichte zur Photographie« (1931) stellt Walter Benjamin zum Verhältnis zwischen dem Vermögen des menschlichen Blickes und dem technischen Blick fest: »Es ist ja eine andere Natur, welche zur Kamera als welche zum Auge spricht; anders vor allem so, dass an die Stelle eines vom Menschen mit Bewusstsein durchwirkten Raums ein unbewußt durchwirkter tritt.«[24] Benjamin beschreibt, wie die Hilfsmittel der Fotografie, die Zeitlupe und Vergrößerung, einen mikroskopischen Blick ermöglichen und Strukturen in Geweben und Zellen sichtbar werden lassen. Die Fotografie erweitert den beschränkten Blick des Menschen auf die Welt, vergrößert die Wahrnehmungsperspektive und schafft damit andere Zugänge zur Welt. Die mikroskopischen Blicke entpuppen sich auch als Einblicke in Makrowelten. »Zugleich aber eröffnet

---

21 Ebd., S. 110. Hervorhebung im Original.

22 Ebd., S. 81.

23 Ebd., S. 113. Hervorhebung im Original.

24 Benjamin, Walter: »Kleine Geschichte der Photographie«, in: Walter Benjamin, Das Kunstwerk im Zeitalter seiner technischen Reproduzierbarkeit. Drei Studien zur Kunstsoziologie, Frankfurt a.M. 1963, S. 45-64, hier S. 50.

die Photographie in diesem Material die physiognomischen Aspekte, Bildwelten, welche im Kleinsten wohnen, deutbar und verborgen genug, um in Wachträumen Unterschlupf gefunden zu haben, nun aber, groß und formulierbar wie sie geworden sind, die Differenz von Technik und Magie als durch und durch historische Variable ersichtlich zu machen.«[25]

Auch Jeff Wall sieht in der Fotografie ein Unbewusstes der Welt in Erscheinung treten, das über das technisch, geometrisch Erfasste des fotografischen Bildes hinausgeht. In einem Interview mit der Kuratorin Arielle Pelenc geht Wall zunächst der Frage nach, inwieweit Fotografie nicht nur Repräsentation sein kann, sondern auch ein ›Bild‹ ist, das auf sein ›Außerhalb‹ verweist. »One of the problems I have with my pictures is that, since they are constructed, since they are what I call ›cinematographic‹, you can get the feeling that the construction contains everything, that there is no ›outside‹ to it […]. In the aesthetic of art photography as it was inspired by photojournalism, the image is clearly a fragment of a greater whole which itself can never be experienced directly.«[26]

Das Fragment, so beschreibt Wall weiter, weise jedoch auf das Ganze durch eine komplexe Typologie von Gesten, Objekten, Stimmungen und Verweisen. Das ›Außerhalb des Bildes‹ fordert von den im Bild sichtbaren Details ein, dass in ihnen eine Bedeutung liegt. Auf diese indirekte Weise spiegelt das Fragmentarische die Welt wider. Zudem verweist das Fragmentarische auf die Unvollständigkeit der Welt. Im kinematografischen Bild hat die Rezipientin den Eindruck, so Wall, dass das Bild ›in sich‹ vollständig ist. Das Bild ist auf diese Weise ein Mikrokosmos, der die Welt nicht im fotografischen Sinne darstellt, sondern wie ein symbolisches Bild oder eine Allegorie fungiert.

Im Verlauf des Interviews bezieht Jeff Wall dann die Frage nach einer anonymen Autorschaft, jener ›alles überblickenden Instanz‹ (Lacan) in seine Überlegungen zur Kinematografie ein: »The beauty of photography is rooted in the great collage which everyday life is, a combination of absolutely concrete and specific things created by no-one and everyone, all which becomes available once it is unified into picture.«[27] Diese Präsenz des alltäglichen Lebens entfaltet eine poetische Wirkung. In der Fotografie erscheint das alltägliche Leben als eine übersteigerte Wirklichkeit mit einer Vielfalt an Details. Das Aufeinandertreffen der Details kann keiner bestimmten Person zugesprochen werden. Die inszenierte Fotografie (Kinematografie) artikuliert, so Wall, vielmehr die Frage

---

25 Ebd., S. 50 f.

26 Wall, Jeff: »Interview. Arielle Pelenc in correspondence with Jeff Wall«, in: Phaidon Press, Jeff Wall (2002), S. 8-23, hier S. 9.

27 Ebd., S. 22.

nach einer anonymen Autorschaft. »Cinematography takes this over from photography, but makes it a question of authorship again. Someone is now responsible for the *mise en scène*, and that someone is pretending to be everyone, or to be anonymous, in so far as the scene is ›lifelike‹, and in so far as the picture resembles a photograph.«[28] In der inszenierten Fotografie wird auf diese Weise auch die Frage nach dem Vorhandensein einer allwissenden Erzählerin, die die Mise en Scène überblickt, gestellt. Eine inszenierte Fotografie ist insofern ›erzählerisch‹, weil die Betrachterin, wie Wall beschreibt, immer einen Vergleich zwischen der Inszenierung und der Zufälligkeit zieht, ohne jedoch eine eindeutige Antwort zu erhalten.

Die ›anonyme und allsehende Instanz‹, von der Jacques Lacan spricht, bezieht Jeff Wall zum einen auf die Eigenschaften der inszenierten Fotografie und zum anderen sieht er diese in einer politischen Dimension am Beispiel seiner illuminierten fotografischen Bilder. Die Frage nach dem ›Sichtbaren und Unsichtbaren‹ im fotografischen Bild bedenkt Wall also nicht nur auf phänomenologischer und philosophischer Ebene, er bezieht auch politische Dimensionen von Sichtbarkeit und Unsichtbarkeit, Kontrolle und Macht und die Frage nach einer Befreiung aus diesen Konstellationen ein. Dies tut er auch auf der Ebene der Produktion und der Auswahl des Sujets des fotografischen Bildes.

In einem Gespräch mit der Kunsthistorikerin Els Barents beschreibt Wall die Besonderheiten seiner beleuchteten farbigen Großbilddias, in denen die Tiefenschärfe von Fotografie, eine Projektionsästhetik und Entmaterialisierung des Bildes vom Film und von beleuchteten Werbetafeln eine Synthese eingehen. Anders als bei einem Gemälde, das von dem gleichen Licht beschienen wird wie der Raum, in dem die Betrachterin steht, stammt das Licht des illuminierten Großbilddias aus einer anderen, ›zweiten‹ Atmosphäre – die Fotografie wird von innen beleuchtet. »Meiner Meinung nach geht etwas grundlegend Faszinierendes von der Technik aus, und das rührt daher, daß es immer eine verborgene Stelle gibt – einen Kontrollraum, eine Vorführkabine, irgendeine Lichtquelle –, von woher das Bild kommt.«[29] Jeff Wall bezieht sich hier auf seine illuminierten Fotografien und auf die Technik im Allgemeinen. Auch beim Kinofilm wird deutlich, dass die Filmbilder nur entstehen und zu sehen sind, weil sie durch Licht projiziert werden. Zwischen der Transparenz der Bilder und der Lichtquelle, die ihr Erscheinen ermöglicht, liegt eine Differenz, die bei den Betrachtenden eine Distanz zum Dargestellten schafft. Bei einem Gemälde, so Wall, befindet sich das Bildgeschehen und damit das Erfahrungszentrum in einer greifbaren

---

28 Ebd. Hervorhebung im Original.

29 J. Wall: »Typologie, Lumineszenz, Freiheit« (1986), S. 100.

Nähe der Betrachterin. Bei einer Wiedergabe eines Bildes mit Hilfe von externen Lichtquellen bleibt der Bildursprung verdeckt und das Bild wird entmaterialisiert: »Das Bild entsteht immer woanders«[30]. Die Bildquelle bleibt den Betrachtenden auf der physischen und symbolischen Ebene verborgen. Wall kommt zu dem Schluss, dass das gleichzeitige Erleben von zwei Räumen, zwei Welten, eine zentrale Erfahrung der Modernität ist: »Es ist das Erlebnis der Loslösung, der Entfremdung. Dabei wird der Raum – der Raum innerhalb und außerhalb des Bildes – so erlebt, wie er im Kapitalismus wirklich ist: Es gibt immer eine Kontroll-, eine Projektionsstelle, die unzugänglich ist. Sie stellt ein klassisches Machtzentrum dar.«[31] Der Mensch kann sich aus der Ambivalenz zwischen Selbst- und Fremdbestimmung nicht lösen. Eine Veränderung (im Sinne einer ›Metamorphose‹) sei nur möglich, wenn die Vorgehensweisen des Kapitalismus adaptiert werden, um sie dann kritisch umzuformen. »Zu etwas, hinter dem wir her sind, werden wir einfach keinen Zugang haben. Wir sind zugleich in das Spiel einbezogen und von ihm ausgeschlossen. Technisches Gerät, so wie wir es gegenwärtig aus dem Kapitalismus heraus an uns erfahren, wiederholt dieses Schema empirisch in seinem Gefüge, das uns etwas sehr intensiv vermittelt und doch gleichzeitig von uns fernhält.«[32]

Die Annehmlichkeiten (Unterhaltung) und Arbeitserleichterungen, die die Technik schafft, stehen im Widerspruch zu der Entfremdung und Abhängigkeit, die sie ebenfalls generiert. In diesem Widerspruch befindet sich der Mensch seit dem industriellen Zeitalter. Besonders in den Städten wird diese Ambivalenz deutlich. Einerseits bietet das alltägliche Leben in Städten die Vorteile der Technisierung an – im Bereich der Fortbewegung (Rolltreppen, Fahrstühle, U-Bahnen) und der Unterhaltung (Kino, elektronische Werbetafeln, Public Viewing) – andererseits ist die Technisierung für eine Rationalisierung von Arbeit verantwortlich. Jeff Wall beschreibt in Bezug zu Karl Marx' Kritik an der Industriegesellschaft die gesellschaftliche Auswirkung der Technik. »Das Bevölkern der Stadt mit Maschinen, das im 18. und 19. Jahrhundert stattfindet, beschleunigt die Entkörperlichung der Figur [...].«[33] Durch die Technisierung sind komplexe Arbeitsprozesse, wie sie beispielsweise ein Handwerker ausführt, in einzelne Arbeitsschritte und -intervalle eingeteilt worden. Die Fabrik- und Akkordarbeit ver-

---

30 Ebd.

31 Ebd.

32 Ebd.

33 Wall, Jeff: »Einheit und Fragmentierung bei Manet«, übers. von Brigitte Kalthoff, in: Stemmrich, Jeff Wall. Szenarien im Bildraum der Wirklichkeit (2008), S. 235-248, hier S. 240.

anschaulicht diese Zerstückelung von Arbeit. Dies hat zur Folge, dass das Subjekt in Bezug zu seinen Tätigkeiten und zu seiner Arbeit eine Spaltung und Fragmentierung erlebt. Besonders in »Men waiting« zeigt Wall die Spaltung des Subjekts in Bezug zu Arbeitsverhältnissen und -chancen, verdeutlicht die Schwierigkeit einer Identitätsbildung des Subjekts und verortet diese Problematik in den urbanen Raum – dem Ort, an dem die Industrialisierung und Technisierung das Leben der Menschen am nachhaltigsten beeinflussen. An den Großbilddias ist Jeff Walls Kritik an den inhärenten Strukturen des Kapitalismus sehr gut nachvollziehbar. Die unsichtbare Macht, die vom Kapitalismus ausgeht und die Gesellschaft zwingt, sich den Regeln von Fortschritt, Wettbewerb und Leistungsstreben anzupassen, wird von Wall durch die verborgene Lichtquelle seiner illuminierten Großbilddias symbolisiert. Das von innen beleuchtete Bild schafft eine eigenständige Atmosphäre, die in die Lichtverhältnisse des Ausstellungsraumes eingefügt wird. Dies verändert die Rezeption des Bildes: Die Betrachtenden schauen in einen szenischen Raum, in dem ihnen Ausschnitte aus alltäglichen Welten vor Augen geführt werden, die eine Intensität und Präzision entfalten. Ein Wegsehen wird unmöglich gemacht.

Wie formuliert Jeff Wall hingegen in seinen Schwarz-Weiß-Fotografien seine Kritik an der unsichtbaren Macht des Kapitalismus? Wie generiert er in den Schwarz-Weiß-Fotografien eine Aufmerksamkeit für Menschen, Orte und Situationen, die normalerweise übersehen werden? Die Schwarz-Weiß-Fotografie führt einen anderen Differenzbereich ein als das farbige, illuminierte fotografische Bild. Im Sinne eines ›Negativbildes‹, das die Farbigkeit der Welt ausschließt, setzt die Schwarz-Weiß-Fotografie eine Differenz zwischen der farbig erscheinenden Realität und ihrem Bild. Da Farbensehen eine Wahrnehmung und Empfindung des Menschen ist, die im Wechselspiel zwischen Lichtbrechungen und Rezeptoren des Auges entsteht, ist Farbigkeit ein rein visuelles Phänomen und lässt sich zu jenem ›Vordergründigen‹ zählen, das Wall in Bezug zur Banalität der Fotografie beschreibt.[34] Durch die Subtraktion von Farbe scheint die Schwarz-Weiß-Fotografie einen ungeschminkten, unverstellten Eindruck der Welt wiederzugeben.

Kulturhistorisch bedingt werden Schwarz-Weiß-Fotografien als ursprünglicher Ausdruck eines fotografischen Bildes verstanden, da die Farbfotografie sich erst mit der Werbe-, Industrie- und Modefotografie und dem Fotojournalismus der 1930er Jahre und in der bildenden Kunst erst in den 1970er Jahren etablierte. Farbige Werbe- oder Modefotografien stimulieren und ästhetisieren das Begeh-

---

34 J. Wall: »Typologie, Lumineszenz, Freiheit« (1986), S. 104.

ren nach einem Produkt, da die Sinnlichkeit des Sehens als Produktinformation mitverwertet wird. Oder wie die Kunstwissenschaftlerin Jennifer Blessing es in Bezug zu Walls Interesse an der Schwarz-Weiß-Fotografie beschreibt: »[…] die künstliche Palette der ersten Farbverfahren erregte bei den Foto- und Filmpuristen Aversionen. Sie waren überzeugt, dass Schwarz und Weiß die Wirklichkeit getreuer wiedergibt, während die Farbe bloß betörende Reize ausstrahlt – gut für die visuellen Verführungskünste der Werbung, aber ungeeignet für die Wiedergabe der realen Welt.«[35] Die Schwarz-Weiß-Fotografie und der -Film, der als ›bewegte Fotografien‹ aus der Schwarz-Weiß-Fotografie hervorgegangen ist, waren seit ihrer Erfindung von der Funktion des Dokumentierens geprägt, sodass die »Bedeutung der Monochromie als Echtheitssiegel«[36] verstanden wurde.

Jeff Wall bezieht sich in seinen Schwarz-Weiß-Fotografien auf die Traditionen des neorealistischen Films der 1940er und 1950er Jahre, wie Filme von Roberto Rossellini, Vittorio De Sica, Luchino Visconti oder Frederico Fellini, und auf die gesellschaftskritische Street-Photography, wie die von Walker Evans, der in der Wirtschaftskrise der 1930er Jahre in Amerika Arbeitende und eine verarmte Landbevölkerung porträtierte. Zudem sind für Wall die Schwarz-Weiß-Serien von Edward Steichen, »The Family of Man«[37] (1951), und Robert Frank, »The Americans«[38] (1959), wichtige Bezugspunkte. Der sozialpolitisch-kritische Ansatz der italienischen neorealistischen Filmemacher und der amerikanischen Street-Photographer regt Wall an, Mitte der 1990er Jahre, als die Farbfotografie in der bildenden Kunst etabliert war, wieder auf die nun antiquiert erscheinende Schwarz-Weiß-Fotografie zurückzugreifen, um einen bestimmten Blick auf das moderne Leben und dessen ökonomische Zwänge zu lenken.

Im Gegensatz zu den illuminierten Großbilddias, mittels derer Wall die ›Kontroll- und Projektionsstrukturen‹ des Kapitalismus widerspiegeln kann, kann er in den Schwarz-Weiß-Bildern zeigen, dass sich das ›Versprechen des Kapitalismus‹ nicht einlöst. Der American Dream und der mit ihm verbundene Fortschrittsglaube, dass durch Warenproduktion Wohlstand für jeden ermöglicht wird, erweisen sich als ein Trugschluss, der jedoch in der kapitalistischen Gesellschaft als ›Traum‹ aufrechterhalten wird, um die negativen Auswirkungen des Kapitalismus zu verdecken. »Die sozialen Abhängigkeitsverhältnisse werden mit jeder produzierten Ware täglich Milliarden von Malen reproduziert. Ausbeutung

---

35 Blessing, Jennifer: »Jeff Wall in Schwarz und Weiß«, in: Guggenheim Museum Publications/Deutsche Guggenheim, Jeff Wall: Belichtung (2007), S. 8-35, hier S. 14.

36 Ebd.

37 Steichen, Edward: The Family of Man, Schwarz-Weiß-Fotografien, 1951.

38 Frank, Robert: The Americans, Schwarz-Weiß-Fotografieserie, 1959.

und Elend stehen weiterhin im Mittelpunkt gesellschaftlicher Erfahrung. [...]
Das mag an der Oberfläche der Gegenwartskultur nicht unmittelbar erkennbar
sein, aber unter dieser Oberfläche setzt sich der innere Konflikt fort.«[39] Diese
verborgenen sozialpolitischen Konflikte macht Jeff Wall in seinen fotografischen
Bildern mit unterschiedlichen Mitteln sichtbar. Der Wunsch nach einer Auf-
rechterhaltung des American Dreams, die Entfremdung des Subjekts von sich
selbst und seine Distanz zu Anderen und zur Natur werden von Wall in ihren
Spannungsverhältnissen gezeigt.

In vielen seiner Schwarz-Weiß-Fotografien widmet sich Wall, in Analogie zu
seinen kunsthistorischen Vorgängern des neorealistischen Films und der amerikanischen Street-Photography, der Arbeiterklasse und einer mittellosen Gesellschaftsschicht. Er macht durch diese Menschen noch auf andere urbane Schwellenorte aufmerksam: Innenräume, die von Stadtbewohnenden achtlos durchquert
werden oder nur von Stadtreisenden benutzt werden, und vor Blicken geschützte
Räume, wie Nebeneingänge und Einfahrten von Gebäuden. Diese Zwischenräume haben einen flüchtigen Charakter – auch die Menschen, die dort von Jeff
Wall fotografiert werden, halten sich selbst nicht lange an diesen Orten auf.

In »Housekeeping«[40] (1996) und »Volunteer«[41] (1996) zeigt der Künstler in
Niedriglohnjobs arbeitende Menschen, deren Arbeit und damit gesellschaftliche
Präsenz beinahe unsichtbar bleibt: In »Housekeeping« verlässt eine dunkelhäuti-
ge Arbeiterin gerade ein anonym wirkendes Hotelzimmer, das sie gereinigt und
neu hergerichtet hat; in »Volunteer« sieht man einen arbeitenden jungen Mann,
der mit leerem Blick den Fußboden eines Aufenthaltsraumes wischt und dessen
Arbeit eine verordnete Tätigkeit sein könnte. In anderen Fotografien sind Menschen zu sehen, bei denen aufgrund der außerhäuslichen Umgebung unklar ist,
inwieweit Armut oder Arbeitslosigkeit sie in eine Obdachlosigkeit geführt haben,
sie wirken dadurch besonders schutzlos: wie der auf seinem Fahrrad vor Müdig-
keit oder Verzweiflung gebeugte Mann in »Cyclist«[42] (1996), der die Figur des
Fahrraddiebes aus Vittorio De Sicas Film »Ladri di biciclette (Fahrraddiebe)«[43]
in die gegenwärtige Zeit transportiert und der vielleicht notgedrungen recycelba-
res Material aus dem Müll sammelt, der neben ihm liegt und ein Zeichen des
Massenkonsums ist. Die feucht wirkende Mauer, an der er mit dem Fahrrad
lehnt, bietet ihm eine Ruhepause und schützt ihn eine Weile vor den Blicken An-

---

39 J. Wall: »Typologie, Lumineszenz, Freiheit« (1986), S. 105.
40 Wall, Jeff: Housekeeping, Silbergelatineabzug, 203 cm × 260 cm, 1996.
41 Wall, Jeff: Volunteer, Silbergelatineabzug, 221 cm × 313 cm, 1996.
42 Wall, Jeff: Cyclist, Silbergelatineabzug, 213 cm × 295 cm, 1996.
43 De Sica, Vittorio: Ladri di biciclette, Schwarz-Weiß-Film, 90 Min., Italien 1948.

derer. Obwohl er im alltäglichen Stadtbild fast unsichtbar bleibt, ist er meistens einer Öffentlichkeit ausgesetzt, die ihn jederzeit verjagen kann. Auch die Frauen in »Rear, 304 East 25th Ave., Vancouver, 9 May 1997, 1.14 & 1.17 p.m.«[44] (1997), in »Night«[45] (2001) und »Forest«[46] (2001) scheinen von Wohnungslosigkeit betroffen zu sein und Orte des Unterschlupfs unter einer Brücke, im Wald oder in einem leer stehenden Haus gefunden zu haben. Auch an diesen Orten der Stadt wird gelebt und gewohnt, wenn auch nur notdürftig und temporär, denn jederzeit könnten die wohnungslosen Menschen vertrieben werden. Die Problematik einer versteckten Erwerbslosigkeit, die arbeitsfähige Männer unterschiedlichen Alters und Herkunft betrifft, macht Wall in »Men waiting« (2006) und »Tenants«[47] (2007) deutlich. Ihr Warten zeigt, dass sie keinen Platz mehr in der kapitalistischen Erwerbsgesellschaft einnehmen und wie die anderen Figuren – Wohnungslose, geringfügig beschäftigte Arbeiter und illegale Einwanderer – am Rande der Gesellschaft stehen.

Was führt dazu, dass Menschen am Rande der Gesellschaft stehen? Ist das Ausgegrenztsein der Figuren eine gesellschaftliche Konsequenz, wenn jemand im Reglement des Kapitalismus ›stolpert‹? Oder aufgrund des Alters, der Hautfarbe und Geschlechts aussortiert wird? Wie beeinflusst das Aussortiertwerden die Identität der Figuren? Was wird im Blick auf jene Momente des Stockens, die Jeff Wall mit seinem Figurenpersonal inszeniert, deutlich?

Wall berichtet, dass in seinen Bildern Gefühlsäußerungen oftmals stark unterdrückt werden. Emotionen sind bei seinen Protagonisten vorhanden, doch sie haben verlernt, diese zu zeigen. Stattdessen entstehen Übersprunghandlungen und unterdrückte Gesten, die Wall besonders in den Blick nimmt. »In ›Milk‹ zum Beispiel ist der Körper des Mannes steif und angespannt vor lauter Selbstkontrolle und Zurückhaltung. Was hier explodiert, ist das Objekt. In meinen Bildern findet sich eine Menge Nicht-Gestik oder nur sehr verhaltende, zwanghafte Gestik, das, was ich ›Mikrogeste‹ nenne.«[48] Dabei erfolgen diese zwanghaften, abrupten Gesten, so Wall, nicht zufällig, sondern sind durch die Gesellschaft determiniert worden und äußern sich durch das Individuum. Er geht davon aus, dass sich das unreflektierte gesellschaftliche Verhalten auf den Menschen derart

---

44 Wall, Jeff: Rear, 304 East 25th Ave., Vancouver, 9 May 1997, 1.14 & 1.17 p.m., Silbergelatineabzug, 247 cm × 363 cm, 1997.

45 Wall, Jeff: Night, Silbergelatineabzug, 229 cm × 300 cm, 2001.

46 Wall, Jeff: Forest, Silbergelatineabzug, 238 cm × 302 cm, 2001.

47 Wall, Jeff: Tenants, Silbergelatineabzug, 255 cm × 335 cm, 2007.

48 J. Wall: »Typologie, Lumineszenz, Freiheit« (1986), S. 102.

auswirkt, dass die sich immer mehr ›aufstauende Anpassung‹ in eine Regression führt:»An was man sich bei dieser Regression anpasst, ist nicht so sehr die Oberfläche der Gesellschaft, sondern das, was darunter steckt, die inneren Widersprüche. Diese Regression bezeichnet die Art und Weise, wie der Einzelne die gesellschaftliche Wahrheit lebt […].«[49] Die Widersprüche bezieht die Einzelne auf sich selbst und nicht auf ein Fehlverhalten der Gesellschaft. Die unterdrückte Wut äußert sich meist in Verzweiflung, Resignation und Ohnmacht. In dem, was Jeff Wall hier beschreibt, wird deutlich, dass der Mensch sich in einer gesellschaftlichen und individuellen Unfreiheit befindet. Eingespannt zwischen dem Reglement der kapitalistischen Gesellschaft und der Suche nach einer Identität ist das Subjekt einem Zwiespalt ausgesetzt, der von ihm nicht aufgelöst werden kann. Was jedoch möglich ist, so Wall, ist ein Bewusstwerden des Zwiespalts. Besonders mit dem Figurenpersonal, das ›am Rande der Gesellschaft‹ steht, führt Wall den Rezipierenden die Unfreiheit des Menschen in der kapitalistischen Gesellschaft vor Augen, und er unterstreicht, dass durch das Bewusstsein der Unfreiheit die Möglichkeit eines anderen Lebens denkbar wird. In Bezug zu Walter Benjamins Begriff der ›Ruinen der Bourgeoisie‹ sagt der Künstler:»Für mich ist die Figur des Menschen der unteren Mittelklasse und der Arbeiterklasse, ob Mann, Frau oder Kind, das exakte Abbild dieses Ruins. Hier ist auch der Bedürftige anzusiedeln, der durchweg der Arbeiterklasse, dem Subproletariat angehört. Allerdings lässt sich dieser ruinierte Mensch, diese ruinierte Klasse auch unter einem anderen, ja einem absolut entgegengesetzten Blickwinkel betrachten.«[50]

Jeff Wall räumt in seinen fotografischen Bildern den Protagonisten die Möglichkeit ein, anders zu handeln, als die Betrachterin es von ihnen erwartet. Durch wenige Gesten, Blicke und Haltungen zeigen die Protagonisten, dass sie sich ihrer Situation mehr oder weniger bewusst sind – dies ist der Moment, so Wall, aus dem Veränderungen hervorgehen können. Besonders in einer Krise, in der Infragestellung der Existenz, befindet sich der Mensch in einer Schwellensituation, in der er, so Wall, im gleichen Augenblick er selbst ist und nicht er selbst ist.[51] »Diese Nicht-Identität mit der eigenen Person ist der Keim jeder Veränderung, jeder Entfaltung«[52], argumentiert Wall und möchte daher »das Augenfällige des beschädigten Lebens und auch das Gegenteil davon […] zeigen, nämlich die Möglichkeit zu einem anderen Leben, das aus dem beschädigten als dessen Ne-

---

49 Ebd., S. 103.
50 Ebd.
51 Ebd., S. 104.
52 Ebd.

gation hervorgeht«[53]. Menschen, die von Arbeitslosigkeit oder Wohnungslosigkeit betroffen sind oder die aufgrund ihres Geschlechts oder ihrer ethnischen und religiösen Zugehörigkeit rassistische Diskriminierungen fürchten müssen, leben in ›Schwellensituationen‹ und befinden sich näher an der »Empfindungsgrenze, in der ein Mensch im gleichen Augenblick er selbst und nicht er selbst ist«[54]. Diese am Rande stehenden Menschen nehmen daher eine wichtige soziale Position ein, sie erzählen etwas von den Missständen der Gesellschaft und verweisen auf psychische Prozesse, die für jeden Menschen von Bedeutung sind.

In »Men waiting« (2006) und in »Bad Goods«[55] (1984) zeigt Jeff Wall in den demonstrativ wirkenden Nicht-Handlungen der Figuren auf, dass im Stocken eines Stehenbleibens und Verharrens ein Rest einer Selbstbestimmtheit und Würde liegt. Die Geste des ›Stockens‹, die ein Indiz für die Spaltung des Subjekts und eine Metapher für das Ausgegrenztwerden ist, wird nun ein Zeichen des Protests. Wall versucht, die Figuren, die Verlierer und Opfer des Kapitalismus sind und nur in dieser Rolle wahrgenommen werden, zu emanzipieren.

In »Bad Goods« schaut in einer industriellen, verwüsteten Landschaft ein seriös gekleideter Mann indigener Herkunft auf zwei weggeworfene Kisten und davorliegende verfaulende Eisbergsalatköpfe. Der Haufen von Salatköpfen, von denen einige vielleicht noch essbar sind, liegt in der Bildmitte, zwischen dem ernsten Blick des Mannes und dem Blick der Betrachterin der Fotografie. »Sowohl der Zuschauer als auch der Indianer haben den Salat im Auge und blicken sich dabei gegenseitig an. Aber der soziale Bezug zu diesem Salat ist für beide wahrscheinlich grundverschieden zu definieren.«[56] Es kann sein, dass der Mann indigener Herkunft den Salat zum Essen benötigt und dies der Grund ist, warum er sich an diesem Ort, wo neben industriellen Gebäuden Erd-, Betonschutt- und Müllhaufen zu sehen sind, aufhält. »Wie er den Salat wahrnimmt, wird teilweise bestimmt von der Klassenzugehörigkeit, von seiner Armut, die ganz typisch ist für [...] die eingeborene Indianerbevölkerung Britisch-Kolumbiens, meiner Heimat. Viele dieser Indianer leben in der Stadt offensichtlich als Opfer der modernen Zivilisation, der Landerschließung, des ›Fortschritts‹, des Kapitalismus. Als genau das werden sie oft hingestellt, als Opfer des Kapitalismus, und nicht als viel mehr.«[57] Doch der Mann in »Bad Goods« bleibt stehen und spiegelt durch

---

53 Ebd.

54 Ebd.

55 Wall, Jeff: Bad Goods, Großbilddia in Leuchtkasten, 229 cm × 347 cm, 1984.

56 J. Wall: »Typologie, Lumineszenz, Freiheit« (1986), S. 102.

57 Ebd.

seine Nicht-Handlung den urteilenden Blick des Gegenübers, der ihm unterstellt, dass er aufgrund seiner ethnischen Herkunft arm ist und daher im Abfall Nahrung zusammensuchen muss. Der Mann wird nicht zu dem Salathaufen gehen und entweicht so der Zuweisung, dass er ein ›Opfer‹ oder ein ›Bettler‹ ist. »Er wird nicht handeln. Darin besteht seine Handlung. Seine Unfreiheit ist ihm mehr wert als die Nahrung. Er ist nicht nur ein Opfer, er ist auch ein Kämpfer.«[58] Der Mann ist sich nicht nur seiner zugewiesenen Rolle in der kapitalistischen Gesellschaft bewusst, sondern er weiß auch, dass er dieser nicht entkommen kann. Solange er jedoch stehen bleibt und den Blick auf ihn erwidert, bewahrt er sich in seiner Unfreiheit die Möglichkeit eines Widerstandes. Er scheint mit seiner Haltung sagen zu wollen, dass er nicht das tun werde, was andere von ihm erwarten. Kaja Silverman analysiert das Blickgefüge in »Bad Goods«: »Wir erwarten, dass sich der Indianer der angefaulten Ware nähert, damit wir uns von ihm absetzen können, indem wir ihn entweder zum ›Bettler‹ oder zum ›Opfer‹ erklären. Der Indianer jedoch versteht nur allzu gut, was wir da von ihm wollen. Deshalb weigert er sich, so lange wir da stehen, auf den Eisbergsalat zuzugehen. Der direkte Blick, den er uns zuwirft, zwingt uns zu erkennen, was wir ihm antun wollen.«[59] Der Mann erwidert den Blick, der auf ihn fällt, und betrachtet also auch die Rezipierenden. Mit dieser Figur und Blickkonstellation gelingt es Wall, die Betrachtenden als Agitatoren von sozialpolitischen Zuschreibungen zu entlarven und in die politische Problematik von ›Identität und Nicht-Identität‹ mit einzubeziehen.

Auch in der Schwarz-Weiß-Fotografie »Men waiting« besteht die Handlung der Personen aus einer Nicht-Handlung. Anders jedoch als in »Bad Goods« untermauert die Nicht-Handlung in »Men waiting« das Vorurteil gegen eine mittellose Gesellschaftsschicht, von der viele Menschen leichtfertig annehmen, dass diese nicht arbeiten will oder nicht genügend hart arbeitet, um ihre ökonomische Situation zu verbessern. Jegliche Gesten bleiben ausgespart: Die Hände und Arme, mit denen Gesten ausgeführt werden könnten, liegen bei den Männern eng und regungslos am Körper oder stecken in ihren Hosen- und Jackentaschen. Dieses Ausbleiben von Gestik wirkt wie eine Sprachlosigkeit und eine Abwendung von der Gesellschaft. Jemand, der nicht aufbegehrt, obwohl seine physischen Kräfte es erlauben würden, schweigt aus Resignation oder Protest. Das, was die Männer in die Lage des Wartens auf Arbeit gebracht hat, ist jedoch nicht direkt greifbar und ein Aufbegehren erscheint damit sinnlos. Das Marktsystem ist abstrakt und für den Menschen unangreifbar geworden. In »The Stumbling

---

58 Ebd.

59 K. Silverman: »Totale Sichtbarkeit« (2003), S. 101 f.

Block«[60], einer farbigen, illuminierten Fotografie von 1991, lässt Jeff Wall in einer Geschäftsstraße eine junge Frau über einen Mann stolpern, der in einer Baseball-Ausrüstung quer auf dem Gehweg liegt. Ein Mann mit asiatischer Herkunft sitzt bereits auf dem Asphalt, und er scheint wie die junge Frau gegen sichtbare/unsichtbare Barrieren gestolpert zu sein. Wall zeigt auch hier, wer über die unsichtbaren und doch eindeutigen Hürden des Kapitalismus aufgrund seines Geschlechts oder ethnischer Herkunft stolpert.

Ähnlich wie in »Bad Goods« erscheinen die Männer in »Men waiting« als ›Opfer‹ des Kapitalismus, die nur noch ihre physische Kraft auf einem illegalen Arbeitsmarkt anbieten können. Sie gehören nicht mehr zur Leistungsgesellschaft des Kapitalismus, unterstützen diesen jedoch durch ihre geringfügig bezahlte Arbeit und bleiben so von dem Marktsystem abhängig, das sie ausschließt. Ihre ökonomische Unfreiheit ist eine Folge des kapitalistischen Systems. Wall argumentiert, dass die Menschen in einer antagonistischen Klassengesellschaft leben und alle Aspekte des Lebens daher zur Auseinandersetzung herausfordern: »Soziale Einheit in diesem Sinne gibt es im Kapitalismus nicht; folglich vermittelt in einem solchen System die Darstellung von Menschen immer auch ein Gefühl von einem ›Anderssein‹ […].«[61] Während die Betrachtenden in »Men waiting« der Reihe nach jede einzelne Figur von oben bis unten besehen können, um insgeheim nach Indizien in der Kleidung oder in den Gesichtern der Männer zu suchen, die sie von ihnen unterscheiden, wandern ihre Blicke in die Ferne, über die Straße und über die Betrachtenden hinweg. Im Gegensatz zu dem fotografischen Bild »Bad Goods«, in dem Jeff Wall durch die Figur des die Betrachtenden anschauenden Mannes indigener Herkunft Zusammenhänge zwischen Rassismus und Kapitalismus entlarvt, deckt er in »Men waiting« auf, inwieweit das sich auflösende Versprechen des Kapitalismus Menschen mit allen möglichen ethnischen Herkünften betrifft und zu ›Verlierern‹ des kapitalistischen Gesellschaftssystems macht. Einige der Männer, deren Gesichter zu erkennen sind, könnten auch aus der Mittelschicht stammen: ein älterer weißer Mann mit Vollbart und Sonnenbrille sowie ein Mann mit Kinnbart und Schirmmütze, um die fünfzig Jahre alt. Sie scheinen nicht nur einfache Arbeiter gewesen zu sein, sondern gehören vermutlich zu denen, die aufgrund ihres Alters keinen anderen Berufseinstieg mehr finden; auch einige Männer mit Bauhelmen sehen aus wie Facharbeiter, die aufgrund der Konjunkturlage vermutlich keine Festanstellung mehr ha-

---

60 Wall, Jeff: The Stumbling Block, Großbilddia in Leuchtkasten, 229 cm × 337 cm, 1991.

61 J. Wall: »Typologie, Lumineszenz, Freiheit« (1986), S. 104.

ben. Wall lenkt den Blick auf eine neue mittellose Klasse, in der auch weiße, aus der Mittelschicht kommende Männer von Arbeitslosigkeit betroffen sind und gemeinsam mit Immigranten und ungelernten Arbeitern einzig ihre physische Kraft auf einem illegalen Arbeitsmarkt anbieten können, um ihre Existenz zu sichern. Im Gegensatz zu weiblichen Prostituierten, die am Straßenrand auf Kunden warten und ihren Körper zur Schau stellen, ist das Bild von wartenden, ihren Körper anbietenden Männern in der Öffentlichkeit ein ungewohntes. »Men waiting« zeigt einzelne Personen und unterscheidet sich dadurch von Fotografien der Massenarbeitslosigkeit der Wirtschaftskrise aus den 1930er Jahren, in denen Arbeitslose in einer langen Schlange (›soup line‹) stehend auf die Essensausgabe warten.

Jeff Walls männliche Figuren am Straßenrand wirken aufgrund ihrer Nicht-Gestik, Nicht-Handlung wie Statuen. Der Gedanke, dass Wall den Betrachtenden ein modernes Arbeiterbild, durchaus auch im Sinne eines Mahnbildes für die negativen Seiten des Kapitalismus, vor Augen führen möchte, rührt aus der Vereinzelung und der erstarrten Haltung der Männer, die die Straße säumen. Jennifer Blessing bemerkt, dass die Männer aus großer Entfernung aufgenommen wurden, um der gesamten Szenerie mehr Gewicht zu verleihen.[62] Die Umgebung, die halbindustrielle Landschaft mit dem wolkenbedeckten Himmel, nimmt den größten Teil des Bildes ein und scheint die Figuren zu umschließen; dies ist, so Blessing, ein Merkmal des neorealistischen Films, in dem das Primat des Umfeldes über dem Individuum steht.[63] Sie sieht in »Men waiting« eine Analogie zu Jean Renoirs Film »La Règle du jeu (Die Spielregel)«[64] (1939): »Man fühlt sich an die Jagdszene in Jean Renoirs Film ›Die Spielregel‹ (1939) erinnert […]. Über Renoirs adeliger Jagdgesellschaft wölbt sich ein weiter Himmel, der sie gleichsetzt mit dem gehetzten Wild.«[65] Obwohl Wall ›day laborers‹ statt einer adeligen Gesellschaft zeigt, ist der Vergleich mit der Filmszene stimmig, da die Männer in »Men waiting« wie die Menschengruppe in Renoirs Film vor einer Landschaft vereinzelt und verloren wirken. Die Umgebung und das Verhältnis der Protagonisten zu ihr erzählen etwas über die Position des Subjekts in Bezug zur Gesellschaft – Wall verwendet dieses filmische Mittel der Platzierung von Figuren vor einem Panoramahintergrund, um die gesellschaftliche und soziale Situation der ›day laborers‹ zu verdeutlichen. Seine Fotografie wirkt wie ein Standbild aus einem Film.

---

62 J. Blessing: »Jeff Wall in Schwarz und Weiß« (2007), S. 20.
63 Ebd.
64 Renoir, Jean: La Règle du jeu, Schwarz-Weiß-Film, 110 Min., Frankreich 1939.
65 J. Blessing: »Jeff Wall in Schwarz und Weiß« (2007), S. 20.

In »Men waiting« haben die Männer keine inneren Beziehungen zum Ort und zur Arbeit – beides ist wechselhaft wie der wolkenbedeckte Himmel über ihnen. Die zwischen Landschafts- und Stadtbild changierende Fotografie verdeutlicht die Heimatlosigkeit und Entwurzelung der ›day laborers‹, die sich in einem existentiellen Schwellenzustand befinden. Die Stadtrandstraße, die Jeff Wall für sein modernes Arbeiterbild wählt, ist ein Ort des Dazwischens. Die Männer in »Men waiting« separieren sich zudem voneinander, und damit entgeht ihnen die Möglichkeit, sich als eine Gruppe im Sinne einer ›sozialen Einheit‹ zusammenzuschließen, um gegen Missstände des Kapitalismus anzugehen. Die Spaltung der Identität, die Wall als symptomatisch für die Moderne bezeichnet, untergräbt die soziale Zugehörigkeit und die Bildung von Interessensgruppen. Jeder der Männer steht allein und tritt notfalls nur für sich ein, denn auch am Rande der Gesellschaft – oder besonders hier – herrschen Konkurrenz und Abgrenzung. Durch diese Individualisierung entsteht der Eindruck, dass die Männer sich selbst gegenüber fremd fühlen: Sie sind »im gleichen Augenblick sie selbst und nicht sie selbst«[66].

Eine Antwort auf die Frage, ob sich die Männer aus ihrer ökonomischen und sozialen Unfreiheit herauslösen könnten, bleibt in der Schwebe: Auf der einen Seite scheint es möglich, da die Männer, die wie Statisten wirken, ihre Kleidung ablegen könnten, um in eine andere Rolle zu schlüpfen; auf der anderen Seite scheint sich jedoch die Resignation in ihr Verhalten eingegraben zu haben. Im Hintergrund der Schwarz-Weiß-Fotografie ist der teilweise verdeckte Schriftzug eines Firmenschildes zu lesen: Value Village. Es gehört somit zu einem Secondhandladen, der Teil einer Unternehmenskette ist, die sowohl mit Wohltätigkeitsorganisationen kooperiert als auch profitorientiert ist. Im Bild eingeschrieben reflektiert das Wort ›Value‹ (Wert) das Sujet des Bildes, den Wert von Arbeitskraft und Ressourcen.

---

66 J. Wall: »Typologie, Lumineszenz, Freiheit« (1986), S. 104.

Aufzeichnungen zu Kleidern und Städten

In seinem Film »Aufzeichnungen zu Kleidern und Städten«[1] (1989) interviewt der Regisseur Wim Wenders den Modedesigner Yohji Yamamoto in dessen Ateliers in Tokio und Paris. In dem von Wenders gesprochenen Text des Vorspanns denkt er über die Flüchtigkeit und Beliebigkeit des alltäglichen Lebens in einer sich globalisierenden Welt nach und fragt sich, welche Dinge die Identität des Menschen bestimmen und was ›Identität‹ ist: »Zu wissen, wo man hingehört, seine Mitte kennen, seinen Eigenwert? Zu wissen, wer man ist? Woran erkennt man eine Identität?«[2] Im Vergleich mit dem Leben in Städten veranschaulicht Wenders, wie flüchtig Identität ist. »Wir leben in den Städten, die Städte leben in uns ... die Zeit vergeht. Wir ziehen von einer Stadt in die andere, von einem Land in ein anderes, wir wechseln die Sprache, wir wechseln Gewohnheiten, wir wechseln die Meinungen, wir wechseln die Kleidung, wir verändern uns. Alles verändert sich, und zwar schnell. Vor allem die Bilder.«[3]

Hier wechselt der Vorspann zum Bild und die Zuschauerin sieht durch die Windschutzscheibe eines fahrenden Autos hinaus auf eine Autobahn, in der Ferne ist ab und an der Eiffelturm zu erkennen. Gleichzeitig hält Wenders eine digitale Kamera, in deren Display eine ähnliche Autobahnfahrt zu sehen ist, an das Bildfenster der Windschutzscheibe: Japanische Schriftzüge und Werbetafeln indexieren Tokio und fließen parallel zur Pariser Autobahn an der Betrachterin des Films rasch vorbei. Zwei weit auseinanderliegende Städte werden im Film visuell übereinandergelegt und damit vergleichbar. Für die Betrachterin wird deutlich, dass die japanischen Schriftzüge, die französischen Verkehrsschilder und der Eiffelturm Zeichen sind, mit denen Menschen sich in Städten orientieren und

---

1 Wenders, Wim: Aufzeichnungen zu Kleidern und Städten, Farbfilm, 78 Min., Deutschland 1989, DVD, Arthaus Collection, 2006.

2 Ebd., 01:34-01:42 Min., Transkription B.S.

3 Ebd., 01:56-02:14 Min.,.Transkription B.S.

sie benennen können. In der Geschwindigkeit des Autofahrens verschwimmen die Zeichen zunehmend und wirken flüchtig.

Während die Autofahrt weitergeht, führt Wim Wenders seine Gedanken zu der Frage, was Identität ist, weiter und reflektiert auch das Medium Film. In der medialen Entwicklung von der Malerei zur Fotografie und weiter zum Film sieht der Filmemacher einen Verlust an Originalität stattfinden. Er stellt fest, dass eine bildliche Originalität sich aufgelöst hat, denn das digitale Bild geht weder aus einem Negativ noch einem Positiv hervor: »Die Idee [...] vom Original ist hinfällig, alles ist Kopie, jede Unterscheidung scheint reine Willkür [...]. Identität ist ›out‹, aus der Mode gekommen, genau, und was wäre dann eben Mode, wenn nicht die Mode selbst, die ist immer ›in‹, sozusagen per Definition. ›Identität und Mode‹ – ist das also ein Gegensatzpaar?«[4] Mit dieser Frage leitet Wenders eine neue Szene ein. Er sucht den Modedesigner Yohji Yamamoto in Tokio auf und interviewt ihn. Dieser erzählt von seinen Kleiderentwürfen, von dem Leben in Städten und seiner Verbindung zur Fotografie. Aus diesen Querverbindungen entsteht ein essayistischer Film, in dem Zusammenhänge zwischen dem Leben in Städten, dem Tragen von Kleidung, dem Ausüben von Berufen und fotografischer und realer Wirklichkeit hergestellt werden. Wenders' und Yamamotos Beobachtungen zeigen, dass Stadtleben, Mode und Fotografie (Film) in einem kulturellen Beziehungsgefüge stehen, in dem der Körper des Subjekts auf unterschiedliche Weise präsentiert wird. Kleidung gibt dabei Aufschluss über gesellschaftliche Verhältnisse: Sie erzählt etwas über eine berufliche und soziale Stellung ihrer Trägerinnen und Träger und ist auch im 21. Jahrhundert ein Statussymbol. Die Frage der Identität ist hauptsächlich abhängig von der Sicht Anderer. In der Porträtfotografie sind die Physiognomie und der Kleidungsstil von Menschen ein stilistisches Merkmal. Oftmals wird aufgrund dieser in den fotografischen Blick geratenen Äußerlichkeiten auf den Charakter der Menschen und ihre Stellung in der Gesellschaft geschlossen.

Yohji Yamamoto versteht das Kleidermachen als eine Auseinandersetzung mit den Menschen: »In erster Linie und von Anfang an bedeutet Kleidermachen immer: an Menschen zu denken. [...] Was machen sie? Wie leben sie ihr Leben?«[5] In seinem Tokioer Atelier, an dessen Wänden eine Bildersammlung von Menschendarstellungen aus der Malerei, Kunstkatalogen, Magazinen und Zeitungen hängt, erzählt Yamamoto beim Durchblättern von August Sanders Porträtband »Menschen des 20. Jahrhunderts«, was ihn an diesen Fotografien besonders fasziniert: »Sehe ich mir heute die Leute in den Straßen der modernen Städ-

---

4   Ebd., 02:55-03:25 Min., Transkription B.S.
5   Ebd., 08:19-08:58 Min., Transkription der deutschen Untertitel B.S.

te an, kann man nur selten erraten, welchem Beruf sie angehören könnten. […] Zu jener Zeit damals sahen die Leute ihrem Beruf ähnlich, zeigten ihre Herkunft, es war wie eine Visitenkarte. Ihre Gesichter, das waren ihre Visitenkarten. […] Ihre Kleidung auch, ja. Deutlich weist ihre Kleidung auf ihre Berufe und ihr Leben hin.«[6] Mit den Fotografien Sanders gelingt es Yamamoto, einen Einblick in eine andere Zeit zu bekommen, in der das einen Wert hatte, was er Ende des 20. Jahrhunderts vermisst: die Übereinstimmung der Tätigkeit des Menschen mit seiner Kleidung und seiner inneren und äußeren Haltung.

Yamamoto beschreibt beim Ansehen der Fotografien seine Sehnsucht nach einer verlorengegangenen Kohärenz: »Darin findet man wirkliche Frauen und Männer. Ich meine Menschen, die … die Wirklichkeit selbst tragen. Sie haben keine Kleider an, sondern die Wirklichkeit.«[7] Die Kleidung kann also von dem Leben der Menschen erzählen. Die Kleidung ist dann nicht nur Mode, sondern sie ist eine ›zweite Haut‹, in die sich Zeit, Handlungen und die Körper der Trägerinnen eingeprägt haben. Dieser humanistisch gefärbte Realismus, den Yamamoto in Sanders Fotografien sieht und dem er in seinen Kleiderentwürfen nachspürt, hat Ähnlichkeiten mit der Ästhetik der Darstellung der Menschen im russischen Film zu Beginn des 20. Jahrhunderts. In den 1920er Jahren rückten in Russland aufgrund von politischen Umbrüchen die Gesichter von Arbeiterinnen und Arbeitern in den Vordergrund. Dies veränderte das bis dahin vorherrschende traditionelle Arbeiterbild, das Arbeiterinnen und Arbeiter von Natur umrahmt zeigte. Die Physiognomie und die Kleidung der Menschen waren im russischen Film nun im Detail zu sehen und gaben ihnen ein unverwechselbares Profil. August Sanders Fotografien zeigen nicht nur ähnliche detailreiche Porträtaufnahmen von Arbeiterinnen und Arbeitern und ihren Familien, sondern zudem auch noch viele andere Menschen aus unterschiedlichen Gesellschaftsschichten. Sein Anliegen war es, ein Porträt der Gesellschaft zu erstellen.

Sowohl Sanders Schwarz-Weiß-Fotografien als auch die russischen Filme der 1920er Jahre sind für Jeff Walls fotografische Bilder und seinen Umgang mit den Protagonisten von Bedeutung. Er engagiert, ähnlich wie die russischen Filmemacher, Laienschauspielende und lässt diese sich selbst darstellen. Durch das Miteinbeziehen der Menschen, um die es in den Filmen und in der Fotografie geht, erhalten diese eine Wertschätzung und erlangen eine Autonomie. In Filmen wie »Die Mutter«[8] (1926) von Wsewolod Illarionowitsch Pudowkin oder »Pan-

6   Ebd., 12:04-12:46 Min.

7   Ebd., 1:03:54-1:04:10 Std.

8   Pudowkin, Wsewolod Illarionowitsch: Die Mutter, Schwarz-Weiß-Film, 88 Min., Russland 1926.

zerkreuzer Potemkin«[9] (1925) von Sergei Eisenstein wird der Aufstand des Proletariats gegen Leibeigenschaft, Armut und Unterdrückung im Kaiserreich Russland erzählt. Der politische Umbruch, ausgelöst durch die Revolutionsjahre 1905 und 1917 und den Ersten Weltkrieg, in eine sozialistische Republik im Jahre 1921 rückte die Figuren des Proletariats, wie Bauern und Arbeitende, in den Vordergrund des russischen Films. Um diese gesellschaftlichen politischen Umbrüche im Sinne des neuen sozialistischen Systems zu erzählen, werden einzelne Figuren zu Stellvertretenden von Gruppen typisiert, die dann für die anderen sprechen; so gibt es ›den‹ Offizier, Bettler, Aristokraten und Bauern und ›die‹ Mutter. Wie Walter Benjamin in seinem Text »Zur Lage der russischen Filmkunst« (1927) schildert, wird eine herausgehobene Bedeutung der Schauspielenden oder gar eines Filmstars dabei für den russischen Film hinfällig: »Man sucht nicht ein für allemal einen Akteur, sondern von Fall zu Fall die erforderten Typen. Ja, man geht weiter. Eisenstein, der Regisseur des ›Potemkin‹, bereitet einen Film aus dem Leben der Bauern vor, in dem es überhaupt keine Schauspieler geben soll.«[10]

Der russische Film der 1920er Jahre gewinnt so an Aktualität und politischer Brisanz. Neben diesen Stellvertretenden des Volkes wird das Volk zudem auch als ein Körper, als aufbegehrende oder sterbende Masse in Szene gesetzt, wie beispielsweise die demonstrierenden, über Straßen laufenden Arbeitenden in Pudowkins Film »Das Ende von St. Petersburg«[11] (1927) oder die flüchtenden Menschen in Eisensteins berühmter Szene der Potemkin'schen Treppe in Odessa, die durch ein Massaker niedergestreckt werden. Eine unterdrückte Gesellschaftsschicht artikuliert sich. Durch das Filmen mit Laiendarstellenden und an Originalschauplätzen formuliert der russische Film die Stadt als einen realpolitischen Schauplatz, in dem die Arbeitenden gegen Arbeits- und Lebensbedingungen der Industrialisierung aufbegehren. Benjamin sieht in diesen Bedingungen des russischen Films die ›prismatische Arbeit des Films‹ greifen: »Und hier am menschlichen Kollektiv erst kann der Film jene prismatische Arbeit vollenden, welche er am Milieu begonnen hat. Kein anderes Mittel könnte dies bewegte Kollektivum wiedergeben […]. Dergleichen Szenen sind seit dem ›Potemkin‹ unverlierbarer

---

9   Eisenstein, Sergei: Panzerkreuzer Potemkin, Schwarz-Weiß-Film, 70 Min., Russland 1925.

10 Benjamin, Walter: »Zur Lage der russischen Filmkunst«, in: Walter Benjamin, Medienästhetische Schriften, hrsg. von Detlev Schöttker, Frankfurt a.M. 2002, S. 343-346, hier S. 345.

11 Pudowkin, Wsewolod Illarionowitsch: Das Ende von St. Petersburg, Schwarz-Weiß-Film, 105 Min., Russland 1927.

Besitz der russischen Filmkunst. [...] Wie hier die Beschießung von Odessa, so zeichnet in dem neueren Film ›Matj‹ (›Mutter‹) ein Pogrom gegen Fabrikarbeiter die Leiden der städtischen Massen wie mit Laufschrift in den Asphalt der Straßen ein.«[12]

Neben den Filmen, die von Aufständen der Arbeitenden in Städten erzählen, werden sozialistisch geprägte Filme auch an traditionellen Schauplätzen produziert, wie beispielsweise Alexander Dowschenkos Film »Die Erde«[13] (1930). Gerade hier verändern die neuen technisch ästhetischen Mittel des Films die traditionellen Darstellungen von Bauern: Aus Gruppenbildern mit Landarbeitenden auf einem Kornfeld unter einem endlos weiten Himmelpanorama tauchen einzelne Gesichter auf, die durch die Kameraeinstellung der Nahaufnahme plötzlich stark vergrößert werden. Wie in Eisensteins »Panzerkreuzer Potemkin« wird die Zuschauerin Zeugin von Gefühlsregungen, die durch die Großaufnahme der Kamera das ganze Format der Filmleinwand einnehmen. Zum ersten Mal in der Filmgeschichte sehen die Zuschauenden die das gesamte Filmbild einnehmenden Gefühlsregungen der Menschen, die zuvor ausschließlich in ihrer Umgebung eingebettet gezeigt wurden. In dem Format der Naheinstellung werden Nuancen und Übergänge von Gefühlen, wie Wut, Angst und Verzweiflung, in Langzeitaufnahmen gezeigt. Die Gesichter artikulieren etwas, das den Figuren der Arbeitenden oder der Bauern bisher versagt blieb, sie sprechen von ihrer Unterdrückung, Stimm- und Rechtlosigkeit und emanzipieren sich im kinematografischen Bild.

Walter Benjamin beschreibt diese Veränderung auch in Bezug zur Fotografie. Er stellt heraus, dass zu Beginn des 20. Jahrhunderts erstmals Menschen vor eine Film- oder Fotokamera traten, die aufgrund ihrer sozialen Stellung keinerlei Verwendung für ein Porträtbild von sich hatten: »Da gab zum erstenmal seit Jahrzehnten der Spielfilm der Russen Gelegenheit, Menschen vor der Kamera erscheinen zu lassen, die für ihr Photo keine Verwendung haben. Und augenblicklich trat das menschliche Gesicht mit neuer, unermeßlicher Bedeutung auf die Platte.«[14] Für Benjamin passt der Begriff Porträt nicht mehr zu der neuen Darstellung des menschlichen Gesichts im russischen Film. Die Menschen in den russischen Filmen emanzipieren sich und sind sich ihrer politischen Macht bewusst. Auch bei August Sander sieht er eine politisch relevante Umgangsweise, diesmal in der Fotografie, verwirklicht. »August Sander hat eine Reihe von Köpfen zusammengestellt, die der gewaltigen physiognomischen Galerie, die ein Ei-

---

12 W. Benjamin:»Zur Lage der russischen Filmkunst« (2002), S. 349.

13 Dowschenko, Alexander: Die Erde, Schwarz-Weiß-Film, 76 Min., Russland 1930.

14 W. Benjamin:»Kleine Geschichte der Photographie« (1963), S. 59.

senstein oder Pudowkin eröffnet haben, in gar nichts nachsteht, und er tat es unter wissenschaftlichem Gesichtspunkt. [...] Der Autor ist an diese ungeheure Aufgabe nicht als Gelehrter herangetreten, nicht von Rassentheoretikern oder Sozialforschern beraten, sondern [...] ›aus der unmittelbaren Beobachtung‹.«[15] Walter Benjamin gesteht Sanders Werk in den 1930er Jahren, als der Verlag einen Teil der von Sander nach Themen geordneten fotografischen Mappen in einem ersten Bildband herausbringt, eine politische, historische Bedeutung zu. Für Benjamin bieten Sanders Fotografien einen Einblick in eine politisch brisante und instabile Zeit. Der Zerfall der Weimarer Republik und die Bildung einer nationalsozialistischen Gesellschaft, so Benjamin, kann aus den Fotografien herausgelesen werden. »Machtverschiebungen, wie sie bei uns fällig geworden sind, pflegen die Ausbildung, Schärfung der physiognomischen Auffassung zur vitalen Notwendigkeit werden zu lassen. Man mag von rechts kommen oder von links – man wird sich daran gewöhnen müssen, darauf angesehen zu werden, woher man kommt. [...] Sanders Werk ist mehr als ein Bildbuch: ein Übungsatlas.«[16] Benjamin verdeutlicht hier die politische Aussagekraft, die fotografische und filmische Bilder entwickeln können, wenn sie Menschen und ihre Stellung in der Gesellschaft zeigen und dabei die repräsentative Funktion von Fotografie mitdenken.

Die soziale Herkunft, der gesellschaftliche Status und eine politische Gesinnung werden in Sanders Fotografien durch Details wiedergegeben: Physiognomie, Körperhaltung Kleidung und Accessoires werden als repräsentative Merkmale der jeweiligen Person in Szene gesetzt. Während Benjamin in Sanders Fotografien die Möglichkeit zu einer sozialen, politisch-historischen Reflexion sieht, ist der Modedesigner Yamamoto von der in Sanders Fotografien dargestellten Idealvorstellung einer Kohärenz von Beruf und Persönlichkeit fasziniert, die in der gegenwärtigen globalisierten, postmodernen Welt so nicht mehr existiert. Der Mensch erscheint in Sanders Perspektive als jemand, der genau das ist und sein will, was er in der Gesellschaft darstellt. In diesem Denkmodell wird ›Identität‹ als eine exakte Übereinstimmung von gesellschaftlicher Rolle und Persönlichkeit eines Menschen verstanden. Der Kunsthistoriker Ulrich Keller stellt in seiner kunstgeschichtlichen kritischen Analyse von August Sanders Porträtfotografie dessen Sichtweise von Beruf, Persönlichkeit und Stand in der Gesellschaft heraus: »In seinen Aufnahmen sind die Menschen ›mit Leib und Seele‹ Bauern, Arbeiter, Bäcker, Ärzte und Bankiers, d.h. die Arbeit ist ihnen nicht fremd, sie ist kein Zwang, sondern eigentlich das Medium, in dem sie sich persönlich verwirk-

---

15 Ebd.
16 Ebd., S. 60.

lichen, ›Charakter‹ annehmen. [...] Selbst die Landstreicher und Bettler werden uns als starke, ungebrochene Persönlichkeiten geschildert, die einen, wenn auch niedrigen Platz in der Gesellschaft ›ausfüllen‹.«[17] Doch diese Idealvorstellung von Identität stimmt nicht mit der divergierenden Gesellschaft der Weimarer Republik überein, in der Sander sein Porträtwerk anfertigte. Durch den politischen Wechsel vom Kaiserreich in eine junge, demokratisch-parlamentarische Republik entstanden immense gesellschaftliche Umbrüche, die gerade für die Weimarer Republik kennzeichnend waren. Neben den Gewerkschaften und sozialorientierten Parteien, wie den Sozialdemokraten, gab es ebenso tief verwurzelte Vorstellungen nach einer fest strukturierten, in Stände und Berufe gegliederten Gesellschaft.

Allein durch die Vielzahl der Porträtierten und ihre Unterschiedlichkeit wird deutlich, dass es sich um eine divergierende Gesellschaft handelt. Um sein querschnittartiges Bild der Gesellschaft in Deutschland repräsentativ zu gestalten, entscheidet sich August Sander für zwei Vorgehensweisen: Zum einen holt er Menschen aus unterschiedlichen Gesellschaftsschichten vor seine Kamera, und zum anderen löst er diese aus einem rein familiären, privaten Umfeld und positioniert sie in (halb-)öffentliche Räume. Keller weist darauf hin, dass Sander bemüht ist, jede soziale Gruppe in dem ihr eigenen Lebensraum darzustellen, jedoch so, dass »der Dargestellte nicht mehr so erscheint, wie ihn seine Familie kennt, sondern so, wie ihm jedermann begegnen kann, auf der Straße, am Arbeitsplatz, oder an anderen allgemein zugänglichen Orten«.[18] So fotografiert Sander beispielsweise einen Kölner Notar (1924) vor seinem Haus: Man sieht einen bebrillten, kurzbärtigen Mann in mittleren Jahren; in einem langen Ausgehmantel, unter dem ein hoher weißer Hemdkragen hervorlugt, mit Lederhandschuhen und einem breitkrempigen Hut bekleidet, steht er in glänzend geputzten Schuhen vor der Eingangstreppe seines Hauses. In der rechten, unbehandschuhten Hand hält er einen Spazierstock, der seine überaus gerade Körperhaltung noch unterstreicht. Mit der linken Hand umfasst er fest die Leine seines jungen schwarzen Dobermanns. Sander fotografiert den Notar vor seinem Haus nicht als einen Privatmenschen, sondern jedes Detail verweist auf seinen gesellschaftlichen Status als Vertreter des Bürgertums, der sich seiner etablierten Stellung bewusst ist.

---

17 Keller, Ulrich: August Sander. Menschen des 20. Jahrhunderts, hrsg. von Gunther Sander, München 1994, S. 54. Das Buch zeigt die fotografische Serie von: Sander, August: Antlitz der Zeit. Menschen des 20. Jahrhunderts, Schwarz-Weiß-Fotografien, 1929.

18 Ebd., S. 43.

Sanders szenische Verschiebung, den Menschen aus seiner rein privaten Sphäre herauszulösen, um sie an einem Ort zu zeigen, der zu ihrem alltäglichen oder beruflichen Lebensraum gehört, verstärkt das Augenmerk auf die Details von Physiognomie, Kleidung, Habitus und Statussymbole. Durch seine Fokussierung auf berufliche Attribute von Menschen und ihren Platz in der Gesellschaft definiert Sander im gleichen Zuge öffentliche Lebensräume. So fotografiert er beispielsweise verschiedene Bauernfamilien in sonntäglicher Kleidung, manchmal auch auf Stühlen platziert vor Waldrändern, um eine regionale Naturverbundenheit und die zahlreichen Generationen von Bauernfamilien vor dem Hintergrund einer Natursymbolik darzustellen. Viele der Landarbeitenden erscheinen vor verwitterten Wänden eines Schuppens oder Bauernhauses, vor Waldrändern oder an Wegen, die durch das Land führen.

August Sander zeigt Menschen nicht nur in ihrer Ausgeh- oder Sonntagskleidung als gläubige, sittsame oder standesbewusste Menschen, sondern bevorzugt sie in ihrer Arbeits- und Berufskleidung. In seinen Fotografien von Handwerkern halten die Männer jeweils ein Werkzeug in der Hand, wodurch auch einige Berufe dokumentiert wurden, die durch die Industrialisierung bereits im Verschwinden begriffen waren: Schlossmeister, Müller, Sattlermeister oder Töpfermeister. Deutlich wird in den Berufsbildern auch, dass Frauen keine handwerklichen Berufe ausübten, sondern entweder im Kontext von Familie, im Zusammenhang mit Landwirtschaft, Armut oder Exotik ins Bild rückten und erst allmählich in Berufen zu sehen sind, die in Städten ausgeübt werden konnten, wie Sekretärinnen und Stenografinnen oder auch als Musikstudentinnen. Die Ungleichgewichte zwischen männlichen und weiblichen Handlungsrollen im öffentlichen Leben sowie zwischen den gesellschaftlichen Schichten treten dadurch hervor, dass Sander die Fotos nicht hierarchisch strukturiert, sondern sie fotografisch gleich behandelt. Sander zeigt Jahrmarktschausteller, Hausierer, Bettler und Bedienstete ebenso wie Bankiers, Rechtsanwälte und Großindustrielle bei ihrer Arbeit. Ließen sich höhere Stände oftmals gerne »im Besitz von Berufsattributen, aber nicht eigentlich an ihrem Arbeitsplatz bei der tatsächlichen Ausübung beruflicher Tätigkeiten abbilden«[19], so fotografiert Sander diese in ihrer beruflichen Position. Sein Fokus lässt sich auf ein neu entstandenes Interesse an Berufsrollen zurückführen, das in den frühen 1920er Jahren besonders in der deutschen Malerei Resonanz fand. Maler der ›Neuen Sachlichkeit‹, wie Otto Dix, George Grosz oder Conrad Felixmüller, setzten sich in ihrer sozialistischen Haltung kritisch mit der divergierenden Gesellschaft der Weimarer Republik auseinander und zeigten mit ihren gemalten Figuren ein anderes Gesellschaftsbild. Bei Sander er-

---

19 Ebd., S. 44.

gibt die Sammlung verschiedener Berufsporträts ein gesellschaftliches Panorama von einer sich im Umbruch befindenden Gesellschaft.

Neben den Porträts von einzelnen Menschen, die immer auch eine bestimmte Gesellschaftsschicht und einen Stand vertreten, fotografiert August Sander auch Gruppen. Anders als die Darstellung von Familien oder Vereinen als Gruppenbild arrangiert er oftmals Arbeitende wie Jungbauern, Eisenbahner, Fabrikarbeiter oder Vagabunden zu einer monotonen Reihung. Die Menschen erscheinen in der Fotografie »als Angehörige einer spezifischen Alters-, Berufs- oder Sozialgruppierung [...]. Die auffällig parataktische, jede Interaktion ausschließende Anordnung unterstreicht den Mangel an persönlicher oder sonstiger genuiner Bindung zwischen diesen Menschen. Der Photograph hat sie nur deshalb vor der Kamera aufgereiht, um dem Betrachter einen ›querschnitthaften‹ Begriff von der Variationsbreite menschlicher Typen innerhalb eines gegebenen sozialen Feldes zu vermitteln.«[20]

In der Fotografie »Straßenarbeiter« (Ruhrgebiet, 1928/1929) lehnen drei junge Arbeiter mit Schirmmützen an einem Eisengeländer in der Nähe einer Fabrik und schauen, wie fast das ganze Bildpersonal in Sanders Fotografien, direkt und ruhig in die Kamera. Sie halten jeweils in der rechten Hand Werkzeuge, die für den Straßenbau benötigt werden, eine Schaufel, eine Brechstange, einen Eisenstampfer und stehen auf einem lehmigen Boden, dessen Pflasterung sie bald vornehmen werden. Die Arbeiter gleichen sich in der Haltung und in ihrer Kleidung: Sie alle tragen feste, staubige Arbeitsschuhe, zerschlissene Stoffhosen und Arbeitshemden, zwei von ihnen haben ein verschlissenes Jackett übergezogen. Deutlich sind in ihrer Kleidung Tragefalten, Ausbeulungen des Stoffes, Verschleißspuren, Staub und Schmutzstellen zu erkennen. Sander verwendet für seine Figurenreihungen die Halbtotale, sodass die Menschen von Kopf bis Fuß betrachtet werden können und ihre Gesichter trotzdem deutlich zu erkennen sind. Doch im Gegensatz zu der Kleidung oder anderen Texturen, wie eine Hauswand, ein Waldrand oder eine Holztür, zeichnen sich in den Gesichtern wenig Kontraste ab, es sei denn, Sander fotografiert ältere Menschen, deren Haut ebenso Falten wirft wie ein Stoff. Die Gesichter haben eine geringere Kontrastschärfe als die Oberflächen von Baumwolle, Leinen, Stein oder Holz. Gerade die Berufsstände der Bauern und Handwerker tragen Stoffe, die robust sind, sie bewegen sich im Freien und ihre Gesichtshaut und Hände ähneln dem groben Gewebe ihrer Kleidung. Stoffe aus Wolle, Seide oder auch Leder haben fließende oder glatte Oberflächen, die kaum Falten werfen. Der Eindruck des Realen, den Sanders Foto-

---

20 Ebd., S. 65.

grafien hervorrufen, ist gerade in den Bildern am intensivsten, in denen deutlich Details – die Webung eines Stoffes, einzelne Faltungen, Ausbeulungen oder Verfärbungen auf der Textur oder in einem Gesicht, wie Altersfalten, Sommersprossen und Bartstoppeln, oder hervorstehende Adern auf Händen – zu erkennen sind. Diese Unebenheiten in den Oberflächen bieten besonders für die Schwarz-Weiß-Fotografie Spektren von Grautönen, sodass in der visuellen Oberfläche der Fotografie die aufgeworfenen Oberflächen der Texturen scheinbar eingezeichnet werden. Aufwürfe, Knicke und Dellen, die gerade in weiche Materialien wie Stoff oder Haut einsinken, hinterlassen auf diese Weise in der Fotografie eine visuelle Spur und rufen, wie die Kunsthistorikerin Christina Pack in ihrer Untersuchung zu Kleidung, Falten und Fotografie feststellt, zum »visuellen Befühlen der Bilder«[21] auf. In ihrer Betrachtung zu Wolfgang Tillmans' Fotografien von ausgezogenen Kleidungsstücken aus der Reihe »Faltenwürfe«[22] (1980) schreibt sie: »Kleidung erscheint in seinen Bildern als ›Kontaktabzug‹ des Körpers. Die Fotografien selbst wiederum als ›Kontaktabzüge‹ der Kleidung. Die unmittelbare Berührung von Stoff und Haut entspricht dem Kontakt zwischen Realität und Fotografie im Moment der Belichtung des Negativs.«[23] Diese Plastizität und Materialität erzeugt eine Präsenz, die im Betrachten des fotografischen Bildes immer wieder von Neuem aufgerufen werden kann.

Auch in August Sanders Fotografie mit den drei Arbeitern im Ruhrgebiet stimmt die verschlissene, ausgebeulte und verschmutze Kleidung mit den unsorgfältig rasierten Gesichtern der Männer überein und schafft in der Schwarz-Weiß-Fotografie raue Oberflächen, die auf die Betrachtenden über achtzig Jahre später noch wie eine kurz zuvor stattgefundene Anstrengung durch körperliche Arbeit wirken. Der Ort der Fotografie – der noch zu bepflasternde Weg und die Fabrik im Hintergrund – unterstreicht, dass August Sander die Arbeiter genau an dem Ort fotografiert, an dem sie gerade arbeiten. In dieser Kohärenz zwischen Arbeitskleidung und Körper, Tätigkeit und Ort entsteht der Eindruck von Identität: Die Betrachtenden sehen die Männer als das, was sie zu sein vorgeben. Sander produziert ein harmonisches Bild, das auf einer Idealvorstellung beruht: Jeder Mensch hat in der Gesellschaft seinen angestammten Platz und dadurch eine Zugehörigkeit. Heute ist Kleidung ein Statussymbol wie auch ein Massenprodukt. Die Männer in Jeff Walls fotografischem Bild »Men waiting« tragen eine

---

21 Pack, Christina: Dinge. Alltagsgegenstände in der Fotografie der Gegenwartskunst, Kunstgeschichtliches Seminar der Humboldt-Universität zu Berlin (Hg.), Berlin 2008, S. 120.

22 Tillmans, Wolfgang: Faltenwürfe, Farbfotografien, 1980.

23 Ebd.

alltägliche, berufsunspezifische Kleidung, wie Jeans, Kapuzenpullis und Wetter-jacken, die als preiswertes Massenprodukt vermutlich in Ostasien hergestellt wurden. Seit den 1990er Jahren ist diese sogenannte ›Outdoor-Kleidung‹, die ur-sprünglich für den Sportbereich hergestellt wurde, in den Bereich der Alltags-und Straßenkleidung gerückt. Nicht alle Kleidungsstücke passen den Männern, sodass man vermuten kann, dass einige Hosen und Jacken Secondhandware sind. »Men waiting« ähnelt August Sanders Gruppenporträts von Arbeitern insofern, dass die Männer am Straßenrand eine Reihe bilden und das Bild dadurch takten; doch im Gegensatz zu Sanders Aufnahmen von spezifischen Berufsständen sieht man in »Men waiting« eine vereinzelte, anonyme Gruppe von Männern, die we-der miteinander in Kontakt stehen noch zu irgendeiner Berufsgruppe gehören. Walls Fotografie spiegelt eine weit reichende Anonymität wider: Die Männer be-sitzen keinerlei Berufsidentität mehr, sie verdingen sich für jede Arbeit, die ih-nen angeboten wird, sie sind nicht in eine bestimmte regionale Landschaft oder Räumlichkeit eingebettet, sondern stehen am Rand einer Straße, die fast überall, in jedem industriellen Land liegen könnte. In »Einheit und Fragmentierung bei Manet« (1984) beschreibt Wall den Stellenwert des Körpers im Kapitalismus: »Im Kapitalismus sind alle Körper als einheitliche Funktionen von Produktion und Austausch entworfen, und sie können als Körper nur insofern überleben, als sie sich als Teilfunktionen im Prozeß der Schaffung von Mehrwert erweisen.«[24] Das Ideal einer harmonischen Konstellation, einer Ganzheit von Tätigkeit und Körper, Arbeitsort und Lebensraum, wie Sander es in seinen Fotografien ent-warf, existiert im Zeitalter des Spätkapitalismus nicht mehr, da der Körper Teil der Produktion und des Warenhandels geworden ist. Die Männer in »Men wait-ing« stehen als Figuren für eine gesellschaftliche Separation, Fragmentierung und Heimatlosigkeit im 20./21. Jahrhunderts.

Wie Wim Wenders im Vorspann seines Films »Aufzeichnungen zu Kleidern und Städten« feststellt, sind der Wohnort, die Kleidung, die berufliche Tätigkeit und die Art und Weise zu leben (aus-)wechselbar, und gerade dieser Umstand kenn-zeichnet die postindustrielle Zeit. Der Soziologe und Philosoph Zygmunt Bau-man beschreibt dies als einen Übergang zur ›flüchtigen Phase‹ der Moderne.[25] Der Mensch ist den ›Unwägbarkeiten des Waren- und Arbeitsmarktes‹ ausge-setzt, und dies fördert die Spaltung und Fragmentierung einer Gesellschaft, die schon lange nicht mehr als eine ›fest gefügte Struktur oder fest gefügtes Ganzes‹

---

24 J. Wall: »Einheit und Fragmentierung bei Manet« (2008), S. 242.

25 Bauman, Zygmunt: Flüchtige Zeiten. Leben in der Ungewissheit, aus dem Englischen übers. von Richard Barth, Hamburg 2008, S. 7.

verstanden wird. Die Gesellschaft wird als Netzwerk und »als Matrix wahrgenommen und behandelt, die aus zufälligen Verbindungen und Trennungen sowie aus einer im Prinzip unendlichen Fülle möglicher Permutationen besteht«.[26] Diese Auflösung von längerfristigen Bindungen, Planungen und Denken führt dazu, dass »die politische Geschichte wie auch das Leben jedes Einzelnen zu einer Reihe kurzfristiger Projekte und Episoden aneinandergefügt wird, deren Anzahl im Grunde unendlich ist und die sich keineswegs zu Sequenzen verbinden«.[27] Der Umgang mit dieser Unstetigkeit und Offenheit fordert von den Menschen ein hohes Maß an Flexibilität und Eigenverantwortung, denn »man erwartet nunmehr, dass der Einzelne ein ›frei Wählender‹ wird, der sämtliche Konsequenzen seiner jeweiligen Wahl trägt. Die Risiken, die jede Entscheidung mit sich bringt, mögen von Kräften verursacht werden, die jenseits des Begreifens und der Handlungsfähigkeit des Einzelnen liegen, und doch ist es das Schicksal und die Pflicht des Einzelnen, den Preis dieser Risiken zu zahlen [...].«[28] So erscheint auch eine längere Arbeitslosigkeit als selbstverschuldet.

Die Männer in »Men waiting« veranschaulichen diese Situation, sie entsprechen dabei nicht dem Fortschrittsstreben des Kapitalismus und sind auf die Auswahl der potentiellen Auftraggeber angewiesen. Bleiben diese aus, werden sie kein Geld verdienen: Sie tragen das Risiko der Armut allein. Der Fortschrittsgedanke hat sich vom Beginn des Kapitalismus bis zum 20. Jahrhundert geändert: »Fortschritt wird nicht mehr im Kontext eines Vorwärtsdrängens gedacht, sondern mit dem verzweifelten Versuch in Verbindung gebracht, im Rennen zu bleiben.«[29] Die ›day laborers‹ symbolisieren eine Gruppe von Menschen, die im kapitalistischen System nicht mehr mithalten können. Für viele Menschen ist der Druck, sich beruflich und privat weiterzuentwickeln und Anteil an der sich rasant verändernden Gesellschaft zu nehmen, sehr groß geworden. Der Optimierungsgedanke greift in viele Lebensbereiche ein: in die Ausübung eines Berufes, in ökonomische Lebensbedingungen und in die Identitätsbildung, die wiederum mit der Tätigkeit und dem Lebensstandard eng verbunden ist.

Jeff Wall zeigt im illuminierten Großbilddia »Overpass«[30] (2001) eine Szenerie, die von diesem Getriebenwerden und -sein erzählt. Auf einem Gehweg, entlang eines abgezäunten Gebäudes, gehen vier Menschen mit ihren Gepäckstücken entlang und ergeben eine zusammengewürfelte Gruppe: eine junge Frau

---

26 Ebd., S. 9.
27 Ebd.
28 Ebd., S. 10.
29 Ebd., S. 151.
30 Wall, Jeff: Overpass, Großbilddia in Leuchtkasten, 214 cm × 273 cm, 2001.

mit schwarzen Haaren und zwei vollgepackten Tragetaschen, ein weißer Mann mittleren Alters mit einem Beutel und einem Rollkoffer, ein dunkelhäutiger Mann mit drei Sporttaschen und eine vierte Person, von der nur Turnschuhe zu sehen sind. Diese Frauen und Männer mit unterschiedlichen ethnischen Wurzeln, beruflichen Tätigkeiten und vermutlich unterschiedlichen Aufenthaltsstatus repräsentieren den flüchtigen, zur Flexibilität gezwungenen Menschen der Postmoderne. Der Künstler zeigt nicht, wohin die Menschen mit ihren paar Habseligkeiten gehen, ob sie vielleicht auf dem Weg zu einem (Bus-)Bahnhof, Flughafen oder Parkplatz sind. Die Gruppe in »Overpass« spiegelt eine Gesellschaft wider, die durch Globalisierung heterogen geworden ist.

Der Titel »Overpass« (Überführung) ist eine Metapher für ein unfreiwilliges Unterwegssein der Menschen. Das gegenwärtige Leben ist ein ›Leben in der Ungewissheit‹, so Bauman, und dies bedeutet mit »der zunehmenden Fluidität der wählbaren Lebensformen und der Dialektik von Angst und Sicherheit, mit dem Wachsen sozialer Ungleichheit und dem ›Überflüssigwerden‹, mit der Globalisierung und dem Permanenzstatus des ›Flüchtlings‹«[31] umzugehen. ›Flüchtlinge‹ sind also nicht nur vor Krieg, Unterdrückung und Armut flüchtende Menschen aus Krisenländern, sondern ebenso Menschen aus industriellen Ländern und jene, die aus dem kapitalistischen Gefüge des stetigen Wechsels und Konsums herausgefallen sind. Jene Arbeits- oder Wohnungslosen müssen flexibel bleiben, das heißt, sie sind gezwungen, die gleichen Strategien des postindustriellen Kapitalismus beizubehalten, um ihre Existenz für einen temporären Zeitraum sichern zu können. Sie leben im Gegensatz zu den direkten Konsumenten von deren Abfall- oder Restprodukten.

In verschiedenen Fotografien macht Jeff Wall auf diese Seite des Kapitalismus aufmerksam, beispielsweise in dem bereits geschilderten Bild »Bad Goods« (1984) mit einem Mann britisch-kolumbianischer Herkunft und einem Karton mit weggeworfenen, faulenden Eisbergsalaten an einer Müllhalde oder auch in der Fotografie »Abundance«[32] (1985), deren Titel übersetzt sowohl Wohlstand als auch Überfülle bedeuten kann. Abfall ist zu einem wichtigen Produkt des Kapitalismus geworden: »Würden die Leute bei ihrer Kleidung, ihren Computern, Handys und Kosmetika von gestern bleiben, dann wäre das eine Katastrophe für ein Wirtschaftssystem […], in dem Abfallbeseitigung zu den innovativsten Industriezweigen zählt.«[33] Armut oder Wohnungslosigkeit zwingt Menschen dazu, in Abfällen nach wieder- oder noch verwertbaren Materialien zu suchen; so ge-

---

31 Z. Bauman: Flüchtige Zeiten (2008), Text auf Bucheinband.

32 Wall, Jeff: Abundance, Großbilddia in Leuchtkasten, 223 cm × 122 cm, 1985.

33 Z. Bauman: Flüchtige Zeiten (2008), S. 152.

hören beispielsweise in industriellen Ländern nicht nur Wohnungslose, sondern auch von Armut betroffene Menschen, die in Abfalleimern nach Pfandflaschen, Essensresten oder anderen noch brauchbaren Gegenständen suchen, zum alltäglichen Stadtbild. Auch sogenannte Müllsucher, wie die ›Pepenadores‹ Lateinamerikas, die auf Abfallhalden am Rande von Megacities leben und dort zum einen ihre Nahrung finden und zum anderen Materialien, wie Plastik, Blech, Papier oder Flaschen, sortieren, um diese zu Kilopreisen an Rohstoffhändler zu verkaufen, leben vom und im Wohlstandsmüll.

Wie mit Fortgeworfenem und Aussortiertem noch immer verschiedene Facetten des Begehrens hervorgerufen werden können, zeigt Wall in seiner Fotografie »Abundance«: Zwei ältere Frauen sind in einem spärlich beleuchteten und provisorisch holzvertäfelten Lagerraum zu sehen und suchen Kleidung aus einem großen Pappkarton. Auf dem Karton klebt ein Zettel mit dem handschriftlichen Hinweis ›Free‹. Die im Vordergrund stehende, grauhaarige Frau mit runden Gesichtszügen hat sich bereits ihr Outfit zusammengesucht und angezogen, während die andere, schwarzhaarige Frau mit britisch-kolumbianischer Herkunft noch im Karton nach Passendem sucht. Statt werbewirksamen Klischees, wie die gängige Verbindung von Jugendlichkeit, modischer Kleidung und einem unversehrten und daher begehrenswerten Körper, sehen die Rezipierenden in Walls Fotografie eine in der Konsumgesellschaft wenig attraktive Verbindung von Alter, Armut, Gebrauchtkleidung und vom Leben gezeichneten Körpern. Wall vermeidet eine klischeehafte Darstellung von ›Bettlerinnen‹, indem er eine der Frauen eine Pose ausführen lässt, die an Darstellungen aus der Geschichte der Malerei erinnert: Die grauhaarige Frau stellt ihren linken Fuß leicht nach vorne, sodass ihr beschuhter Fuß zu sehen ist, und gleichzeitig rafft sie mit der linken Hand den Stoff ihrer Oberteile zusammen. Dieses Posieren für die Kamera und insbesondere das Raffen der Kleidung, das das Material der Kleidung hervorzuheben scheint, ihr ausgestellter Fuß und auch ihr kindliches Gesicht erinnern an Diego Velázquez' Gemälde »Las Meninas«[34] (1657) und auch an einige Frauenporträts von Édouard Manet, in denen die Berührung mit dem Kleiderstoff eine erotische Qualität erhält, wie beispielsweise in dem Gemälde »La Dame aux éventails«[35] (1873). Zudem parodiert die ältere Frau in »Abundance« mit dieser Geste das Posieren vor einer Kamera für Fotos in Modemagazinen und scheint kurz von der Bettlerin in die Rolle eines Models zu schlüpfen. Die Frau im Hintergrund übernimmt dagegen die Rolle einer eifrigen Konsumentin, die nach

---

34 Velázquez, Diego: Las Meninas, Öl auf Leinwand, 318 cm × 276 cm, 1657.

35 Manet, Édouard: La Dame aux éventails, Öl auf Leinwand, 113 cm × 166 cm, 1873.

Sonderangeboten sucht. Farblich ist das Outfit der grauhaarigen Frau überaus modisch abgestimmt. Die Braun- und Grautöne der verschiedenen Stücke harmonieren miteinander, doch bei näherer Betrachtung fällt auf, dass sie fünf verschiedene Oberteile – eine Bluse, ein Hemdkleid, ein Jackett, eine Trainingsjacke und eine Lederjacke – übereinandergezogen hat. Dieses Cross-over birgt einen praktischen Vorteil in sich, denn je nach Jahreszeit lassen sich die Stücke einzeln verwenden oder sie halten in Schichten angezogen die Trägerin warm. Auf der anderen Seite spiegelt die ältere Frau durch ihre Vielzahl an Kleidungsstücken und mehreren Handtaschen, die sie in der anderen Hand hält, die Habgier und Eitelkeit einer typischen Konsumentin wider.

Jeff Wall reflektiert den Umgang mit Kleidung und zeigt damit unterschiedliche Facetten des Kapitalismus auf: Kleidung als modischer Artikel, der nach einer Saison zum Abfallprodukt wird, als Recyclingprodukt und als Projektionsfläche für Identitätsbildung. Dabei verdeutlicht er, dass die Fotografie Teil dieser konsumorientierten Prozesse ist, in denen es um Begehrlichkeiten und Identitätsfragen geht. Der Blick der älteren Frau spielt mit der Kamera, als sei diese ein Spiegel: Ihre Identität entsteht in der Gewissheit des Angesehenwerdens. Wall verortet dieses ambivalente Spiel mit der Mode, Armut und Identität in einen fensterlosen Raum, der eine Dachkammer oder ein Keller sein könnte. Abgeschirmt von einem Außen erscheint diese Szene wie ein Kammerspiel, in dem nur der Blick des Fotografen (bzw. der Betrachterin) die Rolle einer Öffentlichkeit einnimmt. Die Bedürfnisse von armen und alten Menschen werden in der gegenwärtigen Gesellschaft nicht ausreichend beachtet. Der verborgene Raum in der Stadt, den der Künstler für diese Szene wählt, verdeutlicht eine Ausgrenzung, die diese Frauen im alltäglichen Leben erfahren.

Zwanzig Jahre nach Jeff Walls konsum- und sozialkritischer Fotografie »Abundance« ist ›Homeless-Chic‹ zu einer Modeerscheinung geworden. Der Modedesigner Patrick Mohr engagierte im Jahr 2009 männliche Obdachlose als Models und schickte sie mit weiß geschminkten Gesichtern in langen Mänteln, Ponchos mit Kapuzen und Patchwork-T-Shirts während der Fashion Week in Berlin auf den Laufsteg.[36] Die Designerin Vivienne Westwood ließ für ihre Herbstkollektion 2010 in Mailand hauptsächlich männliche Models mit einem Cross-over-Look in zotteligen Mänteln mit Einkaufswagen, Plastiktüten oder löchrigen Schaumstoffmatten über den Laufsteg ziehen.[37] Die deutsche Vogue zeigte 2012 eine Fotostrecke mit weiblichen Models im ›Homeless-Chic‹, die mit Einkaufs-

---

36 Höller, Katharina: »Berlin Fashion Week: Patrick Mohr – Patron der Heimatlosen«, in: Süddeutsche Zeitung, http://sz.de/1.113931 vom 2.7.2009.

wagen, Plastiktaschen und mehreren Designerhandtaschen auf einer Straße posieren und dabei Walls Figur in »Abundance« sehr ähneln. Im urbanen Hintergrund der Vogue-Fotografien sind die Schriftzüge der exklusiven Modemarken an Schaufenstern von Boutiquen zu lesen, sodass eine unmittelbare Zuordnung zwischen Kleidung und Marke erfolgt. In allen drei Beispielen aus der Modewelt wird mit dem ›Homeless-Chic‹ eine Ästhetik des Hässlichen und zuvor Ausgegrenzten inszeniert. Auf dem Laufsteg und im Hochglanzmagazin wird eine glamouröse Mode der Armut geschaffen, die vielmehr einer barocken Opulenz ähnelt als der Armut, von der sie sich äußere Merkmale leiht. Das, was zuvor als geschmacklos und unästhetisch galt, wird zur Mode.

Walter Benjamin sieht diese Umformung von Armut und Elend in eine konsumierbare Ästhetik zunächst in der Fotografie. Er schreibt von dem »Verfahren einer gewissen modischen Photographie, das Elend zum Gegenstand des Konsums zu machen«.[38] Die Fotografie »wird immer nuancierter, immer moderner und das Ergebnis ist, daß sie keine Mietskaserne, keinen Müllhaufen mehr photographieren kann, ohne ihn zu verklären. [...] Es ist ihr nämlich gelungen, auch noch das Elend, indem sie es auf modischperfektionierte Weise auffaßte, zum Gegenstand des Genusses zu machen.«[39] Wie die Kunstwissenschaftlerin Hanne Loreck feststellt, ist das Genießen »nicht die einfache Lust, es ist der Aufschub der Erfüllung«[40] und garantiert mit dieser Eigenschaft das Verlangen nach immer Neuem, nach Mode und sichert sich damit den Einzug in den Alltag und in das Leben. »Ein besonderes solches Genießen verspricht die Mode und das, was Lifestyle genannt wird, denn beider Figuren inszenieren den Körper zwischen Subjektivität und Kultur, dem Subjekt des Begehrens und den gesellschaftlichen Konventionen [...].«[41] Dabei leben die Menschen aufgrund des Verlangens nach immer neuen Produkten in einer Zeit der Überproduktion, in der sie verschiedene Arten des Abfalls produzieren.

Wie Zygmunt Bauman beobachtet, wächst die Anzahl der Menschen, die aufgrund des Verlustes ihrer Arbeitsplätze nur noch geringfügig konsumieren können oder sogar vom Abfall der Anderen leben müssen. »Es wird immer wahr-

---

37 Stöcker, Christian: Geschmacklose Modestrecke. ›Vogue‹ inszeniert Model als Obdachlose, in: Spiegel Online, http://spon.de/adLQR vom 06.10.2012.

38 Benjamin, Walter: »Der Autor als Produzent«, in: Benjamin, Der Autor als Produzent (2012), S. 228-249, hier S. 241.

39 Ebd., S. 239.

40 Loreck, Hanne: »Mode Maske Marke«, in: Silke Grossmann/Hanne Loreck/Katrin Mayer et al. (Hg.), De loin. Kombinator 1, Hamburg 2005, o.S. [S. 8-13], hier S. 9.

41 Ebd.

scheinlicher, dass die kapitalistische Moderne (beziehungsweise der moderne Kapitalismus) *an ihren eigenen Abfallprodukten ersticken* wird, die sie weder zu reintegrieren noch zu vernichten, noch zu entgiften vermag.«[42] In solch einer Zeit, in der der Umgang mit Materialien und Arbeitskräften nach Konsumkriterien erfolgt, stellen Mehrfachverwertung und Multifunktionalität für einen Teil der Konsumenten Lifestyle und Mode dar und für andere eine Notwendigkeit. Zugleich symbolisieren besonders Kleidungsstücke, die gleich mehrere Funktionen haben und bei unterschiedlichsten Witterungsbedingungen tragbar sind, ein Sicherheitsbedürfnis des modernen Menschen, der sich im Hinblick auf rasante Veränderungen in seiner Umwelt gezwungen sieht, sich immer wieder neu anzupassen. Diese Eigenschaft einer Anpassungsfähigkeit von Kleidung an eine Umgebung lässt sich auch auf die Funktionen militärischer Kleidung zurückführen, die beispielsweise mit dem bekannten ›Woodland-Muster‹ in Sumpf- oder Waldgebieten eine mimetische Funktion besitzt und des Weiteren Schmutzflecken im Muster absorbiert. Diese Kleidung fand Einzug in den Freizeitbereich und ist nun vermehrt im Alltag der Städte zu sehen. »Dort sehen wir die sandfarbenen Kleidungsstücke mit den vielen Taschen derzeit in allen Bereichen zwischen Arbeit und Freizeit. Allmählich haben sie die Oberfläche des Zivilen verändert und uniformiert. Mit der Diskretion der Tarnung erklären sie – zunächst optisch – den Alltag latent zur Kampfzone.«[43] Diese multifunktionale Kleidung, die zu den Bekleidungsgewohnheiten der Städter gehört, lässt sich auf ein allgemein unsicheres Lebensgefühl zurückführen, das durch Medien und Mode immer wieder neu inszeniert und aktualisiert wird.

Hingegen werden Kleidungsstücke, die nur zu einem bestimmten Anlass getragen werden oder mit denen ein besonderer Lebensabschnitt verbunden wird, zu seltenen Erinnerungsstücken. Die Künstlerin Sophie Calle verwendet beispielsweise Kleidungsstücke, wie ein Hochzeitskleid, einen Mantel oder Schuhe, für ihre fotografische und installative Serie der »Récits autobiographiques«[44] (begonnen 1988), um ihre halbfiktiven biografischen Geschichten zu erzählen. Ebenso wie Annette Messager, die in ihrer Arbeit »Histoire des robes«[45] (1990) verschiedene Kleider mit Zeichnungen, Fotografien von Körperteilen, Spielkar-

---

42 Z. Bauman: Flüchtige Zeiten (2008), S. 46. Hervorhebung im Original.

43 Loreck, Hanne: »Bilderanstalt – eine Versuchsanordnung«, in: Kunstverein für die Rheinlande und Westfalen (Hg.), Béton Brut 01/10, Düsseldorf 2010, S. 48-53, hier S. 53.

44 Calle, Sophie: Récits autobiographiques, Installation, begonnen 1988.

45 Messager, Annette: Histoire des robes, Objekte, 1990.

ten und anderen Papiernotizen in sargähnliche Glasvitrinen legt, geht es Sophie Calle um eine Auseinandersetzung mit Identitäts- und Weiblichkeitsentwürfen. Mit der politischen Dimension von Kleidung arbeitet auch der Künstler Christian Boltanski, der in seiner Installation »Réserves: Lac des morts«[46] (1990) den Fußboden des Museums für Gegenwartskunst Basel mit unzähligen Kleidungsstücken bedeckte und die Besuchenden entweder direkt über diese Kleiderfläche oder alternativ über einen Holzsteg schickte. Im historischen Bezug zum Holocaust zeigt Boltanski unterschiedliche Zusammenhänge zwischen Gewalt und Körper, Kleidung und Persönlichkeit, Masse und Anonymität auf, um Fragen nach Formen des Erinnerns zu stellen. Während in den Arbeiten mit abgelegten oder aufbewahrten Kleidungsstücken die Kleidung als Speicher von (Lebens-)Zeit und im Sinne einer ›zweiten Haut‹ als Spurenträger von menschlichen Körperformen und Substanzen, wie Hautschuppen, Haaren und Körperflüssigkeiten, deutlicher zu Tage tritt und das Visuelle und Haptische damit auch durch den Geruch erweitert, stellt die Kleidung von Personen in der Fotografie vielmehr Fragen nach der Repräsentation.

Was zeigen die Personen in Jeff Walls fotografischen Bildern durch ihre Kleidung? In Fotografien wie »Abundance« und »Diatribe« bezeichnen die unmodische Kleidung der Frauen und die Vernachlässigung ihres Aussehens ihre gesellschaftliche Position: Sie stehen als Arbeits- oder Wohnungslose am Rande der Gesellschaft und besitzen daher keine Statussymbole, vielmehr unterstreicht das auf dem Arm getragene und nicht in einem Kinderwagen geschobene Kind in »Diatribe« und die zusammengerafften Handtaschen in »Abundance« ihre materielle Armut. In Fotografien wie »Polishing«[47] (1998) – wo ein junger Mann in Anzughose und weißem Hemd in einem kargen, provisorisch eingerichteten Apartment seine Schuhe mit einem Taschentuch nachpoliert und entweder ein Vertreter oder ein Berufspendler ist – und »Housekeeping« (1996) – wo eine dunkelhaarige Frau mit typischer Arbeitskleidung für Raumpflegerinnen gerade das hergerichtete Hotelzimmer verlässt – erzählt die Kleidung von ungesicherten Berufsrollen, die im Zuge von wirtschaftlichen Konjunkturschwankungen leicht wegrationalisiert werden können. In »Men waiting« zeigen die am Straßenrand stehenden Männer mit ihrer Kleidung, dass sie sich hauptsächlich draußen aufhalten. Ihre Kleidung ist wetterbeständig, berufsunspezifisch, stereotypisch und unterstreicht ihre Rolle der anonymen, austauschbaren Gelegenheitsarbeiter.

---

46 Boltanski, Christian: Réserves: Lac des morts, Installation, 1990.
47 Wall, Jeff: Polishing, Großbilddia in Leuchtkasten, 162 cm × 207 cm, 1998.

Die Fotografien, in denen Wall einfache Arbeitende während der Ausübung ihrer Tätigkeiten zeigt, wie in »Housekeeping« (1996), »Volunteer« (1996) oder »Men waiting« (2006), sind Schwarz-Weiß-Aufnahmen, die die soziale Stellung der Personen in einer immer anonymer werdenden Gesellschaft aufzeigen. Die Figuren sind weder in ihrem sozialen Milieu eingebettet, wie in den sozial-kritischen Straight-Photography-Bildern von Walker Evans und Edward Steichen, noch bildet ihr Arbeitsumfeld eine Art Lebensraum, wie in August Sanders Berufsporträts. Bei Jeff Wall schaffen Kleidung, Tätigkeiten und Räumlichkeiten, in denen die Figuren agieren, eine Differenz zur Figur. Durch die Inszenierung stellt Wall spezifische Konstellationen zwischen den Figuren, ihrem Aussehen, ihren Tätigkeiten und den Handlungsorten her, sodass Identitätskonstruktionen und jeweilige sozialpolitische und historische Kontexte kritisch befragt werden können. Oder wie der Kunsthistoriker Gregor Stemmrich es beschreibt: »Wall geht vom menschlichen Körper als derjenigen Einheit aus, die immer zugleich als Fragment zu verstehen ist, d.h. nicht für sich besteht, sondern auf eine soziale und räumliche Umgebung zu beziehen ist – eine Einheit, die analog zu derjenigen des photographischen Bildes betrachtet werden kann, da diese als bildliche Einheit für sich gesetzt erscheint und dennoch einen unabdingbar fragmentarischen Charakter hat.«[48]

Der zunächst homogen wirkende ästhetische Eindruck der Schwarz-Weiß-Fotografie »Men waiting« entfaltet wie die illuminierten Großbilddias Walls eine über die visuelle Oberfläche hinausgehende, zweite Räumlichkeit. Jedoch nicht durch eine Staffelung von verschiedenen visuellen Ebenen (Diabild, Beleuchtung, Licht des Ausstellungsraumes), sondern durch die fragmentarischen Elemente des Sujets. Die Stadtrandstraße ist ein Teilstück des urbanen Raumes, das provisorisch ist und für das Unfertige, Zusammengestückelte und Außerhalbliegende steht. In der Topologie der Stadt sind ihre Ränder Gebiete, in denen keine fließenden architektonischen Übergänge zu finden sind, sondern Brüche und Unstimmigkeiten die Atmosphäre prägen. Jeff Wall verortet die Männer, die als ›day laborers‹ das Unterwegssein und eine existentielle Instabilität verkörpern, in diese zerklüftete Stadtlandschaft. Ihre Körper sind ihr einziges Arbeitspotenzial, das von verschiedenen Arbeitgebern – wie auch von Wall – genutzt wird, um unterschiedlichste Aufgaben zu erledigen. Ihre Tätigkeiten sind jeden Tag andere und ihre Arbeit ist zerstückelt und unpersönlich – ihr Kleidungsstil ist dieser Anonymität ähnlich. Jeff Walls Protagonisten symbolisieren die Segmentierung der industriellen Gesellschaft. Der Ort ist dabei Teil des Schauspiels und wirkt eben-

---

48 Stemmrich, Gregor: »Vorwort«, in: Stemmrich, Jeff Wall. Szenarien im Bildraum der Wirklichkeit (2008), S. 7-31, hier S. 26.

so brüchig wie die Protagonisten. Das fotografische Sujet besteht aus ineinander-verschobenen Teilen: ein epischer Panoramahimmel, eine karge Stadtrandstraße und eine zusammengewürfelte Gruppe mit Männern. Der urbane Raum ist frag-mentiert.

Zur Krise des Erzählens

Walter Benjamin begründet in seinem Aufsatz »Der Erzähler. Betrachtungen zum Werk Nikolai Lesskows« (1936) einen Verlust des Erzählens durch die Sinnkrise, die der Erste Weltkrieg in Europa auslöste. »Mit dem Weltkrieg begann ein Vorgang offenkundig zu werden, der seither nicht zum Stillstand gekommen ist. Hatte man nicht bei Kriegsende bemerkt, daß die Leute verstummt aus dem Felde kamen? Nicht reicher – ärmer an mitteilbarer Erfahrung.«[1] Sowohl die Figur der Erzählerin, die ihre Erfahrungen in Geschichten einwob, als auch das Erzählen, als mündliche Mitteilung an ein Gegenüber, gehen in den Nachkriegsjahren und in der Weimarer Republik mehr und mehr verloren. Neben dem Trauma der Kriegsrückkehrer in einer ebenso zerrütteten Nachkriegsgesellschaft ist es die fortschreitende Industrialisierung, die einen unmittelbaren Einfluss auf die Tradition des Erzählens nimmt. Das mündliche Erzählen und sein Fabulieren, so beobachtet Benjamin, weichen der Information, die mittels neuer Medien eine große Menge von Menschen schnell erreicht. Das Geflecht von Erzählen, Zuhören, Weiter- und Neuerzählen wird durch die Arbeitsprozesse in Fabriken und eine daraus resultierende und nach ökonomischen Prinzipien eingeteilte Zeit nachhaltig unterbrochen. Doch sind es, so Benjamin, nicht nur diese Veränderungen einer fortschrittsorientierten, industriellen Gesellschaft, sondern auch jene bis in die 1930er Jahre reichenden Nachwirkungen des Krieges, die eine grundsätzliche Skepsis am Fiktionalen nach sich ziehen.

Der Literaturwissenschaftler Alexander Honold fasst die Abwendung von einer erzählenden Instanz und von fiktionalen Elementen im Erzählen anhand der Entwicklung des Romans in der Moderne zusammen. Das Erzählen, so Honold, unterscheide nicht zwischen Fiktion und Realität, und dies stehe in einem »Gegensatz zu dem vom 19. Jahrhundert favorisierten Ideal des positiven Wissens.«

---

1   W. Benjamin: »Der Erzähler. Betrachtungen zum Werk Nikolai Lesskows« (2007), S. 104.

Des Weiteren konkurriere das Erzählen mit seinen »anthropomorphen Wahrneh-
mungs- und Deutungsmustern« mit den Ordnungsstrukturen von Technik und
Statistik. Und schließlich werde, stellt Honold fest, das Erzählen mit der Ideolo-
gie in einen engen Zusammenhang gesetzt, »weil es mit seinen Geschichten immer wieder auch praktische Unterweisungen, existentielle Sinnangebote und individuelle wie kollektive Bildungs-Programme formuliert [...].«[2] Das Erzählen
erlebt im 20. Jahrhundert eine Krise. Ausschlaggebend dafür sind zum einen die
von Benjamin beschriebenen Auswirkungen des Ersten Weltkrieges, die bis zum
Ausbruch des Zweiten Weltkrieges reichen. Zum anderen erschütterte der Zweite
Weltkrieg noch einmal und tiefgehender den Begriff des Erzählens und der Erzählung und stellte ihn grundsätzlich in Frage.

Eine Wende im philosophischen und gesellschaftskritischen Diskurs über die Erzählung und das Erzählen setzt in den 1980er Jahren mit dem Philosophen Jean-
François Lyotard ein. In seiner Analyse »Das postmoderne Wissen«[3] (1979)
kritisiert er die Prämissen, Generierungsverfahren und Legitimationsprozesse
von Wissensproduktionen in einer industriell-kapitalistischen Gesellschaft. Das
Erzählen und die Erzählung bilden einen wichtigen Teil der Wissensproduktion.
    Lyotard unterscheidet ein narratives Wissen, wie das des Geschichtenerzäh-
lens, von dem Wissen der Wissenschaften, wie Natur- und Geisteswissenschaften. Im Umgang mit dem narrativen Wissen und dem der Wissenschaften werden
von einer Gesellschaft und einem Staat verschiedene Erzählungen (Metaerzählungen) generiert und kontrolliert, um den Status, die Berechtigung und den Anspruch auf eine Allgemeingültigkeit des Wissens zu legitimieren. Wissen und
seine Produktion genügen nicht sich selbst, sondern beziehen sich dabei auf eine
übergeordnete Wahrheit, in der ethische, moralische und politische Vorstellungen
manifestiert werden. Damit eine Wissenschaft eine allgemeingültige Aussage
treffen kann, muss sie, so Lyotard, einzelne Elemente immer einem hypothe-
tischen Ganzen unterordnen. Auf diese Weise gehen jedoch die Elemente verloren, die aufgrund von bestimmten Eigenschaften sich nicht in das System einfügen lassen und diesem vielleicht auch widersprechen. Eine Vereinheitlichung ist
in diesem Sinne ein gewaltvoller Akt. In der Manifestierung von einheitlichen
Prinzipien entstehen ideologische Strukturen, die Lyotard auch in den Metaerzählungen der Geisteswissenschaften entdeckt. Ebenso wie in der Religion und

---

2   A. Honold: »Noch einmal. Erzählen als Wiederholung – Benjamins Wiederholung des
     Erzählens« (2007), S. 321 f.
3   Lyotard, Jean-François: Das postmoderne Wissen. Ein Bericht [...], hrsg. von Peter Engel-
     mann, aus dem Französischen übers. von Otto Pfersmann, Wien 2012.

Politik ist in den Geisteswissenschaften und dort, so Lyotard, besonders in der Philosophie eine latente Form der Vereinheitlichung maßgebend: Ein ›Subjekt‹ wird in Relation zu einer übergeordneten Instanz betrachtet: beispielsweise zur ›Welt‹, ›Wahrheit‹, ›Erkenntnis‹, zu einer politischen Theorie wie dem ›Marxismus‹, zu einer ›Kultur‹ oder zu einem ›Gott‹.

Jean-François Lyotard zählt diese Methode des Vereinheitlichens und das Generieren von Metaerzählungen zur ›Moderne‹. Sein Begriff des ›postmodernen Wissens‹ bildet eine Zäsur zu diesen Mechanismen der Moderne. Das Bedürfnis nach Übereinstimmungen, Vereinheitlichungen und Idealisierungen weicht in der ›Postmoderne‹ einem Berücksichtigen von Unterschieden, Vielheiten und Gleichzeitigkeiten. Es gibt in diesem Sinne kein etabliertes und zeitlich abgeschlossenes ›Vorher‹, auf das sich das Subjekt oder ein Wissen beziehen ließen. Unvereinbarkeiten bleiben auf diese Weise bestehen und werden toleriert, sodass sich jede Person und die Wissenschaft mit der Differenz auseinandersetzen müssen. »Und die Erfindung entsteht immer in den Meinungsverschiedenheiten. Das postmoderne Wissen ist nicht allein das Instrument der Herrschaft. Es verfeinert unsere Sensibilität für die Unterschiede und stärkt unsere Fähigkeit, das Inkommensurable zu ertragen.«[4] Besonders das Subjekt ist nun herausgefordert, den Flexibilitäten und Unwägbarkeiten zu begegnen und damit umzugehen. Die Stellung und Situation des Subjekts beschreibt Lyotard: »Das *Selbst* ist wenig, aber es ist nicht isoliert, es ist in einem Gefüge von Relationen gefangen, das noch nie so komplex und beweglich war. Jung oder alt, Mann oder Frau, reich oder arm, ist es immer auf ›Knoten‹ des Kommunikationskreislaufes gesetzt, seien sie auch noch so unbedeutend.«[5] Beziehungsgeflechte zwischen den Menschen und Beziehungsgeflechte zwischen dem Subjekt und einem Wissensfeld müssen deswegen immer neu generiert werden und sind nur von temporärer Dauer.

In der Postmoderne werden Unterscheidungskategorien und hierarchische Vorstellungen – wie die Ideen von Fortschritt, von einer kulturellen Weiterentwicklung und einer Einteilung der Zeit in Epochen – hinfällig. Das ›post‹ der Postmoderne meint nicht ein ›nachdem‹, sondern es steht für den Gedanken, dass das ›vorher‹ zeitlich nicht abgeschlossen ist und immer wieder neu zu überarbeiten ist. Auf diese Weise entstehen vielfältige Möglichkeiten, wie ein Element in Beziehung zu einem anderen Element gesetzt werden kann, und ebenso viele Möglichkeiten, wie über diese Relationen und ihre Generierung gesprochen und diskutiert werden kann. Ein Diskurs bringt andere Diskurse hervor und stellt sich

---

4 Ebd., S. 26.
5 Ebd., S. 55. Hervorhebung im Original.

damit auch selbst zur Diskussion. Die Situation des Subjekts in der Postmoderne sieht Lyotard folgendermaßen: »Die Sehnsucht nach der verlorenen Erzählung ist für den Großteil der Menschen selbst verloren. Daraus folgt keineswegs, dass sie der Barbarei ausgeliefert wären. Was sie daran hindert, ist ihr Wissen, dass die Legitimierung von nirgendwo anders herkommen kann als von ihrer sprachlichen Praxis und ihrer kommunikationellen Interaktion.«[6] Lyotard bezeichnet diese Vielfalt von Möglichkeiten der Beziehungen und der Diskurse als ›Sprachspiele‹ und bezieht sich damit auf Wittgensteins Sprachphilosophie.

Der Philosoph Ludwig Wittgenstein hält fest, dass Sprache (Sprechen und Sprechakte) Formen eines in einer Gesellschaft angelernten Verhaltens sind. Nach Wittgenstein werden mit jedem Sprechen andere Sprechsituationen produziert und Sprache wird immer wieder aufs Neue gestaltet. Es gibt also unzählige Sprechakte. Diese vielfältigen Kommunikationsprozesse und -situationen sind für Wittgenstein Sprachspiele. »Es gibt unzählige [...] verschiedene Arten der Verwendung alles dessen, was wir ›Zeichen‹, ›Worte‹, ›Sätze‹, nennen. Und diese Mannigfaltigkeit ist nichts Festes, ein für allemal Gegebenes; sondern neue Typen der Sprache, neue Sprachspiele, wie wir sagen können, entstehen und andre veralten und werden vergessen.«[7] Lyotard knüpft Wittgensteins Gedanken weiter: Im Sprechen und in den Sprachspielen wird von der Gesellschaft ein Wissen über sich selbst produziert und etabliert – die sogenannte Kultur. Kultur entsteht in der Auseinandersetzung des Subjekts mit einer Gemeinschaft. Im Ausüben von alltäglichen und lebenspraktischen Handlungen wird ein Wissen generiert, wie zum Beispiel im »Machen-Können (*savoir-faire*), Leben-Können (*savoir-vivre*), Hören-Können (*savoir-écouter*)«[8]. Aus den Erfahrungen des Handelns erwirbt der Mensch nun Kompetenzen wie Entscheidungen zu treffen, Bewertungen hervorzubringen und Veränderungen herbeizuführen. Diese Handlungsfähigkeiten werden innerhalb der Gemeinschaft (Gesellschaft) bewertet: »Die einen wie die anderen werden als ›gut‹ beurteilt, weil sie mit den entsprechenden Kriterien (der Gerechtigkeit, der Schönheit, der Wahrheit und der Effizienz) übereinstimmen, die in dem durch die Gesprächspartner des ›Wissenden‹ gebildeten Kreis zugelassen sind. [...] Der Konsens, der es erlaubt, ein solches Wissen abzugrenzen und zwischen dem, der weiß, und dem, der nicht weiß (der Fremde, das Kind), zu unterscheiden, macht die Kultur eines Volkes aus.«[9]

---

6   Ebd., S. 106.

7   Wittgenstein, Ludwig: Philosophische Untersuchungen, hrsg. von Joachim Schulte, Frankfurt a.M. 2003, S. 26.

8   J.-F. Lyotard: Das postmoderne Wissen (2012), S. 62. Hervorhebung im Original.

9   Ebd., S. 63.

Gerade in traditionellen Erzählungen – wie in Märchen, Sagen, Legenden und Volksliedern – zeigt sich, wie ein kulturelles Selbstverständnis einer Gesellschaft generiert und manifestiert wird. Erzählungen über Erfolge von Helden, die gefahrenvolle Situationen gemeistert haben, und Schilderungen vom Scheitern von ›Bösewichten‹ geben Maßstäbe für ein ›gutes‹ und ›erfolgreiches‹ sowie für ein ›schlechtes‹ und ›erfolgloses‹ Handeln vor. Wertevorstellungen und Kriterien für ein gemeinschaftliches Zusammenleben werden etabliert. Jean-François Lyotard stellt fest, dass Erzählungen sich zudem selbst legitimieren:»Diese Erzählungen erlauben also einerseits, die Kriterien der Kompetenz der Gesellschaft, in der sie erzählt werden, zu definieren, sowie andererseits, mit diesen die Leistungen zu bewerten, die in ihr vollbracht werden und werden können.«[10] Das Subjekt benötigt die Erzählungen der Gemeinschaft, um sich seiner selbst und der Gemeinschaft, in der es lebt, vergewissern zu können.

Eine Erzählung ist eine Anordnung, eine Reihung und Zusammenstellung von Wissen. Diese inhaltlichen Strukturierungselemente finden sich auch in Stilelementen und im Sprechakt des Erzählens wieder: in Form von Redewendungen, im Zusammenspiel von Frage und Antwort, im Auswählen und Weglassen von Informationen, im Element der Wiederholung und der Unterbrechung, im Rhythmus des Sprechens und der Musikalität der Sprache. Lyotard weist darauf hin, dass sich praktische Handlungsweisen (Strategien, Lösungsfindungen), das Wissen über gesellschaftliche Strukturen (Familien-, Verwandtschaftsverhältnisse) und ein Fachwissen über Vorgänge in der Umwelt (Kalender, Veränderungen in der Natur) in der Syntax der Erzählung und im Erzählen (Sprechen, Zeigen) widerspiegeln. Das Zeigen und Darstellen, das Sprechen über Ereignisse und Erfahrungen und das Zuhören greifen in vielfacher Weise ineinander. Dies bezeichnet Lyotard als eine ›Pluralität an Sprachspielen‹.[11]

Diese Pluralität, so zeigt es Jean-François Lyotard am Beispiel von volkstümlichen Erzählungen des Cashinawa-Stamms (Südamerika), ist ebenso im Weiterreichen der ›narrativen Rollen‹[12] zu finden. Die Rolle des Erzählers und der Erzählerin, die von Taten eines Helden oder einer Heldin erzählen, und die Rolle der Zuhörenden, die wieder zu Erzählenden werden, fließen in den ritualisierten Cashinawa-Erzählungen ineinander und verdeutlichen damit, wie Erzählen, Vorstellen, Hören und Weitererzählen immer schon miteinander verwoben waren. Ein Cashinawa-Erzähler bzw. eine Cashinawa-Erzählerin beginnen die Geschichte stets mit der Einleitung:»Dies ist die Geschichte von …, so wie ich

---

10 Ebd., S. 64.

11 Ebd.

12 Ebd., S. 66.

sie immer gehört habe. Jetzt werde ich sie erzählen, hört sie an.«[13] Ebenso endet die Erzählung mit einem Ritual; erwähnt werden am Ende der Geschichte die zwei Namen des Erzählers bzw. der Erzählerin: der cashinawische Name und der südamerikanische (spanisch-portugiesische) Name. Lyotard schlüsselt an diesem Beispiel das Prinzip eines Rollentausches auf: »Der Erzähler behauptet, seine Kompetenz, die Geschichte weiterzugeben, nur der Tatsache zu verdanken, dass er ihr Hörer gewesen sei. Der gegenwärtige Narratär gelangt im Zuhören potentiell zur selben Autorität. Die Erzählung wird, selbst wenn der narrative Vortrag sehr erfinderisch ist, als überliefert bezeichnet, und zwar ›von je her‹ überliefert: Also war auch ihr Held, der ein Cashinawa ist, Narratär und vielleicht Narrator dieser selben Geschichte. Aus dieser Gleichartigkeit des Status folgt, dass der jetzige Erzähler selbst der Held einer Erzählung sein kann, wie es der vormalige war.«[14]

Alle an diesem Wissen und an den Erzählungen Teilnehmenden sind Akteurinnen und Akteure in wechselnden Rollen. Jeder Person wird so die Fähigkeit zum Erzählen, Hören, Weitererzählen und Heldsein zugesprochen. Gleichzeitig wird, so Lyotard, in diesem Wechselspiel des Erzählens das Wissen des Erzählens definiert: »Weit entfernt, sich an einzelne Funktionen der Äußerung zu binden, bestimmt das in diesen Erzählungen beförderte Wissen also mit einem einzigen Schlag sowohl, was gesagt werden muss, um gehört zu werden, als auch, was gehört werden muss, um sprechen zu können, als endlich, was gespielt werden muss (auf der Szene der durchgespielten Realität), um zum Gegenstand einer Erzählung werden zu können.«[15] Lyotard betrachtet das Erzählen immer wieder im Kontext des Generierens und Legitimierens von gesellschaftlichen Vereinbarungen und Regeln.

Die volkstümlichen Erzählungen stellen dabei eine soziale und manchmal auch familiäre Bindung zwischen Erzählenden, Heldenfiguren, Hörenden und den nachfolgenden Erzählenden her. Die Erzählung und das Erzählen sind eine Tradition der Gemeinschaft, die dadurch definiert und zusammengehalten wird. Die eigene Geschichte der Gemeinschaft ist in den Erzählungen aufgehoben und wird durch das Erzählen ihrer Mitglieder immer wieder aktualisiert. Diese Art der Gemeinschaft muss die Erzählung nicht legitimieren, da die Erzählung selbst die Gemeinschaft darstellt/vollzieht. Während in diesen kleineren Gemeinschaften (Volksgruppen, Stämmen) die Erzählung ihre Mitglieder zusammenhält, verliert die Erzählung in größeren Gemeinschaften (Ländern, Nationen) an sozialer

---

13 Ebd., S. 65.
14 Ebd., S. 66.
15 Ebd., S. 67.

Bedeutung und Verbindlichkeit. In einem Staat oder Land werden die Regeln des Miteinanders durch Politik und staatliche Institutionen bestimmt und kontrolliert. Die Erzählung erhält einen anderen Stellenwert als in der Tradition eines Volkes (Nation): Sie behält zwar ihren Status als Wissensspeicher und Kulturgut, aber sie verliert an Allgemeingültigkeit.

In Erzählungen überlieferte Wertevorstellungen können in einer pluralen Gesellschaft nicht mehr auf alle zutreffen. Die Erzählung und das Erzählen müssen, da sie nicht von allen Mitgliedern der Gesellschaft weiter getragen werden, neu etabliert und legitimiert werden. Dies geschieht, indem die Erzählung beispielsweise in den Bereich der Künste und vornehmlich in den Bereich der Literatur gerückt wird. Dort ist die Erzählung aufgrund von unterschiedlichen Bildungschancen jedoch nicht mehr für alle erreichbar und zugänglich. Zudem ist nicht mehr jede Person, die Erzähltes (Gehörtes) mit eigenen Erfahrungen bereichert, eine Erzählerin oder ein Erzähler. Die Autorität zum Erzählen wird vielmehr denjenigen zugesprochen, die sich in ihrem Fach (beispielsweise Literatur) auskennen oder sich in diesem als talentiert beweisen. Wissen, auch das Wissen über Gemeinschaft/Gesellschaft, wird in separate Wissensbereiche (Soziologie, Geisteswissenschaften) eingeteilt. Der Zugang zu diesem Wissen ist mit Bedingungen verknüpft, die das Subjekt erst noch zu erfüllen hat.

Lyotards Kritik an den Metaerzählungen (Wissenschaft, Gesellschaft) ist eine Kritik an diesen Abgrenzungsmechanismen des Wissens, die ein elitäres Denken generieren. Da es kein ›wahres‹ und ›richtiges‹ Wissen geben kann, müssen einerseits Wissenszusammenhänge immer wieder neu erstellt werden, und andererseits müssen auftauchende Widersprüche, Unvereinbarkeiten und Abweichungen mitgedacht werden. Das Generieren von Unbekanntem ist dabei wesentlich. Lyotard erläutert die Eigenschaften und Aufgaben einer postmodernen Wissenschaft. »In ihrem Interesse für die Unentscheidbaren, für die Grenzen der Präzision der Kontrolle, die Quanten, die Konflikte unvollständiger Informationen, die ›Frakta‹, die Katastrophen und pragmatischen Paradoxa entwirft die postmoderne Wissenschaft die Theorie ihrer eigenen Evolution als diskontinuierlich, katastrophisch, nicht zu berichtigen, paradox.«[16] Wissenschaftliches Forschen bringt, so Lyotard, ›Ideen‹ hervor. Ideen zu generieren bedeutet, heterogene Verknüpfungen herzustellen und Zusammenhänge neu zu erfinden. In diesem Verfahren ähnelt das wissenschaftliche Forschen dem Geschichten erzählen.[17]

Die Erzählenden weichen, wenn sie eine Geschichte erzählen, vom Vorgegebenen ab und bereichern die Geschichte mit eigenen Beobachtungen und Erfah-

---

16 Ebd., S. 142. Hervorhebung im Original.
17 Ebd.

rungen. Dies macht, nach Walter Benjamin, einen ›guten Erzähler‹ aus.[18] Lyotard weist darauf hin, dass diese Eigenschaft des Erzählens Auskunft über das Selbstverständnis der Gemeinschaft gibt. Die Abweichungen im Erzählen verdeutlichen, dass alles immer auch ganz anders hätte sein können. Die Erzählung lässt diese Unwägbarkeiten in der Wahrnehmung, Überlieferung, Schilderung und Wiedergabe von Wissen zu. In dem Aufrechterhalten von ritualisierten Erzählformen schwingt, so Lyotard, gleichermaßen Humor als auch Angst mit. Das Erzählen kann zurückliegende Ereignisse und Erfahrungen vor dem Vergessen bewahren und gleichzeitig sind das Überliefern und Erinnern vage Prozesse, sodass im Erzählprozess Auslassungen, Abweichungen und Variationen entstehen. Hier zeigen sich die vielfältigen Eigenschaften und Aufgaben des Erzählens: Erzählen kann etwas vergessen machen, wie im Ritual des Geschichtenerzählens für Kinder, die durch das Erzählen in den Schlaf geführt werden sollen; Erzählen kann berauschen, wie bei stark rhythmisierten Erzählformen (mit Musik, Sprache, Tanz), die die Mitglieder einer Gemeinschaft in Trance versetzen; Erzählen kann, über Generationen hinweg, vergangene Ereignisse in die Gegenwart holen.

Der postmoderne Gedanke von Heterogenität, Pluralität und Vielheit definiert damit das Erzählen und seine Aufgaben neu: Erzählen ist Vielfalt und ›Sprachspiel‹. »Die narrative Funktion verliert ihre Funktoren, den großen Heroen, die großen Gefahren, die großen Irrfahrten und das große Ziel. Sie zerstreut sich in Wolken, die aus sprachlich-narrativen, aber auch denotativen, präskriptiven, deskriptiven usw. Elementen bestehen [...].«[19] Dies trifft nicht nur auf die Inhalte des Erzählten und die Ausdrucksformen zu, sondern auch auf die Lebenssituationen der Menschen, die in vielfältigen Verhältnissen zueinander stehen. In einer heterogenen Gesellschaft steht jeder Mensch in einem vielfältigen Beziehungsnetz. Daher, so schlussfolgert Lyotard, bilden die Menschen »keine sprachlich notwendigerweise stabilen Kombinationen, und die Eigenschaften derer, die wir [die Menschen] formen, sind nicht notwendigerweise mitteilbar«[20]. Das, was nach Jean-François Lyotard die Gesellschaft ausmacht und ausmachen wird, ist der Umgang mit den Sprachelementen (›Sprachpartikeln‹[21]). Aus dieser Fragmentierung gehen neue Kombinationen und Sichtweisen hervor.

18 W. Benjamin: »Der Erzähler. Betrachtungen zum Werk Nikolai Lesskows« (2007), S. 107 f.

19 J.-F. Lyotard: Das postmoderne Wissen (2012), S. 24.

20 Ebd.

21 Ebd., S. 25.

Landschaft mit Figuren

Das Thema von Zerstörung und Gewalt, mit dem sich Jeff Wall in seinem ersten Großbilddia »The Destroyed Room« (1978) im Zusammenhang mit einem Wohnraum auseinandersetzte, führt er in einem anderen Genre, in den seit den 1980er Jahren begonnenen Landschaftsbildern, weiter. Diesmal ist es die Natur, die dem Missbrauch durch den Menschen ausgesetzt ist.

In »Coastel Motifs«[1] (1989) fotografiert Wall eine industrielle Anlage an einem idyllischen Meeresarm. Vor dem Panoramablick auf einen grünen kanadischen Wald und eine mit weißblauen Wolken verhangene Gebirgskette wird der gewaltsame Eingriff in die Natur überdeutlich. Zwischen Schiffsanlegern, Kränen und Schornsteinen sind die Rohstoffe, die der Natur Stück für Stück abgetrotzt werden, gut zu erkennen: Anhäufungen von Kieselsteinen, Kalkberge und gerodete Bäume reihen sich aneinander. Die Zerstörung geht nicht wie in »The Destroyed Room« blindlings vor, sondern sie ist eine mechanisierte, industrialisierte Form der Gewalt. Wall interessiert sich nicht nur für solche Orte, in denen Eingriffe einer Rohstoffindustrie die Landschaft zerstören, sondern fokussiert auch die Übergänge zwischen urbaner Besiedlung und Landschaft, mit denen er die Einsamkeit der Zivilisation und ein Verständnis von Landschaft miteinander reflektieren kann. Stadt und Landschaft setzt der Künstler in ein diametrales Verhältnis, um beide miteinander analysieren zu können. Er veranschaulicht zudem, dass Stadt und Landschaft kulturelle Räume sind, die der Mensch sowohl gestaltet als auch zerstört. Wall betrachtet vorwiegend Übergänge und Zwischenzonen von Stadt und Landschaft und zieht dabei auch Referenzen zu verschiedenen Werken aus der klassischen Landschaftsmalerei. Auf diese Weise entsteht ein historischer Blick auf Stadt, Natur und Zivilisation, mit dem der Künstler die Stellung des Subjekts ebenfalls reflektiert.

---

1   Wall, Jeff: Coastal Motifs, Großbilddia in Leuchtkasten, 119 cm × 147 cm, 1989.

In »The Bridge«[2] (1980), einem Großbilddia, für das Wall ein Panoramaformat (60 cm × 229 cm) gewählt hat, reihen sich Kleinfamilienhäuser mit Vorgärten aneinander und eine Autobahnbrücke verbindet diese Siedlung mit der Vorstadtindustrie, die in eine grüne Landschaft eingebettet ist. Kleinbürgerlicher Wohlstand, industrielle Produktion und die Nutzung der Naturlandschaft als ökonomischer Standort bedingen sich hier gegenseitig. Der Künstler beschreibt dies in seinem Text »About making Landscapes« (1995): »I make landscapes, or cityscapes as the case may be, to study the process of settlement as well as to work out for myself what kind of picture (or photograph) we call a ›landscape‹ is. This permits me also to recognize the other kinds of picture with which it has necessary connections, or the other genres that a landscape might conceal within itself.«[3]

Was ist zu Beginn des 21. Jahrhunderts eine Landschaft? Welche Verbindungen bestehen zwischen der Darstellung einer Landschaft und der Darstellung des urbanen Raumes? Landschaftsbilder, wie Jeff Wall sie zeigt, tragen mal deutliche und mal ephemere Spuren der Zivilisation in sich. Nie ist eine unberührte, wilde Natur zu sehen, die kulturgeschichtlich als ein Gegenbild zur Stadt fungiert und dem Religiösen und Mystischen Raum bietet. Die Stadt als ein von Menschen entworfener Lebensraum besteht bei Wall aus Brüchen und Übergängen. Stadt und Landschaft nähern sich an, in beiden sind Eingriffe des Menschen zu sehen, die diese Räume bestimmen und einnehmen. Walls Vorgehen, Verbindungen zwischen verschiedenen Bildsujets aufzuzeigen, ist für eine Reflexion der Generierung von kulturellen Räumen relevant. Jeff Walls fotografische Bilder zeigen die Auswirkungen der Kolonialisierung in der Gegenwart auf.

Kolonialisierung brachte Städte hervor und zerstörte die Natur und die Kultur von den Menschen, die in dem Land ursprünglich beheimatet waren. Kanada und Amerika sind Länder, in denen die Auswirkungen von Kolonialisierung besonders deutlich sind. Die in die Natur gesetzten Neubausiedlungen prägen Landschaftsstriche in diesen Ländern. Die industrialisierte Rohstoffgewinnung, die Wall in seinen Bildern zeigt, zerstört die Natur und veranschaulicht zudem das Inbesitznehmen von Land. Die indigenen Völker wurden aus ihren ursprünglichen Landgebieten vertrieben und ihre Nachfahren werden seit dem 19. Jahrhundert als Arbeitskräfte ausgenutzt, um (Hoch-)Häuser in Großstädten (z.B. New York) zu bauen. Die Männer indigener Herkunft sind ebenso wenig schwin-

---

2   Wall, Jeff: The Bridge, Großbilddia in Leuchtkasten, 60 cm × 229 cm, 1980.

3   Wall, Jeff: »About Making Landscapes«, in: Phaidon Press, Jeff Wall (2002), S. 140-147, hier S. 140.

delfrei wie andere Menschen. Aufgrund einer rassistisch motivierten gesellschaftlichen Ausgrenzung sind sie gezwungen die gefährliche Arbeit anzunehmen. Andere Berufsmöglichkeiten und Arbeiten werden ihnen nicht angeboten oder nur für einen niedrigen Lohn. Der Raubbau an der Natur wird am Menschen weitergeführt. Menschen mit indigenen Vorfahren werden diskriminiert, und ihre Kultur wird diskreditiert oder romantisiert. Ebenso haben die Menschen mit afrikanischen Wurzeln, deren Vorfahren als Sklaven nach Amerika gebracht wurden, nicht die gleichen Chancen wie der weiße Bevölkerungsteil mit europäischen Wurzeln. Die Menschen, die in der Gegenwart diskriminiert werden, wurden im Laufe der Geschichte Kanadas und Amerikas am meisten ausgenutzt. Die typischen Einfamilienhäuser, die Jeff Wall vor landschaftlichen Hintergründen fotografiert, veranschaulichen und symbolisieren diese ungelösten und schwelenden Konflikte zwischen den Menschen und ihren Kulturen und Rechten.

In »Steves Farm, Steveston«[4] (1980) fotografiert Wall die Idylle einer Kleinfamilienhaussiedlung und eines seitwärts gelegen, kleinen Bauernhofs. In der Bildmitte liegen eine Schotterstraße, die zur Siedlung führt, und ein Kanalzulauf, der die Wiese des Hofes begrenzt. Der Kanal und die Straße, die in die Ortschaft hinein- und hinausführen, erscheinen wie eine symbolische Faltung des Bildes, die verschiedene historische Darstellungen von Landschaft und Zivilisation widerspiegelt und so das Genre des Landschaftsbildes befragt. In der regelmäßigen Reihung der Flachdächer in der rechten Bildhälfte in »Steves Farm, Steveston« lässt sich eine Referenz zu Dan Grahams Fotografien »Homes for America«[5] (1966) ziehen, wohingegen das Arrangement im linken Teil des Bildes – Bäume, ein grüner Abhang, der zum Kanal führt, und die Wiese mit Pferden – niederländische Landschaftsmalerei des 17. Jahrhunderts ins Gedächtnis ruft. Die Referenzen zu »Homes for America« und zur europäischen Landschaftsmalerei verweisen auf zwei Aspekte, die die Natur und die Städte Amerikas und Kanadas geprägt haben: Die europäischen Einwanderer suchten in Amerika nach einem besseren unabhängigen Leben, und gerade die Landschaft symbolisierte für sie Freiheit und Unabhängigkeit. Ähnlich zu den Sujets der niederländischen Landschaftsmalerei wurde die Natur von den Einwanderern symbolisch aufgeladen. Der Blick in die Ferne deckt sich mit der Sehnsucht nach einer ökonomischen Ungebundenheit. Diese Naturromantik und -idealisierung hat immer noch Bestand und wird im Bereich des Tourismus vermarktet. Dem gegenüber steht der Verweis auf die Reihenhaussiedlung, die Dan Graham in »Homes for America«

---

4   Wall, Jeff: Steves Farm, Steveston, Großbilddia in Leuchtkasten, 57 cm × 229 cm, 1980.

5   Graham, Dan: Homes for America, Farb- und Schwarz-Weiß-Fotografien, 1966.

kritisiert hat. Die Einfamilienhäuser stehen für einen Wirtschaftsaufschwung in den 1960er Jahren, in dem Familien der weißen Mittelschicht von einem Eigenheim träumten und die einfache Bauweise der Flachbauten diesen amerikanischen Traum realisieren konnte. In »Steves Farm, Steveston« führt Jeff Wall einen suburbanen Ort des späten 20. Jahrhunderts mit der Historie des Landes und der Kunstgeschichte zusammen. Durch die Referenzen zu anderen Kunstwerken wird Walls Landschaftsdarstellung zu einem Scharnier zwischen verschiedenen Kunstepochen und deren Auseinandersetzungen mit dem Sujet Landschaft und der Inbesitznahme von Natur. Die in dem fotografischen Bild dargestellte topografische Teilung (Kanal und Straße) führt Wall auf der inhaltlichen Ebene als Diskurs über Kolonialisierung weiter.

Eine ähnliche Spiegelung wie die zwischen Bebauung und Natur und die zwischen einer gegenwärtigen urbanen Situation und einem kunsthistorischen Bild stellt auch »The Crooked Path«[6] (1991) dar. Ein Trampelpfad auf einer herbstlich-winterlichen Wiese schlängelt sich entlang des Unterholzes bis zum Wareneingang eines Fabrikgebäudes. Natur und der symbolische Ort industrieller Produktion, die Fabrik, treffen aufeinander. Zwischen einigen Bäumen und hohen Gräsern stehen rote, gelbe, weiße und grüne Plastikkisten, die vermutlich aus dem Firmengebäude stammen. Die Wiese nimmt den größten Teil des Bildes ein und wird von dem halbindustriellen Hintergrund eingefasst. Das Inbesitznehmen der Natur, das in den anderen Bildbeispielen ein Hauptmotiv bildete, wird hier durch einen Trampelpfad im Gras symbolisiert, der gerade so schmal ist, dass der Eindruck entsteht, die Natur könne die menschlichen Spuren jederzeit tilgen und sich ihren Raum zurückerobern. Der Pfad wird in der Horizontalen von einem noch schmaleren gekreuzt. Durch diese geometrische Zeichnung auf der Grasfläche, verbunden mit den beiden Stapeln bunter Kisten und dem fast quadratischen Format, legt Wall eine kunsthistorische Referenz zur modernen monochromen Malerei an. Die Komposition des suburbanen Raumes erinnert an die abstrakten Bilder von Piet Mondrian aus den 1920er Jahren.

Jeff Wall konfrontiert ein urbanes Landschaftsbild des aktuellen industriellen Zeitalters mit dem Beginn der abstrakten Malerei des 20. Jahrhunderts und verweist damit auf die kunsthistorische Entwicklung von der Landschaftsmalerei zur monochromen, abstrakten Kunst und deren Einflussnahme auf die Definition eines modernen Bildes. Der Kunsttheoretiker Thierry de Duve stellt zu »The Crooked Path« fest: »[…] Wall is trying to convey the iconographic project of the painting of modern life, so that it might not get lost in the dead end where the

---

6   Wall, Jeff: The Crooked Path, Großbilddia in Leuchtkasten, 119 cm × 149 cm, 1991.

modernist motorway of the mainstream has driven it; and therein lies its interest for me. This path is the question of genre.«[7]

Wall stellt die Frage, was ein zeitgenössisches Landschaftsbild unter Einbindung kunsthistorischer Entwicklungen ist oder sein kann; denn nur innerhalb einer Reflexion vorausgegangener Bedingungen wird ein Bild als Produkt gegenwärtiger Zusammenhänge etwas über die Gegenwart aussagen können. Gregor Stemmrich erläutert diesen Zusammenhang am Begriff der ›peinture de la vie moderne‹. Ein Bild des modernen Lebens müsse sich vom Akademismus der Historienmalerei entfernen.»Gegenstände des modernen Lebens sollten auf dem gleichen Anspruchsniveau behandelt werden können wie die ›großen‹ Themen der Historienmalerei. Das moderne Leben erschien als der blinde Fleck der Historienmalerei, nämlich als diejenige geschichtliche Erfahrung, die sie mit ihren Kriterien und Methoden nicht zu erfassen vermochte.«[8] Im 20. Jahrhundert bezieht sich der Versuch der ›peinture de la vie moderne‹ nicht mehr auf Methoden der Historienmalerei, sondern auf Vorstellungen der Avantgarde und ihren Glauben an einen permanenten Fortschritt.»Eine Restitution des Programms der *peinture de la vie moderne* will nicht die Verdienste und Errungenschaften einer vorausgegangenen oder historisch gleichzeitigen Avantgarde in Abrede stellen, sondern auf einer Ebene mit diesen Verdiensten und Errungenschaften moderne Lebensbedingungen so vergegenwärtigen, dass die Kunst maßgeblich von diesen Lebensbedingungen selbst her zu verstehen ist [...].«[9] Eine Aktualisierung der ›peinture de la vie moderne‹, wie es Wall seit den späten 1970er Jahren in seinen kinematografischen Bildern verwirklicht, gewinne nur an Sinn, so Stemmrich, wenn das ursprüngliche Konzept der ›peinture de la vie moderne‹ mit aufgezeigt würde.[10]

In Landschaftsdarstellungen wie »Steves Farm, Steveston« (1980) oder in »The Crooked Path« (1991) stellt Wall die Historienmalerei und die Moderne in ein Spannungsverhältnis: Die idyllische Vorstellung von Landschaft, die als Gegenstück zur Stadt gedacht und ästhetisiert wurde, stößt mit ihrer Negation, dem Auflösen des Panoramas und des Figurativen der Moderne, zusammen. Im Zusammentreffen einzelner Bildvorstellungen zum Thema Landschaft versucht Jeff Wall ein aktuelles Bild im Sinne der ›peinture de la vie moderne‹ zu entwerfen.

---

7   De Duve, Thierry: »The Mainstream and the Crooked Path«, in: Phaidon Press, Jeff Wall (2002), S. 26-55, hier S. 44.

8   G. Stemmrich: »Zwischen Exaltation und sinnierender Kontemplation« (2003), S. 155.

9   Ebd. Hervorhebung im Original.

10 Ebd., S. 156.

Mit diesem Vorgehen bezieht sich Wall auf Benjamins Begriff des ›dialektischen Bildes‹. Walter Benjamin geht davon aus, dass jedes Bild einen historischen Index besitzt, der jedoch erst zu einer bestimmten Zeit lesbar wird: »Der historische Index der Bilder sagt nämlich nicht nur, dass sie einer bestimmten Zeit angehören, er sagt vor allem, daß sie erst in einer bestimmten Zeit zur Lesbarkeit kommen. Und zwar ist dieses ›zur Lesbarkeit‹ gelangen ein bestimmter kritischer Punkt der Bewegung in ihrem Inneren.«[11] Jede Zeit hat spezifische Bilder, die sie bestimmen und sie wiedererkennbar machen. In dem Moment des Erkennens ist, so Benjamin, »die Wahrheit mit Zeit bis zum Zerspringen geladen«[12]. Diese Wahrheit bildet für ihn die ›echte historische Zeit‹, die einem linearen und rein rekonstruierenden Geschichtsverständnis (dem des Historismus) entgegensteht. Er begründet seine Vorstellung eines ›historischen Materialismus‹: »Nicht so ist es, dass das Vergangene sein Licht auf das Gegenwärtige oder das Gegenwärtige sein Licht auf das Vergangene wirft, sondern Bild ist dasjenige, worin das Gewesene mit dem Jetzt blitzhaft zu einer Konstellation zusammentritt.«[13] Vergangenheit und Gegenwart bleiben miteinander verknüpft, jedoch nicht linear und hierarchisch, sondern in einer konstruktiven, vereinzelt und schockartig auftretenden Konstellation. In »Über den Begriff der Geschichte« erläutert Benjamin dazu: »Der materialistischen Geschichtsschreibung ihrerseits liegt ein konstruktives Prinzip zugrunde. Zum Denken gehört nicht nur die Bewegung der Gedanken, sondern ebenso ihre Stillstellung. Wo das Denken in einer von Spannung gesättigten Konstellation plötzlich einhält, da erteilt es derselben einen Chock, durch den es sich als Monade kristallisiert.«[14] Diese im Stillstand des Denkens plötzlich entstehende ›Einzelheit‹ (Monade) denkt Benjamin bildhaft: »Bild ist Dialektik im Stillstand. Denn während die Beziehung der Gegenwart zur Vergangenheit eine rein zeitliche, kontinuierliche ist, ist die des Gewesenen zum Jetzt dialektisch: ist nicht Verlauf sondern Bild, sprunghaft. – Nur dialektische Bilder sind echte (d.h.: nicht archaische) Bilder.«[15] Im historischen Geschichtsbild, das, wie Benjamin beschreibt, sich vornehmlich ›in den Sieger einfühlt‹ und eine Geschichtsschreibung der Herrschaftsgeschichte ver-

---

11 Benjamin, Walter: Das Passagen-Werk. Erster Band, hrsg. von Rolf Tiedemann, Frankfurt a.M. 1983, S. 577.

12 Ebd., S. 578.

13 Ebd.

14 Benjamin, Walter: »Über den Begriff der Geschichte«, in: Roland Borgards (Hg.), Texte zur Kulturtheorie und Kulturwissenschaft, Stuttgart 2010, S. 145-157, hier S. 157. Der Begriff ›Monade‹, lat. monas, bedeutet ›Einzelheit‹.

15 W. Benjamin: Das Passagen-Werk (1983), S. 577.

folgt, wird die Überlieferungsgeschichte selbst nicht kritisch betrachtet. Dem historischen Materialisten komme daher die Aufgabe zu, »die Geschichte gegen den Strich zu bürsten«[16], um Vergessenes und Unterdrücktes in Erinnerung zu rufen. Dialektische Bilder können daher auch Nichtabgeschlossenes der Vergangenheit konstruktiv in die Zukunft wenden. Für die Bewältigung von unterdrückten Konflikten, wie sie Jeff Wall thematisiert, ist das Aufzeigen des Vergessenen daher wesentlich. Der Literaturwissenschaftler Sven Kramer betont, dass das geschichtlich Unabgegoltene sowohl den Einzelnen als auch das Kollektiv betrifft: »Damit sind zum Beispiel die nicht realisierten Wünsche und Träume gemeint, zugleich aber auch die namenlosen Opfer der sozialen Katastrophen, deren Schicksal nicht in Vergessenheit geraten soll.«[17]

In den fotografischen Bilder »The Crooked Path« oder »Steves Farm, Steveston« setzt Wall zwei kunstgeschichtliche Denkweisen aus verschiedenen Epochen zum Thema Landschaft in ein diametrales Verhältnis, um mit ihren widersprüchlichen Inhalten heutige Landschaftsvorstellungen und Darstellungsmöglichkeiten zu befragen. Die historischen Referenzen, die die Betrachtenden dabei an eine bestimmte Stilrichtung erinnern, sind aus einer Epoche inhaltlich »heraus gesprengte«[18] Fragmente, in denen nach Walter Benjamin der »Geschichtsverlauf aufbewahrt und aufgehoben ist«[19]. Jeff Wall spiegelt Fragmente von bestimmten Entwicklungen des Genres Landschaft in seinen fotografischen Bildern wider: idealisierte, heroische Landschaftsbilder des 17. Jahrhunderts wie bei Poussin, die Landschaft als Motiv wie bei Cézanne und die abstrakte Malerei Mondrians, die den Gegenpunkt zu der naturalistischen Bildtradition bildet. Im Sinne Benjamins ›dialektischen Bildes‹ befragt Wall die Idee einer permanenten, chronologischen Weiterentwicklung des kunstgeschichtlichen Genres und Motivs ›Landschaft‹ kritisch, indem er Endpunkte von Entwicklungen aufzeigt und diese einander gegenüberstellt.

In Walls Landschaftsbildern sehen die Betrachtenden verschiedene historische Landschaftsvorstellungen, die gleichzeitig durch die Perspektive der jeweils anderen gesehen werden können. Die Rezipierenden schauen dabei auf Bilder, in denen neben diesen Brüchen auch Übergänge und Schwellen mitgedacht werden, sodass die Bilder die Bereiche zwischen der Vorstellung eines harmonisch Ganzen und seiner Destruktion ausloten. Wie formuliert Jeff Wall diese Bereiche? Einerseits findet man in landschaftlichen Bilddetails, also auf der male-

---

16 W. Benjamin: »Über den Begriff der Geschichte« (2010), S. 150.

17 Kramer, Sven: Walter Benjamin zur Einführung, Hamburg 2003, S. 110.

18 W. Benjamin: »Über den Begriff der Geschichte« (2010), S. 157.

19 Ebd.

risch-fotografischen Ebene des Bildes, Übergänge und Schwellen, wie beispielsweise in den Vegetationszonen von »The Crooked Path« oder »Steves Farm,
Steveston«, und andererseits denkt Wall auf inhaltlicher Ebene – beispielsweise
durch die Platzierung von Figuren in suburbanen Zonen wie in »Diatribe«[20]
(1985), »The Storyteller«[21] (1986) und »Men waiting« (2006) – eine sozialpolitische Implikation von Übergängen und Schwellen weiter.

Hierzu zwei nähere Betrachtungen: In »The Crooked Path« bilden die durch
den Trampelpfad in Felder eingeteilten Grasflächen polderartige Erhebungen,
die, so scheint es, wieder zu einer einheitlichen Fläche zusammenwachsen könnten, die Strommasten reihen sich in die Baumgruppen ein und der weißblaue industrielle Flachbau verläuft farblich in den hellblauen Himmel. Bei »The
Storyteller« bildet der massive Betonpfeiler der Brücke mit der ihr gegenüberlie-
genden Kieferngruppe den landschaftlichen Rahmen eines Wald-und-Berg-
Gebietes. In der Mitte des Bildes reihen sich drei verschiedene vegetative Zonen
aneinander: ein sandig-erdiger, mit Kiefernästen und Nadeln übersäter Teil, ein
gelbgrüner Teil mit niedrig wachsenden Pflanzen und eine bis zum Betonpfeiler
verlaufende Fläche mit Sandsteinen. Ähnlich zu »The Crooked Path« haben die
vegetativen Flächen in »The Storyteller« weiche Ränder und ähneln stofflichen
Schichtungen oder Faltungen, die ineinander verschiebbar zu sein scheinen.
Auch die auf diesen natürlich-unnatürlich wirkenden Untergründen sitzenden Figuren wirken einerseits durch ihr auf dem Bodensitzen mit der Umgebung verbunden, und andererseits unterstreicht der suburbane Ort ihre Heimatlosigkeit
und Nichtzugehörigkeit zu einer Welt, die oberhalb des Abhangs und der Brücke
liegt. Gerade durch Walls Auswahl von Nachfahren der indigenen Völker aus
British Columbia (Kanada) ergeben sich zu dieser halburbanen Landschaftsdarstellung konkrete historisch-politische Bezüge: ›Landschaft‹ ist nicht nur ein
klassisch malerisches Genre einer idealisierten, ästhetisierten und homogenen
Vorstellung von Natur, sondern sie erzählt zugleich von Entrechtungen und Ent-
eignungen von Mensch, Tier und Vegetation. In »The Storyteller« sehen die Betrachtenden sechs Menschen in einer suburbanen Landschaftszone, die durch die
ethnische Herkunft der Menschen sofort an ein Reservat erinnert. Die Wall'schen
Figuren repräsentieren die Urbevölkerung Nordamerikas und verweisen auf die
bis in die Gegenwart reichenden Folgen des Kolonialismus des 15. und 16. Jahrhunderts. Gleichzeitig konfrontieren die Figuren die Betrachtenden mit der Frage, warum sich indigene Männer und Frauen als Repräsentanten einer Minder-
heit zur Schau stellen müssen.

---

20 Wall, Jeff: Diatribe, Großbilddia in Leuchtkasten, 229 cm × 203 cm, 1985.
21 Wall, Jeff: The Storyteller, Großbilddia in Leuchtkasten, 229 cm × 437 cm, 1986.

Landschaft bildet einen kulturellen Raum eines Übergangs zwischen den Gegensätzen von Wildnis (unberührte Natur) und Zivilisation (Besiedlung/Stadt), und in ihm können daher Ideen von Natur, Glauben, Geschichte und Alltagsleben erzählt werden. Die Figur spielt eine wichtige Rolle in Landschaftsdarstellungen, da anhand ihres Agierens und Eingebettetseins Verhältnisse zwischen Zivilisation und Natur formuliert werden. In den pastoralen Landschaftsdarstellungen der Malerei des 17. Jahrhunderts, auf die sich Jeff Wall bezieht, wird Landschaft zu einem Maßstab von Zeit und Geschichte, da eine unendlich währende Natur und die kurze Dauer eines Menschenlebens in einen Vergleich gesetzt werden. Der Künstler und Kunsthistoriker Robert Linsley beschreibt die pastorale Landschaft in Bezug zu Walls Landschaftsdarstellungen mit Figuren, insbesondere zu seinem Bild »The Storyteller«. »[…] die Pastorale [ist] vor allem eine Landschaft, die von Zeit erfüllt ist. Obwohl Kampf, Gewalt und Tod dem Genre thematisch nicht fremd sind, bezieht die Pastorale ihre alles umfassende, heitere Ruhe aus der Landschaft, welche die Generationen hat kommen und gehen sehen. […] – ihr Gegenstand ist die Folge der Generationen.«[22] Linsley weist darauf hin, dass es in der bildenden Kunst verschiedene Formen der Pastorale gibt, die jedoch alle eine Entsprechung in der Literatur besitzen: »Der erotischen Idylle entspricht die Pastorale als Gedicht, dem Begräbnis die Elegie, der bäuerlichen Arbeit und den Festen die Giorgica usw. *The Storyteller* ist dem literarischen Genre des philosophischen Dialogs verwandt.«[23]

Ähnlich zu »The Storyteller« (1986), in dem eine junge Frau, an einem kleinen Lagerfeuer sitzend, ihren zwei männlichen Zuhörern gestikulierend etwas erzählt, weist das fotografische Bild »Diatribe« (1985) eine große Ähnlichkeit zu pastoralen Darstellungen eines philosophischen Gesprächs bzw. Spazierganges auf. Während die Figurenanordnung und das Sitzen, Reden und Essen im Freien in »The Storyteller« sich auf Édouard Manets Gemälde »Le Déjeuner sur l'herbe«[24] (1863) bezieht, verweist Wall mit den beiden nebeneinander hergehenden und in ein Gespräch vertieften Frauen in »Diatribe« auf Nicolas Poussins Gemälde »Paysage avec Diogène«[25] (1648). Der geschwungene Weg durch eine leicht hügelige Landschaft, auf dem die Figuren Poussins und Walls im Zwiegespräch entlang gehen, zeichnet sich wie ein Gesprächsfaden in die Landschaft

22 Linsley, Robert: »Jeff Wall: The Storyteller«, in: Jean-Christophe Ammann (Hg.), Jeff Wall. The Storyteller, übers. von Jeremy Gaines/Klaus Binder/Brigitte Kalthoff, Frankfurt a.M. 1992, S. 9-24, hier S. 9.

23 Ebd., S. 9 f. Hervorhebung im Original.

24 Manet, Édouard: Le Déjeuner sur l'herbe, Öl auf Leinwand, 208 cm × 264 cm, 1863.

25 Poussin, Nicolas: Paysage avec Diogène, Öl auf Leinwand, 160 cm × 221 cm, 1648.

ein. Die Landschaft wird auf diese Weise Teil der kulturellen Überlieferung, die die Figuren mit ihrem jeweiligen Wissen und ihren Geschichten erzählen. Landschaft ist ein kultureller Raum, der durch die Figuren seine Kontur erhält. Die Pastorale (Landschaft mit Figur) ist seit dem 17. Jahrhundert ein eigenständiges Genre, das Wall reaktualisiert, um existentielle und sozialpolitische Problematiken, mit denen das Individuum seit Ende des 20. Jahrhunderts konfrontiert wird, darzustellen. Da die Natur bis in ihre kleinsten Bestandteile erforscht und kartografiert ist und der Mensch sich durch die Entwicklungen der Technik von der Natur weitestgehend emanzipiert hat, ist das Verhältnis zwischen Natur und Mensch nicht länger ein mystisches oder metaphorisches. Betritt der Mensch heute Natur bzw. einen landschaftlichen Raum, wirft er durch seine solitäre Position vielmehr Fragen nach den sozialpolitischen Bestimmungen und Bedingungen auf, die ihn zu einem Individuum und gleichzeitig zu einem Vertreter einer bestimmten sozialen Gruppe machen. Wall beschreibt dies in seinem Text über Landschaft: »In modernity's landscapes, figures, beings or persons are made visible as they vanish into their determinations, or emerge from them – or more likely, as they are recognized in the moment of doing both simultaneously. Thus they are recognized as both free and unfree [...].«[26] Ebenso könne dies mit in Landschaft eingebetteten Gebäuden und Häusern gezeigt werden, in die Menschen hinein- oder hinausgehen. Auch in diesem topologischen Dazwischensein und -stehen werden, so Wall, soziale Räume verdeutlicht. Landschaft versteht er als eine topologische, historische und soziale Zone und Übergang. »The liminal condition of landscape has been for me a sort of measure, or mean.«[27] Der landschaftliche Raum ist ein Ort des Übergangs und er generiert Schwellensituationen. Mittels dieser Eigenschaft von Landschaft gelingt es Wall, Menschen, die sich in ähnlichen Schwellensituationen befinden, darzustellen.

Wie Menschen in einem landschaftlichen Raum gleichzeitig als ›frei und unfrei‹ erscheinen, macht Jeff Wall besonders in »Diatribe« deutlich. Vor den gelbsandigen Erdaufwürfen und vertrockneten Ästen am Wegesrand wecken die beiden Frauen zum einen Assoziationen an Jean-François Millets Arbeiterinnenbild »Des glaneuses«[28] (1857), und zum anderen bildet ihre Tätigkeit, das Spazierengehen und Reden auf einem geschwungenen Weg, eine inhaltliche Referenz zu Poussins »Paysage avec Diogène« (1648). Wall konfrontiert die Betrachtenden in »Diatribe« mit einer Darstellung von zwei Frauen in einem landschaftlichen

---

26 J. Wall: »About Making Landscapes« (2002), S. 145.
27 Ebd.
28 Millet, Jean-François: Des glaneuses, Öl auf Leinwand, 83 cm × 110 cm, 1857.

Raum, die weder die traditionelle Rolle der Landarbeiterin noch die Position eines Philosophenpaares repräsentieren. Sie stellen in dieser Ambivalenz das dar, was der Ethnologe Victor Turner als ›liminalen Zustand‹[29] eines Subjektes beschreibt, das eine bestimmte gesellschaftliche Position und einen Status verlassen hat und nur mit Hilfe von traditionellen Ritualen den Konflikt seiner Schwellenphase zu lösen vermag. Erst durch Rituale gelinge es dem Subjekt, sich wieder in die Gesellschaft einzugliedern.

Die beiden Frauen sind junge, arbeitslose Mütter, die Jeff Wall im Alltag beobachtet hat. Er stellt fest, dass »solche Frauen im Straßenleben so gut wie unsichtbar bleiben. Die Leute nehmen keine Notiz von ihnen. Sie scheinen Sinnbilder für einige unlösbare soziale Widersprüche geworden zu sein. Das Familienleben der Arbeiterklasse kann niemals dem bürgerlichen Modell entsprechen, das der kapitalistische Staat vorgibt.«[30] Wall führt die Unsichtbarkeit der Frauen auf ihre soziale Ausgrenzung zurück: »Proletarische Mutterschaft stellt einen ebenso großen bürgerlichen Skandal dar wie proletarische Prostitution […].«[31] Prostitution erregt immer Aufsehen, wohingegen Mutterschaft nur dann echauffiert, wenn sie erotisch eingefärbt ist, mit religiösen Attributen versehen wird oder im Zusammenhang mit Gewalt steht. Die arbeitslosen Mütter, die Wall in »Diatribe« (1985) darstellt, bleiben hingegen unsichtbar, da sie außerhalb von Statuspositionen der Gesellschaft stehen und ihnen keinerlei Rituale zur Verfügung stehen, mit denen sie den gesellschaftlichen Konflikt von Ungleichheit und Ausgrenzung lösen könnten. Der historische Bezug zu Poussins Gemälde emanzipiert die Frauen aus ihrer Rolle von ungebildeten und mittellosen Müttern, denn Wall lässt sie durch das Zwiegespräch im Gehen die männlich konnotierte Tradition des philosophischen Spazierganges durchbrechen und reaktualisieren: »Das Motiv von ›Diatribe‹ ist das Gespräch im Gehen. Das sokratische Ideal vom Wissen schließt die Auffassung ein, die Philosophie habe peripatetischen Charakter. […] In der Vergangenheit freilich waren solche Gedanken immer männlich oder wurden mit einem männlichen Denker, einem ›Philosophen‹ in Verbindung gebracht.«[32] Im Gegensatz zu Poussins wandernden Philosophen, deren Nähe zur Natur materielle Entsagung signalisiert, unterstreicht die suburbane Landschaft in »Diatribe« das Ausgegrenztsein und die Mittellosigkeit der Frauen. Obwohl

---

29 Turner, Victor: »Betwixt and Between: The Liminal Period in ›Rites de Passage‹«, in: June Helm (Hg.), Symposium on New Approaches to the Study of Religion, American Ethnological Society, Seattle WA 1964, S. 4-20.

30 J. Wall: »Typologie, Lumineszenz, Freiheit« (1986), S. 98.

31 Ebd.

32 Ebd.

Wall die Tradition des philosophischen Gesprächs im Gehen in die Darstellung einflicht, überwiegt das soziale Drama, in dem sich die Frauen befinden.

Das Reden während des Gehens in »Diatribe« erinnert an Szenen aus Paolo Pasolinis neorealistischen Film »Mamma Roma«[33] (1961). Die Protagonistin ist eine Prostituierte, die für sich und ihren Sohn Geld zusammengespart hat, um aus der Provinz in eine römische Stadtrandsiedlung zu ziehen und dort mit einem Einkommen aus einem Obst- und Gemüsestand ein neues Leben zu beginnen. In einer langen Sequenz schildert Pasolini, wie Mamma Roma auf den Straßen ihres ehemaligen Reviers entlang geht, sich übermütig von Freunden, Kunden und Zufallsbekanntschaften verabschiedet und ein Resümee ihres bisherigen Lebens zieht. Doch der hoffnungsvolle Traum eines bürgerlichen Lebens gelingt nicht, der Sohn findet sich in der neuen Lebenswelt nicht zurecht und durchzieht, statt zur Arbeit zu gehen, mit einer Clique das an der Siedlung gelegene und mit Ruinen durchzogene Brachland. Mamma Roma wird von ihrem ehemaligen Zuhälter aufgefunden, der sie nun erpresst und zwingt, zum letzten Mal Geld als Prostituierte zu verdienen. In einer zweiten nächtlichen Straßenszene sieht man eine resignierte Mamma Roma, die mit ihrem Gewissen hadert und ihre alte Identität letztendlich nicht loswird. Sie fragt sich, warum sie dieses Leben geführt hat und wer die Schuld dafür trägt. Pasolini lässt seine Figur Mamma Roma auf der Straße mal laut redend, singend, lachend, weinend und dann schweigend gehen und die Ambivalenz von Freiheit und Unfreiheit darstellen. Das Gehen im Film ist eine Form der Reflexion und in der Bewegung artikulieren sich der Wunsch und die Hoffnung auf ein besseres Leben.

Auch die Frauen in Jeff Walls fotografischem Bild »Diatribe« könnten von solchen Wünschen motiviert sein und ihr Spazierengehen kann viele Facetten vereinen. Vielleicht bedeutet ihr Gehen eine Rückgewinnung von Freiheit in einem monotonen Alltag? Gehen ist zudem eine Freizeitaktivität und eine Möglichkeit zur Muße. Gehen entlang von Stadträndern wird zu einer modernen Erzählung, wenn sie von den Widersprüchen des modernen Lebens berichtet. Besonders durch das Medium des Films hat sich das Gehen als ein narratives Mittel etabliert, beispielsweise im neorealistischen Film, auf den Wall immer wieder Bezug nimmt. In dieser Filmgattung wird Landschaft durch Stadtlandschaften und ihre Banlieues abgelöst, deren Ränder auf unterschiedliche Art noch historische Bezüge zur Landschaft aufweisen.

In Vittorio De Sicas Film »Ladri di biciclette (Fahrraddiebe)« (1948) geht beispielsweise der Protagonist Antonio Ricci zusammen mit seinem Sohn Bruno

---

33 Pasolini, Pier Paolo: Mamma Roma, Schwarz-Weiß-Film, 102 Min., Italien 1962.

nach einer stundenlangen, erfolglosen Suche nach dem gestohlenen Fahrrad, das Ricci seine Arbeit als Plakatierer sichert, über die lehmige Straße der römischen Vorstadtsiedlung nach Hause. Die unasphaltierte Straße geht nahtlos in die karge Landschaft über, in die Wohnblöcke gesetzt wurden, und ein bewölkter Himmel vervollständigt das Bild der Banlieue. Ohne die Wohnhäuser entspräche dieser Ort einer klassischen Landschaft. Die wirtschaftliche Situation der beiden Protagonisten spiegelt sich in der brachen Umgebung der Wohnsiedlung am Rande der Stadt wider. Die schmucklose und gleichförmige Architektur der Wohnblöcke verstärkt bei den Betrachtenden das Gefühl von Ausweglosigkeit und Eintönigkeit.

Wie architektonische und landschaftliche Räume soziale Bedingungen und Gefühlswelten von Menschen widerspiegeln, zeigt auch Jim Jarmuschs Film »Permanent Vacation«[34] (1980). In ihm stehen Schwellenzonen im Vordergrund: Der Protagonist durchstreift Straßen im zerfallenden, verwahrlosten Manhattan und stößt in dem desolaten Stadtviertel auf einsame, in ihrer Traumwelt lebende Menschen, die ihm Fragmente ihrer Lebensgeschichte erzählen. Die Metropole New York erscheint aus dieser peripheren Perspektive als surreal-traumhafte Ruinenstadt. Weggeworfenes Papier weht durch verlassene Straßen und die Sonne setzt die Gebäudeschluchten in scharfe Schatten. Diese Szenerie erinnert an amerikanische Landstraßen: Stadt und Landschaft bilden sich ineinander ab. Die Figuren, die in den Peripherien und Schwellenzonen von Stadt und Landschaft verortet werden, sind bei Jarmusch, De Sica, Pasolini und Wall Menschen, die, am Rande der Gesellschaft stehend, die Fragilität und Widersprüchlichkeit von Identitätsbildung und Rollenzuweisung in der kapitalistischen Gesellschaft besonders zu spüren bekommen. Ihre Einsamkeit ist existentiell und wird durch die Orte gespiegelt. Ihr Gehen ist ein ruheloses Wandern zwischen zwei Welten: Weder in der einen noch in der anderen können sie heimisch werden.

Ein Gegenbild zu diesen gehenden Figuren in urbanen Landschaften formuliert Jeff Wall mit seiner Schwarz-Weiß-Fotografie »Men waiting«. Statt Bewegung und Gespräch verortet er Stillstand und Schweigen in den suburbanen Raum. Die Peripherie erscheint hier als eine Endstation, in der die arbeitsfähigen Männer verstummt, isoliert und beiseite gestoßen wirken. Im Gegensatz zu Bildern mit in der Natur arbeitenden Männern, wie beispielsweise Darstellungen von Bauern in pastoralen Landschaftsbildern, ähnelt die Rolle der Männer in »Men waiting« eher der von weiblicher Prostitution. Walter Benjamin analysiert in seinem Passagen-Werk das Übergreifen der Warenförmigkeit auf den menschlichen Körper

---

34 Jarmusch, Jim: Permanent Vacation, Farbfilm, 90 Min., USA 1980.

und legt am Beispiel der Prostitution dar, dass »kein brauchbares Ding und keine Eigenschaft der Menschen dem universellen Verwertungsangebot entgeht«[35]. Der Körper ist in diesem Sinne zu einer kapitalistischen Ware geworden und wird ein Objekt. Das Aufgreifen der ›day laborers‹ vom Straßenrand und die Bezahlung für ihre körperliche Leistung über einen oder mehrere Arbeitstage ist eine Form einer ›modernen Prostitution‹, die in diesem Fall diejenigen Männer betrifft, die aus dem System des offiziellen Arbeitsmarktes aussortiert wurden. Sie zählen wie die arbeitslosen Mütter zu unsichtbaren Außenseitern unserer Gesellschaft, die Wall in das Blickfeld der Betrachtenden rückt. Während er in »Diatribe« die beiden Frauen in einer typischen halburbanen Umgebung von Wohnsiedlungen am Rande der Stadt zeigt, sind die Männer in »Men waiting« in einen typischen vorstädtischen Bereich zwischen Gewerbegebiet, Kleinindustrie und Landschaft gesetzt worden. Beiden Situationen ist eine Tristesse gemeinsam, die das Ausbleiben einer sozial-gemeinschaftlichen, staatlichen Fürsorge widerspiegelt. Zudem sind beide suburbanen Zonen zeitgenössische Varianten der Banlieue, des transitorischen Bereiches zwischen Großstadt und Landschaft, die seit dem rapiden Wachsen der Städte im 19. Jahrhundert entstanden ist. Davon geben beispielsweise die Gemälde »Banlieue«[36] (1882) von Georges Seurat und »La Banlieue parisienne«[37] (1886) von Vincent van Gogh Auskunft. In beiden Gemälden sind erstmals Protagonisten als einsame Spaziergänger an den Rändern der Stadt zu sehen: Sie wandern auf einem lehmigen Weg, der zwischen Feldern und in der Ferne liegenden Häusern verläuft. Rauchende Industrieschornsteine (bei Seurat) oder eine Gaslaterne (bei van Gogh) sind Zeichen für eine Zone, die weder zur städtischen Bebauungszone noch zur Natur gehört, vielmehr vermischen sich in der Banlieue die verschiedenen Eigenschaften und Merkmale von Landschaft und Stadt und bilden einen Schwellenraum.

Der Begriff der Schwelle, den Jeff Wall auf seine modernen Landschaftsdarstellungen und die in ihnen dargestellten Figuren bezieht, ist ein Denkbild, das seit Beginn des 20. Jahrhunderts aus ethnologischen, sozialen, philosophischen und kulturwissenschaftlichen Perspektiven beleuchtet wird. Der Ethnologe Arnold van Gennep untersucht in »Les rites des passage« (1909) Übergangsrituale. Benjamin geht in seinem »Passagen-Werk« auf das Verschwinden von Ritualen ein: »Rites de passage – so heißen in der Folklore die Zeremonien, die sich an Tod, Geburt, an Hochzeit […] anschließen. In dem modernen Leben sind diese Über-

---

35 S. Kramer: Walter Benjamin zur Einführung (2003), S. 107 f.

36 Seurat, Georges: Banlieue, Öl auf Leinwand, 32 cm × 41 cm, 1882.

37 Van Gogh, Vincent: La Banlieue parisienne, Öl auf Leinwand, 45 cm × 54 cm, 1886.

gänge immer unkenntlicher und unerlebter geworden. Wir sind arm an Schwellenerfahrungen geworden.«[38] Er definiert die Schwelle als eine Zone, die von der
Grenze unterschieden werden muss, denn Schwelle bedeutet:»Wandel, Übergang, Fluten liegen in dem Worte ›schwellen‹.«[39] Wie der Literaturwissenschaftler Rolf Parr in seiner Analyse zu Benjamins Werk zusammenfasst, greifen bei
Benjamin Raum-, Schwellen- und Mythosvorstellungen auf vielen verschiedenen Ebenen ineinander, sodass Schwellen und Schwellenerfahrungen nicht nur
Gegenstand seines philosophischen Denkens sind, sondern auch Ausdruck der literarischen Form sind, die er wählt. Auf diese Weise stellen die Texte selbst ver-
schiedenartige Schwellen dar, die es beim Lesen und Nachvollziehen »zu durch-
messen und zu passieren gilt«[40]. Walter Benjamin versteht nach Parr Schwellen
zum einen als »Zeichen für räumlich-topographische Zonen der Unentschieden-
heit bzw. des Übergangs jeglicher Art, so für Tore, Türen und Türschwellen wie
jene in ›Berliner Kindheit um neunzehnhundert‹ beschriebene Übergangszone
zwischen bedrohlichem Treppenhaus und behaglicher Wohnung, für die Eingän-
ge von Passagen, aber auch die Passagen insgesamt, für Loggien, die nicht mehr
richtig zum ›Drinnen‹ gehören, aber ebenso wenig zum ›Draußen‹, für Portiers-
logen, Bahnhöfe, Friedhöfe, Bordelle und Markthallen«.[41] Zum anderen spricht
Benjamin Schwellen eine räumlich-zeitliche Dimension zu. So ermöglichen Erinnerungsschwellen »assoziative Verknüpfungen von Vergangenheit und Gegenwart, von individuellem und kollektiv-historischem Erinnern«.[42] Zeitlich Vergangenes kann auf diese Weise räumlich aktualisiert werden. Räume sind in diesem Sinne keine Schauplätze des erinnerten Geschehens, sondern »sie entfalten
die Struktur der Erinnerung selbst als eine räumliche«.[43] Eine weitere Dimension
bilden für Benjamin Schwellenzustände des Bewusstseins, in denen das Bewusstsein im Drogenrausch, in Trance und zwischen Wachsein und Traum assoziativ Vergangenheit mit der Gegenwart verknüpft und auf diese Weise »Fundorte und erinnerte Gegenstände assoziativ imaginiert und in Raum-Chiffren«[44]

---

38 W. Benjamin: Das Passagen-Werk (1983), S. 617.

39 Ebd., S. 618.

40 Parr, Rolf:»Liminale und andere Übergänge. Theoretische Modellierungen von
    Grenzzonen, Normalitätsspektren, Schwellen, Übergängen und Zwischenräumen in
    Literatur- und Kulturwissenschaft«, in: Achim Geisenhanslüke/Georg Mein (Hg.),
    Schriftkultur und Schwellenkunde, Bielefeld 2008, S. 11-63, hier S. 17.

41 Ebd.

42 Ebd., S. 18.

43 Ebd.

44 Ebd., S. 19.

überträgt. Und letztendlich können Schwellen bei Benjamin ›sozial markiert‹[45] sein, wie es beispielsweise in der grenzgängerischen Figur des Flaneurs, der weder in der Großstadt noch in der bürgerlichen Klasse zu Hause ist, deutlich wird. Jeff Walls Umgang mit der Thematik der Schwellenphänomene ähnelt Walter Benjamins philosophisch-künstlerischem Verständnis der Schwelle. Auch Wall lotet mediale, erzählerische und (kunst-)historische Mischformen aus, um mit ihnen ein aktuelles Bild der Gegenwart zu zeichnen. Doch im Unterschied zu Benjamin, der im Bereich des Textuellen eine neue Form der Literatur entwirft und dabei historisch-biografische, philosophische oder literaturwissenschaftliche Reflexionen miteinander zu einem fragmentarischen Werk verknüpft, operiert Wall im Medium des Bildes mit lebenden Menschen, die er als Schauspielende oder Laienschauspielende für seine Figurenarrangements engagiert.

Jeff Wall fügt ähnlich wie ein Filmregisseur die Figuren, ihre Handlungen und Orte zu einem ›Tableau vivant‹ zusammen. Die Relationen zwischen Figur, Handlung und Ort generieren die Geschichte des Bildes. Neben sozial randständigen Gruppen, wie Arbeitslosen, Aushilfskräften, Immigranten und Frauen, die durch gesellschaftliche Repressionen den Widerspruch von Identitätsbildung besonders direkt erleben, sind es auch Kinder und Teenager – beispielsweise in »The Drain«[46] (1989), »The Guitarist«[47] (1987) oder »War Game«[48] (2007) – und halbfiktive Figuren, wie Vampire und andere ›lebendige Tote‹ – beispielsweise die Bauchrednerpuppe in »A Ventriloquist at a Birthday Party in October 1947«[49] (1990) oder die Soldaten in »Dead Troops Talk«[50] (1992) –, mit denen Wall Schwellenzustände des Bewusstseins, des Körpers und der Identität aufzeigt. Auch die Orte, in denen Wall diese Figuren bevorzugt platziert, besitzen ›Zeichen für räumlich-topografische Zonen‹,[51] wie die höhlenartige Flussbrücke in »The Drain«, das fensterlose, mit Graffitisprüchen und -zeichen überschriebene Zimmer der Teenager in »The Guitarist«, das auch ein Außenraum sein könnte, oder die verwilderten, unheimlichen Gegenden in »The Vampires' Picnic«[52]

---

45 Ebd., S. 20.

46 Wall, Jeff: The Drain, Großbilddia in Leuchtkasten, 229 cm × 288 cm, 1989.

47 Wall, Jeff: The Guitarist, Großbildia in Leuchtkasten, 119 cm × 190 cm, 1987.

48 Wall, Jeff: War Game, Silbergelatineabzug, 247 cm × 302 cm, 2007.

49 Wall, Jeff: A Ventriloquist at a Birthday Party in October 1947, Großbilddia in Leuchtkasten, 229 cm × 352 cm, 1990.

50 Wall, Jeff: Dead Troops Talk, Großbilddia in Leuchtkasten, 229 cm × 417 cm, 1992.

51 R. Parr: »Liminale und andere Übergänge« (2008), S. 20.

52 Wall, Jeff: The Vampires' Picnic, Großbilddia in Leuchtkasten, 229 cm × 335 cm, 1991.

(1991) oder »Dead Troops Talk«. Die »assoziativen Verknüpfungen von Vergangenheit und Gegenwart, von individuellem und kollektiv-historischem Erinnern«[53], die Benjamin als Erinnerungsschwellen versteht, sind bei Jeff Wall in den kunsthistorischen Bildreferenzen wiederzufinden, die sich gegenseitig überblenden. Er bezieht sich sowohl auf kunsthistorische Bilder, wie Gemälde oder Filme, als auch auf literarische Bilder und Figuren.

In dem Bild »Odradek, Taboritka 8, Prague 18 July 1994«[54] (1994) fotografiert Jeff Wall in Anlehnung an Franz Kafkas Geschichte »Die Sorge des Hausvaters«[55] ein altes, spärlich beleuchtetes Treppenhaus, in dem sich das Wesen Odradek versteckt haben könnte, und lässt eine Jugendliche langsam die Treppenstufen hintergehen. Odradek ist bei Kafka eine Art Zwitterwesen; es wird zunächst als ein filigranes Holzobjekt beschrieben, das gleichzeitig eine wesenhafte, gespenstige Form annimmt. Kafkas Geschichte der märchenhaften Figur Odradek, die sich abwechselnd auf dem Dachboden, im Treppenhaus, auf Gängen und Fluren aufhält und die Häuser wechselt, um immer wieder zurückzukehren, ist in Walls Bild mit eingewoben.

Auch in der Farbfotografie »After ›Invisible Man‹ by Ralph Ellison, the Preface«[56] (2001) bezieht Wall sich auf eine literarische Geschichte, die von Unsichtbarkeit und Marginalität handelt. Ralph Ellison erzählt in seinem Roman »Invisible Man« (1952) die Geschichte eines schwarzen Amerikaners, der, um seiner sozialen, durch Diskriminierung verursachten Unsichtbarkeit zu entgehen, in einem vergessenen Keller in New York sich einen illegalen Wohnraum einrichtet und diesen mit über tausend gesammelten Glühlampen beleuchtet. Der unsichtbare Mann erzählt: »Perhaps you'll think it strange that an invisible man should need light, desire light, love light. But maybe it is exactly because I *am* invisible. Light confirms my reality, gives birth to my form. [...] Without light I am not only invisible, but formless as well; and to be unaware of one's form is to live a death.«[57] Wall gibt genau diese Szene wieder: Ein dunkelhäutiger Mann sitzt, von der Betrachterin abgewendet, in einem notdürftig eingerichteten Wohn-

---

53 R. Parr: »Liminale und andere Übergänge« (2008), S. 18.

54 Wall, Jeff: Odradek, Taboritka 8, Prague 18 July 1994, Großbilddia in Leuchtkasten, 229 cm × 289 cm, 1994.

55 Kafka, Franz: »Die Sorge des Hausvaters«, in: Franz Kafka, Die Erzählungen und andere ausgewählte Prosa, hrsg. von Roger Hermes, Frankfurt a.M. 1996, S. 343-344.

56 Wall, Jeff: After ›Invisible Man‹ by Ralph Ellison, the Preface, Großbilddia in Leuchtkasten, 220 cm × 290 cm, 2001.

57 Ellison, Ralph: Invisible Man, London 2014, S. 6 f. Hervorhebung im Original.

raum, an dessen Decke unzählige, teils dunkle und leuchtende Glühlampen hängen. Erst auf den zweiten Blick rückt der Mann in das Blickfeld der Betrachterin, die zunächst die teils illuminierte und teils grauschattige, wolkenartige Deckeninstallation wahrnimmt. Der grau-gelbliche, halbgläserne Kellerraum ist in vielfacher Hinsicht ein Schwellenraum, in den Ellison und Wall eine ›unsichtbare Figur‹ gesetzt haben, deren Existenz sich nur an diesem ›Ort des Dazwischens‹ temporär manifestieren kann.

Ähnlich abgewendet und isoliert erscheinen die unter einem grauwolkigen Himmel wartenden Hilfsarbeiter in »Men waiting«, die sich im Schwellenort der Banlieue befinden: zwischen Straße, schmalem Grünstreifen und kleinindustriellem Stadtrandgebiet. Wie Jennifer Blessing beschreibt, nutzt Wall für dieses Schwarz-Weiß-Bild die filmische Perspektive der ›Totale‹, die dem Sehfeld des Theaterpublikums in Richtung der Bühne entspricht: »Die Kamera weicht […] von der Szene zurück, sodass die Distanz zu den Personen wächst […]. Anders ausgedrückt, es handelt sich um Supertotale mit Panoramablick auf das Milieu der Figuren.«[58] Diese Distanz hat zur Folge, dass die Figuren als in ihre Umgebung eingebettet wahrgenommen werden: »[…] das Bild konzentriert sich primär auf den dargestellten Personentyp und die Situation, in der er sich befindet, und in geringerem Maß auf den partikulären Gefühlszustand eines Einzelobjektes.«[59] Die Einstellungsgröße der ›Totale‹ stellt ein Gleichgewicht zwischen Figur und Umgebung her, sodass die Figur in der Umgebung ganz zu sehen ist, aber die Umgebung inhaltlich nicht überwiegt. Im Gegensatz dazu rückt eine sehr weitwinklige Einstellung (›Supertotale‹) das Panorama in den Vordergrund, in dem die Figur verschwindet.

In der visuellen Auseinandersetzung mit dem Begriff ›Landschaft‹ tariert Jeff Wall die Nuancen zwischen diesen Bildeinstellungen aus. Es entstehen Bilder, die Übergänge von ›Landschaft‹ und ›sozialem Raum‹ zeigen. Wall reflektiert durch den Blick auf Orte und Situationen des Übergangs die Beziehungen zwischen Mensch und Natur, Figur und sozialem Milieu, Verhältnissen zwischen dem Subjekt und der Gesellschaft und soziale Beziehungen zwischen Figuren untereinander. Der gewisse Abstand, den es braucht, um eine Umgebung, ein Panorama oder Milieu überhaupt zeigen zu können, ist wesentlich: »To me, then, landscape as a genre is involved with making visible the distances we must maintain between ourselves in order that we may recognize each other for what, under constantly varying condition, we appear to be.«[60] Ähnlich graduell verhält

---

58 J. Blessing: »Jeff Wall in Schwarz und Weiß« (2007), S. 18.

59 Ebd., S. 20.

60 J. Wall: »About Making Landscapes« (2002), S. 145.

sich die Beziehung zwischen der Natur und der Figur, die als Stellvertreterin des sozialen Raumes fungiert: »In making a landscape we must withdraw a *certain distance* – far enough to detach ourselves from the immediate presence of other people (figures), but not so far as to lose the ability to distinguish them as agents in a social space. [...] it is just at the point where we begin to lose sight of the figures as agents, that landscape crystallizes as a genre.«[61]

In dem farbigen Bild »A Hunting Scene«[62] (1994) dringen zwei mit Gewehren bewaffnete Männer sogar in mehrere Bildräume und -schichten ein: Sie laufen über einen leeren Parkplatz und einen mit Baumaterialresten übersäten gepflasterten Weg, der an eine verwilderte Grasfläche stößt, die im Hintergrund von einer Einfamilienhaussiedlung begrenzt wird. Ein blauer, mit Wolken durchzogener Himmel, der ein Drittel des Bildes einnimmt, bettet diese moderne Jagdszene ein und dimensioniert die Männer zu Figuren, die diese Zonen exemplarisch durchqueren. Da für die Betrachterin nicht zu erkennen ist, wen die Männer verfolgen, spiegelt ihre Jagd vielmehr ihre unsichtbare Auseinandersetzung mit ihrer Identitätsbildung, ihrem Lebensort und ihren Lebensverhältnissen wider.

Dieses halblandschaftliche Motiv wird auch in »Men waiting« aufgenommen: Die Zonen von Straße, Grünstreifen und Gebäuden unter einem weiten bewölkten Himmel gehen ineinander über und bilden verschiedene Räume im Bild. Doch anders als bei »A Hunting Scene« durchqueren die Arbeiter keine dieser Zonen und Bildschichten. Sie stehen vor einem durch einen bewölkten Himmel gekennzeichneten halblandschaftlichen Panorama, am Rande einer Straße, um von dort eingesammelt zu werden. Sie werden früher oder später aus der Umgebung und aus dem Bild verschwinden. Wall lässt in »Men waiting« Landschafts- und Gesellschaftsbild ineinander greifen. Lebensbedingungen in der Stadt und historische Kontexte werden von Jeff Wall in diesem Ineinanderspiegeln der verschiedenen Bildgenres herausgestellt und als Diskurse in der Gegenwart sichtbar gemacht.

---

61 Ebd., S. 144. Hervorhebung im Original.

62 Wall, Jeff: A Hunting Scene, Großbilddia in Leuchtkasten, 167 cm × 237 cm, 1994.

Erzählung der Produktion

Ein Mann steht auf einer Straße an einer orangen Absperrung und schaut auf eine Gruppe von Männern. Rechts von ihm befindet sich ein Stoppschild, links grenzt ein weiteres, auf einem Pylonen befestigtes Stoppschild den Verkehr ab. Ein schwarzer Schirm ist aufgespannt und schützt den Mann und eine Fotokamera, die sich in einem Kasten und auf einem Stativ befindet, vor dem Regen. Ein Klappstuhl steht neben ihm, ein Pappbecher ist zu Boden gefallen und liegt auf dem Asphalt. Dies ist die Szene der Produktionssituation von »Men waiting«, die der Journalist Arthur Lubow beschreibt.[1]

Jeff Wall ließ die Männer mit einem Bus von der zentral gelegenen Macleod Trail (›cash corner‹) in Vancouver an den Stadtrand fahren, dort standen sie bis mittags, während Wall Fotografien machte, ihnen anschließend ihren Tagesscheck gab und die Männer dann wieder in den Bus stiegen, der sie an der Macleod Trail absetzte. An einem Tag regnete es stark, die Männer teilten sich auf, einige spannten Regenschirme auf, andere suchten unter einer nahe liegenden Pinie Schutz. Wall machte auch von dieser sich zufällig ereignenden Situation Fotos. Der bewölkte Himmel, die übergezogenen Kapuzen, die Aufteilung der Gruppe und die Pinie als Schutz vor dem Regen ergaben für den Künstler einen Sinnzusammenhang; er wählte eine Fotografie aus dieser Situation für »Men waiting« aus. Ebenso wie die Information, dass Wall keine Schauspieler, sondern ›day laborers‹ für seine Fotografie anheuerte, spielt die Erzählung dieses Produktionsprozesses in die Rezeption des fotografischen Bildes »Men waiting« mit ein. Sie erläutert das Zustandekommen der Szene und bestimmt, je nach der Erwartung der Rezipientin, die Glaubwürdigkeit des Dargestellten oder unterstreicht im Falle von »Men waiting« den sozialpolitischen Aspekt, die Brisanz des Themas. Der Bezug zum neorealistischen Film, dessen sozialpolitischer Ansatz es ist, mit Laienschauspielern auf den alltäglichen Existenzkampf von Ar-

---

1   A. Lubow: »The Luminist« (2007).

beitern aufmerksam zu machen, würde wegfallen, wenn Jeff Wall statt der ›day laborers‹ Schauspieler engagiert hätte. Der Vorgang, die Arbeiter von der ›cash corner‹ im Zentrum von Vancouver abzuholen, sie nach ein paar Stunden mit dem Bus wieder dort abzusetzen und ihnen jeden Tag für ihre Arbeitszeit einen Scheck auszuhändigen, ähnelt dem Alltag der ›day laborers‹ und bekräftigt die sozialpolitische Geste des fotografischen Bildes.

Wie in Filmen – von denen jeder zwar weiß, dass sie aus verschiedenen Szenen und Schnitten zusammenmontiert wurden, dass jede einzelne Szene von einem Filmteam begleitet wird und von Beleuchtungsgeräten, Stativen und verschiedenen Kameras umgeben ist und dass ein als einmalig erscheinender Moment zigmal wiederholt wurde und trotzdem in seiner fiktionalen Inszenierung wahrgenommen wird – wird bei der Betrachtung einer Fotografie das außerhalb der Fiktion Liegende zunächst ausgeblendet: sowohl durch den Bildausschnitt als auch durch die Rezipientin, die in die filmische Erzählung, in ihre Bilder hineintaucht. Bei Wall spielen die Produktionsprozesse eine wesentliche Rolle für die Reflexion des fotografischen (kinematografischen) Bildes als ›peinture de la vie de moderne‹, und gleichzeitig zeigen sie Vorgehensweisen der inszenierten Fotografie auf, die dem Theater, dem Film ähneln. Laienschauspielende werden von Wall für die Darstellung von Figuren ausgesucht, die Handlungen werden wiederholt und variiert, Schauplätze werden recherchiert, in der Dauer der Produktion werden Kleinigkeiten immer wieder verändert, Kleidungsstücke gewechselt, einzelne Gegenstände hinzugefügt oder anders arrangiert.

Der Kunsthistoriker Friedrich Tietjen berichtet über den Produktionsablauf zu dem fotografischen Bild »Man with a Rifle« (2000), dass der Protagonist die Geste des Zielens auf der Straße wiederholt ausführte und auch die Kleidung wechselte. Es wurden auch »vorbeigehende Passanten und Gruppen fotografiert; das Stück Pappe auf dem Boden wurde als Element eingeführt und in verschiedenen Lagen aufgenommen […].«[2] Die Veränderungen und zufälligen Begegnungen im Alltagsleben des urbanen Raumes bezieht Jeff Wall in die Szenerie für sein fotografisches Bild mit ein. Die Fotografie ist daher nicht ausschließlich eine »Verwirklichung einer präzisen Vorstellung des Künstlers, sondern die Aufzeichnung eines Produktionsprozesses, in dem sich stets neue Fragen konkret stellen können. Welche Antworten darauf gefunden werden, hängt von formalen und technischen Kriterien wie etwa Kontrasten und Farbvaleurs ebenso ab wie

---

2   Tietjen, Friedrich: »Erfahrung, zu sehen. Produktions- und Rezeptionsweisen Jeff Walls fotografischer Arbeiten«, in: Museum Moderner Kunst Stiftung Ludwig Wien, Jeff Wall. Photographs (2003), S. 52-64, hier S. 56.

von der Intention.«[3] Zu fast jedem fotografischen Bild von Jeff Wall lässt sich in den Artikeln, Interviews und seinen eigenen Texten eine Produktionsgeschichte zum Bild finden, die von dem Bildfindungsprozess und seiner Realisation mit den Entscheidungen, Zufällen und Ideen erzählt. Walls fotografische Bilder werden in diesen Besprechungen auch an den jeweiligen formalen wie inhaltlichen Produktionsentscheidungen bemessen, das heißt, diese Entscheidungen Walls generieren die Plausibilität eines Bildes.

Wie unterschiedlich dies in der Wahl der Technik und Realisation in Walls Werk sein kann, zeigen zwei Beispiele: die großformatige Schwarz-Weiß-Fotografie »Men waiting« und das Großbilddia »A Sudden Gust of Wind (after Hokusai)«[4] (1993), ein fotografisches Bild, das aus mehreren zusammenmontierten Fotografien besteht. »Über mehr als ein Jahr hinweg wurden von einer festen Kameraposition aus und unter genau definierten Witterungs- und Lichtbedingungen die Akteure, der Wasserlauf im Hintergrund, der fliegende Hut und andere Details einzeln aufgenommen, die Fotografien gescannt, am Bildschirm zu einem geschlossenen Ganzen zusammengefügt und schließlich vergrößert.«[5] Der Wind, der weiße Papierbögen in den Himmel hebt, entstammt einer Windmaschine. Jeff Wall greift auf ein technisches Mittel des Theaters und Films zurück, um den Wind als ein szenisches Element nutzen zu können. In dem fotografischen Bild sieht die Betrachterin diese Szene: Einzelne Papierblätter fliegen aus einem Ordner eines Geschäftsmanns in den Himmel, sein wehender Schal verdeckt dabei sein Gesicht, zwei Männern in Gummistiefeln und Arbeitskleidung halten ihre Mützen fest und ducken sich vor dem zu starken Wind, ein anderer Mann im Business-Anzug sieht seinem von der Windböe fortgerissenen Hut nach, während sich die dunkle Oberfläche des Flusses vom Wind kräuselt.

Diese Produktion für ein fotografisches Bild ist aufwendig: Wall sucht einen Ort für seine Fotografie aus, engagiert Laienschauspielende oder Schauspielende, bringt das notwendige Equipment an den Ort, um dann über einen langen Zeitraum hinweg verschiedene Fotografien zu machen, die er wiederum auswählt und neu zusammenfügt. Die Bewegungen der Menschen und der Naturelemente (Wind, Wasser) scheinen auf der im Museum oder in der Galerie zu sehenden Fotografie zwar dem Zufall geschuldet zu sein, dennoch ist eine Präzision in diesen Details erkennbar, die der ganzen Szenerie einen theatralen Charakter verleiht. Auch in dem fotografischen Bild »Mimic« (1982), das Wall,

---

3   Ebd.

4   Wall, Jeff: A Sudden Gust of Wind (after Hokusai), Großbilddia in Leuchtkasten, 229 cm × 377 cm, 1993.

5   F. Tietjen: »Erfahrung, zu sehen« (2003), S. 53.

basierend auf einer von ihm beobachteten Straßenszene, mit Laienschauspielenden nachgestellt hat, erscheint das Zusammentreffen der Figuren zunächst als zufällig und die rassistische Geste als spontaner Impuls des an dem Mann asiatischer Herkunft Vorbeigehenden. Mit dem Wissen jedoch, dass die Laienschauspielenden für das fotografische Bild mehrmals diese Begegnung auf der
Straße nachvollzogen haben, wird vor allem der Bühnencharakter der Straße un-
terstrichen.

Die Produktion von Walls Fotografien erzeugt eine ›Erzählung der Produktion‹, die das Nachdenken über das fotografische Bild beeinflusst. Die Erzählung
der Produktion ist eine Erzählung zum fotografischen Bild. Stadt als ein szeni-
scher Ort wird durch Walls Fotografien und die Hintergrundgeschichte der Produktion erzählt. Es entstehen bei Jeff Wall verschiedene Ebenen einer ›erzählten
Stadt‹. Durch Walls sozialpolitische Reflexionen über das Leben in der Stadt
wird diese zu einem Ort, in dem Historie und Gegenwart aufeinandertreffen und
sich gegenseitig beeinflussen. Für die Rezipierenden stellen sich Walls Referenzen als Teilstücke einer unabgeschlossenen Vergangenheit heraus, mit der sie die
Gegenwart kritisch in den Blick nehmen können. In dem Rezeptionsprozess werden die von Wall angelegten Verweise von den Betrachtenden ergänzt und Stadt
erzählt. Auch auf der Ebene der Produktion findet ein Narrationsprozess statt:
Der Künstler beeinflusst durch seine szenische Vorgehensweise bei der Produktion im urbanen Raum das alltägliche Leben der Stadt mit. Passanten, die Jeff
Wall beim Fotografieren und die Protagonisten beim Ausführen von Gesten beobachten, werden sich an die im urbanen Raum ein- und aufgeführte Szenerie erinnern.

Beobachten, Erinnern, Nacherzählen

Jeff Wall sagt in einem Interview: »I begin by not photographing«[1], und beschreibt dann, wie er im alltäglichen Leben der Stadt Menschen, Handlungssituationen und Gesten von städtischen Akteuren und Akteurinnen beobachtet und sich einzelne gesehene Augenblicke merkt, wenn sie sein Interesse geweckt haben. Nach einem längeren Zeitraum, der manchmal mehrere Woche und Monate dauern kann, nimmt Wall seine Erinnerung an das gesehene Bild wieder auf, um eine Szene oder Geste erneut geschehen zu lassen. Er schildert das Verhältnis seiner fotografischen Beobachtung und dem Memorieren: »If I see something on the street, I don't photograph it. So I could be looking and hunting for things but I just don't photograph them. It is only a small difference, really. The actual event disappears as a photograph. It vanishes as a potential photograph.«[2] Der Künstler prägt sich das Gesehene ein und erinnert sich zu einem späteren Zeitpunkt daran. Diesen Prozess vergleicht er mit dem Akt des Fotografierens. In dem fotografischen Blick Walls, der ein Geschehen in einem Bild erfasst, wird deutlich, wie sehr die kognitive Erfahrung des Fotografierens in die Wahrnehmungs- und Erinnerungsprozesse eingewoben ist.

Wie Walter Benjamin in seiner Überlegung zu Baudelaire beschreibt, hat sich das Fotografieren als ein »mechanisches Verfahren in das Gefüge des urbanen industrialisierten Lebens eingefügt«[3]. »Unter den unzähligen Gebärden des Schaltens, Einwerfens, Abdrückens usf. wurde das Knipsen des Photographen besonders erfolgreich. Ein Fingerdruck genügte, um ein Ereignis für eine unbegrenzte Zeit festzuhalten. Der Apparat erteilte dem Augenblick sozusagen einen

---

1   Wall, Jeff: I begin by not Photographing, Videointerview, San Francisco Museum of Modern Art, San Francisco, 2007, 2:26 Min., hier 0:13-0:15 Min., https://www. youtube.com/watch?v=2yG2k4C4zrU Transkription B.S.

2   Ebd., 0:18-0:34 Min. Transkription B.S.

3   F. Tietjen: »Erfahrung, zu sehen« (2003), S. 57.

posthumen Chock. Haptischen Erfahrungen dieser Art traten optische an die Seite, wie der Inseratenteil einer Zeitung sie mit sich bringt, aber auch der Verkehr
in der großen Stadt.«[4] Das Fotografieren und Filmen ist mittlerweile eine mit Di-
gitalkameras oder Smartphones ausgeführte, alltägliche Praxis geworden, die
zum urbanen Raum gehört und Teil der schnelllebigen Moderne ist. Auch das
Bewusstsein, tagtäglich gefilmt und fotografiert zu werden und alles fotografieren zu können, prägt den Umgang mit dem urbanen Raum. Die technischen Veränderungen im Übergang vom 19. zum 20. Jahrhundert haben dabei, so Benjamin, etwas gemeinsam; sie lösen »eine vielgliedrige Ablaufsreihe mit einem abrupten Handgriff«[5] aus. Durch diese schnelle und anonyme Möglichkeit des
Fotografierens und Filmens macht sich der Mensch den urbanen Raum verfügbar. Dabei geht bei dieser technischen Optimierung von Vorgängen etwas Wert-
volles verloren: Die Pausen zwischen verschiedenen (Arbeits-)Abläufen boten
Möglichkeiten zum Nachdenken, Innehalten und Erinnern. Jeff Walls Vorgehen,
sich auf die Alltäglichkeit des urbanen Raumes einzulassen, zu beobachten und
sich eine Situation einzuprägen, entspricht nicht den alltäglichen Vorgehensweisen von Stadtbewohnenden und Fotografen, sondern ähnelt in dem verlangsam-
ten Tempo eher dem Vorgehen eines Schriftstellers, der eine Situationen beobachtet und memoriert, um später Eindrücke ordnen und präzisieren zu können.

Das Leben in der Stadt hat sich durch die digitalen Medien Ende des 20. und zu
Beginn des 21. Jahrhunderts verändert. Stadtbewohnende fotografieren den urbanen Raum, scannen QR-Codes ein, spielen Computerspiele in der Stadt, überprüfen beim Gehen auf ›Google Maps‹ ihren Weg und werden dabei von anderen
Menschen und von Überwachungskameras beobachtet. Der urbane Raum und
der virtuelle Raum vermischen sich zunehmend. Neben dieser Möglichkeit zum
Konsum und zur Unterhaltung dienen die digitalen Medien im urbanen Raum
auch dazu, Überwachungsprofile von Menschen zu erstellen. Wer fotografiert
und fotografiert wird, befindet sich in einem System von Kontrolle und Überwachung. Walls fotografische Haltung, zunächst ein mentales Bild einer gesehenen
urbanen Situation zu entwerfen, kann daher auch als eine Strategie der Unauffälligkeit betrachtet werden. In einer Zeit, in der Menschen im urbanen Raum durch
Überwachungskameras beobachtet werden und diejenigen, die fotografieren und
nicht sofort als Touristen erkennbar sind, von Sicherheitsbehörden als potentielle

---

4   Benjamin, Walter: »Über einige Motive bei Baudelaire«, in: Benjamin, Charles Bau-
     delaire (1974), S. 101-149, hier S. 126.

5   Ebd.

Terroristen angesehen werden, ermöglicht diese Strategie der Unauffälligkeit eine Anonymität, Unabhängigkeit und einen Freiraum.

Der Philosoph Michel Foucault stellt in seiner Analyse von Überwachungstechniken und -mechanismen des 18. und 19. Jahrhunderts fest, dass »die kleinen Techniken der vielfältigen und überkreuzten Überwachungen, der Blicke, die sehen ohne gesehen zu werden«[6], auch noch etwas anderes hervorbringen: »ein neues Wissen über den Menschen«[7]. In den »Unterwerfungstechniken und Ausnutzungsverfahren«[8] des Beobachtens wird deutlich, wie Menschen sich verhalten, wenn sie Zugang zu einer anonymen Macht haben oder unter einem anonymen Machtdruck stehen. Je physikalischer die Techniken der Überwachung sind und je enger das Beziehungsnetz zwischen den Beobachtenden ist, so Foucault, umso weniger ist die Macht körperlich, physisch; sie entwickelt sich zu einer ›vielfältigen, autonomen und anonymen Gewalt‹[9]. Gerade das Fotografieren und Filmen mit Smartphones bedarf nicht mehr eines ›abrupten Handgriffes‹ (Benjamin), sondern es genügt, lautlos über den Bildschirm des Gerätes zu streichen und es in Richtung des Geschehens zu halten. Allein das Bewusstsein, etwas zu fotografieren und zu filmen, generiert eine Distanz zwischen dem Subjekt und den Ereignissen in seiner Umwelt. Im alltäglichen Fotografieren artikuliert sich ein Konsumverhalten, das sich mit Machtinteressen vermischt. Die Verantwortlichkeit für das eigene Handeln wird vermindert. Foucault stellt in Bezug zu dieser gleichzeitig an- und abwesenden Macht von Kontrolle und Überwachung fest: »Man muss aufhören, die Wirkungen der Macht immer negativ zu beschreiben, als ob sie nur ›ausschließen‹, ›unterdrücken‹, ›verdrängen‹ […] würden. In Wirklichkeit ist die Macht produktiv; und sie produziert Wirkliches. Sie produziert Gegenstandsbereiche und Wahrheitsrituale: das Individuum und seine Erkenntnis sind Ergebnisse dieser Produktion.«[10] Macht und Machtlosigkeit bringen Verhaltensweisen hervor und bestimmen das Subjekt in seinem Denken und Handeln. In diesen Handlungen werden gesellschaftliche Beziehungen und Problematiken erkennbar. Im urbanen Raum ist durch das alltägliche Fotografieren und Filmen die Situation eines gegenseitigen Beobachtens entstanden. Sowohl das Fotografieren von einzelnen Personen als auch die staatliche Überwachung, die dem Schutz der Gemeinschaft und jeder Person dienen soll, ist in

---

6   Foucault, Michel: Überwachen und Strafen. Die Geburt des Gefängnisses, aus dem Französischen übers. von Walter Seitter, Frankfurt a.M. 1994, S. 221.

7   Ebd.

8   Ebd.

9   Ebd., S. 228.

10   Ebd., S. 250.

Städten des 21. Jahrhunderts omnipräsent. Jeff Walls Fotografieren im urbanen Raum reflektiert und berücksichtigt diesen Diskurs von Macht und Kontrolle.

In seiner Schwarz-Weiß-Fotografie »Passerby«[11] (1996) thematisiert Wall den Akt des Fotografierens im urbanen Raum und macht Kontrolle, Verdacht und Überwachung zum Sujet des Bildes. Ein Mann in einer hellen Jeansjacke dreht sich abrupt zu einem anderen Mann in einer dunklen Jacke um, der auf einer nächtlichen Straße gerade an ihm vorbeigegangen ist. Während der Mann mit der dunklen Jacke halb durch einen Baum verdeckt wird und in die Dunkelheit der Straße hinein zu laufen scheint, ist der Mann in der Jeansjacke in dem hellsten Teil der Straße zu sehen. Sein Kopf wendet sich über seine linke Schulter, sodass die Betrachterin sein Gesicht nicht sehen kann, seine Geste des Zurückschauens in der Gehbewegung zeigt das Stocken eines Erschreckens oder Zweifelns an. Walls Anordnung der urbanen Akteure in dieser nächtlichen, einsam wirkenden Szenerie stimuliert den Verdacht, dass eine kriminelle oder gewaltvolle Handlung erfolgt sein könnte: Läuft der dunkel gekleidete Mann vor etwas fort? Hält der Mann in der Jeansjacke inne, weil er sich unwohl oder bedroht fühlt? Wird er Augenzeuge einer Flucht? In der Zuteilung der Figuren, ihren Handlungen und räumlichen Positionierungen in der von Licht- und Schattenspiel illuminierten Straße entsteht eine dramatische Spannung.

Der erleuchtete, vorne liegende Bereich der Straße verweist durch seinen grellen Lichtkegel auf jene Techniken der Überwachung, über die Michel Foucault schreibt. Das Licht ist ein kulturell bedingtes disziplinarisches Mittel: »Dank der Techniken der Überwachung vollzieht die ›Physik‹ der Macht ihren Zugriff auf den Körper nach den Gesetzen der Optik und Mechanik in einem Spiel von Räumen, Linien, Schirmen, Bündeln und Stufen [...].«[12] Dort, wo das Licht den Raum erhellt, scheint dieser vor Gewaltausschreitungen sicher zu sein. Die Helligkeit, die jede Unebenheit tilgt, ist auch eine Form von Gewalt, da sie Sichtbarkeit erzwingt. Mit dem binären Denken von Helligkeit und Dunkelheit wird der urbane Raum in Zonen von Sicherheit (Sichtbarkeit) und Gefahr (Unsichtbarkeit) eingeteilt. Jeff Wall verweist in seiner Schwarz-Weiß-Fotografie »Passerby« auf diese Verteilung von Macht und Kontrolle. Die hellerleuchtete Fläche in der Fotografie könnte von einer Gebäudebeleuchtung stammen, von einem heranfahrenden Auto herrühren, von einem Bewegungsmelder ausgelöst worden sein oder das die Szene erleuchtende Blitzlicht eines Fotoapparates sein. In all diesen möglichen Lichtquellen ist ein anonym bleibender und überwachen-

---

11 Wall, Jeff: Passerby, Silbergelatineabzug, 229 cm × 335 cm, 1996.
12 M. Foucault: Überwachen und Strafen (1994), S. 229.

der Blick anwesend. Der erhellte Bereich ist der, in dem sich der Körper eines der beiden Protagonisten abzeichnet. Dieser Mann, der aufgrund eines Impulses im Gehen über seine Schulter schaut, drückt mit seiner gedrehten Körperhaltung die atmosphärische Spannung des Bildes aus: Er geht nach vorne und schaut sich dabei um. Sein Körper wird erhellt und wirft an die ausgeleuchtete weiße Hauswand einen leichten Schatten, während sein Blick sich in die Dunkelheit richtet und dadurch die Zone der Gefahr markiert. Der andere Mann taucht fast vollständig in die Dunkelheit ein. Das, was in der Dunkelheit liegt, entzieht sich der Kontrolle des Blickes und ruft Projektionen einer subjektiven Angst hervor, die mit Szenarien einer nächtlichen, einsamen Straße assoziiert werden. Der Mann, der in den dunklen Teil der Straße geht, erscheint als ein potentiell Verdächtiger.

Durch die Übergänge zwischen Licht und Schatten wirkt die Straße wie ein auseinandergezogener Raum: Die Helligkeit und die Dunkelheit bilden in dieser Schwarz-Weiß-Fotografie zwei Pole, die die Blickregime von Sichtbarkeit und Unsichtbarkeit des urbanen Raumes widerspiegeln. Die beiden Protagonisten markieren durch ihre Körper und ihr Eintauchen in den hellen und dunklen Teil der Straße diese urbanen Zonen. Ein in der Bildmitte stehender Baum, dessen Laub plastisch hervortritt, wirkt wie eine Metapher für das kulturelle Spiel von Licht und Schatten in der Stadt.

»Passerby« hat auch etwas mit Walls fotografischem Blick zu tun, wenn er durch die Straßen geht und eine Situation sekundenschnell memoriert; denn ein Ereignis passiert nur in Bruchteilen von Sekunden und verliert seine Spannung im weiteren Verlauf. Wall erläutert anhand von »Passerby« den fotografischen Ereignismoment und stellt fest, dass in dem Moment des Sichumdrehens auch ein Interesse an dem anderen Menschen enthalten ist. »I liked the idea [...] that you can get interested in someone's life for a hundreth of a second. [...] You give him a look. In a way you sum them up. You have and end your relationship with that person in that instant. I thought that was also something so photographic, something so much to do with the opening and the closing of the shutter [...] in just a fraction of a second.«[13] Walls Schwarz-Weiß-Fotografie zeigt die Methoden des Fotografierens mit auf: Zwischen dem Öffnen und dem Schließen der Blende entsteht in Millisekunden ein fotografisches Bild, das in der Materialität eines fotografischen Abzuges jene ursprünglich visuell memorierte Sekunde dauerhaft währen lässt. In diesem Sinne ist das im linken oberen Bereich der Fotografie zu sehende Stoppschild, das aus dem Dunkel der Straße hervorleuchtet,

---

13 Wall, Jeff: Jeff Wall Talks about His Work, Vortrag im Museum of Modern Art, New York, 2007, 1:33:23 Std., hier: 1:0:15-1:0:46 Std., http://www.moma.org/explore/multimedia/audios/68/147 Transkription B.S.

wie ein Untertitel zum fotografischen Bild zu verstehen. Jeff Wall reflektiert mit den Mitteln der Schwarz-Weiß-Fotografie und durch seine nächtliche Inszenierung im Raum der Stadt den urbanen Diskurs von Sichtbarkeit/Unsichtbarkeit und Kontrolle/Gefahr und verweist auf den Akt des Fotografierens als ein Erkenntnismoment.

Die Beobachtung von Szenen im urbanen Raum bildet die Prämisse für Jeff Walls fotografische Bilder, in denen er Stadt thematisiert. Der darauffolgende Prozess ist ein Erinnern des Gesehenen. Wie Wall feststellt, hat die Fotografie Ähnlichkeiten mit den Erinnerungsprozessen des Gedächtnisses. Doch gibt es auch wesentliche Unterschiede. Walls fotografischer Umgang mit dem urbanen Raum ist – trotz seiner sozialpolitischen Sujets –, lyrisch und setzt sich aus verschiedenen Tätigkeiten zusammen: Beobachten, Erinnern und Nacherzählen. Dies sind narrative Prozesse, aus denen Übergänge, Unschärfen, Auslassungen und Assoziationen hervorgehen. Auch das bewusste Erinnern ist eine Form der Erzählung, weil das Subjekt zu dem Erinnerten immer etwas hinzufügt und das Erlebte auf diese Weise gestaltet wird.

Der Schriftsteller Marcel Proust unterscheidet zwei Formen des Erinnerns, die auch für Jeff Walls Umgang mit dem Beobachten und Erinnern von Ereignissen im urbanen Raum relevant sind. Proust bezeichnet in seinem Romanwerk »Auf der Suche nach der verlorenen Zeit« (1922) das Erinnern aufgrund von Assoziationen als ›mémoire volontaire‹ und das plötzlich und unwillkürlich auftauchende Erinnern als ›mémoire involontaire‹. Im Zusammenhang mit der ›mémoire volontaire‹ spricht Proust unter anderem dem Körper ein Gedächtnis zu, der eine assoziative Kette von Erinnerungsbildern hervorrufen kann. »Und bevor mein Denken, das an der Schwelle der Zeiten und Formen zögerte, die Wohnung durch ein Vergleichen der Umstände eindeutig festgestellt hatte, erinnerte er – mein Körper – sich […]. Dann tauchte aus einer anderen Körperhaltung eine andere Erinnerung auf […].«[14] Fragiler verhält sich der durch einen Zufall ausgelöste Moment der ›mémoire involontaire‹, der in Bruchteilen einer Sekunde entstehen kann und eine innere Erschütterung auslöst. Proust beschreibt dies anhand einer Erinnerung in Verbindung mit dem Geschmack des französischen Gebäcks ›Madeleine‹: »Sicherlich muss das, was so in meinem Inneren in Bewegung geraten ist, das Bild, die visuelle Erinnerung sein, die zu diesem Geschmack gehört und die nun versucht, mit jenem bis zu mir zu gelangen.«[15] Dieses Auftauchen

---

14 Proust, Marcel: In Swanns Welt. Auf der Suche nach der verlorenen Zeit. Erster Teil, übers. von Eva Rechel-Mertens, Frankfurt a.M. 1981, S. 13.

15 Ebd., S. 65 f.

einer Erinnerung vollzieht sich bei Proust zunächst als ein intensives Gefühl, ein durch die Sinne ausgelöstes Gewahrwerden von etwas, um dann plötzlich und klar in Erscheinung zu treten und eine Kette von Erinnerungsbildern freizusetzen: »Sobald ich den Geschmack jener Madeleine wiedererkannt hatte, [...] trat das graue Haus mit seiner Straßenfront, an der ihr Zimmer sich befand, wie ein Stück Theaterdekoration [...] hinzu, [...] und mit dem Hause die Stadt, der Platz, auf den man mich vor dem Mittagessen schickte, die Straßen, die ich von morgens bis abends und bei jeder Witterung durchmaß, die Wege, die wir gingen [...].«[16] Anhand eines sinnlichen Erlebnisses wird ein Erinnerungsprozess in Gang gesetzt und vor Prousts innerem Auge bilden sich Teile seiner Kindheit ab. Diese Erinnerungsbilder schienen versandet zu sein und drängen blitzartig in das Bewusstsein.

In welchem Verhältnis stehen die beiden von Proust beschriebenen Erinnerungsformen zum Gedächtnis und zur Wahrnehmung der Umwelt? Walter Benjamin betrachtet das Zusammenwirken des Gedächtnisses (im Sinne der mémoire involontaire) und des Bewusstseins. Da nach Sigmund Freud die »Erinnerungsreste [...] oft am stärksten und haltbarsten sind, wenn der sie zurücklassende Vorgang niemals zum Bewusstsein gekommen ist«[17], kann, so Benjamin, Bestandteil der mémoire involontaire »nur das werden, was nicht ausdrücklich und mit Bewußtsein ›erlebt‹ worden, was dem Subjekt nicht als ›Erlebnis‹ widerfahren ist«[18]. Da das Bewusstsein hauptsächlich die Funktion eines ›Reizschutzes‹[19] vor mannigfaltigen Reizen der Außenwelt übernimmt, wird ein Erregungsvorgang nicht »wie in allen anderen psychischen Systemen eine dauernde Veränderung seiner Elemente«[20] hinterlassen, sondern wird »gleichsam im Phänomen des Bewusstwerdens verpuffen«[21]. Benjamin verdeutlicht die verschiedenen Funktionen des Gedächtnisses und der Erinnerung und bezieht sich auf den Psychoanalytiker Theodor Reik. »Die Funktion des Gedächtnisses ist der Schutz der Eindrücke; die Erinnerung zielt auf ihre Zersetzung. Das Gedächtnis ist im Wesentlichen konservativ, die Erinnerung ist destruktiv.«[22] Erinnerungen sind in diesem Sinne instabil. Durch Ähnlichkeiten plötzlich hervorgerufen (mémoire involontaire) oder assoziativ gedacht (mémoire volontaire), entstehen Abwei-

---

16 Ebd., S. 67.

17 S. Freud: »Jenseits des Lustprinzips« (2009), S. 210.

18 W. Benjamin: »Über einige Motive bei Baudelaire« (1974), S. 109.

19 S. Freud: »Jenseits des Lustprinzips« (2009), S. 212.

20 Ebd., S. 211.

21 Ebd.

22 W. Benjamin: »Über einige Motive bei Baudelaire« (1974), S. 108.

chungen, Verzerrungen und Unschärfen. Walter Benjamin macht darauf aufmerksam, dass »weder die mimetischen Kräfte, noch die mimetischen Objekte, oder Gegenstände, im Laufe der Jahrtausende die gleichen blieben. Vielmehr ist anzunehmen, daß die Gabe, Ähnlichkeiten hervorzubringen […] und daher auch die Gabe, solche zu erkennen, sich im Wandel der Geschichte verändert hat. Die Richtung dieser Änderung scheint durch die wachsende Hinfälligkeit des mimetischen Vermögens bestimmt zu sein.«[23]

Ähnlichkeiten zwischen verschiedenen Ereignissen und ihren Bildern aufzustellen, benötigt über die subjektive Fähigkeit des Erinnerns hinaus eine Verbindung mit einem kulturellen Gedächtnis. Werden diese Verknüpfungen zwischen subjektiven und kollektiven Erfahrungen, zwischen der Vergangenheit und der Gegenwart minimiert, löst sich, wie Benjamin beschreibt, ein kulturelles Bewusstsein zunehmend auf. Der Mensch entfremdet sich und wird an Erinnerungen und Geschichten ärmer. Der technische Vorgang des Fotografierens und Filmens kann die kognitive Fähigkeit des Erinnerns und seine Fähigkeit, verschiedene Dinge in ein Verhältnis zu stellen, nicht ersetzen. Für die Erinnerung sind das Erlebnis und die Erfahrung wesentlich. Das subjektive und kollektive Erinnern spielt für Jeff Wall eine wichtige Rolle. Er stellt kulturelle Traditionen und Themen der Gegenwart in ein wechselseitiges Verhältnis. Anhand seiner Auswahl von Motiven und dem Erinnern an ähnliche Motive in kunsthistorischen Bildern verbindet er Vergangenheit und Gegenwart miteinander und bezieht den urbanen Raum als Raum des Erinnerns mit ein. Das Fotografieren ist für ihn ein der Beobachtung nachgestellter Prozess, um ein Bild erstellen zu können. Mit seiner Methode des Beobachtens, Erinnerns und Nacherzählens verändert er die Bedeutung des Fotografierens im urbanen Raum. Wall führt die widersprüchlichen Eigenschaften des Erinnerns und des Fotografierens im urbanen Raum zusammen: Verschiedene subjektive und kollektive Erinnerungsbilder werden durch das Medium der Fotografie vermittelt und zugleich erhält das Fotografieren im überwachten urbanen Raum eine narrative Funktion.

Jeff Walls ›Nichtfotografieren‹ ist ein Moment der Verzögerung, der produktiv ist. Das memorierte Bild einer Situation ist im Gegensatz zur Fotografie nicht statisch, es unterliegt den Verschiebungsprozessen des Bewussten und Unbewussten und den unterschiedlichen Formen des Erinnerns (mémoire involontaire und mémoire volontaire). Der Blick durch eine Fotokamera erfolgt aus einer Distanz, in der das eigene Involviertsein in eine Situation weggedacht wird. Walls Vorgehen einer Verlangsamung ermöglicht ihm ein Erleben der Situation, das

---

23 Benjamin, Walter: »Über das mimetische Vermögen«, in: Benjamin, Erzählen (2007), S. 92-95, hier S. 92.

Gesehene wird Teil seiner Erfahrung, die größtenteils mit seiner Heimatstadt Vancouver verbunden ist, da er seine fotografischen Motive dort findet. »Mitunter ist die Vorstellung von einer bestimmten Örtlichkeit – vielleicht schon seit mehreren Jahren – in meinem Gedächtnis gespeichert, und eine spezifische Bildidee erweist sich dann als von dieser Erinnerung in Gang gesetzt«[24], berichtet der Künstler und beschreibt weiter, warum auf der Suche nach Orten für ein fotografisches Bild ein ›Umherwandern‹ wesentlich ist: »Das ist so, als säße einem bereits etwas im Hinterkopf, ohne daß man es vorher weiß; dann hat man es plötzlich ganz konkret vor sich und erkennt es wieder. Darum ist das Umherwandern so wichtig. Das Unbewußte kommt dabei spielerisch zum Zug, der ganze Mensch wird einbezogen.«[25] Diese Form des Gehens ist eher dem ›dérive‹[26] der 1970er Jahre ähnlich als dem suchenden Gehen der Straßenfotografen (Street-Photography), die mit ihrer Kamera in der Hand Ausschau nach außergewöhnlichen Situationen halten. Das Schlendern durch die Stadt befördert die ›mémoire volontaire‹: Im Gehen werden alle Sinne aktiviert, Farben, Gerüche und topologische Beschaffenheiten evozieren ein körperlich-sinnliches Erleben und Erinnern. In diesem umherschweifenden Gehen werden assoziative Erinnerungen stimuliert, die für den Prozess des Bilderfindens wesentlich sind. Wall kann auf Erinnerungen von Orten in der Stadt zurückgreifen, die er in der Vergangenheit durchquert hat. Diese Beziehung zu einem Ort, einer Stadt, die durch die Zeit intensiver wird, hat eine emotionale und intuitive Qualität.

Inwieweit in diesen beim Gehen aktivierten Bewusstwerdungsprozessen auch noch andere Bilder eine Rolle spielen, erzählt Jeff Wall anhand der Ortsuche für sein fotografisches Bild »Diatribe« (1985), in dem zwei Frauen (mit einem Kind) gehend in einem Zwiegespräch versunken sind. Eine spezifische Situation rief bei Wall ein bestimmtes Erinnerungsbild ins Gedächtnis: »Als ich diese Stelle, diesen Sandweg wiedererkannte, erkannte ich zugleich auch eine Menge anderer Dinge wieder, die ich nicht bewusst wahrgenommen hatte [...]. Mit einem Mal wurde mir bewusst, dass diese Straße eine räumliche Situation schuf, die stark an die klassischen Landschaften Poussins erinnerte.«[27] Walls Schilderung

---

24 J. Wall: »Typologie, Lumineszenz, Freiheit« (1986), S. 97.

25 Ebd., S. 98.

26 ›Dérive‹ (frz. Dahintreiben, Verschieben) ist eine Methode, architektonische und ökonomische Strukturen des urbanen Raumes durch das Gehen umzuformen, und wurde von der Künstlergruppe ›Situationistische Internationale‹ (SI) in den 1970er Jahren zunächst in Paris und später in anderen europäischen Städten durchgeführt.

27 J. Wall: »Typologie, Lumineszenz, Freiheit« (1986), S. 98.

einer ›mémoire involontaire‹ verdeutlicht, wie das subjektive Wahrnehmen und Erinnern mit einem kulturellen Gedächtnis in Verbindung steht. Die von ihm wahrgenommene Struktur eines Weges am Stadtrand steht für ihn in Beziehung mit einer Landschaft aus dem 17. Jahrhundert: In Nicolas Poussins Gemälde »Paysage avec Diogène« (1648) führt ein sich schlängelnder Weg durch Ebenen einer stimmungsvollen Landschaft, in der zwei an einem Wasserlauf rastende Figuren einander zugewandt sind. Dieses Gemälde des klassizistischen Barocks ist ein wichtiger Bestandteil der abendländischen Malerei und hat Vorstellungen von Landschaft beeinflusst. Betrachtende von »Diatribe« können sich Poussins Gemälde oder auch ähnliche Landschaftsdarstellungen in Erinnerung rufen. Jeff Wall ermöglicht den Rezipierenden die Erfahrung des Erinnerns, die er im urbanen Raum erlebt hat, nachzuvollziehen und zu einer eigenen Erfahrung werden zu lassen. Verschiedene Bilder werden auf diese Weise ineinander gespiegelt und lösen eine Reihe von Querverbindungen aus. Nicht nur verändert sich dadurch der Blick auf die beiden Frauen, die Wall für »Diatribe« fotografiert hat, sondern auch der Ort: Der Trampelpfad an der Stadtrandsiedlung verliert seine Belanglosigkeit und korrespondiert mit der Bildtradition von Landschaftsmalerei.

Der langsame Entstehungsprozess der fotografischen Bilder, in dem sich Walls anfänglich noch vage Bildvorstellung durch die Beeinflussung durch reale Orte, alltägliche Handlungen und subjektive Erinnerungen an (kunst-)historische Bilder zu einer Bildtypologie konkretisiert, ist erzählerisch. Das Ineinandergreifen von Vorstellung, Erinnerung, realer Wirklichkeit und kunsthistorischem und philosophischem Wissen manifestiert sich bei Jeff Wall für jedes Bild auf andere Weise, jedes einzelne Element kann ein Auslöser für die Entstehung eines Bildes sein: »Manchmal ist der Ort der Handlung das erste, was festgelegt wird, manchmal ist es auch eine Person oder sogar ein Objekt [...]. Mit der Konkretisierung dieser Elemente entsteht das Bild. Es ist eine Konstruktion aus einem Komplex von realen und zugleich symbolischen Dingen.«[28] In einem Moment dieses Prozesses formuliert sich ein Bedeutungsgehalt, der das fotografische Bild wesentlich bestimmt und den Wall als Bildtypologie bezeichnet: »Die Aussage der Bildtypologie ist es, die eine Sinnbedeutung möglich und objektivierbar macht. Diese Typologie ist ein stoffliches Mittel, ein stofflicher Teil des Entstehungsprozesses des Bildes, sie stellt nicht einfach eine Intellektualisierung dar.«[29] Die fotografischen Bilder Walls repräsentieren Zeitgeschichte und damit auch Erfahrungen des Subjekts mit der Welt und seine Verortung in einen gesellschaftlichen

---

28 Ebd., S. 97.
29 Ebd., S. 99.

Zusammenhang. Jeff Wall bezieht sich auf diese kulturgeschichtliche Tradition des Bildes und nimmt dem fotografischen Bild seine Flüchtigkeit und seinen Status als Konsumprodukt. In Walls Fotografien wird ein narratives Potential von Bildern aktualisiert, ohne dass seine fotografischen Bilder von sich aus narrativ wären – die Betrachtenden sind diejenigen, die die von Wall initiierten Verweise miteinander verknüpfen und in Sinnzusammenhänge setzen. In diesem Prozess des Vergleichens und Aufeinanderbeziehens von Gegenwart (Aktuellem) und Vergangenheit (Traditionellem) werden abendländische Bildsujets in die Gegenwart überführt.

Walter Benjamin beschreibt die kulturelle Bedeutung und Wirkungsweise von ›Traditionen‹ anhand der Unterscheidung zwischen Erzählung und Information. Er konstatiert den Verlust des Erzählens, das Vermögen, »Erfahrungen auszutauschen«[30]. In einer Zeit, in der Erfahrungen an Bedeutung verlieren, zählt die Information, die, so Benjamin, nicht in die Tradition eingeht. Die »Grundsätze journalistischer Information (Neuigkeit, Kürze, Verständlichkeit und vor allem Zusammenhangslosigkeit der einzelnen Nachrichten untereinander)«[31] tragen dazu bei, dass sich die in der Information erfassten Ereignisse gegen die Erfahrung der Lesenden abdichten. Die fotografischen Bilder aus den heutigen Massenmedien lassen sich zu Benjamins Aufzählung hinzufügen – sie repräsentieren ein Begehren nach Neuigkeiten. Im Gegensatz zu der Information steht die Erzählung: »Sie legt es nicht darauf an, das pure An-sich des Geschehenen zu übermitteln (wie die Information es tut); sie senkt es dem Leben des Berichtenden ein, um es als Erfahrung den Hörern mitzugeben.«[32] Erzählungen werden weiter getragen, von einer Generation zur nächsten: »Die Erinnerung stiftet die Kette der Tradition, welche das Geschehene von Geschlecht zu Geschlecht weiterleitet. [...] Sie stiftet das Netz, welches alle Geschichten miteinander am Ende bilden.«[33] Jeff Walls Ansatz, im urbanen Raum Gesehenes auf bereits vorhandene Bilder und Thematiken zu beziehen und dabei verschiedene Medien, Ausdrucksformen und Epochen miteinander zu verbinden, stellt eine narrative Vernetzung dar. Die Stadt ist dabei der Ort des Beobachtens, Erinnerns und Verknüpfens und Bestandteil der weitergegebenen Erfahrungen.

---

30 W. Benjamin: »Der Erzähler. Betrachtungen zum Werk Nikolai Lesskows« (2007), S. 103.

31 W. Benjamin: »Über einige Motive bei Baudelaire« (1974), S. 106.

32 Ebd., S. 107.

33 W. Benjamin: »Der Erzähler. Betrachtungen zum Werk Nikolai Lesskows« (2007), S. 117.

Kulturelle Traditionen beruhen auf einem kollektiven Gedächtnis. Diese gehen in einer kapitalistisch geprägten Gesellschaft immer mehr verloren, wie Wall verdeutlicht. Die fragmentarischen Gesten seiner Protagonisten erzählen von den Brüchen mit der Tradition. Inwieweit nun die Erfahrung mit dem Erinnern von individuellen und gesellschaftlich-kulturellen Erfahrungen zusammenwirkt, erläutert Benjamin im Zusammenhang mit Prousts Begriff der ›mémoire involontaire‹. Auch Benjamin stellt dabei den Verlust von Ritualen, die ein Merkmal von traditionsbewusstem Handeln sind, heraus. Der Begriff der ›mémoire involontaire‹ »trägt die Spuren der Situation, aus der heraus er gebildet wurde. Er gehört zum Inventar der vielfältig isolierten Privatperson. Wo Erfahrung im strikten Sinne obwaltet, treten im Gedächtnis gewisse Inhalte der individuellen Vergangenheit mit solchen der kollektiven in Konjunktion.«[34] Subjektiv Erlebtes kann, wenn es sich an kollektive Rituale bindet, besser erinnert werden, weil die wiederkehrenden Abläufe von Festen und rituellen Handlungen dem Erinnern eine Form und eine Verankerung in der Zeit geben. Bei Marcel Proust hingegen, so Benjamin, steht die Entfremdung des Einzelnen im Vordergrund. Prousts Erinnern ist ein subjektbetontes Erinnern und verdeutlicht die fehlende Verbindung zwischen dem Einzelnen und einer Gemeinschaft. »Die Kulte mit ihrem Zeremonial, ihren Festen, deren bei Proust wohl nirgends gedacht sein dürfte, führten die Verschmelzung zwischen diesen beiden Materien des Gedächtnisses immer von neuem durch. Sie provozierten das Eingedenken zu bestimmten Zeiten und blieben Handhaben desselben auf Lebenszeit.«[35] Die Erlebnisse und Erfahrungen des Einzelnen und von Vielen gehen in den gemeinschaftlichen Festen und Zeremonien ineinander über: Erinnerungen werden ver- und gebunden. Das Erzählen von den Erfahrungen und Erinnerungen ist dann Teil eines gemeinschaftlichen Sinns.

Auch Jeff Wall zeigt Menschen vornehmlich in isolierten Situationen und psychischen Schwellenzuständen und spiegelt eine Spaltung der Gesellschaft wider. Gemeinschaft geht in einer kapitalistisch geprägten Gesellschaft zunehmend verloren, sodass auch Bräuche und Riten fehlen, an die sich Erinnerungen des Einzelnen binden können. Mit seinen fotografischen Bildern stellt Wall subjektive und kollektive Erfahrungen und Erinnerungen in einen kulturellen Kontext und führt sie zusammen. Der urbane Raum ist bei Wall ein Ort, der das Fehlen von Gemeinschaft und ihren Ritualen deutlich werden lässt. Wall verweist auf diesen Mangel im öffentlichen Raum der Stadt und stellt damit die Problematik in eine öffentliche Diskussion. Im urbanen Raum des 21. Jahrhunderts werden –

---

34 W. Benjamin: »Über einige Motive bei Baudelaire« (1974), S. 107.
35 Ebd.

so zeigt es Wall – Beobachten, Erinnern und Nacherzählen zu narrativen Vorgehensweisen, die subjektive und kollektive Erfahrungen in einen Zusammenhang setzen, sich Kontroll- und Machtmechanismen des urbanen Raumes entziehen und kulturelle Räume hervorbringen. Insbesondere die abseitsliegenden Orte, mit denen Jeff Wall die Entfremdung des Subjekts widerspiegelt, werden in seinen fotografischen Bildern historische Erinnerungsräume von Stadt.

Geschichte im Entstehen

»Um eine Geschichte zu erzählen, verfügt der Maler nur über einen Augenblick: den, den er auf der Leinwand festhalten wird; diesen Augenblick muß er demnach sorgfältig auswählen […], er wird eine Hieroglyphe sein, aus der sich auf einen Blick (aus einer Einstellung, wenn wir zum Theater, zum Film übergehen) die Gegenwart, die Vergangenheit und die Zukunft herauslesen lassen, das heißt der historische Sinn der dargestellten Geste.«[1] Das fotografische, filmische oder malerische Einzelbild, von dem der Philosoph Roland Barthes hier spricht, ist verwandt mit der Form des epischen Theaters von Bertolt Brecht.

Im epischen Theater liegt das Gehaltvolle und Signifikante in jeder Einzelszene und nicht in der Entfaltung des Stückes. Diese wesentlichen, ästhetisch dichten Augenblicke entdeckt Barthes auch in Filmen von Sergei Eisenstein. Beim Betrachten seiner Filme sei das einzelne Bild nie langweilig: »[…] man ist nicht gezwungen, das folgende abzuwarten, um zu begreifen und gefesselt zu werden: keine Dialektik […], sondern ein beständiger Genuß, der aus einer Summierung perfekter Augenblicke besteht.«[2] Das epische Bild – sei es ein malerisches, cineastisches, theatrales oder literarisches – ist ein verdichteter Ausschnitt, »der seine ganze unbenannte Umgebung ins Nichts verweist und all das ins Wesen, ins Licht, ins Blickfeld rückt, was er in sein Feld aufnimmt«.[3] Diesen Ausschnitt bezeichnet Roland Barthes als ›prägnanten‹ Augenblick.[4] Ein episches Bild besitzt nach Barthes reflexive Möglichkeiten, weil es etwas sagen kann und im gleichen Moment mitteilt, auf welche Art und Weise es dies tut. Innerhalb des

---

1 Barthes, Roland: »Diderot, Brecht, Eisenstein«, in: Roland Barthes, Der entgegenkommende und der stumpfe Sinn. Kritische Essays III, aus dem Französischen übers. von Dieter Hornig, Frankfurt a.M. 1990, S. 94-102, hier S. 97.

2 Ebd.

3 Ebd.

4 Ebd.

Einzelbildes sind die Relationen aufeinander abgestimmt und zueinander gerichtet: Die bildinhärente Komposition generiert eine ›dramatische Einheit‹. In dieser wird ein ›historischer Sinn‹, das heißt eine spezifische Relation zwischen Gegenwart, Vergangenheit und Zukunft, sichtbar. Dabei kann im epischen Bild auch etwas Gegenteiliges mit aufgezeigt werden: eine »Anwesenheit aller Abwesenheiten (Erinnerungen, Lektionen, Verheißungen), in deren Rhythmus die Geschichte zugleich intelligibel und begehrenswert wird«[5].

Bestimmend für das epische Bild und seine Realisation als prägnanter Augenblick ist ein ›sozialer Gestus‹. In Bezug zu Brechts epischem Theater stellt Barthes einige Kriterien und Qualitäten eines sozialen Gestus heraus: »Er ist eine Geste oder eine Gesamtheit von Gesten (aber nie ein Gestikulieren), aus der sich eine ganze soziale Situation herauslesen läßt. Nicht alle *Gesten* sind sozial: An den Bewegungen eines Mannes, der eine Fliege verjagt, ist nichts sozial; aber wenn sich eben dieser Mann, schlecht gekleidet, gegen Wachhunde wehrt, so wird der *Gestus* sozial [...]. Wie weit können die sozialen *Gesten* reichen? Sehr weit, bis in die Sprache hinein [...]. Rhetorische Formen können [...] gestisch sein.«[6] Barthes' angeführte Beispiele lassen sich noch erweitern: Auch im Fehlen einer Artikulation, beispielsweise im Nichtwehren, in Handlungsunfähigkeiten, im Zögern oder in einer Sprachlosigkeit, wird eine soziale Dimension sichtbar, wenn – so, wie es Jeff Wall in seinen fotografischen Bilder zeigt – im Bild wesentlich auf dieses Fehlen hingewiesen wird. Ein episches Bild macht für Roland Barthes demnach nicht einen Gegenstand (Sujet) zu einem den Menschen angehenden Thema, sondern es generiert seinen Sinn erst durch ›Kritik, List, Ironie und Propaganda‹[7] und wird dadurch gesellschaftlich wirksam: »[...] von Belang ist nur der *Gestus*, die kritische Demonstration der Geste, die Einschreibung dieser Geste, welcher Zeit sie auch angehören mag, in einen Text, dessen sozialer Hintergrund sichtbar ist.«[8] Ein Werk beginnt erst in seinen epischen Bildern zu wirken, wenn der Gehalt in der Geste, ihrer Koordination und Interpretation enthalten ist. Am Beispiel von Brechts »Mutter Courage« verdeutlicht Barthes seine Überlegung: Es gehe in diesem Stück nicht um den Dreißigjährigen Krieg oder eine Verurteilung von Kriegen, sondern der soziale Gestus liege in der Verblendung der Mutter Courage, »die vom Kriege zu leben glaubt und durch ihn umkommt; mehr noch, er liegt in der *Sicht* des Zuschauers auf diese Verblendung«[9].

---

5 Ebd., S. 98.
6 Ebd. Hervorhebung im Original.
7 Ebd., S. 100.
8 Ebd. Hervorhebung im Original.
9 Ebd. Hervorhebung im Original.

Wesentlich beim epischen Theater ist das Miteinbeziehen des Publikums: Die Rezipierenden werden zu einem kritischen Nachdenken über sich und die gesellschaftlichen Verhältnisse, in denen sie leben, angeregt. »[...] statt in den Helden sich einzufühlen, soll das Publikum vielmehr das Staunen über die Verhältnisse lernen, in denen es sich bewegt.«[10] Dem epischen Theater geht es daher nicht darum, dramatische Abläufe, tragische Verwicklungen und deren Problemauflösungen zu zeigen, sondern gesellschaftliche Zustände darzustellen. Um ihre sozialen und politischen Auswirkungen darstellen zu können, bedürfe es, so Benjamin, stilistischer Mittel. »Darstellung ist [...] nicht Wiedergabe im Sinne der naturalistischen Theoretiker. Es handelt sich vielmehr vor allem darum, die Zustände erst einmal zu entdecken. [...] Diese Entdeckung (Verfremdung) von Zuständen vollzieht sich mittels Unterbrechungen von Abläufen.«[11] Die Unterbrechung hat eine organisierende Funktion: Indem sie eine Handlung zum Stehen bringt, zwingt sie die Rezipierenden zu einer Stellungnahme des Vorgangs und die Akteurinnen und Akteure zu einer Stellungnahme zu ihrer Rolle.

Benjamin schildert – sowohl im Aufsatz »Was ist das epische Theater?« als auch in seinem späteren Text »Der Autor als Produzent« – exemplarisch eine Familienszene, in die ein fremder Beobachter stößt und einen plötzlichen szenischen Einblick erhält: »[...] die Frau ist gerade im Begriffe, eine Bronze zu ergreifen, um sie nach der Tochter zu schleudern; der Vater im Begriff, das Fenster zu öffnen und um Hilfe zu rufen. In diesem Augenblick tritt ein Fremder ein. Der Vorgang ist unterbrochen; was an seiner Stelle zum Vorschein kommt, das ist der Zustand, auf welchen nun der Blick des Fremden stößt: verstörte Mienen, offenes Fenster, verwüstetes Mobiliar.«[12] Dieser bildhafte Augenblick, den Benjamin als »Blick des epischen Dramatikers«[13] bezeichnet, könnte ebenso ein fotografischer Blick und wie bei Jeff Wall ein fotografisch inszenierter sein, der die sozialen Beziehungen des gesellschaftlichen Modells ›Familie‹ aufzeigt. In allen drei Fällen – im Theater, beim fotografischen Schnappschuss, in der inszenierten Fotografie – passiert etwas Ähnliches: eine ›Exponierung der Anwesenden‹[14]. Das, was die Anwesenden tun, erscheint im Ausschnitt des Moments besonders plastisch und eindrücklich. Durch diese Verfremdung entsteht eine Distanz, die

---

10 Benjamin, Walter: »Was ist das epische Theater?«, in: Benjamin, Der Autor als Produzent (2012), S. 218-227, hier S. 222.

11 Ebd., S. 221.

12 W. Benjamin: »Der Autor als Produzent« (2012), S. 246.

13 Ebd.

14 Ebd.

einen kritischen Blick auf die gesamte Konstellation von Personen, ihren Handlungen und Beziehungen ermöglicht.

Dabei sind und erscheinen Gesten in ihrem Verhältnis zur Dauer ihrer Ausführung, zu ihren Adressaten, zu ihrer Umgebung und der spezifischen Situation, in der sie sich ereignen, immer unterschiedlich. Durch eine häufige Unterbrechung kann beispielsweise eine Handlung in eine Vielzahl von einzelnen, kleinen Gesten zerteilt werden und sich auf diese Weise von ihrem Handlungsanlass immer mehr entfernen. Die Anbindung an einen spezifischen Kontext lässt eine Geste – auch wenn sie nur noch eine Andeutung ist – bedeutungsvoll werden. Bei Jeff Wall generieren die Räume, in denen die Protagonisten verschiedene Gesten ausführen, einen sozialpolitischen Hintergrund. Im Gegensatz zur Bühnendekoration des epischen Theaters sind es reale Schauplätze, die den Kontext bilden und Bedeutungen miterzählen. Wie in Walls Bild »Mimic« (1984), in dem ein Mann asiatischer Herkunft und ein Mann mit hispanischer Herkunft sich auf der Straße begegnen, beäugen und ihr spannungsgeladenes Aneinandervorbeigehen im öffentlichen Raum die Brisanz eines schwelenden gesellschaftlichen Konflikts annimmt. Die rassistische Geste des Mannes gegenüber dem Mann mit asiatischer Herkunft erscheint in dieser Szene als ein Ausrufezeichen. Die Straße als ein öffentlicher Raum bezieht die Rezipierenden in das Geschehen unmittelbar mit ein: Wie würden sie sich verhalten, wenn sie Zeugen einer ähnlichen Situation würden?

Das von Wall als eine scheinbar sich zufällig ereignende Situation auf einer Straße inszenierte ›epische Bild‹ stellt die Rezipierenden durch die Demonstration der rassistischen Geste vor die Frage, auf welche Weise der ökonomische Wettbewerb das soziale Miteinander der Menschen beeinträchtigt. Während in »Mimic« der Handlungsort des epischen Bildes die Straße ist, wird in »Outburst«[15] (1989) der Innenraum einer Fabrik zum Schauplatz und gleicht dabei der Bühne eines Kammerspiels. Ein Arbeiter in einer Bekleidungsfabrik erhebt gegen seinen Nachbarn beide Fäuste. Diese Drohgebärde steht nicht nur für einen Existenzkampf zwischen den Arbeitenden, sondern darüber hinaus auch für die menschliche, ökologische und wirtschaftliche Ausbeutung und den Konkurrenzkampf in Teilen der asiatischen (Industrie-)Welt, in denen für die westliche Welt billig Kleidung produziert wird. Hier wirkt der gesellschaftliche Konflikt versteckter, da er in einem Innenraum stattfindet, in den die Rezipierenden sonst keinen Einblick haben.

Eine Szenerie mit verschiedenen gleichzeitig stattfindenden Handlungsmomenten, die der Benjamin'schen Beschreibung einer epischen Szene gleicht,

---

15 Wall, Jeff: Outburst, Großbilddia in Leuchtkasten, 229 cm × 312 cm, 1989.

zeigt Jeff Wall in »Eviction Struggle«[16] (1988). Die Rezipierenden werden Zeugen einer Zwangsräumung eines Einfamilienhauses in einer vorstädtischen Gegend. Ein Hausbesitzer wehrt sich gegen zwei Polizisten, die ihn festhalten, die Frau eilt ihrem Mann zu Hilfe, ringsherum bleiben vereinzelt einige Anwohner oder Passanten stehen und werden wie die Rezipierenden zu stillen Zuschauenden. Die Kameraposition ist dabei erhöht, sodass den Betrachtenden tableauartig die Handlungen und die Szenerie der Vorstadtsiedlung gezeigt werden. Mehr noch als in »Mimic« wird hier der urbane Raum durch den modellhaften Charakter zur Bühne des Geschehens. Wall greift jedoch nicht immer auf diese ereignisreiche Form des epischen Bildes zurück, in dem verschiedene Handlungen wie in einem Panoramablick gleichzeitig zu sehen sind. Er zeigt ebenso Momente auf, in denen die Protagonisten sich auf den Blick des Fotografen und der Betrachterin beziehen und ähnlich zum epischen Theater die Trennung zwischen Bühne und Zuschauerraum auflösen. Der Rezipientin wird durch den Gegenblick ihre Erwartung an die dargestellten Figuren kritisch vor Augen geführt, wie beispielsweise in »Bad Goods« (1984) oder »Diatribe« (1985). Mittels der Bildkomposition und durch das Miteinbeziehen des Blickes wird die Rezipientin Teil des Bildes. Die großen Formate der fotografischen Bilder verstärken diesen Eindruck.

Ebenso spielt bei Wall die Unterdrückung einer Artikulation in Form einer Geste eine Rolle, wie in »Milk«[17] (1984) oder »Men waiting« (2006): Das Nichthandeln aufgrund von Repressionen in der kapitalistischen Gesellschaft und ein Unterdrücken von Wut, Verzweiflung oder Ohnmacht führen zu verhaltenen Gesten (die Wall als ›Mikrogesten‹[18] bezeichnet), die auch auf sozialpolitische Kontexte verweisen. Diese fragilen Gesten gehen im Alltagsleben der Stadt oftmals unter. Jeff Wall inszeniert sie an Orten, die eine stille Atmosphäre haben. Vor diesen Hintergründen entfalten die Mikrogesten eine subtile Wirkung. In »Milk« ist es allein die zu allen Seiten spritzende Milch, in der sich das zurückgehaltene Aufbegehren des auf der Straße sitzenden Mannes, der auf den ersten Blick als ein Arbeits- oder Wohnungsloser eingestuft werden könnte, artikuliert. Vor einer mit Ziegelsteinen verkleideten Hauswand zeichnen sich die weißen Spritzer der Milch und das durch die Bewegung verzerrte Gesicht des Mannes nuanciert ab. Die Bewegung, die aus einer abrupten und zitternden Geste hervorgeht, ersetzt eine verbale Artikulation, wie beispielsweise einen wütenden oder verzweifelten Ausruf. Nichtbeachtung ist mit einem Wegsehen und Schweigen

---

16 Wall, Jeff: Eviction Struggle, Großbilddia in Leuchtkasten, 229 cm × 414 cm, 1988.

17 Wall, Jeff: Milk, Großbilddia in Leuchtkasten, 187 cm × 229 cm, 1984.

18 J. Wall: »Typologie, Lumineszenz, Freiheit« (1986), S. 102.

der Mitmenschen verbunden: In »Milk« werden ein Hinsehen und ein Hinhören vor dem Hintergrund der ohnmächtigen Stille generiert, die durch das Nichtbeachten entsteht. Die urbane Situation, in der Passanten über wohnungslose und arme Menschen hinwegsehen, macht Wall zum Sujet des Bildes.

Jeff Wall stellt Fragen nach den Handlungsmöglichkeiten des Menschen innerhalb von sozialpolitischen Bedingungen und zeigt seine Figuren in einer Ambivalenz zwischen Freiheit (Selbstbestimmung) und Unfreiheit (dem Eingebundensein in politische, soziale Kontexte und Zuschreibungen). Er wirft sozialpolitische Fragen anhand des (Auf-)Zeigens von emotionalen und psychischen Zuständen auf. Nimmt man die verschiedenen Figurentypen in Walls fotografischen Bildern in den Blick, so ergibt sich ein Tableau mit Menschen und ihren Handlungen, die über eine epische Szene hinausreichen: Welche Akteurinnen und Akteure führen welche Gesten aus; von wem oder was werden ihre Handlungen unterbrochen, reglementiert oder unterdrückt; wer wird auf welche Weise von sich und seinen Handlungen entfremdet? Wall eröffnet damit einen umfassenden Diskurs über sozialpolitische, historisch-kulturelle und künstlerische Fragestellungen. Im Unterschied zum Brecht'schen epischen Theater und zu Benjamins historischer Reflexion über den ›Autor als Produzent‹ folgt Wall nicht einer politischen Intention, die eine unkritische Publikums- oder Bevölkerungsmasse zu einem kritischen Denken erziehen möchte, um eine Emanzipation aus ungleichen Lebensverhältnissen herbeizuführen. Vielmehr geht es ihm darum, mit den ästhetischen Mitteln des epischen Bildes, das den ›sozialen Gestus‹ gut transportieren kann, ein ›Bild des Jetzt‹ zu zeichnen, das sich in einer kritischen Art und Weise sowohl mit Bedingungen der Gegenwart und der (Kunst-)Geschichte als auch mit Darstellungsmöglichkeiten der bildenden Kunst auseinandersetzt. In Rückbesinnung auf das Baudelaire'sche Konzept der ›peinture de la vie moderne‹ und seiner Reaktualisierung generiert Jeff Wall eine philosophisch-künstlerische Reflexionsebene, die sowohl Zustände der Gegenwart als auch Verbindungen zur (Kunst-)Geschichte berücksichtigt und seine These, dass die Moderne (mit ihren Problematiken) noch nicht beendet ist, philosophisch und historisch einklammert.

Bedeutsam für Wall ist, dass die bildende Kunst nicht politisiert und instrumentalisiert wird. Die bildende Kunst versteht er als ein modellierbares Darstellungsmedium, das nur unter der Berücksichtigung (Integration) seiner Geschichte und Tradition einen kritischen und reflektierten Diskurs auslösen und ausführen kann. Um diesen Diskurs zu führen, der gleichermaßen problemorientiert und selbstkritisch ist und eine historische Verbindlichkeit besitzt, beruft sich Wall auf ein dialektisches Vorgehen, das ›Diskontinuitäten und Kontinuitäten‹,

›Traditionen und Gegen-Traditionen‹ oder auch ›Kapitalismus und Antikapitalismus‹ in ihrer Bezüglichkeit betrachtet. »Wie schon Walter Benjamin sagte, kann man über die Tradition einzig und allein in den Kategorien von Diskontinuitäten legitim nachdenken.«[19] Ebenso wichtig sei es, »Sprachformen zu entwickeln, die die kontinuierlichen Aspekte der Entwicklung der avantgardistischen oder der postmodernen Kultur, oder wie immer man es nennen will, ausdrücken«[20]. Diskontinuität existiere nicht getrennt von Kontinuität, und daher sei es notwendig, über Neuerfindungen, Wiederentdeckungen und dem, was gerade existiert, zu sprechen. Jeff Wall begründet damit auch seine Bezugnahme zur Idee der ›peinture de la vie moderne‹. »Zwischen dem Augenblick, als Baudelaire dies als Programm postulierte, und der heutigen Zeit besteht eine Kontinuität: die des Kapitalismus selbst. Es hat so viele Theorien gegeben, wie der Kapitalismus sich verändert habe; er hat sich verändert, aber er existiert noch immer, verändert, erneuert, heruntergekommen und auf neue Weise bekämpft.«[21]

Mit der Verbreitung des Kapitalismus sind auch der Widerstand und die Kritik gegen den Kapitalismus gewachsen und, so Wall, zu einer Grundlage des ›Konzepts der Moderne und der modernen Kunst‹ geworden. Seine Position sieht er daher so: »Mir scheint, ich arbeite innerhalb und mit einer Dialektik des Kapitalismus und des Antikapitalismus, die beide eine kontinuierliche Geschichte innerhalb der und als Moderne haben.«[22] Um jedoch über etwas sprechen zu können, was in der Gegenwart von Belang ist, in ihm das noch ungelöste Vergangene mit anzusprechen und einen Wunsch nach etwas Anderem, vielleicht Besserem zu artikulieren, bedarf es, so Wall, einer ›umfassenden, politischen Kultur‹.[23] Zu dieser gehört eine philosophische Praxis der Kritik, die »nicht nur das Gute vom Bösen unterscheidet, das heißt, nicht nur Antworten gibt und Urteile fällt, sondern das Verhältnis zwischen dem, was wir wollen, und dem, was wir sind, dramatisch inszeniert«.[24] ›Dramatisch‹ meint hier, eine Spannung zwi-

---

19 Wall, Jeff: »T.J. Clark, Claude Gintz, Serge Guilbaut und Anne Wagner: Repräsentation, Mißtrauen und kritische Transparenz. Eine Diskussion mit Jeff Wall«, übers. von Michael Mundhenk, in: Stemmrich, Jeff Wall. Szenarien im Bildraum der Wirklichkeit (2008), S. 189-234, hier S. 200.

20 Ebd.

21 Ebd., S. 201.

22 Ebd.

23 J. Wall: »Typologie, Lumineszenz, Freiheit« (1986), S. 105.

24 Wall, Jeff: »Jean-François Chevrier: Die innere Akademie. Ein Interview mit Jeff Wall«, übers. von Christoph Hollender, in: Stemmrich, Jeff Wall. Szenarien im Bildraum der Wirklichkeit (2008), S. 259-269, hier S. 260.

schen dem Ist-Zustand und dem Möglichen zu erregen und aufrecht zu erhalten.
Wall sieht diese Möglichkeit einer Dramatisierung in der ›peinture de la vie moderne‹ wirken und beschreibt den Einfluss auf die Kunst durch das Baudelaire'sche Programm: »In ›Der Maler des modernen Lebens‹ entwarf Baudelaire
das Szenario der maßgeblichen Umformung der noblen Bildgattungen – dessen,
was er ›philosophische Malerei‹ nannte – in die niedrigen Bildgattungen. Die
Malerei des modernen Lebens hat all die Qualitäten großer Vorstellungskraft von
der Allegorie und von der Historienmalerei übernommen und diese Kunstformen
ausdrücklich nach journalistischen Kriterien neugeordnet.«[25]

Baudelaire ebnete den Weg für die moderne Malerei, die die (höheren und
niederen) Bildgattungen auflöste und gleichzeitig – und hier wird Jeff Walls dialektisches Denken noch mal deutlich – die Suche nach der höheren (philosophischen) Bildgattung in der niederen aufrechterhielt. Wall folgert, dass die Vorstellung einer höheren Bildgattung vergangen ist und dass sie nun »in Szenen des
alltäglichen Lebens, im Jetzt«[26] existiere. »Als eine niedere Bildgattung wird die
Historienmalerei nun zur Malerei des Jetzt, der ›Geschichte im Entstehen‹. Sie
wird jedoch auch zu einem Teil eines analytischen Projekts, in dem sie ihr eigenes Verflüchtigen in die sie betrachtende Linse aufmerksam verfolgt.«[27] Statt der
Ausgrenzung von historisch ungelösten Fragen und Problemstellungen wird in
einem dialektischen Verfahren ein Geschichtsbewusstsein generiert, das für ein
Befragen der Gegenwart wesentlich ist. Dies betrifft auch die kritische Reflexion
über das von Wall angesprochene »Verhältnis zwischen dem, was wir wollen und
dem, was wir sind«[28].

In dieser Weiterführung von Bildtraditionen in die Gegenwart, die ein Thema
unter anderen, veränderten Vorzeichen im Aktuellen neu darstellt, lässt sich eine
narrative Struktur entdecken. Diese ist von Wall jedoch nicht explizit intendiert,
sie stellt sich vielmehr in der Rezeption seiner fotografischen Bilder ein. Da in
den von ihm ausgewählten Geschehnissen, Handlungen und Problematiken der
Gegenwart auch jene bereits vergangenen, aber noch nicht gelösten Themen mit
angesprochen werden, können sich ähnliche Bilder aus zurückliegenden Epochen jederzeit und von verschiedenen Seiten an die aktuellen Bilder Walls anbinden. Oder, wie der Künstler es formuliert, man sieht das eine Bild durch das

---

25 Wall, Jeff: »Monochromie und Photojournalismus in On Kawaras ›Today Paintings‹«,
    übers. von Astrid Böger, in: Stemmrich, Jeff Wall. Szenarien im Bildraum der Wirk-
    lichkeit (2008), S. 339-374, hier S. 368 f.
26 Ebd.
27 Ebd.
28 J. Wall: »Jean-François Chevrier: Die innere Akademie« (2008), S. 260.

Prisma des anderen, bereits zurückliegenden Bildes. Das, was sich hier als ein narrativer Prozess bezeichnen lässt, ist die Erinnerung an bereits gesehene Bilder, deren Überblendung in das gegenwärtig Vorliegende und die daraus resultierende offene Frage und Vorstellung, wie es weitergehen könnte.

In Jeff Walls fotografischem Bild »Men waiting« sind es beispielsweise von Walker Evans erstellte Schwarz-Weiß-Fotografien von arbeitslosen Männern zur Zeit der Weltwirtschaftskrise der späten 1920er Jahre, die sich hineinspiegeln. Auch Darstellungen aus der Malerei verbinden sich mit Walls fotografischem Bild »Men waiting«, wie Gustave Courbets großformatige Darstellung »Un enterrement à Ornans«[29] (1849), in dem die einzelnen Personen einer Trauergemeinde gleichwertig nebeneinander stehen und ein alltägliches Ereignis ähnlich einer großformatigen Historienmalerei gehandhabt wird.[30] Ebenso die Einteilung des Bildes in einen weiten, dramatisch bewölkten Himmel, der über ein Drittel des Bildes einnimmt, einen halbindustriellen Hintergrund zwischen Vorstadt und Landschaft und einer davor stehenden, vereinzelt und anonym wirkenden Gruppe ruft verwandte, aus anderen Zeiten stammende Bilder von Figuren in Banlieues, Landschaften und Städten in Erinnerung. Das durch »Men waiting« Wiedergesehene, Erinnerte und bereits Erzählte bezieht sich dabei nicht nur auf formale Ähnlichkeiten (die einem sozusagen schnell ins Auge stechen), sondern sie resultieren aus ähnlichen Inhalten zu einer Thematik.

Die Frage, die sich im Hinblick auf diese Überlegungen stellt, ist nicht eine Frage nach dem Neuen (einer Utopie oder Avantgarde), sondern nach dem, was anders ist oder was unter anderen Vorzeichen noch immer in der Gegenwart existiert und das Denken und Handeln maßgeblich beeinflusst. In diesem Sinne erhält die beschriebene narrative Struktur, die sich während der Rezeption der Wall'schen Bilder ergibt, eine politische Dimension. Erzählen im Sinne eines Verknüpfens von Vergangenem und Gegenwärtigem, das Herausstellen von aktuellen Themen und ein Variieren des Erzählstils sind reflexive Methoden. Eine kritische Kunst, die letztendlich eine kritische Rezeption evoziert, muss, so Wall, sowohl das dargestellte Thema als auch seine künstlerische Repräsentation umfassen: »Um ein philosophisch adäquates Bild einer auf Herrschaftsverhältnissen beruhenden Gesellschaft zu zeichnen, muß die Kunst beständig über die Tendenz zur Herrschaft reflektieren, an der sie selbst teilhat. [...] Kritische Kunst handelt

---

29 Courbet, Gustave: Un enterrement à Ornans, Öl auf Leinwand, 314 cm × 663 cm, 1849.

30 Blum, Katrin: »Passing by – Thinking«, in: Guggenheim Museum Publications/Deutsche Guggenheim, Jeff Wall: Belichtung (2007), S. 52-58, hier S. 54.

nicht essentiell von sich selbst und kann nicht von sich selbst handeln. Aber um von etwas anderem zu handeln, muß sie sich selbst in Frage stellen.«[31]

Wie löst Jeff Wall dies ein? Er verbindet seine fotografischen Bilder mit ästhetischen und stilistischen Elementen des Theaters, Films, der Malerei, Literatur und Werbung. Das epische Bild, der neorealistische Film, Historienmalerei, Erzählungen und die Illumination seiner Bilder generieren vielfältige Bildsujets, in denen Präsentationsfragen und Inhalte miteinander verknüpft und Darstellungsmöglichkeiten befragt werden. Diese komplexen Verbindungen werden in der Betrachtung eines einzelnen Bildes deutlich. Die großformatige Schwarz-Weiß-Fotografie in »Men waiting« führt eine an den Rand der Gesellschaft gedrängte Personengruppe in den musealen Kontext und dessen Bildungsmilieu ein; sie zeigt im Format des Historienbildes eine Szene des alltäglichen Lebens und wird zu einer zeitgenössischen ›Geschichte im Entstehen‹: Das fotografische Bild reflektiert durch seine vielseitigen Bezüge zur Kunstgeschichte und ihrer Repräsentationsmittel seine eigene mediale Wirkungsweise in der Gegenwart. Auch in dem Thema des Dargestellten bezieht »Men waiting« Historisches mit ein: Die dargestellte Arbeitslosigkeit vor der urbanen Peripherie erzählt von der Geschichte von Arbeitenden (ihrer Rolle, in der sie seit Generationen körperliche Tätigkeiten ausführen), ihrer Entfremdung und Identitätsspaltung, ihrem Ausgeliefertsein an den kapitalistischen Arbeitsmarkt, der immer schneller körperlich-handwerkliche Formen von Arbeit wegrationalisiert. Der Ort der urbanen Peripherie erzählt von Stadt und Stadtgeschichte: von Territorien, in denen die Zugehörigkeit zu und Ausgrenzung von einer städtischen Gesellschaft nach wirtschaftlichen, sozialpolitischen und moralischen Wertmaßstäben verteilt werden, wie es der neorealistische Film thematisierte. In der urbanen Peripherie, die durch ihren Schwellencharakter die ›Stadt‹ als eine geschlossene Figur in Frage stellt, spiegeln sich urbane Bilder von Rand- und Zwischenzonen, Übergängen und Peripherien wider, die seit dem Wachsen der Städte existieren.

Neben der Geschichte der Figuren – wie ihren gesellschaftlichen Positionen, ihren ausgeführten, untersagten und unterbrochenen Handlungen – sind es auch die Orte selber, die Jeff Wall mit ihrer Bedeutungsgeschichte wiedererzählt. Er entwirft damit eine andere (reflexive) Stadt: Landschaft und Stadt bilden sich ineinander ab; Historisches wird in abseitsliegenden Orten aktuell; Fragmente des alltäglichen Lebens verdichten sich zu dramatischen Einzelbildern und lassen ein Netz unvollständiger Erzählungen von Stadt entstehen; die (sozialen) Gesten der Protagonisten weisen auf Brüche in der Anonymität des urbanen Raumes hin und

---

31 J. Wall: »Jean-François Chevrier: Die innere Akademie« (2008), S. 263.

bilden rhetorische Zeichen eines (post-)modernen Lebens. Stadt erscheint in Jeff Walls Fotografien als ein anonymer und brüchiger Raum, der zum einen durch ökonomische kapitalistische Interessen und zum anderen durch Geschichte geprägt wird. In seinem historisch-kritischen Blick auf Stadt setzt Wall Brüche mit Traditionen, Diskontinuitäten mit Kontinuitäten und die Gegenwart mit der Vergangenheit in wechselseitige Beziehungen: Stadt ist in diesem dialektischen Spannungsbogen eine unabgeschlossene Erzählung.

Was Jeff Wall noch zeigt

Die Schriftstellerin Susan Sontag bemerkt in ihren Betrachtungen über den Stil in der Kunst, dass Bewusstseinsinhalte, genau genommen, unnennbar seien und daher die einfachste Wahrnehmung immer auch unbeschreibbar bleibe. »Jedes Kunstwerk muß daher nicht nur als etwas Dargestelltes verstanden werden, sondern gleichzeitig als ein Versuch, das Unsagbare auszudrücken. In den größten Kunstwerken schwingt stets etwas mit, das sich nicht in Worte fassen läßt, etwas von dem Widerspruch zwischen dem Ausdruck und der Gegenwart des Unausdrückbaren.«[1] Bei Jeff Walls fotografischen Bildern taucht mal weniger, mal deutlicher etwas auf, das, wie Susan Sontag es beschreibt, eine Ambivalenz zwischen Darstellbarem und Nichtdarstellbarem bildet.

Im fotografischen Bild »Milk« (1984), in dem die zu allen Seiten spritzende Milch als Ventil für eine unterdrückte Wut des jungen, auf der Straße hockenden Mannes gesehen werden kann, und in den Bildern »Mimic« (1982) und »Men waiting« (2006), in denen die in Hosentaschen steckenden Hände auch geballt sein könnten, weist Wall auf zurückgehaltene Aggressionen hin. In der Unterdrückung liegt immer auch das Potenzial von Entladung, eines Lösens des Drucks. In »Milk« wird das explosionsartige Spritzen der Milch in Kontrast zu der zur Faust geballten Hand des Mannes und dem angespannten Unterarm gesetzt. Sein desillusionierter Blick und die Vergeblichkeit einer Artikulation seiner Wut, die im Verspritzen der Flüssigkeit deutlich wird, (denn was hinterlässt die Milch außer ein paar schnell trocknenden Flecken auf dem Asphalt?) zeigen die Sinnlosigkeit seiner Handlungen und Nichthandlungen auf. Diese kleinen Gesten von unterdrückter Wut, die den inneren Konflikt der Figur erahnen lassen, verdeutlichen, dass ein Gegenüber, an das sich die Aggression richten könnte, nicht greifbar ist. Sowohl die Artikulation als auch die Unterdrückung der Aggression zie-

---

1   Sontag, Susan: »Über den Stil«, in: Susan Sontag, Kunst und Antikunst. 24 literarische Analysen, übers. von Mark W. Rien, Frankfurt a.M. 1982, S. 23-47, hier S. 46.

len gleichermaßen ins Leere. Der junge Mann scheint ähnlich zu einem (Alb-)Traum – welcher Emotionen übermäßig verdeutlicht, ohne jedoch Handlungsmöglichkeiten aufzeigen zu können – in seiner Situation gefangen zu sein. Auch das Verhältnis zwischen der Armut des Mannes und der Klinkersteinfassade von Einfamilienhäusern, die Tatsache, dass der junge Mann statt einer Flasche mit Alkohol eine Milchtüte in der Hand hält, sowie die verschiedenen metaphorischen Bedeutungen von Milch ergeben eine absurd wirkende, aberwitzige Zusammenstellung. In mehreren Interviews spricht Jeff Wall im Zusammenhang mit seinen Arbeiten den Begriff des Grotesken an. Das Groteske zeige sich in seinen Arbeiten als ein ›unterdrücktes Lachen‹. »Bachtin sprach von dem ›unterdrückten Lachen‹ in der modernen Kultur. Man kann über etwas lachen, aber nicht offen heraus. [...] Ich habe das Gefühl, daß ein solches ›unterdrücktes Lachen‹ sich überall durch meine Arbeit zieht, obwohl ich nicht sicher weiß, wann etwas wirklich komisch ist. Schwarzer Humor ist nicht dasselbe wie das Komische, obwohl er das Komische mit umfaßt. Er kann auch vorhanden sein, wenn offenbar niemand lacht.«[2]

Wie Sigmund Freud feststellt, ist das Komische an die Situation und den Vergleich gebunden, während der Humor es dem Menschen ermöglicht, sich aus dem Zwang des Leidens für eine Weile zu entziehen. Der Humor beruhe auf einer Würde, die es dem Subjekt ermöglicht, dass es sich »dem Leiden verweigert, die Unüberwindlichkeit des Ichs durch die reale Welt betont, das Lustprinzip siegreich behauptet, all dies aber, ohne wie andere Verfahren gleicher Absicht den Boden seelischer Gesundheit aufzugeben«[3]. Der Humor spiegelt eine Situation wider, ohne sie jedoch verändern zu können, und genau diese Erkenntnis ist es, die ein Lachen hervorruft. Das humoristische Lachen kann, so argumentiert der Literaturwissenschaftler und Kunstkritiker Michail M. Bachtin, temporär eine Art Freiheit generieren, in der es die Furcht vor Repressionen (von Kirche und Stadtherren) überwindet. In den verkleideten Gestalten des im Mittelalter entstandenen Karnevals »ist stets die besiegte Furcht gegenwärtig: in der Form des abstoßend Komischen, in der Form umgestülpter Symbole der Macht und Gewalt, in den komischen Gestaltungen des Todes, in der fröhlichen Zerstückelung. Alles Bedrohliche wird ins Komische gekehrt.«[4] Das Gefühl einer zeitwei-

---

2 J. Wall: »Jean-François Chevrier: Die innere Akademie« (2008), S. 264.

3 Freud, Sigmund: »Der Humor«, in: Sigmund Freud, Der Witz und seine Beziehung zum Unbewußten. Der Humor, hrsg. von Ilse Grubrich-Simitis, Frankfurt a.M. 2009, S. 253-258, hier S. 255.

4 Bachtin, Michail M.: Literatur und Karneval. Zur Romantheorie und Lachkultur, aus dem Russischen übers. von Alexander Kaempfe, Frankfurt a.M. 1990, S. 35.

ligen Befreiung, das Lachen über den ambivalenten Zustand und die Angst vor
Bestrafung und Verlust liegen nahe beieinander und generieren eigene Ästhetiken und Ausdrucksformen. Das alltägliche Leben in der Stadt verändert sich für
die Dauer des Karnevals. In der stark hierarchisierten mittelalterlichen Gesellschaft konnte sich das humoristische Lachen nur während der Feiertage des Karnevals äußern, weil zeitweilig Ordnungsstrukturen der Stadt und Kirche unterbrochen sind; so ist »das karnevalistische Leben [...] ein Leben, das aus der
Bahn des Gewöhnlichen herausgetreten ist. Der Karneval ist die umgestülpte
Welt.«[5] Bachtin sieht jedoch auch eine Ambivalenz zwischen einer schöpferischen Umwandlung von Ordnungen und dem gleichzeitigen Verlust der Ordnungen und ihrer Werte. Umwandlung und Angst vor Verlust bedingen sich gegenseitig und machen das Komische aus.

Im Gegensatz zum Karneval, in dem sich ein verzerrtes (maskiertes, grotes-
kes) Lachen gegen eine sakrale und administrative Gesellschaftsordnung richten
und artikulieren kann, besitzt das ›unterdrückte Lachen‹ bei den Wall'schen Figuren kein Gegenüber, denn die kapitalistische Gesellschaft, die ökonomische
und soziale Ausgrenzungen verursacht, lässt sich im Einzelnen nicht greifen. Das
›unterdrückte Lachen‹ richtet sich hauptsächlich gegen sein Subjekt. Wall verdeutlicht dies in der Darstellung von Konflikten seiner Figuren, die sich oftmals
im Zwiespalt zwischen der im Kapitalismus propagierten Freiheit und ihrer tatsächlichen ökonomischen, sozialen, politischen Unfreiheit befinden. In den unterdrückten Gesten, die Walls Figuren ausführen, formuliert sich dies in einem
Sagenwollen und Nichtsagenkönnen, im Zeigen und Nichtzeigen. Auch die Stadt
ist kein geschlossener, homogener Raum mehr. Die Orte, an denen das Groteske
sich artikulieren könnte, liegen zerstreut und oftmals in peripheren Arealen der
Stadt.

Die nie ganz zu besiegende Furcht derer, die unter Unterdrückung, Ausgrenzung, Chancenlosigkeit, einer Handlungsunfähigkeit oder Identitätsspaltung leiden, zeigt sich bei Wall in Form einer Deformation – wie in einer Grimasse, einem inneren wie äußeren Erstarren, einer absurden Handlung, im Zögern oder
Stolpern. Beispiele hierfür sind: das Gesicht des Mannes mit asiatischer Herkunft in »Mimic« (1982), dessen Ausdruck zwischen Angst, Scham, Wut und
Verachtung changiert; in der sinnlosen Tätigkeit des Arbeiters in »Untangling«[6]
(1994), der ernsthaft und angespannt versucht, die Seile zu entwirren, und in
dem zweiteiligen fotografischen Bild »Man in Street«[7] (1995), in dem ein Mann

---

5   Ebd., S. 48.
6   Wall, Jeff: Untangling, Großbilddia in Leuchtkasten, 189 cm × 223 cm, 1994.
7   Wall, Jeff: Man in Street, Großbilddia in Leuchtkasten, 53 cm × 132 cm, 1995.

mit blutender Nase in einem ebenso mit Blut befleckten Trenchcoat erst auf einer Straße geht und dann mit vor Häme und Schadenfreude verzerrtem Gesicht auf einer Bank sitzt.

Aus der dem Grotesken zugrunde liegenden Überzeichnung entsteht eine eigene Ästhetik. Deformiertes, Hässliches und Bedrohliches entfaltet sich jeweils an seinem Gegenteil: am Intakten, Schönen und Harmonischen. Diese Polarität macht die Faszination des Grotesken aus und zeigt zum einen die Dekadenz in der Fülle und zum anderen die Vergänglichkeit im Lebendigen auf. Deformiertes wird in der Gesellschaft, insbesondere im konsumorientierten Kapitalismus, ausgelagert, um die Begehrlichkeit am Intakten (Produkt) aufrechtzuerhalten. Auf diese Weise werden bestimmte Gruppen von Menschen und Dingen in ein Abseits gedrängt und mit Attributen des Unberechenbaren und Gefährlichen versehen. Zur Konsumwelt entsteht eine Gegenwelt, die sich am Rande des Sichtbaren befindet. In Bezug zur Stadt bedeutet dies, dass die Orte, an denen Menschen wohnen und leben, die nicht zur Mitte einer Gesellschaft gehören, ebenso mit Verfall, Stagnation und Gefahr in Verbindung gesetzt werden. Jeff Wall stellt sowohl Menschen in den Vordergrund, die von Repressionen der Gesellschaft betroffen sind, als auch periphere Orte: Figur und Umgebung korrespondieren miteinander. In den oftmals verzweifelt wirkenden Gesichtern, den ins Leere laufenden Handlungen, der unmodischen Bekleidung der Protagonisten und den kargen Räumen und Orten verdeutlicht Wall, dass das Groteske (als Sinnbild von Verfall) in der Stadt präsent ist.

Im Gegensatz zum neorealistischen Film entwirft Wall keine Ästhetik der Armut (des Zurückgenommenen und Einfachen), sondern er zeigt mit überdeutlichen Farbkompositionen, stockenden Handlungen und brachen Orten die vom Zerfall gekennzeichnete Zivilisation auf. Die Ästhetik des Grotesken geht aus dem Wechselspiel von Sichtbarem und Verborgenem hervor und verweist auf etwas Nichtdarstellbares: die Angst vor Verlust. Diese Angst betrifft sowohl die Menschen, die von den Vorteilen des Kapitalismus profitieren können, als auch diejenigen, die unter den kapitalistischen Strukturen leiden. An den Menschen, die Wall vor die Kamera stellt, und an den Orten, die er in den Blick nimmt, artikuliert sich die Angst in der Ästhetik des Grotesken. Der Künstler erläutert seine Position zum Deformierten und Grotesken: »Sie [meine Arbeit] gilt dem Grotesken. Grotesk meint einen eher dramatischen Zustand, den Zustand, noch nicht vollendet zu sein und, aufgrund sozialer, politischer, psychologischer Umstände, unter Deformationen zu leiden.«[8] Anders als bei Bachtin bezieht Wall das Gro-

---

8   J. Wall: »Anne-Marie Bonnet und Rainer Metzger: Eine demokratische, eine bourgeoise Tradition der Kunst« (2008), S. 44.

teske nicht auf eine Zeremonie (Karneval), sondern er versteht das Groteske als Symptom der kapitalistischen Gesellschaft und betrachtet es in einem kulturhistorischen Zusammenhang. »Die antike Kunst entwarf ein Bild der harmonischen Gesellschaft, doch sie war auch offen für das Konzept des Deformierten. Das heißt, sie konnte erkennen, daß sie selbst nicht der Gesellschaft entsprach, deren Bild sie entwarf. Heute leben wir in einer Zeit, in der wir uns bereits ausführlich, sogar übermäßig detailliert, eine bessere Lebensart ausgemalt haben. Und daher fühlen wir uns oft beschämt, wenn wir nüchtern betrachten, wie wir tatsächlich leben.«[9] Bei Jeff Wall wird das Groteske Teil einer Reflexion von gesellschaftlichen Verhältnissen und von Stadt. Dabei zeigt er auch Figuren und Orte des Grotesken, die einen Übergang in andere Wirklichkeiten markieren. Das Groteske umfasst dann Aspekte des Künstlichen und Traumhaften.

In dem Großbilddia »The Vampires' Picnic«[10] hat sich an einem Waldrand eine Gruppe von Menschen zusammengefunden, die auf dem erdigen Boden liegen und sitzen. Die Anordnung der männlichen und weiblichen Figuren verschiedenen Alters erinnert an eine Familienszene: Zwei ältere blonde Frauen sitzen und blicken auf jüngere Menschen (Vampire), vor denen tote Personen auf dem Waldboden liegen. Die gesamte Szene spielt in der Nacht; ein heller Scheinwerfer illuminiert das desolate Gruppenbild und lässt die grellen Farben der Kleidungen und die Konturen des Waldes kontrastreich aufeinander treffen. Das Picknick zeigt eine groteske Situation: Vampire und ihre Opfer liegen beieinander und symbolisieren Begehren, Erotik und Tod, während der Wald mit aus der Dunkelheit ragenden Zweigen und Blättern eine tiefe und kraftvolle Räumlichkeit erzeugt. Die Ästhetik der Szenerie ruft Erinnerungen an Märchen und Filme wie Soap-Operas und Horrorfilme hervor, in denen Maskierung und Demaskierung auf einer ästhetischen und psychischen Ebene durchspielt werden. Wall inszeniert ein Gesellschaftsbild, in dem die Künstlichkeit Gewalt ästhetisiert und das Groteske narrativ eingebunden wird.

In vielen Fotografien Walls ist dieser traumhafte Aspekt des Grotesken indirekt vorhanden. Die Protagonisten haben oftmals den Kontakt zu ihrer Umgebung verloren: Sie sind in ihrem Vorhaben – von dem, was sie tun oder nicht tun wollen – tief versunken und gleichzeitig ist keine zielgerichtete Tätigkeit erkennbar, wie die einzelnen Männer in »Volunteer« (1996), »Untangling« (1994) und »Milk« (1984). Diese Differenz zwischen Figur und Tätigkeit und dem sie umgebenden Raum ist, so Wall, ein Zeichen der modernen und kapitalistischen Ge-

---

9 J. Wall: »Jean-François Chevrier: Die innere Akademie« (2008), S. 268.

10 Wall, Jeff: The Vampires' Picnic, Großbilddia in Leuchtkasten, 229 cm × 335 cm, 1991.

sellschaft. Die Entfremdung des Einzelnen ist eine Folge der Technisierung, die den Körper zu einem Produkt werden lässt, Handlungen fragmentiert und einen Zustand von Isolation und Verlorenheit hervorruft. Für Jeff Wall ergeben sich unzählige Möglichkeiten, verschiedene Ausdrücke von Deformationen in der kapitalistischen Gesellschaft darzustellen, weil diese hauptsächlich Entfremdung produziert. Der Autor und Filmemacher Guy Debord beschreibt das Phänomen der Entfremdung in seiner gesellschaftskritischen Analyse »Die Gesellschaft des Spektakels« in den 1970er Jahren. »Der von seinem Produkt getrennte Mensch produziert immer machtvoller alle Einzelheiten seiner Welt und findet sich dadurch immer mehr von seiner Welt getrennt. Je mehr sein Leben jetzt sein Produkt ist, umso mehr ist er von seinem Leben getrennt.«[11]

Diese Ambivalenz und das daraus resultierende ›unterdrückte Lachen‹ des Subjekts sind mit der Historie von Stadt verbunden. Artikulierte sich das Groteske zunächst im Karneval der mittelalterlichen Stadt in der Ästhetik einer theatralen Maskerade, durchzieht es nun in der industriell gewachsenen Stadt das alltägliche Leben und äußert sich in einzelnen Verhaltensweisen von Menschen. Der Prozess der Entfremdung, den Wall mit seinen Protagonisten wiedergibt, wird dabei durch die globalisierte (Arbeits-)Welt verstärkt. Die Verbindung mit einer beruflichen Tätigkeit, die Zugehörigkeit zu einer Gemeinschaft und die Beziehung zu Wohn- und Arbeitsorten werden fragiler, zunehmend werden Orte zu Durchgangs- und Schwellenorten, in denen sich die innere Spaltung des Subjekts widerspiegelt. Die abseitsliegenden Orte, die Jeff Wall auswählt, sind trotz ihrer Liminalität Orte mit historischen Eigenschaften. In ihnen äußert sich eine Brüchigkeit, die einerseits vom Verlust einer Ortsge- und -verbundenheit erzählt und andererseits das Transitive von Orten hervorhebt. Im Hinblick auf das Wachstum von Städten und eine zunehmende Anonymität im urbanen Raum nehmen diese Schwellenorte eine wichtige Funktion ein: Sie zeigen ein korrespondierendes Verhältnis zwischen Geschichte und Gegenwart auf, das in einer digitalen und globalisierten Welt instabiler wird.

---

11 Debord, Guy: Die Gesellschaft des Spektakels, übers. aus dem Französischen von Jean-Jacques Raspaud, Hamburg 1978, S. 15.

Gehen bei Cardiff und Wall

Das Gehen durch die Stadt bildet zum einen ein Motiv in den künstlerischen Arbeiten von Janet Cardiff und Jeff Wall, und zum anderen ist das Gehen eine künstlerische Methode, den Raum der Stadt vielfältig wahrzunehmen. Cardiff und Wall beziehen sich auf unterschiedliche Formen und Kontexte des Gehens und erzählen dadurch Stadt mit.

Bei Janet Cardiff ähnelt das Gehen in einem Walk sowohl dem bürgerlichen Spaziergang als auch einem philosophischen Gehen. Durch die im Gehen geführten philosophischen Gespräche zwischen Aristoteles und seinen Schülern – in einer überdachten Wandelhalle (Peripatos) – wird die Bewegung des Nachdenkens mit der Bewegung des Gehens in Verbindung gesetzt. Auch Cardiff stellt in ihren Walks den Rezipierenden grundsätzliche Fragen zur Zeit- und Raumwahrnehmung und zu den Prozessen des Erinnerns. Während des Gehens werden die Walkteilnehmenden zum Nachdenken über verschiedene Bereiche des Lebens angeregt. In diesem Sinne sind die Walks Spaziergänge, in denen Fragen über das Dasein des Subjekts in der Welt gestellt werden. Das langsame Gehen, in dem die Umgebung beobachtet und die Sinne aktiviert werden, ist eine Form des Spazierengehens, die im 18. Jahrhundert hauptsächlich von einer bürgerlichen Gesellschaftsschicht vollzogen wurde. Der längere Spaziergang durch Parkanlagen, entlang von Promenaden und von der Stadtmitte zu ihrem grünen Rand wurde zu einer Freizeitbetätigung. Das Spazierengehen oder Lustwandeln diente sowohl der Erholung als auch der Kontaktpflege. Kulturell gesehen ist das Spazierengehen eine Bewegung der Muße, in der Nachdenken, Erinnern, Tagträumen und das Wahrnehmen von neuen Eindrücken ineinanderfließen. Janet Cardiff intensiviert durch ihr Erzählformat der Walks diese verschiedenen Eigenschaften des Spazierganges.

Das Gehen mit Kopfhörer, Fotografien und Videokamera entwickelt jedoch kinematografische Qualitäten, die den Walk vom bürgerlichen Spaziergang unterscheiden. Die Walkteilnehmerin ist zudem eine einzelne Spaziergängerin, die von Cardiffs Stimme durch den urbanen Raum geleitet wird und sich ihres Alleinseins bewusst ist. Trotzdem führen das Gehen und das Erzählen in den Walks die Tradition des monologischen und dialogischen Gesprächs, das sowohl im bürgerlichen Spazierengehen als auch im philosophischen Gehen eine Rolle spielte, fort. Die Walkteilnehmerin korrespondiert auf einer emotionalen Ebene mit der Stimme ›Janet‹ und den anderen Sprechstimmen und nimmt dabei die Umgebung intensiv wahr.

Im Gegensatz zu den unter einem Patriarchat stehenden Frauen des 19. und frühen 20. Jahrhunderts können Janet Cardiff und die Walkteilnehmende in der heutigen Zeit alleine durch die Stadt gehen. Weder sind ein männlicher Begleiter noch ein Vorwand, wie es die Schriftstellerin Virginia Woolf in ihrem Essay »Street Haunting« (1927) beschreibt, nötig, um als Spaziergängerin die Stadt zu durchqueren. »No one perhaps has ever felt passionately towards a lead pencil. But there are circumstances in which it can become supremely desirable to possess one; moments when we are set upon having an object, a purpose, an excuse for walking half across London between tea and dinner.«[1] Auch wenn Janet Cardiff sich auf die Flaneure des 19. und frühen 20. Jahrhunderts bezieht – beispielsweise in ihrem Walk »Her Long Black Hair (2004)« –, geht in ihren Verweisen ein Selbstverständnis als Erzählerin voraus. Die Nennung von bekannten Stadtgängern bildet bei Cardiff eine narrative Spur, um im Gehen über das Gehen philosophieren zu können. Das Gehen bei Cardiff beinhaltet viele Aspekte der kulturellen Geschichte des Gehens und verknüpft diese mit der bildenden Kunst. Für die Künstlerin ist das Gehen hauptsächlich ein Format des Erzählens. »Die bewegliche Perspektive, die das Gehen bzw. Flanieren mit sich bringt, und die Ungebundenheit des Standorts produzieren einen Erzählgestus der Unabgeschlossenheit und ermöglichen Darstellungsformen wie die des Essays und des Fragments […].«[2] Die fragmentarischen, losen Erzählstränge eines Walks passen sich dem Prozess des Gehens an. Beim Gehen gibt es keinen Standort, die Bewegung ist das Wesentliche: Sie setzt die Gehende in immer neue Verhältnisse zur Umgebung und zu sich selbst. Zwischen ›hier‹ und ›dort‹, ›jetzt‹ und ›später‹ liegen Bewegungsräume. Die Spaziergängerin durchschreitet Zeit und Raum gleichzeitig.

In der Geschichte von urbanen Stadtgängerinnen und Erzählerinnen nimmt Janet Cardiff eine wichtige Position ein: Sie verbindet Erleben, Erzählen und

---

1 Woolf, Virginia: »Street Haunting: A London Adventure«, in: Virginia Woolf, Street Haunting and Other Essays, London 2014, S. 225-240, hier S. 225.

2 Kublitz-Kramer, Maria: Frauen auf Straßen. Topographien des Begehrens in Erzähltexten von Gegenwartsautorinnen, München 1995, S. 126.

Gehen zu einem heterogenen Format und ermöglicht vielen Menschen, daran teilzunehmen. Die Walks werden durch die Anzahl der Teilnehmenden unzählige Male im urbanen Raum verwirklicht: jedes Mal unterschiedlich und doch dem narrativen Faden Cardiffs folgend. Die Erzählstränge eines Walks vervielfältigen sich in der Stadt und durch die Vielfältigkeit von Stadt. Die Künstlerin manifestiert mit ihren Walks in der Kunstgeschichte die Figur einer autonomen und vielfältigen Stadtspaziergängerin und Erzählerin. Sie selbst ist als Künstlerin in dieser Figur enthalten, ebenso wie die vielen Ausführenden der Walks. Cardiff teilt sich mit den Walkteilnehmenden das Gehen, Sehen und Hören. Dort, wo die Künstlerin entlang ging, gehen die Walkteilnehmenden; das, was sie sah und hörte, sehen und hören die Walkteilnehmenden; und sie nehmen dabei noch viel mehr wahr, weil jeder Gang sich vom anderen unterscheidet. So entstehen im urbanen Raum vielfältige Spaziergänge.

Das Gehen wird in den Walks zu einem narrativen Erlebnis. Für die Rezipierenden ist dies ein attraktiver Wirklichkeitsentwurf, der sie aus einem Alltagsleben herausführt. Gleichzeitig sind Narrative im urbanen Raum auch fragwürdig, weil sie oftmals für politische Motive und Intentionen genutzt werden. Cardiffs künstlerische Mittel des Gehens, des Einsatzes ihrer Stimme und des Geschichtenerzählens gelingen vor dem Hintergrund eines poststrukturellen Denkens, das das Unvollständige als produktives und konstitutives Element mitdenkt. Auch wenn Janet Cardiff also Vielfältigkeiten statt Hierarchien generiert, ist es wichtig, darauf hinzuweisen, dass ihre ästhetischen Mittel in einem historischen Kontext stehen.

Besonders der weiblichen Stimme wird in der Literatur und auch im Alltag eine besondere suggestive Wirkung zugeschrieben. Als ein literarisches Beispiel dafür sind die Stimmen der Sirenen in Homers Odyssee zu nennen, die das Bild der Frau als Verführerin und Seherin etablierten. In politischen Kontexten wird die weibliche Stimme auch als ein Propagandamittel eingesetzt, wie beispielsweise von den vietnamesischen Radiomoderatorinnen, die im Vietnamkrieg in den 1960er Jahren amerikanische Soldaten zur Kapitulation bewegen sollten. Obwohl Cardiff sich der Suggestivkraft der (weiblichen) Stimme bewusst ist, ist das Narrativ zwischen Stimme, Erzählung und Unbewusstem immer auch für andere, politische Zwecke nutzbar. Das Unbewusste und der Traum sind narrative Motive, die einen wichtigen Teil in Cardiffs Arbeiten ausmachen. Seit das Unbewusste sich durch Freud als ein sehr stark beeinflussbarer Teil des Menschen erwiesen hat, wird es in vielen Bereichen politisiert. Sei es im Bereich von politischer Propaganda, im Bereich des Konsums und der Massenmedien. Das

Unbewusste ist, so die Kunstwissenschaftlerin Nora M. Alter, längst kolonisiert.[3] Bei Janet Cardiff stehen jedoch die Präsenz des Ortes und die Konstruktion von Wirklichkeit im Vordergrund ihrer audiovisuellen Spaziergänge. Durch seine Unmittelbarkeit rückt der Ort die narrativen Bilder in einen realen Kontext mit spezifischen Problemen und Diskursen. Zudem ist das Generieren von Identität bei Cardiff immer mit dem Hervorrufen von Wirklichkeiten verbunden – beides findet im Prozess des Gehens statt.

In der bildenden Kunst steht Janet Cardiff in Nachbarschaft zu Stadtgängerinnen, Erzählerinnen und Performerinnen, die die narrativen und experimentellen Möglichkeiten des urbanen Raumes ausloten. Cardiff entwickelt als Erzählerin und Spaziergängerin Geschichten, die sich durch das Gehen einerseits in den Ort einfügen und andererseits dort zerstreuen. Ihre Erzählungen changieren zwischen verschiedenen Bedeutungsebenen und Wirklichkeiten. Das Gehen im urbanen Raum wird zu einer Suche nach Indizien, die das im Walk Erzählte beglaubigen oder falsifizieren. Die Bewegung des Gehens hält dabei die Deutungsprozesse und die Erzählung am Laufen. Die Walkteilnehmerin geht den Spuren nach, die im urbanen Raum von der Künstlerin teilweise angelegt wurden oder bereits vorhanden waren. Die Thematiken von Führen und Verführen, Folgen und Verfolgtwerden und Verirren werden von Cardiff in den Walks durchgespielt. Das Legen und Verwischen von akustischen, fotografischen, realen und fiktiven Spuren und die Mehrdeutigkeit der Spur sind Cardiffs Methode, das narrative Potenzial des urbanen Raumes zu nutzen.

Ähnlich geht die Konzept- und Performencekünstlerin Sophie Calle in ihren Arbeiten vor. In »Suite vénitienne«[4] (1980), eine mit Schwarz-Weiß-Fotografien und Texten erzählte Geschichte über eine Reise nach Venedig, spielt Sophie Calle mit den Übergängen von fiktionalen und realen Wirklichkeiten. Der Anlass für Calles Reise nach Venedig ist die Beschattung eines Mannes, den sie in Paris kurz kennenlernte. Sie folgt ihm von Paris nach Venedig und dokumentiert mit fotografischen Schnappschüssen und Tagebuchnotizen ihre Suche und Verfolgung des Mannes. Sie geht dem Mann auf seinen Spaziergängen durch Venedig nach, stellt Spekulationen über sein Liebesleben an und verliert ihn auch aus den Augen. Während ihrer Verfolgung nimmt die Künstlerin verschiedene Rollen an:

---

3 Alter, Nora M./Alberro, Alexander: »Unbewusst«, übers. von Nikolaus G. Schneider, in: Stiftung Haus der Kunst, München (Hg.), Janet Cardiff & George Bures Miller. Works from the Goetz Collection, Ostfildern 2012, S. 67.

4 Calle, Sophie: Suite vénitienne, Bild-Text-Installation, bestehend aus 55 Schwarz-Weiß-Fotografien, 23 Texten und 3 Stadtplänen, 1980.

Zwischen Detektivin, Verliebte und Verlassene, Fotografin und Flaneurin gewinnt Sophie Calle als Künstlerin viele Facetten. Sie ist eine fabulierende Stadterzählerin und -beobachterin, die auf den Spuren des Mannes Venedig erkundet. Sophie Calle wandelt dabei geschlechtsspezifische Rollenzuweisungen im urbanen Raum um: Sie ist die Verfolgerin eines Mannes, der in der Menge auftaucht und verschwindet. Die Erzählung »Der Mann in der Menge« (1840) von Edgar Allan Poe wird auf diese Weise von der Künstlerin performativ in den urbanen Raum gewendet. Am Ende von Calles vierzehntägiger Verfolgungsaktion verschwindet der Mann in einer Menschenmenge am Bahnhof, und damit endet auch die Erzählung.

Janet Cardiffs Walk »Her Long Black Hair«, in dem die Rezipierenden auf den Spuren einer verschwundenen Frau den Central Park durchqueren, ähnelt der Thematik des Verfolgens und Verschwindens in der Stadt von Sophie Calles »Suite vénitienne«. Zudem spielt sowohl bei Calle als auch bei Cardiff das Begehren eine narrative Rolle: Eine Frau mit schwarzen Haaren und ein Mann werden zu (fiktionalen) Figuren, auf deren Spuren sich die Rezipierenden begeben. Das Gehen durch den urbanen Raum wird kriminalistisch aufgeladen. Wie Walter Benjamin beschreibt, steht die Detektivgeschichte im engen Bezug zu den Flaneuren und der Anonymität der Stadt. »Hier erscheint die Masse als das Asyl, das den Asozialen vor seinen Verfolgern schützt. […] Sie steht im Ursprung der Detektivgeschichte. Im Zeichen des Terrors, wo jedermann etwas vom Konspirateur an sich hat, wird auch jedermann in die Lage kommen, den Detektiv zu spielen. Die Flanerie gibt ihm darauf die beste Anwartschaft.«[5] Der Gang durch die Stadt bietet Gelegenheiten für kriminalistische Inszenierungen im Alltäglichen: Alles kann zu einer Spur werden. Die Stadt tritt dabei in den Vordergrund eines forschenden Blickes und Spazierengehens.

Neben diesem literarischen Ansatz des Gehens durch Stadt ist das Gehen als performatives Element ebenfalls ein wichtiger Bestandteil in Cardiffs Walks. Das Gehen in den Walks lässt sich nicht nur auf den bürgerlichen Spaziergang zurückführen, sondern die Walks weisen auch darüber hinaus und stehen mit anderen Kunstrichtungen in Verbindung. Janet Cardiffs experimenteller Umgang mit dem urbanen Raum, ihre Auswahl von ungewöhnlichen Orten als Schauplätze ihrer Erzählungen und die Betrachtung von Stadt als ein räumlich-ästhetischer Resonanzboden lassen sich in Vorgehensweisen des experimentellen Tanztheaters »Judson Dance Theater« wiederfinden. Diese New Yorker Künstlergruppe erprobte in den 1960er Jahren in Manhattan neue Tanzformate. Ihre Mitglieder

---

5 Benjamin, Walter: »Der Flaneur«, in: Benjamin, Charles Baudelaire (1974), S. 33-65, hier S. 38 f.

waren Künstlerinnen und Künstler aus den Bereichen Tanz, Musik und bildender Kunst wie beispielsweise Trisha Brown, Yvonne Rainer, Meredith Monk, Steve Paxton, Walter de Maria und Robert Rauschenberg. Die Vielfältigkeit und Interdisziplinarität der Kunstszene der 1960er Jahre spiegeln sich in den Ansprüchen des »Judson Dance Theaters« wider. »Alle traditionellen Komponenten des Tanztheaters – das Bewegungsvokabular, der Aufführungsort und das Verhältnis zwischen Tänzern und Publikum – werden im ›Judson Dance Theater‹ einer kritischen Reflexion unterzogen.«[6] Neben der Erweiterung von Tanzformen verließen die Performenden die Tanzstudios und nutzten stattdessen den urbanen Raum als Spielfläche: Dächer von Gebäuden wurden betanzt, Hausfassaden artistisch erklettert, Gassen und Hinterhöfe und andere urbane Zwischenräume dienten als Aufführungsorte für Performences. Diese künstlerischen Aktionen, die das Genre des Tanzes maßgeblich erweiterten, ernannten die Stadt zur Bühne. Das Publikum musste sich ebenfalls auf den Weg machen und wurde an der Wahrnehmung von Stadt als experimenteller Handlungsraum beteiligt. Dieser experimentierende Umgang mit dem urbanen Raum und das Miteinbeziehen der Rezipierenden ist auch Cardiffs Ansatz. Die Künstlerin nutzt das Potential der urbanen Hör-, Seh- und Bewegungsräume. Die Stadt ist bei ihr ebenfalls eine Bühne, die jedoch mit der traditionellen Gehform des Spazierganges durchschritten wird. Die Klänge der Stadt, die verschiedenen räumlichen Atmosphären, die Oberflächen von Gehwegen und das Begehen von verborgenen Räumen in der Stadt sind bei Cardiff ästhetische Materialien eines Walks. Die Integration von Alltagsbewegungen und das Durchbrechen von fließenden Tanzbewegungen durch abruptes Stehenbleiben, Fallen und Stolpern, die im »Judson Dance Theaters« als tänzerische Elemente ausprobiert wurden, bilden in den Walks ebenfalls Stilelemente und korrespondieren mit der Erzählung und dem Ort. Zusätzlich arbeitet Janet Cardiff mit Tast-, Geschmacks- und Geruchsexperimenten, die die sinnliche Wahrnehmung der Walkteilnehmenden intensivieren. Urbane Orte bestehen auch aus Gerüchen und taktilen Eigenschaften, die Cardiff herausstellt, um synästhetische Erfahrungen im Gehen zu generieren.

Anders als beim »Judson Dance Theater« sind die Walks, um sie einem größeren Publikum zugänglich zu machen, an Aufführungstermine und kulturelle Institutionen gebunden. Die Walks finden in Parkanlagen, Innenhöfen und Nebenräumen von Museen, Theatern und Bibliotheken und in öffentlichen Arealen, wie einem Bahnhofsgebäude oder einer Altstadt, statt. Diese Orte sind temporär durch Kunstausstellungen (Biennalen) geschützte Räume oder sie sind Bildungsorte (Bibliothek, Museum). Andere, nicht öffentlich zugängliche Orte, wie ein

---

6   R. Fischer: Walking Artists (2011), S. 225.

Bunker, Kellergewölbe, Notausgänge und das Backstage einer Bühne im Theater, werden dem Walkpublikum für eine kurze Zeit zugänglich gemacht. Mit der
Anbindung an einen institutionellen Rahmen unterstreicht Janet Cardiff, dass
ihre Walks ein Format der bildenden Kunst sind, die jedoch den White Cube mit
der Stadt verbinden. Von der Bibliothek oder dem Museum auf die Straße
(London), vom Kinofoyer in die Bahnhofshalle (Kassel), vom Museum zu verborgenen Gebäuden und Orten in der Stadt (Münster): Das (Spazieren-)Gehen
verkettet die unterschiedlichen Orte miteinander und damit auch ihre symbolischen Ordnungen, ihre Repräsentationsfunktionen und Randständigkeiten.

Anders geht Jeff Wall vor: Periphere Orte des urbanen Raumes formt er zeitweise in kinematografische Schauplätze für seine fotografischen Bilder um. Abseitsliegende Parkplätze, Trampelpfade, Brachen und Seiteneingänge von Gebäuden
rückt er durch seine Fotografien in den repräsentativen Raum des Museums.
Dort erweisen sich diese Orte als zeitgenössische Schwellenorte, deren Fragilität
im Kontrast zu den repräsentativen Museumsarchitekturen steht. Wall findet diese peripheren Orte vornehmlich bei Spaziergängen und beim Durchstreifen seiner Heimatstadt Vancouver. Sein Gehen ist ein Suchen nach Orten des Dazwischens. Diese Orte haben neben ihrer Unscheinbarkeit und Nebensächlichkeit
ein Spannungspotential. An den Schwellenorten zeichnen sich die Konflikte von
sozialpolitischen Ausgrenzungen, Machtinteressen und Fragen nach Zugehörigkeit ab, besonders dann, wenn Wall seine urbanen Protagonisten dort platziert.
   Stadt ist für Jeff Wall ein politischer Ort. Sein Gehen, Beobachten und Um-
herstreifen sind alltägliche Handlungen mit sozialkritischer Ambition. Dies verbindet Wall mit politisch motivierten Stadtgängerinnen und Stadtgängern der
1960er Jahre: Gehen ist ein politischer Akt und eine politische Äußerung. Am
deutlichsten zeigt sich diese Eigenschaft des Gehens in Protestmärschen und
Demonstrationen gegenüber festgefügten Machtverhältnissen, Diskriminierungen und Ausgrenzungen. Doch nicht nur in Massenprotestbewegungen des 20.
und 21. Jahrhunderts nimmt das Gehen eine politische Dimension ein, auch eine
einzelne Person kann dies verwirklichen. Der Flaneur des 19./20. Jahrhunderts
setzt, wie Benjamin beschreibt, der Geschwindigkeit der Stadt und der Technisierung von Arbeit und Leben die Langsamkeit seiner Schritte entgegen und handelt politisch: »Das Tempo des Flaneurs ist mit dem Tempo der Menge, wie es
bei Poe geschildert wird, zu konfrontieren. Es stellt einen Protest gegen dieses
dar.«[7] Das Subjekt kann mit seinem Gehen eine subtile, politische Aussage erzie-
len, wenn es sich gegen vorgegebene Strukturen richtet.

---

7   Benjamin, Walter: »Zentralpark«, in: Benjamin, Charles Baudelaire (1974), S. 175.

Eine Übertragung des politischen Gehens in eine kritische Methode des Alltags gelang der »Situationistischen Internationalen« (SI). Von verschiedenen
politisch Engagierten aus den Bereichen Philosophie, Architektur, Film und bildender Kunst 1957 gegründet, hatte die situationistische Internationale im Paris
der 1960er Jahre und im Rahmen der Studentenproteste ihr größtes Wirkungs-
feld. Kunstschaffende und Theoretikerinnen und Theoretiker wie Guy Debord,
Gilles Ivian und Constant (Constant Nieuwenhuys) forderten aufgrund einer umfassenden Gesellschafts- und Kapitalismuskritik andere, alternative Formen des
alltäglichen Handelns und Zusammenlebens. Die Stadt wurde als Konfliktfeld
von kapitalistischen und anthropologischen Interessen verstanden. Gehen in der
Stadt erhielt eine Schlüsselrolle: Im Gehen konnten die sozialpolitischen Spannungen artikuliert werden, städtische Areale der Konfliktzonen wurden durchschritten und Spannungen durch Wahrnehmungsprozesse und Reflexionen aufgelöst. Als Gegenentwurf zu den Strukturen und Phänomenen des Kapitalismus
stellten die Situationisten ihre Wahrnehmungsräume. Diese wurden im Gehen
(von einzelnen Personen und Gruppen) produziert und in die jeweiligen Span-
nungsfelder der Stadt Schritt für Schritt eingetragen. Auf diese Weise entstanden
vielfältige, psychogeografische Zonen im organisierten Raum der Stadt, die sich
in ihr abbildeten. Zeichnungen des Künstlers Guy Debord auf Stadtplänen von
Paris veranschaulichen dies: Mit Bleistift gezogene Kreise und Ovale markieren
die urbane Feldforschung per pedes, schneiden das geometrische Straßennetz
und konkurrieren mit ihm. In Manifesten, Briefen und Zeitschriften stellte die
Situationistische Internationale Methoden für ihre kritische Stadtforschung auf:
das umherschweifende Gehen (dérive) und die Erkundung des urbanen Raumes
mittels einer emotionalen und psychischen Betrachtungsweise (Psychogeogra-
phie).[8] Das Umherschweifen, die Entwicklung von psychogeografischen Sichtweisen auf Stadt und der urbane Raum als Labor und Spielstätte bedingten sich.
Es entstand ein urbanes Handlungskonzept zwischen größtmöglicher Offenheit
(Spielmöglichkeiten) und Anweisungen (Konzept). Anders als beim Flanieren
sollte das Gehen zügig durchgeführt werden, um es vom bürgerlichen Spazieren
zu unterscheiden. Ziel war es, den urbanen Orten jenseits ihrer architektonischen
und ökonomischen Vorgaben empirische Kriterien und Qualitäten zuzusprechen,
beziehungsweise diese situativ herauszustellen. Kapitalistische Strukturen – beispielsweise die Einteilung in Arbeit und Freizeit, die Nutzungsvorgaben von Ar-

---

8 Auf der Webseite http://www.si-revue.de werden die deutschen Übersetzungen der
›Zeitschrift der Situationistischen Internationale‹ neu zugänglich gemacht und bieten
einen Überblick über die Praxis der Internationalen Situationalisten.

chitektur und das Konsumverhalten (›Gesellschaft des Spektakels‹[9]) – sollten durch autonome Verhaltens- und Sichtweisen (Spielarten) durchbrochen und aufgelöst werden.

In seiner Kapitalismuskritik trifft sich Jeff Walls mit Guy Debords Kritik an der konsumorientierten Gesellschaft und mit den theoretisch-künstlerischen Sichtweisen der Internationalen Situationisten. Walls Suchen und Finden von Schwellenorten, urbanen Protagonisten und Situationen, in denen er die Unfreiheit des Subjekts in einer technisierten Gesellschaft beobachtet, ist verwandt mit der Methode und der Ambition des Umherschweifens (dérive) der Situationisten. Für die Produktion seiner fotografischen Bilder verwendet Wall das Gehen als ein (Recherche-)Mittel, um kritische Beobachtungen im alltäglichen Raum der Stadt zu machen. Er versteht dabei Stadt als ein sozialpolitisches und historisches Spannungsfeld, in dem er gesellschaftliche Problematiken reflektieren, darstellen, in den urbanen Raum eintragen und zurückführen kann. Während die Situationisten Wohnviertel, Straßen und Gebäudekomplexe erkundeten und Psychogeografien von Orten und deren Atmosphären in Texten, Zeichnungen und Filmen notierten, überträgt und verdichtet Wall psychogeografische Aspekte von Stadt in seine fotografischen Bilder: Randständige Orte, soziale Milieus und Alltagshandlungen von Akteuren der Stadt werden miteinander verknüpft und in neuen Verbindungen und Konstellationen gezeigt. Diskrepanzen und Schnittstellen zwischen dem unsichtbaren Reglement einer kapitalistischen und globalisierten Welt und den Bedürfnissen der Menschen nach Selbstbestimmung zeichnet Jeff Wall nach.

Dargestellt und verhandelt werden bei ihm nicht nur soziale Ungleichheiten, Blickregime, Folgen von Kolonialisierung und Globalisierung, sondern auch der Missbrauch und die Ausbeutung des einzelnen Menschen und der Natur. Stadt und Verstädterung wird bei Wall vor dem Hintergrund von Natur gelesen. Diese ist wie der Kapitalmarkt und die Stadt (Ort des Kapitals) ein Element, das ausgebeutet wird. Das Gehen und Umherschweifen an den Bruchstellen von Stadt und Natur verdeutlicht die innere und äußere Spannung, der das Subjekt im 21. Jahrhundert ausgesetzt ist. Das Gehen wird zu einer Reflexionsmöglichkeit von gesellschaftlichen Verhältnissen und historischen Kontexten. Zudem ist bei Wall das Gehen mit der Erinnerung an (kunst-)historische Bilder oder Ereignisse verbunden. Eine Situation, eine Geste oder ein Ort wecken in ihm eine Erinnerung an bereits Gesehenes. Im Gehen und beim Durchqueren der Stadt werden Erin-

---

9   Mit dem Buch »La Société du spectacle« (Die Gesellschaft des Spektakels) formulierte Guy Debord 1967 seine Kapitalismuskritik, die die 1968er Studentenbewegung in Paris maßgeblich beeinflusste.

nerungen lebendig. Während es bei Jeff Wall historische Kontexte sind, die er auf die Gegenwart bezieht, sind es bei Janet Cardiff subjektive Erinnerungsbilder, die von ihr und den Rezipierenden im Gehen aktiviert werden. Auch bei Cardiff sind die Prozesse des Gehens, Erinnerns und Erzählens miteinander verwoben.

Wall fotografiert seine Protagonisten vorwiegend an peripheren Räumen der Stadt. Natur wird durch weite Kameraperspektiven, die Panoramablicke des Himmels zulassen, im Zusammenhang mit Stadt gezeigt. Oftmals sind die Protagonisten auf Straßen, Plätzen und Trampelpfaden unterwegs: Ihre Bewegungen und ihr Innehalten zeichnen sich vor verschiedenen Schauplätzen des urbanen Raumes ab. Das Gehen, Laufen, Stolpern, Stehen und Sitzen der Figuren sind den Bewegungen des Alltags entnommen und werden von Wall auf die Fotografie bezogen und nochmals verkürzt. Dadurch ist das Gehen eines Protagonisten nicht nur eine Wiederholung des Alltäglichen: Es ist auf die Erstellung und Repräsentation der Fotografie abgestimmt, an sie und ihre Mittel gebunden. Das (filmstillartige) Gehen der Protagonisten erhält dadurch die Funktion einer Geste: Es wird zu einem filmischen Zeichen. Dies verbindet Jeff Walls Figuren mit dem neorealistischen Film und dessen Protagonisten. Gehen von Figuren an urbanen Rändern wird ästhetisiert und steht als Zeichen eines inneren Aufbegehrens für ein soziales Milieu, das sich aufgrund von Armut, Ausgrenzung und sozialer Unsichtbarkeit anderweitig nicht artikulieren kann. Walls Protagonisten scheinen vorwiegend mit inneren Monologen beschäftigt zu sein, ihr Gehen und Unterwegssein bleibt wie in einem Stummfilm lautlos, während bei Janet Cardiff sowohl die Sprechfiguren als auch die Walkteilnehmenden im Gehen mit der geräuschvollen Stadt in einem korrespondierenden Verhältnis stehen.

Erzählte Stadt

Von dem Leben in Städten und der Stadt wird im Alltag und in der bildenden Kunst erzählt. Im alltäglichen Leben hinterlassen Erzählungen von Erlebtem in der Stadt ephemere Spuren bei den Stadtbewohnenden. In der bildenden Kunst werden Erzählungen des urbanen Raumes gebündelt, visuell dargestellt und für Rezipierende erfahrbar gemacht. Im Zeitalter einer globalisierten und digitalisierten Welt verändern sich die Erfahrungen mit der Stadt und dem Leben in ihr – dies nimmt Einfluss auf die Erzählbarkeit von Stadt in der bildenden Kunst. Durch die Vielzahl von digitalen Bildern, die täglich abrufbar sind und die Vorstellungswelt der Einzelnen beeinflussen, werden Eindrücke zunehmend unscharf. Die Frage, welches Bild von einer Stadt oder einem Ort wann und wo gesehen wurde, bleibt offen. Das Gesehene und Erinnerte kann sowohl aus einem Erlebnis als auch einer Vorstellung oder einer medialen Quelle stammen. Durch diese visuelle (Über-)Stimulierung wird das Erlebnis als eine einmalige Erfahrung des Subjekts in Frage gestellt. Das Konsumieren wird immer mehr zu einem Ersatz von Erlebnissen, und reale und virtuelle Wirklichkeiten verlaufen zunehmend ineinander. Das Verhältnis zwischen dem Subjekt und dem Lebensraum Stadt verändert sich dadurch.

Die ›erzählte Stadt‹ bezieht sich auf dieses zeitgenössische Phänomen der vielfältigen Überschneidungen, Überblendungen und Unbestimmtheiten von Bildern der Stadt und zeigt im Kontext der bildenden Kunst verschiedene und miteinander verwobene Wahrnehmungs- und Übersetzungsprozesse auf. In der bildenden Kunst finden Beschreibungen von Erlebnissen des urbanen Alltags unterschiedliche visuelle Formen, die in Verbindungen zu anderen (Bild-)Formen stehen. Ein Netz aus Beziehungen und Querverweisen entsteht, mit denen Aussagen über die Wahrnehmbarkeit und Erzählbarkeit von Stadt getroffen werden können. Erfahrungen mit Stadt und dem Leben in ihr werden in der bildenden Kunst intensiviert und reflektiert. Beteiligt sind an der Entstehung einer ›erzählten Stadt‹ Kunstschaffende und Rezipierende, die mit ihren urbanen Erfahrungen zu Mitproduzierenden werden. Das Besondere an der ›erzählten Stadt‹ ist ihr Hervorgehen aus einem Vergleich zwischen einem realen Ort und ›anderen Orten‹. Erinnerungsbilder, filmische, fotografische und literarische Bilder von Orten, Räumen und Erlebnissen werden auf eine reale Umgebung bezogen – miteinander verknüpft werden dabei die Situation und Geschichte des realen Ortes mit den Geschichten des Erinnerten und Erlebten. In diesem Prozess entstehen Zwischenräume, in denen Urbanität und andere, bereits vorhandene Geschichten aufeinandertreffen und neue Geschichten generieren. Das Resultat ist also etwas, das mehr ist als die reale Umgebung, das Erinnerte und die Verkettung von beidem. Aus dem Dazwischen geht etwas Drittes hervor. Dabei wirken sich die neu produzierten Sinnzusammenhänge auf die Wahrnehmung der realen Umgebung und auf das Imaginierte, Erinnerte, Erzählte gleichermaßen aus und lassen beides in einem anderen Licht erscheinen. In diesem Wechselspiel zwischen Topoi und Imaginärem entsteht eine ›erzählte Stadt‹.

Die bildende Kunst mit ihren poststrukturellen Erzählweisen und ihren Kombinationen von verschiedenen Medien bezieht sich auf Geschichten aus der Literatur und dem Film und knüpft diese an die Generierung ihrer Bilder an. Die Rezeption von Werken der bildenden Kunst unterscheidet sich von der eines Buchs oder Films durch die Einbindung und die Relevanz der körperlichen Bewegung der Rezipierenden. Bei Jeff Wall stehen die Betrachtenden vor großformatigen und illuminierten Fotografien und können diese im Hin- und Hergehen und aus der Ferne und Nähe betrachten. Über das (illuminierte) fotografische Bild hinausreichend, entsteht im Ausstellungsraum eine kinematografische Situation, in der Wall sowohl bestimmte Filmgattungen als auch das Kino als Produktionsort von Bildern und Illusionen reflektiert. Ebenso ist bei Janet Cardiff die Bewegung ein wesentlicher Bestandteil ihrer Arbeit: Sie fordert die Teilnehmenden ihrer audiovisuellen Spaziergänge zum Mitgehen durch städtische Räume auf. Die körperliche Bewegung der Walkteilnehmenden verändert die Wahrnehmung des Erzählten. Orte, Geschichten und Sinneseindrücke gehen Allianzen ein und lassen neue Erfahrungsräume entstehen. Ein Walk ist eine Geschichte, die sich im Gehen durch (urbane) Räume entfaltet.

Aufgrund ihrer Mannigfaltigkeit bietet die bildende Kunst ein breites Spektrum an, Bilder und das Erzählen mit Bildern zu untersuchen. Im Hinblick auf den urbanen Raum ergibt sich eine spannungsreiche Konstellation: Die Wahrnehmung und das Erleben von Stadt produzieren flüchtige Bilder, mit denen in der bildenden Kunst gearbeitet wird, und Stadt ist ein historischer Raum, der mit Mitteln der Kunst modifiziert und reflektiert wird. Janet Cardiff und Jeff Wall verdeutlichen dies: Cardiff arbeitet hauptsächlich mit der Wahrnehmung und ihren Prozessen, wohingegen Wall sich mit der Reflexion von Zeitgeschichte auseinandersetzt. Beide Künstler generieren jeweils eine bestimmte ›erzählte Stadt‹ und fördern die Auseinandersetzung mit Stadt und Stadtwahrnehmung. Während es bei Janet Cardiff das Traumhafte, Traumatische und Imaginäre ist, mit dem sie die Wahrnehmung von Stadt temporär bestimmt, ist es bei Wall ein historischer Blick auf Stadt/Landschaft und Gesellschaft/Subjekt, mit dem er den urbanen Raum reflektiert. Diese beiden unterschiedlichen künstlerischen Positionen bilden eine Klammer für die Produktion einer ›erzählten Stadt‹ in der zeitgenössischen bildenden Kunst. Cardiff und Wall ermöglichen die Produktion einer Serie von Bildern, die Stadt nicht abbilden, sondern sie erzählen. Erzähltes wird bei Cardiff und Wall an reale Orte in der Stadt (rück-)gebunden, erneut inszeniert und visualisiert.

Dabei nehmen beide Künstler Einfluss auf den urbanen Raum. Durch ihre künstlerische Arbeit hinterlassen sie Spuren in der Stadt: Wall durch den Aufbau des fotografischen Equipments (Setting) und der Platzierung von Laienschauspielenden, die über mehrere Wochen im urbanen Raum an einem Ort zu sehen sind; Cardiff durch die zahlreichen Walkteilnehmenden, die Stadt über einen längeren Zeitraum begehen. Nach der Beendigung einer fotografischen Inszenierung im urbanen Raum bzw. der Laufzeit eines Walks sind die Orte, die Cardiff und Wall als Schauplätze für ihre Geschichten auswählten, andere: Der urbane Raum wurde symbolisch aufgeladen. Wie bei Filmschauplätzen oder kriminalistischen Tatorten werden die urbanen Orte nach den künstlerischen Interventionen von Kunstinteressierten aufgesucht und fotografiert. Zahlreiche Fotos von Jeff Walls fotografierten Schauplätzen, wie Straßen, Plätzen und Gebäuden, sind in verschiedenen Internetblogs zu sehen. Neben Abbildungen eines Kunstwerks von Wall werden von den Kunstinteressierten ihre Schnappschüsse von dem Aufnahmeort des Kunstwerks gestellt und damit die Veränderung des urbanen Ortes dokumentiert. Walls fotografische Bilder werden durch diese alltägliche Praxis von Kunstinteressierten weitererzählt. Auf den Fotografien des kunstinteressierten Publikums fehlen jedoch die Protagonisten und die Details, die Wall in den Fokus rückte, die urbanen Orte wirken dadurch wie verlassene und vergessene Kulissen. Die bildende Kunst wird auf diese Weise zu einer Spur im urbanen Raum und die Recherche der Orte zur Spurensuche.

Ähnliches geschieht mit Janet Cardiff Walks, die in einigen Fällen nach der Erstaufführung zu einem späteren Zeitpunkt nochmals zu sehen und zu hören sind. Die in einem Walk beschriebenen Orte haben sich im Laufe der Zeit geändert. Auch diese Veränderungen werden von verschiedenen Rezipierenden dokumentiert und in Internetblogs oder Videoportalen veröffentlicht. Beispielsweise steht eine Bank im Central Park in New York nicht mehr an ihrem Platz, die

Sicht auf einen See ist zugewachsen, eine grüne Ampelphase an einer Kreuzung in London ist kürzer geworden oder ein Zugang zu einem Seitenweg entlang des Kanals in Münster ist versperrt. Diese Wandlungen von einzelnen Orten zeigen die Veränderbarkeit von Stadt auf. Die Erzählungen über Stadt beziehen sich auf einen bestimmten Zeitraum und sind mit den Orten verbunden. Von diesen wird in den künstlerischen Arbeiten erzählt: Die Orte bilden den Rahmen für die Beschreibung von Stadtwahrnehmung. Cardiff und Wall tragen ihre offen bleibenden Geschichten in einen sich stetig verändernden urbanen Raum ein und thematisieren die Wandlungen des urbanen Raumes in ihren Werken: Stadt wird in ihrer Prozesshaftigkeit erzählt. Die Stadt verändert sich, und das Erzählte markiert einen Augenblick in der Zeit.

Gezeigt werden bei Janet Cardiff und Jeff Wall nicht nur urbane Orte als Schauplätze von historischen und biografischen Geschichten, sondern auch die Wirkungsweisen von alltäglichen Handlungen urbaner Akteurinnen und Akteure, die im Raum der Stadt narrative und politische Bedeutungen annehmen. Gehen, Memorieren, Erinnern, Träumen und Erzählen sind inhaltliche Aspekte der künstlerischen Arbeiten, spielen für die Herstellungsprozesse der Kunst eine wesentliche Rolle und sind Umgangsweisen mit dem unüberschaubaren urbanen Raum. Diese urbanen Praktiken verbinden die bildende Kunst mit dem Alltag der Rezipierenden. Der urbane Raum ist ein Ort, in dem auch kleinste Handlungen des Subjekts über politische Mechanismen in der Gesellschaft erzählen. Cardiff und Wall reflektieren in ihren Arbeiten die Stellung des Subjekts in der kapitalistischen Gesellschaft und fügen dem strukturierten und überwachten urbanen Raum andere Handlungsweisen hinzu. Die Walks verbinden sensitive, motorische, narrative und psychische Prozesse und Handlungen miteinander und bringen eigenwillige Praktiken im Umgang mit dem urbanen Raum hervor. Beobachten, Erinnern, Nacherzählen und Innehalten (sowie die Gesten des Stockens und Stolperns) sind Handlungsweisen, die dem Rhythmus von Produktion und Technik eine Entschleunigung entgegensetzen und sich nicht vereinnahmen lassen. Jeff Walls inszenierte Fotografien beziehen sich auf einen langen Beobachtungszeitraum und ähneln dadurch einer Erzählung. Cardiff und Wall ermöglichen mit diesen Vorgehensweisen, die sie als Kunstschaffende praktizieren und in ihren Werken artikulieren, im urbanen Raum ein Generieren von anthropologischen und widerständigen Räumen. Die Rezipierenden werden von beiden Künstlern dazu angeregt, ihre Handlungsweisen im Raum der Stadt zu reflektieren und andere Verhaltensweisen zu erproben.

Die Stadtbewohnenden erzählen Stadt maßgeblich mit. Jeff Wall, der viele seiner Protagonisten im öffentlichen Raum der Stadt entdeckt und sie für ein fotografisches Bild engagiert, nutzt den Habitus der Stadtbewohnenden, die temporär zu Laienschauspielenden werden. Diese geben etwas von ihrem Leben preis: Ihre Bekleidung, ihre Statur und individuelle Merkmale werden von Wall in den Fokus des fotografischen Bildes gerückt. Die Protagonisten werden in den inszenierten Bildern zu Repräsentanten eines bestimmten sozialen Milieus. Durch eine distanzierte, ironische oder konfrontative Haltung zum Fotografen und seiner Kamera emanzipieren die Protagonisten sich jedoch und zeigen, dass sie nicht nur Stellvertretende einer Gesellschaftsschicht sind, sondern auch Individuen. Damit entziehen sie sich einer Vereinnahmung des fotografischen Bildes und des Blickes der Betrachterin. Des Weiteren befinden sich die Laienschauspielenden oftmals in einem psychischen und topologischen Schwellenzustand: Sie sitzen, gehen und stehen an peripheren Orten, in denen ein räumliches Innen und Außen sowie Landschaft und Stadt jeweils ineinander übergehen, und sie führen fragmentarische Gesten aus oder halten in dem, was sie tun, inne.

In Janet Cardiffs Walks im urbanen Raum sind es die Passanten, die Stadt und ein Stadtleben repräsentieren. Die Stadt wird zu einer Bühne und die Stadtbewohnenden werden zu Statisten. Zusätzlich führt die Künstlerin mit ihren verschiedenen Stimmfiguren dem urbanen Raum ›unsichtbare‹ Stadtbewohnende hinzu. Dafür benötigt die Künstlerin geübte Sprechstimmen, die verschiedene Gefühle einer Person sprachlich und klanglich darstellen können, sodass die Rezipierenden die Person vor sich sehen. Cardiff schickt die Walkteilnehmenden durch den urbanen Raum und führt der Stadt dadurch ein aufmerksames Publikum zu. Die Rolle der Walkteilnehmenden changiert zwischen Stadtgängerin, Zuschauerin und Zuhörerin, Erzählerin und Protagonistin. Diese Vielfalt an Perspektiven und Handlungsmöglichkeiten lässt Heterogenität im alltäglichen Raum der Stadt zu einer persönlichen Erfahrung werden.

Städte verändern sich seit der Industrialisierung und Globalisierung immer schneller, sodass jede Beschreibung von Merkmalen einer Stadt von der Gegenwart eingeholt wird. Janet Cardiffs und Jeff Walls Arbeiten zeigen, dass Stadt und Stadtleben Erfahrungsräume des Subjekts sind, in denen der Verlust und die Fragmentierung von Erinnerungen, Beziehungen und Orten zu einem wesentlichen Bestandteil des Erlebens von Stadt geworden sind. Stadt im Sinne einer politisch offenen Stadt ist eine Vorstellung, die aus dem 19./20. Jahrhundert hervorgeht und durch zwei Weltkriege zahlreiche Umbrüche und Zerstörungen erfahren hat. Im 21. Jahrhundert befinden sich Städte und die Vorstellung von Stadt wieder in einem Umbruch: Auswirkungen des digitalen Zeitalters und der Globalisierung verändern das Zusammenleben in der Stadt und die Beziehung des Einzelnen zum urbanen Raum. Eine gewachsene, plurale Stadt ist vielmehr ein Bild aus der Vergangenheit oder ein fiktionaler Entwurf. Die ›erzählte Stadt‹ bezieht sich im Benjamin'schen Sinne auf das Unabgeschlossene der Vergangenheit – sowohl auf ihre historischen als auch fiktionalen Geschichten. In Bezug zur Gegenwart wird das Unabgeschlossene zu einer Möglichkeit der Reflexion und kann neue Handlungsweisen generieren. Es ist ein historischer Blick, den die ›erzählte Stadt‹ evoziert und der mit der zeitgenössischen bildenden Kunst in die Gegenwart transferiert und aktualisiert wird. In diesem dialektischen Verfahren werden Aussagen über gegenwärtige Zustände von Stadt getroffen und eine Verortung des Subjekts in der Gegenwart und Vergangenheit bestimmt. Jeff Wall bezieht seine Beobachtungen aus dem urbanen Raum auf Motive, Orte und Figuren von Filmen, kunsthistorischen Bildern und literarischen Erzählungen und lässt Gegenwärtiges und Vergangenes aufeinander treffen, sodass sich in den Übereinstimmungen, Abweichungen und Differenzen das Uneingelöste und noch nicht Bewältigte abbilden kann. Janet Cardiff entwirft einen Erzählraum, in dem Beobachtungen aus dem Alltag, eigene und fremde Erinnerungen und Träume, erzählte Geschichten und historische Ereignisse assoziativ aufeinander bezogen werden. Zeit und Geschichten werden nicht abgeschlossen, sondern immer wieder neu miteinander verknüpft. Beide Künstler zeigen Stadt als einen unvollständigen, prozesshaften Raum, der, durch die Handlungen des Subjekts bedingt, neue Verbindungen eingeht, Wendungen enthält und aus Relationen besteht.

Aufgrund ihres architektonischen, topologischen und historischen Wachstums beinhaltet Stadt unzählige Geschichten, Ereignisse und Wirklichkeiten, die auf unterschiedliche Weise bewahrt, weitererzählt oder auch vergessen werden. Cardiff und Wall zeigen in ihren künstlerischen Arbeiten, dass Stadt aus Geschichte und Geschichten besteht und das Traumatische (Unfassbares, Verdrängtes, Bedrohliches) wesentlich zum urbanen Raum dazugehört. Besonders im Umgang mit Traumatischem zeigt sich die Beschaffenheit des Subjekts und der Gesellschaft. Über Stadt und Trauma erzählen beide Künstler. Zum Traumatischen von Städten gehören neben historischen Einschnitten – wie der Holocaust und andere Verbrechen an Menschen – auch die Ausgrenzung von einzelnen Menschen und Gruppen, die vor Stadtmauern, an urbane Peripherien oder in Stadtviertel (Ghettos) abgeschoben und aus dem gesellschaftlichen Blickfeld verdrängt werden. Viele europäische Städte haben mit den Folgen der Ausgrenzungen von Minderheiten, die aufgrund von politischen, religiösen, rassistischen und homophoben Gründen verfolgt wurden, bis heute zu tun. Auch in den USA und Kanada – Länder, in denen Cardiff und Wall ausstellen und arbeiten – sind die Verfolgung und Entwurzelung von Menschen aufgrund des Kolonialismus unmittelbar mit der Geschichte von Städten und Landstrichen verbunden. Während Jeff Wall auf die Lebens- und Arbeitssituation von Menschen mit indigener oder asiatischer Herkunft eingeht, thematisiert Janet Cardiff das Thema Diskriminierung in Erzählsträngen, beispielsweise in ihrem Walk im Central Park New York. Ähnlich verfährt die Künstlerin mit den Themen Krieg, Verfolgung und Ausgrenzung. In ihren Arbeiten betrachtet Cardiff Gewalt, Macht und Manipulation in ihren psychischen Dimensionen, das heißt, sie bezieht diese auf die Verführbarkeit des Subjekts. Verführbar und verführt ist das Subjekt bei Cardiff weniger durch Einflüsse der Medien- und Konsumwelt und Strukturen des Kapitalismus, wie es Wall thematisiert, sondern durch die Verstrickung mit Verlust, Vergänglichkeit und Ängsten.

Beide – das Trauma des Verlusts und die Auswirkungen des Kapitalismus – haben jedoch etwas miteinander zu tun. Bedingt durch die Digitalisierung und Globalisierung hat sich das Gefühl von Zeit und ihrem Vergehen beschleunigt. Das Subjekt ist vielen verschiedenen Informationen und Eindrücken gleichzeitig ausgesetzt: Durch die schnelle Nachrichtenvermittlung und die ökonomischen und politischen Verbindungen der westlichen Industrieländer zu anderen Teilen der Welt gehen Umweltkatastrophen, Kriege und terroristische Anschläge alle Menschen etwas an. Für das Subjekt stellen die Menge an Informationen und die inhaltlichen Zusammenhänge von Ereignissen eine persönliche Anforderung dar. Es muss mit Widersprüchlichkeiten umgehen, die sich nicht auflösen lassen. Die kommerziellen Versprechen des Kapitalismus und seine Auswirkungen – wie Umweltverschmutzung und eine in weniger entwickelten Ländern verbreitete Armut – ergeben eine paradoxe Spannung. Ebenso wie die Tatsache, dass ein Teil der Menschen überallhin reisen kann, während andere Menschen aus ihren Ländern aufgrund von Kriegen, Verfolgung und fehlenden Arbeitsmöglichkeiten fliehen müssen.

Jeff Wall zeigt in seinen fotografischen Bildern vornehmlich Menschen, die von einer Ausgrenzung, Entwurzelung und Umsiedlung betroffen sind. Dazu gehört neben gesellschaftlichen Randgruppen, wie Menschen aus anderen Herkunftsländern, armen und älteren Menschen, auch das westliche Subjekt, das sich mit einer Ungewissheit und Entfremdung auseinandersetzen muss. Der Kapitalismus und der Kolonialismus haben weitreichende Folgen: Land und Städte und die Arbeitskraft von Menschen werden als Ressourcen eines ständig wachsenden Kapitals genutzt. Wall zeigt unterschiedliche Aspekte dieser Ausbeutung von Mensch und Natur auf. Er weist auf den historischen Zusammenhang hin, dass Städte aufgrund einer Ansammlung von Kapital und der Inbesitznahme von Land und Menschen entstanden sind: Länder wurden besetzt und (Ur-)Völker vertrieben und ermordet, Rohstoffe werden der Natur abgewonnen, bebautes Land, Häuser und Stadtteile werden zu Kapitalanlagen, und durch Industrialisierung geschaffene Arbeitsplätze werden rationalisiert oder in andere

Länder ausgelagert. Walls Auswahl von urbanen Schauplätzen lässt sich wie eine Agenda dieser Problematiken lesen. Gegenden wie brache Wiesen am Rande eines Industriegebietes, eine (Rohstoff-)Müllhalde, ein leerer Parkplatz an einer Stadtrandsiedlung, eine vegetative Zone unterhalb einer Stadtbrücke und eine Zufahrtsstraße in einem Gewerbegebiet sind typische urbane Bruchstellen und Schwellenorte des späten 20. und 21. Jahrhunderts. Diese suburbanen Gegenden zeigen die Auswirkungen des Wachstums und des Schrumpfens von Städten auf – die hauptsächlichen Problematiken der Städte des 21. Jahrhunderts. Jeff Wall macht diese Orte und damit auch die ihnen zugrunde liegenden Problematiken zu Schauplätzen. Der Mensch als Initiator und Leidtragender wird in Walls fotografischen Bildern mitgedacht: Die Gegenden sind nie vollständig verlassen, zu deutlich hat der Mensch seine Spuren hinterlassen und in die Orte eingetragen. Fügt Wall diesen Orten Figuren hinzu, erzählen diese durch ihre Handlungen und Nichthandlungen etwas vom Leben in der Stadt. Die Gesten der Figuren erscheinen wie lesbare und dennoch verschlüsselte Zeichen, die auf das hindeuten, was diese urbanen Orte beeinflusst hat. Der unsichtbare Gegner und Aggressor – laut Wall das kapitalistische System – zeigt sich in den verzweifelten und ohnmächtigen Gesten der Menschen: im Fäusteballen, in rassistischen Gesten, in resignierter Untätigkeit, im Halten von imaginären Gewehren oder in sinnentleerten Bewegungen. Die Orte, Figuren und Gesten stehen in einer wechselseitigen Beziehung, sie zeigen und verweisen aufeinander und zeigen auch auf die Ursachen, aus denen sie hervorgegangen sind. Das Entstehen von Stadt durch Urbanisierung von Land, ökonomisches Wachstum und Globalisierung werden von Wall in seinen Bildern herausgestellt. Stadt ist im Werden, jedoch auch in einem zerstörerischen, widersprüchlichen und desolaten Sinn. Entwicklung und Fortschritt erreichen ein zerstörerisches Ausmaß, das unkalkulierbar ist. Die Zukunft der Städte bleibt unvorhersehbar. Die ›erzählte Stadt‹ ist eine Sichtweise auf eine Zeit und ihre Phänomene.

Im Gegensatz zu Walls historischer und sozialkritischer Sichtweise auf Stadt legt Janet Cardiff den Schwerpunkt in ihren Geschichten über Stadt und Stadtleben auf die psychische Ungewissheit, die das westliche Subjekt erfährt. Auch in dieser subjektbetonten Sicht wird Stadt vielfach reflektiert und erzählt. Cardiffs Walks thematisieren Instabilität und Unsicherheit auf einer narrativen und psychischen Ebene. Die in ihren Walks hergestellte Entkopplung von Zeit und Raum – eine Inszenierung von einer Vielzahl von gleichzeitigen Ereignissen und Eindrücken – deckt sich mit der Schnelllebigkeit und empfundenen Ortslosigkeit der Gegenwart. Die Globalisierung, die vorgibt, Entferntes zu überbrücken und einen zeit- und ortsunabhängigen Zugriff auf Dinge haben zu können, hat eine Entfremdung und Anonymität zur Folge. Durch die Intimität, die die Künstlerin in ihren Walks generiert, wird eine Orientierungslosigkeit des Subjekts temporär aufgefangen und Nähe hergestellt. »Die Dinge gehen mich an«, scheint Janet Cardiff der Walkteilnehmerin vermitteln zu wollen. Die nachdenkliche Aufmerksamkeit, die in den Walks der Umgebung, den Passanten, Protagonisten, eigenen Gefühlen und Erinnerungen entgegengebracht wird, wirkt dem Gefühl von Ungewissheit und Isolation entgegen. Die Walks generieren ein anderes und persönliches Einlassen, Hinsehen und -hören. Die Addition von Eindrücken, Erinnerungen und Bewegungen und das langsame Durchqueren der mit Spuren gefüllten Stadt kann die Einzelne als einen produktiven Daseinszustand erfahren.

Der Mensch ist besonders in den Städten vielen sozialen, gesellschaftlichen, politischen und kommerziellen Einflüssen ausgesetzt, die Ansprüche geltend machen und Identitätsprozesse wesentlich mitbestimmen. Wie wirkt sich die Pluralität auf das Subjekt aus? Zeigt die von Cardiff generierte Vielfältigkeit eine Fähigkeit zur Heterogenität auf oder signalisiert sie eine Überforderung der Einzelnen? Beide Lesarten sind in Cardiffs Walks möglich und erzählen etwas über das Verhältnis des Menschen zum urbanen Raum. Von einem mannigfaltigen Subjekt geht der Philosoph Stephen Frosh aus; er fragt:»Ist das menschliche Subjekt begrifflich gesehen *eines*, das aber dadurch, dass es verschiedensten Kräften – von den exzessiven Wettbewerbsanforderungen der Postmoderne bis zum erschütternden Trauma – ausgesetzt ist, zu einem gespaltenen Subjekt *wird*? Oder reflektiert die Mannigfaltigkeit von Subjekten und Identitäten […] die simple Lebenswirklichkeit – dass wir mannigfaltige Wesen sind […]?«[1] In Cardiffs Walks werden das mannigfaltige Wahrnehmen und das Erzählen zu einem demokratischen Mittel, das Unterschiedliches zusammenführt, ohne vorhandene Unterschiede zu vereinheitlichen. Die Walks sind in diesem Sinne eine politische Äußerung im urbanen Raum. Weil die Einzelne (Walkteilnehmerin) sich als ein relationales Subjekt begreifen kann, geht sie immer wieder neue Verbindungen zu sich und anderen ein. Diese innere Beschaffenheit des Subjekts beschreibt Frosh. Das Subjekt bezieht das Andere und den Anderen in seine Identitätsbildung mit ein.»Wir haben es nicht mit Substitution (du oder ich) zu tun, sondern mit Anfügung, mit einem offenen Feld, auf dem Identitäten vielleicht nicht auf gewaltsamen Ausschluss basieren müssen, sondern sich desto weiter ausdehnen können, je mehr andere Subjekte das Feld betreten.«[2] Das Subjekt benötigt die Anderen, um sich selbst in ein Verhältnis zur Umwelt zu setzen. Dies geschieht auf einer psychischen und emotionalen Ebene auch in Cardiffs Walks. Wie auf dem von Frosh beschriebenen offenen Feld tritt die Walkteilnehmerin in der

---

1 S. Frosh: »Fragile Identitäten« (2015), S. 29 f. Hervorhebung im Original.
2 Ebd., S. 30.

Stadt mit Geschichten, Figuren und Passanten in eine Relation und erweitert ihre Erfahrungen und Erinnerungen durch das Einlassen auf Geschichten, Zeiten und Bewegungen Anderer. Das Subjekt wendet sich dem Anderen zu, weil es sich seiner inneren Differenz bewusst ist. Die innere wie äußere Instabilität wird zu einer Prämisse für Begegnungen und Auseinandersetzungen. In den Walks wird das Netz von Beziehungen, in denen die Einzelne sich befindet, von Cardiff deutlich hervorgehoben und der Walkteilnehmerin vermittelt.

Janet Cardiff dekonstruiert mit ihrer Version einer Stadtgängerin (Walkteilnehmerin) das weiße, männliche, ethnozentrische Subjekt, das im 19. und 20. Jahrhundert die Stadt durchquerte und Geschichten über Stadterfahrungen schrieb. In den einzelnen Walks verhalten sich die Stadtgängerinnen in ihrem physischen und psychischen Unterwegssein und in ihrer Beziehung zur Umwelt vielmehr nomadisch als egozentrisch. Wie Frosh erläutert, kennzeichnet eine umfassende Flexibilität das Subjekt des 21. Jahrhunderts. »Das nomadische Subjekt ist ein materiell eingebettetes und verkörpertes, affektives und relationales, kollektives Gefüge (assemblage), ein Relaispunkt eines Netzes komplexer Relationen, die die Zentralität der mit dem eigenen Ego-Index versehenen Vorstellungen von Identität verschieben.«[3] Die Beziehungsfähigkeit des Subjekts ist Bestandteil seiner Identitätsbildung. Das Prozesshafte durchzieht die innere wie äußere Welt und die Begegnung wird zu einem konstitutiven Element. Auch das Gehen durch die Stadt ist ein Einlassen auf das Unterschiedliche. Die Wege, die Cardiff für einen Walk auswählt, ergeben eine offene Topologie: Nebenwege, Pfade, Hauptstraßen, Gärten und Parks, versteckt liegende Innen- und Außenräume werden durchquert. Gehen im urbanen Raum ist bei Janet Cardiff eine mannigfaltige Bewegung.

Statt eines Geleitetwerdens durch die Stadt kann das lose Aneinanderfügen von Geschichten und Beobachtungen ebenso die Desorientierung des Menschen in einer Informations- und Konsumwelt intensivieren. Cardiffs Walks zeigen zudem die klaustrophoben und hysterischen Aspekte des Subjekts auf. Auch dies ist eine Perspektive von Stadt: Aus der Unübersichtlichkeit und permanenten Stimulierung des urbanen Raumes geht eine Hyperaktivität hervor, die eigene Handlungsweisen generiert. Nervosität, Übersprunghandlungen, Verfehlungen und Zerstreuungen fügen sich nicht in vorgegebene Strukturen ein. Sie stören Handlungsabläufe und Nutzungsvorgaben und hebeln Regeln temporär aus. Diese Eigenschaften sind im Sinne Certeaus eine Möglichkeit, Widerständiges in den strukturierten urbanen Raum einzuführen. Auch Störungen setzen Energien frei, die jedoch richtungslos und ungebunden sind – in Janet Cardiffs Walks wer-

---

3   R. Braidotti: »Nomadische Subjekte« (2015), S. 153.

den diese durch ihre Narration kanalisiert. Bei Jeff Wall äußert sich diese über-schüssige Energie in den stockenden Gesten seiner Protagonisten.

Diese Beobachtung zur Beschaffenheit des Subjekts, die sich aus der Analyse zu Cardiffs Walks ergeben, lässt Stadt und die ›erzählte Stadt‹ unter veränderten Vorzeichen befragen: Wie wirkt sich die Überforderung und Unfreiheit der Ein-zelnen im kapitalistischen Zeitalter auf die ›erzählte Stadt‹ aus? Lässt sich noch etwas erzählen, wenn alles vielfältig ist? Von was erzählt die Einzelne in einer von Bildern überreizten und gleichzeitig auseinanderdriftenden Welt? Erzählt werden kann, so zeigen es die künstlerischen Arbeiten von Cardiff und Wall, von Zwiespälten, Brüchen, Ungewissheiten und Bedürfnissen eines fragilen Subjekts in einer komplexen urbanen Lebenswelt.

Janet Cardiff nimmt die Entfremdung des Subjekts auf und entwickelt eine heterogene Erzählweise, die sowohl die Sehnsucht nach narrativen Bedeutungen und Zuordnungen aufzeigt als auch deutlich werden lässt, welche Verfehlungen und Desorientierungen in einer divergierenden Welt entstehen. In ihrer Vielfäl-tigkeit und Unübersichtlichkeit spiegelt Stadt die psychische Spaltung des Sub-jekts wider. Gleichzeitig bietet sie einen Raum für die Verortung der Differenzen und Konflikte. Die Walks sind in diesem Sinn ein Reflexionsraum im urbanen Raum. Das Eintragen von emotionalen und psychischen Räumen in den urbanen Raum mit seinen anonymen Architekturen erzeugt ein produktives Spannungs-verhältnis. Anders als der Flaneur des 19. und frühen 20. Jahrhunderts, der in eine anonyme Menschenmasse eintauchte, um sich fremd zu fühlen, muss das in Beziehungsnetzen stehende Subjekt des 21. Jahrhunderts (die Walkteilnehmen-de) sich seine Positionen in einer unüberschaubaren Welt immer wieder neu erar-beiten. Die urbanen Orte bilden bei Cardiff Bezugspunkte für das Subjekt und Knotenpunkte für die Erzählungen. Symbolische Bedeutungen von Orten – bei-spielsweise der Bahnhof als Topos des Abschiedes, das Theater und Kino als Produktionsorte von Wirklichkeiten – und einzelne topologische, atmosphärische Merkmale werden von der Künstlerin betont und in die Geschichten einge-bunden. Angesichts der repräsentativen Funktion von Architektur und der An-gleichung von urbanen Orten, beispielsweise von Fußgängerzonen, Shopping Malls und Bahnhöfen, sind Cardiffs Walks ein Eintrag des Narrativen in einen immer anonymer werdenden urbanen Raum. Dies hat eine poetische und melan-cholische Wirkung: Die durchschrittenen urbanen Orte erhalten dabei wie die Er-zählung selbst eine Dauerhaftigkeit.

Die Frage zur Aktualität einer ›erzählten Stadt‹ im digitalen Zeitalter stellt sich auch in Bezug zu Jeff Walls künstlerischen Arbeiten. Walls Inszenierungen des Alltäglichen und seine Auswahl von urbanen Orten ähneln einer Versuchsanordnung, dem Verlauf der Zeit (Historie) Momente eines Innehaltens und einer Reflexion abzugewinnen. Mit seiner Auswahl von Protagonisten, urbanen Situationen und Orten zeigt er exemplarisch auf, was die Gegenwart bestimmt: die Separierung des Menschen. Im urbanen Raum kollidieren die Problematiken zwischen den Menschen und dem kapitalistischen Wertesystem. Stadt ist ein gesellschaftlicher Schnittpunkt für sichtbare und unsichtbare Spannungen, Reibungen und Auseinandersetzungen. Trotz der vornehmlich dargestellten peripheren und brachen Orten verdichtet sich Stadt bei Wall. Aus jedem fotografischen Bild – sei es mit einer Figur, einer Gruppe oder einer menschenleeren Szenerie – können Problematiken herausgelesen werden, die für gesellschaftliche und historische Konflikte und Zusammenhänge stehen. Walls Interesse gilt dabei auch der Symbolkraft von urbanen Orten, weil er in diese seine Nacherzählungen des Stadtlebens wie eine Metapher einfügen kann. Die urbanen Orte wirken in den fotografischen Bildern teilweise stilisiert und stehen daher für viele Orte anderer Städte. Das Genre der Gesellschaftsporträts aus der Malerei und Literatur des 19. und 20. Jahrhunderts transferiert Wall mit seinen fotografischen Bildern in den urbanen Raum des 21. Jahrhunderts. Durch die Auswahl von unterschiedlichen urbanen Schauplätzen, an denen Jeff Wall die Protagonisten agieren lässt, verteilen und versprengen sich seine gesellschaftskritischen Bilder und Szenen im Raum der Stadt.

Das Subjekt im Verhältnis zur Stadt – dies ist eine Konstellation, die Fragen nach Machtverhältnissen und Selbstbestimmung aufwirft. Wie kann der Einzelne sich den verschiedenen Anforderungen, Einflüssen und Manipulationen von außen entziehen? Kann es gelingen, dem kontrollierten und strukturierten Raum der Stadt etwas hinzuzufügen, das nicht auf Kategorien von Macht fußt? Ist Stadt ein Ort von Machtinteressen oder ein Ort von Freiheit und Selbstbestimmung? Jeff Wall kritisiert die Auswirkungen des Kapitalismus auf den Einzelnen. Das Subjekt ist bei Wall eines, das immer mit Anderen in einer Beziehung steht, auch wenn diese nicht im Bild zu sehen sind. Normen und (wertende) Blicke von außen werden von Wall als Machtindikatoren entlarvt. Die Verortung des Einzelnen in die Beziehungsgeflechte von Integration und Exklusion und die Kritik an den daraus resultierenden Machtstrukturen sind Formen einer Widerständigkeit. Walls fotografische Bilder fügen dem urbanen Raum Bilder einer Kritik zu. Im Vergleich zu Jeff Wall scheint das Vorgehen Janet Cardiffs, die in ihren Walks stets eine Rezipierende (Zuhörerin) anspricht, subjektbezogen und monologisch zu sein. Doch auch Cardiff überträgt die Frage der Handlungsmöglichkeiten von einer Person auf viele Personen: Ihre Walks werden von vielen Rezipierenden nachvollzogen. Diese werden zu Agierenden und Agenten, die das Gehörte und

Gesehene durch ihre individuelle Sichtweise multiplizieren, in den urbanen Raum hineinführen, dort verteilen und verstreuen. Die Stadt ist ein kontroverser und widersprüchlicher Raum, der von der ›erzählten Stadt‹ temporär verändert wird: Widerspenstige, kritische und poetische Bilder werden in den urbanen Raum eingeschleust, verselbstständigen sich durch die Rezeption der Kunstinteressierten und entziehen sich einer Festlegung und Kontrolle. Janet Cardiff und Jeff Wall verdeutlichen, dass die Stadtbewohnerin, die den urbanen Raum vielfältig wahrnimmt, ein mannigfaltiges und fragiles Subjekt ist, das immer in Bezug zu Anderen und Anderem steht. Auch die Erzählung braucht das Subjekt (wie ein Glied in einer Kette), damit das Erzählte weitergetragen und modifiziert werden kann.

Janet Cardiff und Jeff Wall verlegen nicht nur ihre fragmentarischen Narrationen in den urbanen Raum, sondern verweisen auch auf das narrative Potential von Stadt: Die ›erzählte Stadt‹ ist bei ihnen etwas Unabgeschlossenes und zugleich ein Überschuss, der sich im Umgang mit den Problematiken des urbanen Raumes und dem Leben in Städten herausstellt. Durch ein ›erzähltes Erzählen‹ entstehen parallele Ebenen von Stadtwahrnehmung und Stadtperspektive. Im Ineinanderspiegeln kristallisiert sich das heraus, was bisher unausgesprochen blieb. Jeff Walls ›erzählte Stadt‹ ist eine historische Stadt, die, konfrontiert mit gegenwärtigen Problemen des Kapitalismus und der Globalisierung, zu einer brüchigen Stadt wird. Schwellenorte und Menschen in instabilen Situationen erzählen vom ungewissen Zustand von Stadt. Janet Cardiffs ›erzählte Stadt‹ geht aus der Sichtweise eines psychischen Raumes hervor. Das sowohl mannigfaltig begabte als auch fragile Subjekt steht mit den Spuren der Stadt in einer kommunikativen Beziehung. Die Vielzahl der Spuren Anderer und die Unzuverlässigkeit der eigenen Wahrnehmung lassen in den Walks Stadt als ein Konstrukt zwischen realem und fiktionalem Raum erscheinen. Cardiffs und Walls Beschreibungen des urbanen Raumes zeigen, dass mit Methoden eines poststrukturellen Erzählens Stadt nicht nur dargestellt werden kann, sondern auch Bedingungen von Stadtwahrnehmung reflektiert werden können. Die Rezipierenden können anhand von Cardiffs Walks und Walls fotografischen Bildern nachvollziehen, was sie und Andere im Raum der Stadt erleben und auf welche Weise sie es tun. Das ›erzählte Erzählen‹ zeigt Stadt als einen vielfältigen, prozesshaften und historischen Raum. Perspektiven werden nicht gewechselt, sondern verschieben sich ineinander. Dies hat zur Folge, dass verschiedene Zeiten (Vergangenheit, Gegenwart, Zukunft) sich aufeinander beziehen lassen und Hierarchien zwischen dem alltäglichen und historischen Raum der Stadt sich auffächern, lösen und neue Verbindungen eingehen. Die ›erzählte Stadt‹ lässt sich weitererzählen.

Quellenverzeichnis

Die Größenangaben bei Kunstwerken erfolgen als Höhe × Breite bzw. Höhe × Breite × Tiefe. Bei Jeff Wall werden zuerst die Texte und Interviews aufgeführt und dann die Kunstwerke.

Alter, Nora M./Alberro, Alexander: »Unbewusst«, übers. von Nikolaus G. Schneider, in: Stiftung Haus der Kunst, München (Hg.), Janet Cardiff & George Bures Miller. Works from the Goetz Collection, Ostfildern 2012, S. 67.

Auster, Paul: Stadt aus Glas, ins Deutsche übers. von Joachim A. Frank, München 2004.

Bachtin, Michail M.: Literatur und Karneval. Zur Romantheorie und Lachkultur, aus dem Russischen übers. von Alexander Kaempfe, Frankfurt a.M. 1990.

Bailly, Jean-Christophe: »Stadt, jenseits des Ortes«, in: Nancy, Jenseits der Stadt (2011), S. 39-40.

Barthes, Roland: »Das Begehren zu schreiben«, in: Roland Barthes, Die Vorbereitung des Romans, hrsg. von Éric Marty, aus dem Französischen übers. von Horst Brühmann, Frankfurt a.M. 2008, S. 211-272.

Barthes, Roland: »Der gewöhnliche Tod«, in: Roland Barthes, Die helle Kammer. Bemerkungen zur Photographie, aus dem Französischen übers. von Dietrich Leube, Frankfurt a.M. 1985, S. 102-105.

Barthes, Roland: »Diderot, Brecht, Eisenstein«, in: Roland Barthes, Der entgegenkommende und der stumpfe Sinn. Kritische Essays III, aus dem Französischen übers. von Dieter Hornig, Frankfurt a.M. 1990, S. 94-102.

Barthes, Roland: »Einführung in die strukturale Analyse von Erzählungen«, in: Kulturwissenschaften und Zeichentheorien. Zur Synthese von Theoria, Praxis und Poiesis, hrsg. von Elize Bisanz, Münster 2004, S. 101-134.

Barthes, Roland: Fragmente einer Sprache der Liebe, aus dem Französischen übers. von Hans-Horst Henschen und Horst Brühmann, Frankfurt a.M. 2015.

Bauman, Zygmunt: Flüchtige Zeiten. Leben in der Ungewissheit, aus dem Englischen übers. von Richard Barth, Hamburg 2008.

Behrens, Alfred: Walkman Blues, Farbfilm, 16-mm-Film und TV-Format, 90 Min., Deutschland 1985.

Beil, Ralf/Marí, Bartomeu (Hg.): Janet Cardiff & George Bures Miller. The killing machine und andere Geschichten 1995-2007, Ostfildern 2007.

Bell, Kirsty:»Janet Cardiff und George Miller: Fantasie ist kein Fehler«, in: Akademie der Künste (Hg.), Janet Cardiff & George Bures Miller. Käthe-Kollwitz-Preis 2011, Berlin 2011.

Benjamin, Walter:»Berliner Kindheit um Neunzehnhundert«, in: Walter Benjamin, Einbahnstraße. Berliner Kindheit um Neunzehnhundert, Frankfurt a.M. 2011, S. 77-155.

Benjamin, Walter: Charles Baudelaire. Ein Lyriker im Zeitalter des Hochkapitalismus, hrsg. von Rolf Tiedemann, Frankfurt a.M. 1974.

Benjamin, Walter: Das Passagen-Werk. Erster Band, hrsg. von Rolf Tiedemann, Frankfurt a.M. 1983.

Benjamin, Walter:»Der Autor als Produzent«, in: Benjamin, Der Autor als Produzent (2012), S. 228-249.

Benjamin, Walter: Der Autor als Produzent. Aufsätze zur Literatur, hrsg. von Sven Kramer, Stuttgart 2012.

Benjamin, Walter:»Der Erzähler. Betrachtungen zum Werk Nikolai Lesskows«, in: Benjamin, Erzählen (2007), S. 103-128.

Benjamin, Walter:»Der Flaneur«, in: Benjamin, Charles Baudelaire (1974), S. 33-65.

Benjamin, Walter: Erzählen. Schriften zur Theorie der Narration und zur literarischen Prosa, hrsg. von Alexander Honold, Frankfurt a.M. 2007.

Benjamin, Walter:»Kleine Geschichte der Photographie«, in: Walter Benjamin, Das Kunstwerk im Zeitalter seiner technischen Reproduzierbarkeit. Drei Studien zur Kunstsoziologie, Frankfurt a.M. 1963, S. 45-64.

Benjamin, Walter:»Über das mimetische Vermögen«, in: Benjamin, Erzählen (2007), S. 92-95.

Benjamin, Walter:»Über den Begriff der Geschichte«, in: Roland Borgards (Hg.), Texte zur Kulturtheorie und Kulturwissenschaft, Stuttgart 2010, S. 145-157.

Benjamin, Walter:»Über einige Motive bei Baudelaire«, in: Benjamin, Charles Baudelaire (1974), S. 101-149.

Benjamin, Walter:»Was ist das epische Theater?«, in: Benjamin, Der Autor als Produzent (2012), S. 218-227.

Benjamin, Walter: »Zentralpark«, in: Benjamin, Charles Baudelaire (1974), S. 175.

Benjamin, Walter: »Zur Lage der russischen Filmkunst«, in: Walter Benjamin, Medienästhetische Schriften, hrsg. von Detlev Schöttker, Frankfurt a.M. 2002, S. 343-346.

Bernhard, Thomas: Gehen, Frankfurt a.M. 1971.

Blessing, Jennifer: »Jeff Wall in Schwarz und Weiß«, in: Guggenheim Museum Publications/Deutsche Guggenheim, Jeff Wall: Belichtung (2007), S. 8-35.

Blum, Katrin: »Passing by – Thinking«, in: Guggenheim Museum Publications/ Deutsche Guggenheim, Jeff Wall: Belichtung (2007), S. 52-58.

Boltanski, Christian: Réserves: Lac des morts, Installation, 1990.

Borges, Jorge Luis: »Der Garten der Pfade, die sich verzweigen«, in: Jorge Luis Borges, Fiktionen. Erzählungen 1939-1944, hrsg. von Gisbert Haefs/Fritz Arnold, übers. von Karl August Horst/Wolfgang Luchting/Gisbert Haefs, Frankfurt a.M. 1992, S. 77-89.

Braidotti, Rosi: »Nomadische Subjekte«, aus dem Englischen übers. von Karl Hoffmann, in: Witzgall/Stakemeier, Fragile Identitäten (2015), S. 147-156.

Brougher, Kerry: »Der Fotograf des modernen Lebens«, in: The Museum of Contemporary Art/Scalo Verlag (Hg.), Jeff Wall, Zürich 1997, S. 13-41.

Busch, Werner: Das sentimentalistische Bild. Die Krise der Kunst im 18. Jahrhundert und die Geburt der Moderne, München 1993.

Calle, Sophie: Récits autobiographiques, Installation, begonnen 1988.

Calle, Sophie: Suite vénitienne, Bild-Text-Installation, bestehend aus 55 Schwarz-Weiß-Fotografien, 23 Texten und 3 Stadtplänen, 1980.

Cardiff, Janet: A Large Slow River, Audiowalk, 18 Min., kuratiert von Marnie Flemming, Oakville Galleries, Gairloch Gardens, Ontario, Kanada 2000.

Cardiff, Janet: Chiaroscuro, Audiowalk, 12 Min., kuratiert von Gary Garrels, San Francisco Museum of Modern Art, San Francisco, USA 1997.

Cardiff, Janet: Drogans Nightmare, Audiowalk, 12 Min., kuratiert von Ivo Mesquita, XXIV Bienal de São Paulo, São Paulo, Brasilien 1998.

Cardiff, Janet: Forest Walk, Audiowalk, 12 Min., Banff Centre for the Arts, Banff, Alberta, Kanada 1991.

Cardiff, Janet: Her Long Black Hair, Audiowalk mit Fotografien, 46 Min., kuratiert von Tom Eccles, Public Art Fund, Central Park, New York, USA 2004.

Cardiff, Janet: Münster Walk, Audiowalk, 17 Min., kuratiert von Kasper König, Skulptur Projekte Münster, Münster, Deutschland 1997.

Cardiff, Janet: Taking Pictures, Audiowalk mit Fotografien, 16 Min., kuratiert von Rochelle Steiner, Saint Louis Art Museum, St. Louis, Missouri, USA 2000.

Cardiff, Janet: The Missing Voice: Case Study B, Audiowalk, 50 Min., kuratiert von Artangel, Whitechapel Library to Liverpool Street Station, London, Großbritannien 1999.

Cardiff, Janet: The Telephone Call, Videowalk, 15:20 Min., kuratiert von John S. Weber/Aaron Betsky/Janet Bishop et al., San Francisco Museum of Modern Art, San Francisco, USA 2001.

Cardiff, Janet: Villa Medici Walk, Audiowalk, 16 Min., kuratiert von Carolyn Christov-Bakargiev/Hans Ulrich Obrist/Laurence Bossé, Villa Medici, Rom, Italien 1998.

Cardiff, Janet: Wanås Walk, Audiowalk, 14 Min., kuratiert von Marika Wachtmeister/Charles Wachtmeister, Wanås Foundation, Knislinge, Schweden 1998.

Cardiff, Janet: Waterside Walk, Audiowalk, 5:45 Min., kuratiert von Suse Allen, Artwise for British Airways, Waterside, Harmondsworth, Großbritannien 1999.

Cardiff, Janet/Bures Miller, George: Alter Bahnhof, Videowalk, 26 Min., dOCU-MENTA (13), Hauptbahnhof Kassel, Deutschland 2012.

Cardiff, Janet/Bures Miller, George: Conspiracy Theory, Videowalk, 16:40 Min., kuratiert von Réal Lussier, Musée d'Art Contemporain de Montréal, Montreal, Quebec, Kanada 2003.

Cardiff, Janet/Bures Miller, George: Forest (for a thousand years...), Audioinstallation, 28 Min., dOCUMENTA (13), Karlsaue Park, Kassel, Deutschland 2012.

Cardiff, Janet/Bures Miller, George: Ghost Machine, Videowalk, 27 Min., kuratiert von Matthias Lilienthal, Hebbel Theater Berlin, Berlin, Deutschland 2004.

Cardiff, Janet/Bures Miller, George: Telephone/Time, Mixed-Media- und Audioinstallation, 2 Min., 1,6 m × 1,2 m × 1 m, 2004.

Cardiff, Janet/Bures Miller, George: The Berlin Files, Multimediainstallation, Videoprojektion, 13 Min., 9,0 m × 7,5 m × 3,5 m, 2003.

Cardiff, Janet/Bures Miller, George: The Paradise Institute, Multimediainstallation, Videoprojektion, 13 Min., 5,0 m × 11,0 m × 3,0 m, 2001.

Certeau, Michel de: Kunst des Handelns, aus dem Französischen übers. von Ronald Voullié, Berlin 1988.

Clark, Martin: »Das ländliche England in Bildern«, in: Eva Schmidt/Ines Rüttinger (Hg.), Lieber Aby Warburg. Was tun mit Bildern?, Heidelberg 2012, S. 263-266.

Cole, Teju: Open City, aus dem amerikanischen Englisch übers. von Christine Richter-Nilsson, Berlin 2013.

Courbet, Gustave: Un enterrement à Ornans, Öl auf Leinwand, 314 cm × 663 cm, 1849.

De Duve, Thierry: »The Mainstream and the Crooked Path«, in: Phaidon Press, Jeff Wall (2002), S. 26-55.

De Sica, Vittorio: Ladri di biciclette, Schwarz-Weiß-Film, 90 Min., Italien 1948.

Debord, Guy: Die Gesellschaft des Spektakels, übers. aus dem Französischen von Jean-Jacques Raspaud, Hamburg 1978.

Delacroix, Eugène: La Mort de Sardanapale, Öl auf Leinwand, 395 cm × 495 cm, 1827.

Deleuze, Gilles: Das Zeit-Bild. Kino 2, aus dem Französischen übers. von Klaus Englert, Frankfurt a.M. 1997.

Deleuze, Gilles: Logik des Sinns, hrsg. von Karl Heinz Bohrer, aus dem Französischen übers. von Bernhard Dieckmann, Frankfurt a.M. 1993.

Deleuze, Gilles: Proust und die Zeichen, aus dem Französischen übers. von Henriette Beese, Frankfurt a.M. 1978.

Deleuze, Gilles/Guattari, Félix: Kafka. Für eine kleine Literatur, aus dem Französischen übers. von Burkhart Kroeber, Frankfurt a.M. 1976.

Deleuze, Gilles/Guattari, Félix: Kapitalismus und Schizophrenie. Tausend Plateaus, hrsg. von Günther Rösch, aus dem Französischen übers. von Gabriele Ricke/Ronald Voullié, Berlin 1992.

Derrida, Jacques: Marx' Gespenster. Der Staat der Schuld, die Trauerarbeit und die neue Internationale, aus dem Französischen übers. von Susanne Lüdemann, Frankfurt a.M. 2004.

Dowschenko, Alexander: Die Erde, Schwarz-Weiß-Film, 76 Min., Russland 1930.

Ebeling, Knut: Wilde Archäologien 1. Theorien der materiellen Kultur von Kant bis Kittler, Berlin 2012.

Eisenstein, Sergei: Panzerkreuzer Potemkin, Schwarz-Weiß-Film, 70 Min., Russland 1925.

Ellison, Ralph: Invisible Man, London 2014.

Felka, Rike: Das räumliche Gedächtnis, Berlin 2010.

Fischer, Ralph: Walking Artists. Über die Entdeckung des Gehens in den performativen Künsten, Bielefeld 2011.

Foucault, Michel: »Maurice Blanchot: The Thought from Outside«, übers. von Brian Massumi, in: Michel Foucault/Maurice Blanchot, Foucault. Blanchot, New York 1990.

Foucault, Michel: Überwachen und Strafen. Die Geburt des Gefängnisses, aus dem Französischen übers. von Walter Seitter, Frankfurt a.M. 1994.

Frank, Robert: The Americans, Schwarz-Weiß-Fotografieserie, 1959.

Freud, Sigmund:»Das Unbehagen in der Kultur«, in: Sigmund Freud, Das Unbehagen in der Kultur. Und andere kulturtheoretische Schriften, hrsg. von Ilse Grubrich-Simitis, Frankfurt a.m. 2009, S. 29-108.

Freud, Sigmund:»Der Humor«, in: Sigmund Freud, Der Witz und seine Beziehung zum Unbewußten. Der Humor, hrsg. von Ilse Grubrich-Simitis, Frankfurt a.m. 2009, S. 253-258.

Freud, Sigmund:»Jenseits des Lustprinzips«, in: Sigmund Freud, Das Ich und das Es. Metapsychologische Schriften, hrsg. von Ilse Grubrich-Simitis, Frankfurt a.m. 2009, S. 193-249.

Frey, Eleonore: Siebzehn Dinge, Wien 2006.

Frosh, Stephen:»Fragile Identitäten. Das Subjekt zwischen Normalität und Pathologie«, aus dem Englischen übers. von Robert Schlicht, in: Witzgall/Stakemeier, Fragile Identitäten (2015), S. 29-40.

Geschonneck, Matti: Polizeiruf 110: Mörderkind, Farbfilm, 90 Min., Deutschland 1999.

Glasmeier, Michael: Material. Materialökonomie, Gehen, Sehen, Zitate und andere Beweglichkeiten, Köln 2002.

Godard, Jean-Luc/Miéville, Anne-Marie: Six fois deux, Farbfilm, 57 Min., Frankreich 1976.

Graham, Dan: Alteration to a Suburban House, Objekt, 27 cm × 109 cm × 121 cm, 1978.

Graham, Dan: Homes for America, Farb- und Schwarz-Weiß-Fotografien, 1966.

Graham, Dan:»The Destroyed Room of Jeff Wall«, in: David Campany (Hg.), Art and Photography, London 2003, S. 240-241.

Guattari, Félix:»Transversalität«, in: Félix Guattari, Psychotherapie, Politik und die Aufgaben der institutionellen Analyse, aus dem Französischen übers. von Grete Osterwald, Frankfurt a.M. 1976, S. 39-55.

Guggenheim Museum Publications/Deutsche Guggenheim (Hg.): Jeff Wall: Belichtung, übers. von Bernhard Geyer, Ostfildern 2007.

Hausknotz, Florentina: Stadt Denken. Über die Praxis der Freiheit im urbanen Zeitalter, Bielefeld 2011.

Hitchcock, Alfred: Psycho, Farbfilm, 109 Min., USA 1960.

Hitchcock, Alfred: Vertigo, Farbfilm, 129 Min., USA 1958.

Hoban, Russell: Riddley Walker, London 2012.

Hochdörfer, Achim:»Betrachtung einer Unordnung. Jeff Walls historisierende Auseinandersetzung mit der Konzeptkunst«, in: Museum Moderner Kunst Stiftung Ludwig Wien, Jeff Wall. Photographs (2003), S. 36-51.

Höller, Katharina:»Berlin Fashion Week: Patrick Mohr – Patron der Heimatlosen«, in: Süddeutsche Zeitung, http://sz.de/1.113931 vom 2.7.2009.

Honold, Alexander: »Noch einmal. Erzählen als Wiederholung – Benjamins Wiederholung des Erzählens«, in: Benjamin, Erzählen (2007), S. 303-342.

Hosokawa, Shuhei: Der Walkman-Effekt, übers. von Birger Ollrogge, Berlin 1987.

Isou, Isidore: Traité de bave et d'éternité, Farbfilm, 120 Min., Frankreich 1951.

Jarmusch, Jim: Permanent Vacation, Farbfilm, 90 Min., USA 1980.

Kafka, Franz: Das Schloß, hrsg. von Max Brod, Frankfurt a.M. 1968.

Kafka, Franz: »Die Sorge des Hausvaters«, in: Franz Kafka, Die Erzählungen und andere ausgewählte Prosa, hrsg. von Roger Hermes, Frankfurt a.M. 1996, S. 343-344.

Keller, Ulrich: August Sander. Menschen des 20. Jahrhunderts, hrsg. von Gunther Sander, München 1994.

Kemp, Wolfgang: »Über Bilderzählungen«, in: Akademie der Künste, Berlin (Hg.), Erzählen, Ostfildern 1994, S. 55-69.

Kramer, Sven: Walter Benjamin zur Einführung, Hamburg 2003.

Krasny, Elke: »Hong Kong City Telling«, in: Kulturrisse/Zeitschrift für radikaldemokratische Kulturpolitik 02/2011.

Krasny, Elke: »Narrativer Urbanismus oder die Kunst des City-Telling«, in: Krasny/Nierhaus, Urbanografien (2008), S. 29-41.

Krasny, Elke/Nierhaus, Irene (Hg.): Urbanografien. Stadtforschung in Kunst, Architektur und Theorie, Berlin 2008.

Kristeva, Julia: »Geschichten von der Liebe«, aus dem Französischen übers. von Dieter Hornig/Wolfram Bayer, Frankfurt a.M. 1989.

Kublitz-Kramer, Maria: Frauen auf Straßen. Topographien des Begehrens in Erzähltexten von Gegenwartsautorinnen, München 1995.

Lacan, Jacques: Die vier Grundbegriffe der Psychoanalyse. Das Seminar Buch XI, hrsg. von Norbert Haas/Hans-Joachim Metzger, übers. von Norbert Haas, Weinheim 1987.

Liew, Jamie C.Y.: »Finding order in Calgary's cash corner: Using legal pluralism to craft legal remedies for conflicts involving marginalized persons in public spaces«, Alberta Law Review, 52:3 (2015). Ebenfalls veröffentlicht unter http://www.albertalawreview.com/index.php/ALR/article/view/25/25

Linsley, Robert: »Jeff Wall: The Storyteller«, in: Jean-Christophe Ammann (Hg.), Jeff Wall. The Storyteller, übers. von Jeremy Gaines/Klaus Binder/Brigitte Kalthoff, Frankfurt a.M. 1992, S. 9-24.

Loreck, Hanne: »Bilderanstalt – eine Versuchsanordnung«, in: Kunstverein für die Rheinlande und Westfalen (Hg.), Béton Brut 01/10, Düsseldorf 2010, S. 48-53.

Loreck, Hanne: »Mode Maske Marke«, in: Silke Grossmann/Hanne Loreck/Katrin Mayer et al. (Hg.), De loin. Kombinator 1, Hamburg 2005, o.S. [S. 8-13].

Loreck, Hanne: »Verlust, Verheißung: So viel verstehen wie ein Blinder von Farben«, in: Silke Grossmann/Hanne Loreck/Katrin Mayer et al. (Hg.), Erzähltes erzählen. Kombinator 3, Hamburg 2006, S. 5-11.

Löw, Martina: Soziologie der Städte, Frankfurt a.M. 2008.

Lubow, Arthur: »The Luminist«, in: The New York Times Magazine, http://www.nytimes.com/2007/02/25/magazine/25Wall.t.html vom 25.2.2007.

Lyotard, Jean-François: Das postmoderne Wissen. Ein Bericht, hrsg. von Peter Engelmann, aus dem Französischen übers. von Otto Pfersmann, Wien 2012.

Manet, Édouard: La Dame aux éventails, Öl auf Leinwand, 113 cm × 166 cm, 1873.

Manet, Édouard: Le Déjeuner sur l'herbe, Öl auf Leinwand, 208 cm × 264 cm, 1863.

Marker, Chris: La Jetée, Schwarz-Weiß-Film, 26 Min., Frankreich 1962.

Messager, Annette: Histoire des robes, Objekte, 1990.

Millet, Jean-François: Des glaneuses, Öl auf Leinwand, 83 cm × 110 cm, 1857.

Museum Moderner Kunst Stiftung Ludwig Wien (Hg.): Jeff Wall. Photographs, Köln 2003.

Nancy, Jean-Luc: Der Sinn der Welt, aus dem Französischen übers. von Esther von der Osten, Zürich und Berlin 2014.

Nancy, Jean-Luc: »Die Stadt in der Ferne«, in: Nancy, Jenseits der Stadt (2011), S. 21-37.

Nancy, Jean-Luc: »In der Ferne Los Angeles«, in: Nancy, Jenseits der Stadt (2011), S. 9-19.

Nancy, Jean-Luc: Jenseits der Stadt, aus dem Französischen übers. von Rike Felka, Berlin 2011.

Nierhaus, Irene: »Plan und Rand: Urbanografische Figuren zu Stadt und Natur«, in: Krasny/Nierhaus, Urbanografien (2008), S. 15-27.

Ott, Michaela: Gilles Deleuze zur Einführung, Hamburg 2010.

Pack, Christina: Dinge. Alltagsgegenstände in der Fotografie der Gegenwartskunst, Kunstgeschichtliches Seminar der Humboldt-Universität zu Berlin (Hg.), Berlin 2008.

Parr, Rolf: »Liminale und andere Übergänge. Theoretische Modellierungen von Grenzzonen, Normalitätsspektren, Schwellen, Übergängen und Zwischenräumen in Literatur- und Kulturwissenschaft«, in: Achim Geisenhanslüke/Georg Mein (Hg.), Schriftenkultur und Schwellenkunde, Bielefeld 2008, S. 11-63.

Pasolini, Pier Paolo: Mamma Roma, Schwarz-Weiß-Film, 102 Min., Italien 1962.

Phaidon Press (Hg.): Jeff Wall, London 2002.

Pinoteau, Claude: La Boum II, Farbfilm, 110 Min., Frankreich 1982.

Poussin, Nicolas: Paysage avec Diogène, Öl auf Leinwand, 160 cm × 221 cm, 1648.

Proust, Marcel: In Swanns Welt. Auf der Suche nach der verlorenen Zeit. Erster Teil, übers. von Eva Rechel-Mertens, Frankfurt a.M. 1981.

Pudowkin, Wsewolod Illarionowitsch: Das Ende von St. Petersburg, Schwarz-Weiß-Film, 105 Min., Russland 1927.

Pudowkin, Wsewolod Illarionowitsch: Die Mutter, Schwarz-Weiß-Film, 88 Min., Russland 1926.

Reed, Carol: The Third Man, Schwarz-Weiß-Film, 104 Min., England 1949.

Renoir, Jean: La Règle du jeu, Schwarz-Weiß-Film, 110 Min., Frankreich 1939.

Resnais, Alain: Je t'aime, je t'aime, Farbfilm, 94 Min., Frankreich 1968.

Resnais, Alain: L'Année dernière à Marienbad, Schwarz-Weiß-Film, 90 Min., Frankreich 1961.

Resnais, Alain: Muriel ou le Temps d'un retour, Farbfilm, 105 Min., Frankreich 1963.

Resnais, Alain: Stavisky…, Schwarz-Weiß-Film, 120 Min., Frankreich 1974.

Sander, August: Antlitz der Zeit. Menschen des 20. Jahrhunderts, Schwarz-Weiß-Fotografien, 1929.

Schapp, Wilhelm: In Geschichten verstrickt. Zum Sein von Mensch und Ding, Frankfurt a.M. 2004.

Schätzlein, Frank: Mobile Klangkunst. Über den Walkman als Wahrnehmungsmaschine. Teil 2, http://www.akustische-medien.de/texte/mobile2.htm vom 18.11.2002.

Schaub, Mirjam: »Die Kunst des Spurenlegens und -verfolgens. Sophie Calles, Francis Alÿs' und Janet Cardiffs Beitrag zu einem philosophischen Spurenbegriff«, in: Sybille Krämer/Werner Kogge/Gernot Grube (Hg.), Spur. Spurenlesen als Orientierungstechnik und Wissenskunst, Frankfurt a.M. 2007, S. 121-141.

Schaub, Mirjam: »Janet Cardiff. The walk book«, übers. von Jacqueline Todd, Köln 2005.

Seurat, Georges: Banlieue, Öl auf Leinwand, 32 cm × 41 cm, 1882.

Shakespeare, William: Hamlet, hrsg. von Holger Klein, Stuttgart 1993.

Silverman, Kaja: »Totale Sichtbarkeit«, aus dem Englischen übers. von Roger M. Buergel, in: Museum Moderner Kunst Stiftung Ludwig Wien, Jeff Wall. Photographs (2003), S. 97-117.

Sontag, Susan: »Das Schreiben selbst: Über Roland Barthes«, in: Susan Sontag, Worauf es ankommt, aus dem Amerikanischen übers. von Jörg Trobitius, Frankfurt a.M. 2007, S. 90-124.

Sontag, Susan: »Über den Stil«, in: Susan Sontag, Kunst und Antikunst. 24 literarische Analysen, übers. von Mark W. Rien, Frankfurt a.M. 1982, S. 23-47.

Southwick, Reid: »›This place is fighting two demons‹: Work, even odd jobs, dry up at Calgary's ›cash corner‹«, in: National Post, http://news.nationalpost.com/news/canada/this-place-is-fighting-two-demons-work-even-odd-jobs-dry-up-at-calgarys-cash-corner vom 31.7.2016.

Spielberg, Steven: Empire of the Sun, Farbfilm, 146 Min., USA 1987.

Steichen, Edward: The Family of Man, Schwarz-Weiß-Fotografien, 1951.

Stein, Gertrude: Erzählen. Vier Vorträge, übers. von Ernst Jandl, Frankfurt a.M. 1971.

Stemmrich, Gregor (Hg.): »Jeff Wall. Szenarien im Bildraum der Wirklichkeit. Essays und Interviews«, Hamburg 2008.

Stemmrich, Gregor: »Vorwort«, in: Stemmrich, Jeff Wall. Szenarien im Bildraum der Wirklichkeit (2008), S. 7-31.

Stemmrich, Gregor: »Zwischen Exaltation und sinnierender Kontemplation. Jeff Walls Restitution des Programmes der Peinture De La Vie Moderne«, in: Museum Moderner Kunst Stiftung Ludwig Wien, Jeff Wall. Photographs (2003), S. 154-173.

Steyerl, Hito: Die Farbe der Wahrheit. Dokumentarismen im Kunstumfeld, Wien 2008.

Stöcker, Christian: Geschmacklose Modestrecke. ›Vogue‹ inszeniert Model als Obdachlose, in: Spiegel Online, http://spon.de/adLQR vom 06.10.2012.

Strunk, Marion: »Die Wiederholung«, in: Marion Strunk (Hg.), Bildergedächtnis. Gedächtnisbilder, Zürich 1998, S. 160-214.

Tarkowski, Andrei: Der Spiegel, Farbfilm, 108 Min., Russland 1974.

Tarkowski, Andrei: Opfer, Farbfilm, 149 Min., Schweden 1986.

Tietjen, Friedrich: »Erfahrung, zu sehen. Produktions- und Rezeptionsweisen Jeff Walls fotografischer Arbeiten«, in: Museum Moderner Kunst Stiftung Ludwig Wien, Jeff Wall. Photographs (2003), S. 52-64.

Tillmans, Wolfgang: Faltenwürfe, Farbfotografien, 1980.

Turner, Victor: »Betwixt and Between: The Liminal Period in ›Rites de Passage‹«, in: June Helm (Hg.), Symposium on New Approaches to the Study of Religion, American Ethnological Society, Seattle WA 1964, S. 4-20.

Ulrich, Danja: Mobile Musik, Hamburg 2012.

Van Gogh, Vincent: La Banlieue parisienne, Öl auf Leinwand, 45 cm × 54 cm, 1886.

Velázquez, Diego: Las Meninas, Öl auf Leinwand, 318 cm × 276 cm, 1657.

Vladislavić, Ivan: Johannesburg. Insel aus Zufall, aus dem Englischen übers. von Thomas Brückner, München 2008.

Wall, Jeff:»About Making Landscapes«, in: Phaidon Press, Jeff Wall (2002), S. 140-147.

Wall, Jeff:»Anne-Marie Bonnet und Rainer Metzger: Eine demokratische, eine bourgeoise Tradition der Kunst. Ein Gespräch mit Jeff Wall«, in: Stemmrich, Jeff Wall. Szenarien im Bildraum der Wirklichkeit (2008), S. 33-45.

Wall, Jeff:»Dan Grahams Kammerspiel«, übers. von Andrea Honecker/Alexandra Bootz, in: Stemmrich, Jeff Wall. Szenarien im Bildraum der Wirklichkeit (2008), S. 89-187.

Wall, Jeff:»Einheit und Fragmentierung bei Manet«, übers. von Brigitte Kalthoff, in: Stemmrich, Jeff Wall. Szenarien im Bildraum der Wirklichkeit (2008), S. 235-248.

Wall, Jeff:»Gestus«, in: Phaidon Press, Jeff Wall (2002), S. 76-77.

Wall, Jeff: I begin by not Photographing, Videointerview, San Francisco Museum of Modern Art, San Francisco, 2007, 2:26 Min., https://www.youtube.com/watch?v=2yG2k4C4zrU

Wall, Jeff:»Interview. Arielle Pelenc in correspondence with Jeff Wall«, in: Phaidon Press, Jeff Wall (2002), S. 8-23.

Wall, Jeff:»Jean-François Chevrier: Die innere Akademie. Ein Interview mit Jeff Wall«, übers. von Christoph Hollender, in: Stemmrich, Jeff Wall. Szenarien im Bildraum der Wirklichkeit (2008), S. 259-269.

Wall, Jeff: Jeff Wall Talks about His Work, Vortrag im Museum of Modern Art, New York, 2007, 1:33:23 Std., http://www.moma.org/explore/multimedia/audios/68/147

Wall, Jeff:»Monochromie und Photojournalismus in On Kawaras ›Today Paintings‹«, übers. von Astrid Böger, in: Stemmrich, Jeff Wall. Szenarien im Bildraum der Wirklichkeit (2008), S. 339-374.

Wall, Jeff:»T.J. Clark, Claude Gintz, Serge Guilbaut und Anne Wagner: Repräsentation, Mißtrauen und kritische Transparenz. Eine Diskussion mit Jeff Wall«, übers. von Michael Mundhenk, in: Stemmrich, Jeff Wall. Szenarien im Bildraum der Wirklichkeit (2008), S. 189-234.

Wall, Jeff:»Typologie, Lumineszenz, Freiheit. Auszüge aus einem Gespräch zwischen Els Barents und Jeff Wall«, in: Schirmer/Mosel (Hg.), Jeff Wall. Transparencies, aus dem Englischen übers. von Brunhild Seeler/Rolf Seeler, München 1986, S. 95-105.

Wall, Jeff: A Hunting Scene, Großbilddia in Leuchtkasten, 167 cm × 237 cm, 1994.

Wall, Jeff: A Sudden Gust of Wind (after Hokusai), Großbilddia in Leuchtkasten, 229 cm × 377 cm, 1993.

Wall, Jeff: A Ventriloquist at a Birthday Party in October 1947, Großbilddia in Leuchtkasten, 229 cm × 352 cm, 1990.

Wall, Jeff: Abundance, Großbilddia in Leuchtkasten, 223 cm × 122 cm, 1985.

Wall, Jeff: After ›Invisible Man‹ by Ralph Ellison, the Preface, Großbilddia in Leuchtkasten, 220 cm × 290 cm, 2001.

Wall, Jeff: Bad Goods, Großbilddia in Leuchtkasten, 229 cm × 347 cm, 1984.

Wall, Jeff: Coastal Motifs, Großbilddia in Leuchtkasten, 119 cm × 147 cm, 1989.

Wall, Jeff: Cyclist, Silbergelatineabzug, 213 cm × 295 cm, 1996.

Wall, Jeff: Dead Troops Talk, Großbilddia in Leuchtkasten, 229 cm × 417 cm, 1992.

Wall, Jeff: Diatribe, Großbilddia in Leuchtkasten, 229 cm × 203 cm, 1985.

Wall, Jeff: Eviction Struggle, Großbilddia in Leuchtkasten, 229 cm × 414 cm, 1988.

Wall, Jeff: Forest, Silbergelatineabzug, 238 cm × 302 cm, 2001.

Wall, Jeff: Housekeeping, Silbergelatineabzug, 203 cm × 260 cm, 1996.

Wall, Jeff: Man in Street, Großbilddia in Leuchtkasten, 53 cm × 132 cm, 1995.

Wall, Jeff: Man with a Rifle, Großbilddia in Leuchtkasten, 226 cm × 289 cm, 2000.

Wall, Jeff: Men waiting, Silbergelatineabzug, 262 cm × 388 cm, 2006.

Wall, Jeff: Milk, Großbilddia in Leuchtkasten, 187 cm × 229 cm, 1984.

Wall, Jeff: Mimic, Großbilddia in Leuchtkasten, 198 cm × 229 cm, 1982.

Wall, Jeff: Night, Silbergelatineabzug, 229 cm × 300 cm, 2001.

Wall, Jeff: Odradek, Taboritka 8, Prague 18 July 1994, Großbilddia in Leuchtkasten, 229 cm × 289 cm, 1994.

Wall, Jeff: Outburst, Großbilddia in Leuchtkasten, 229 cm × 312 cm, 1989.

Wall, Jeff: Overpass, Großbilddia in Leuchtkasten, 214 cm × 273 cm, 2001.

Wall, Jeff: Passerby, Silbergelatineabzug, 229 cm × 335 cm, 1996.

Wall, Jeff: Polishing, Großbilddia in Leuchtkasten, 162 cm × 207 cm, 1998.

Wall, Jeff: Rear, 304 East 25th Ave., Vancouver, 9 May 1997, 1.14 & 1.17 p.m., Silbergelatineabzug, 247 cm × 363 cm, 1997.

Wall, Jeff: Steves Farm, Steveston, Großbilddia in Leuchtkasten, 57 cm × 229 cm, 1980.

Wall, Jeff: Tenants, Silbergelatineabzug, 255 cm × 335 cm, 2007.

Wall, Jeff: The Bridge, Großbilddia in Leuchtkasten, 60 cm × 229 cm, 1980.

Wall, Jeff: The Crooked Path, Großbilddia in Leuchtkasten, 119 cm × 149 cm, 1991.

Wall, Jeff: The Destroyed Room, illuminiertes Großbildia im Schaufenster der Nova Gallery Vancouver und Großbildia in Leuchtkasten, 159 cm × 234 cm, 1978.

Wall, Jeff: The Drain, Großbilddia in Leuchtkasten, 229 cm × 288 cm, 1989.

Wall, Jeff: The Guitarist, Großbildia in Leuchtkasten, 119 cm × 190 cm, 1987.

Wall, Jeff: The Storyteller, Großbilddia in Leuchtkasten, 229 cm × 437 cm, 1986.

Wall, Jeff: The Stumbling Block, Großbilddia in Leuchtkasten, 229 cm × 337 cm, 1991.

Wall, Jeff: The Vampires' Picnic, Großbilddia in Leuchtkasten, 229 cm × 335 cm, 1991.

Wall, Jeff: Untangling, Großbilddia in Leuchtkasten, 189 cm × 223 cm, 1994.

Wall, Jeff: Volunteer, Silbergelatineabzug, 221 cm × 313 cm, 1996.

Wall, Jeff: War Game, Silbergelatineabzug, 247 cm × 302 cm, 2007.

Wenders, Wim: Alice in den Städten, Schwarz-Weiß-Film, 107 Min., Deutschland 1974.

Wenders, Wim: Aufzeichnungen zu Kleidern und Städten, Farbfilm, 78 Min., Deutschland 1989, DVD, Arthaus Collection, 2006.

Wenders, Wim: Der Himmel über Berlin, Schwarz-Weiß- und Farb-Film, 127 Min., Deutschland 1989.

Wenders, Wim: Lisbon Story, Farbfilm, 99 Min., Deutschland 1994.

Wissenschaftlicher Rat der Dudenredaktion (Hg.): Duden Etymologie. Herkunftswörterbuch der deutschen Sprache, Mannheim 1989.

Wittgenstein, Ludwig: Philosophische Untersuchungen, hrsg. von Joachim Schulte, Frankfurt a.M. 2003.

Witzgall, Susanne/Stakemeier, Kerstin (Hg.): Fragile Identitäten, Zürich/Berlin 2015.

Woolf, Virginia: »Street Haunting: A London Adventure«, in: Virginia Woolf, Street Haunting and Other Essays, London 2014, S. 225-240.

Žižek, Slavoj: »Der audiovisuelle Kontrakt – der Lärm um das Reale«, in: Deutsche Zeitschrift für Philosophie 3 (1995), S. 521-533.

Žižek, Slavoj: ›Ich höre dich mit meinen Augen‹. Anmerkungen zu Oper und Literatur, aus dem Englischen übers. von Karen Genschow/Alexander Roesler, München 2010.

Žižek, Slavoj: Liebe Dein Symptom wie Dich selbst! Jacques Lacans Psychoanalyse und die Medien, hrsg. von Peter Weibel, Berlin 1991.

Zyman, Daniela: »At the edge of the event horizon«, in: Schaub, Janet Cardiff. The walk book (2005), S. 11-13.

Danksagung

Die Dissertation wurde unterstützt durch ein Promotionsstipendium von Pro Exzellenzia, das aus Mitteln des Europäischen Sozialfonds und der Freien und Hansestadt Hamburg gefördert wurde. Mein Dank gilt Frau Prof. Dr. Hanne Loreck für die Betreuung des wissenschaftlichen Teils und Herrn Prof. Robert Bramkamp für die Betreuung des künstlerischen Teils meiner Dissertation an der Hochschule für bildende Künste Hamburg. Die Gespräche mit ihnen waren wichtig für meine wissenschaftliche und künstlerische Auseinandersetzung mit der erzählten Stadt.

Vielen Dank an Jeff Wall für das freundliche Zurverfügungstellen seiner Schwarz-Weiß-Fotografie »Men waiting« als Umschlagabbildung. Weiteren Dank möchte ich Frau Dr. Luise Metzel und Herrn Norbert Roßdeutscher für das Korrekturlesen aussprechen.

Meinen besonders herzlichen Dank an Dr. Sascha Lukac und meine Eltern Ingeborg Szepanski und in liebevoller Erinnerung Hans-Dieter Szepanski.

Urban Studies

Amalia Barboza, Stefanie Eberding,
Ulrich Pantle, Georg Winter (Hg.)
Räume des Ankommens
Topographische Perspektiven
auf Migration und Flucht

Oktober 2016, 240 Seiten, kart., zahlr. Abb., 29,99 €,
ISBN 978-3-8376-3448-8

Andrea Baier, Tom Hansing,
Christa Müller, Karin Werner (Hg.)
Die Welt reparieren
Open Source und Selbermachen
als postkapitalistische Praxis

Oktober 2016, 352 Seiten, kart., zahlr. farb. Abb., 19,99 €,
ISBN 978-3-8376-3377-1 .

Ilse Helbrecht (Hg.)
Gentrifizierung in Berlin
Verdrängungsprozesse und Bleibestrategien

September 2016, 328 Seiten, kart., zahlr. Abb., 29,99 €,
ISBN 978-3-8376-3646-8

Leseproben, weitere Informationen und Bestellmöglichkeiten
finden Sie unter www.transcript-verlag.de

Urban Studies

Andreas Thiesen
Die transformative Stadt
Reflexive Stadtentwicklung
jenseits von Raum und Identität

Mai 2016, 156 Seiten, kart., zahlr. Abb., 21,99 €,
ISBN 978-3-8376-3474-7

Karsten Michael Drohsel
Das Erbe des Flanierens
Der Souveneur – ein handlungsbezogenes
Konzept für urbane Erinnerungsdiskurse

März 2016, 286 Seiten, kart., zahlr. Abb., 29,99 €,
ISBN 978-3-8376-3030-5

Lilo Schmitz (Hg.)
Artivismus
Kunst und Aktion im Alltag der Stadt

2015, 278 Seiten, kart., zahlr. z.T. farb. Abb., 24,99 €,
ISBN 978-3-8376-3035-0

Leseproben, weitere Informationen und Bestellmöglichkeiten
finden Sie unter www.transcript-verlag.de

Urban Studies

Noa K. Ha
Straßenhandel in Berlin
Öffentlicher Raum, Informalität und
Rassismus in der neoliberalen Stadt
November 2016, 258 Seiten,
kart., zahlr. Abb., 34,99 €,
ISBN 978-3-8376-3486-0

Michaela Schmidt
Im Inneren der Bauverwaltung
Eigenlogik und Wirkmacht
administrativer Praktiken
bei Bauprojekten
Oktober 2016, 338 Seiten, kart.,
zahlr. z.T. farb. Abb., 39,99 €,
ISBN 978-3-8376-3333-7

Carmen M. Enss, Gerhard Vinken (Hg.)
Produkt Altstadt
Historische Stadtzentren
in Städtebau und Denkmalpflege
September 2016, 280 Seiten,
kart., zahlr. Abb., 29,99 €,
ISBN 978-3-8376-3537-9

Christopher Dell
Epistemologie der Stadt
Improvisatorische Praxis
und gestalterische Diagrammatik
im urbanen Kontext
September 2016, 330 Seiten,
kart., zahlr. Abb., 29,99 €,
ISBN 978-3-8376-3275-0

Antje Matern (Hg.)
**Urbane Infrastrukturlandschaften
in Transformation**
Städte – Orte – Räume
Mai 2016, 218 Seiten, kart.,
zahlr. z.T. farb. Abb., 29,99 €,
ISBN 978-3-8376-3088-6

Johannes Marent
Istanbul als Bild
Eine Analyse urbaner
Vorstellungswelten
April 2016, 284 Seiten, kart.,
zahlr. z.T. farb. Abb., 39,99 €,
ISBN 978-3-8376-3328-3

Manfred Kühn
Peripherisierung und Stadt
Städtische Planungspolitiken
gegen den Abstieg
Februar 2016, 200 Seiten, kart., 29,99 €,
ISBN 978-3-8376-3491-4

Johanna Hoerning
**»Megastädte« zwischen Begriff
und Wirklichkeit**
Über Raum, Planung und Alltag
in großen Städten
Januar 2016, 368 Seiten, kart., 34,99 €,
ISBN 978-3-8376-3204-0

Corinna Hölzl
Protestbewegungen und Stadtpolitik
Urbane Konflikte in Santiago de Chile
und Buenos Aires
2015, 422 Seiten, kart., zahlr. Abb., 39,99 €,
ISBN 978-3-8376-3121-0

*Judith Knabe, Anne van Rießen,
Rolf Blandow (Hg.)*
Städtische Quartiere gestalten
Kommunale Herausforderungen
und Chancen im transformierten
Wohlfahrtsstaat
2015, 274 Seiten, kart., 29,99 €,
ISBN 978-3-8376-2703-9

Dominik Haubrich
Sicher unsicher
Eine praktikentheoretische
Perspektive auf die Un-/Sicherheiten
der Mittelschicht in Brasilien
2015, 378 Seiten, kart., 44,99 €,
ISBN 978-3-8376-3217-0